СВЯТИТЕЛЬ ИГНАТИЙ БРЯНЧАНИНОВ

АСКЕТИЧЕСКИЕ ОПЫТЫ

ТОМ 1

ORTHODOX LOGOS PUBLISHING

АСКЕТИЧЕСКИЕ ОПЫТЫ
ТОМ 1

святитель Игнатий Брянчанинов

Икона на обложке книги:
«Игнатий (Брянчанинов)», *Неизвестный автор*

© 2025, Orthodox Logos Publishing, The Netherlands

www.orthodoxlogos.com

ISBN: 978-1-80484-212-6

This book is in copyright. No part of this publication may be reproduced, stored in a retrieval system or transmitted in any form or by any means without the prior permission in writing of the publisher, nor be otherwise circulated in any form of binding or cover other than that in which it is published without a similar condition, including this condition, being imposed on the subsequent purchaser.

СВЯТИТЕЛЬ ИГНАТИЙ БРЯНЧАНИНОВ

АСКЕТИЧЕСКИЕ ОПЫТЫ

ТОМ 1

ORTHODOX LOGOS PUBLISHING

СОДЕРЖАНИЕ

Вступление 9
Биография: Святитель Игнатий (Брянчанинов) 13

Аскетические опыты (Том 1)

Предисловие 18
О последовании Господу нашему Иисусу Христу . . 20
О покаянии 34
Видение Христа 42
О чтении Евангелия 46
О чтении святых Отцов 51
Об удалении от чтения книг, содержащих
в себе лжеучение 55
Истина и Дух 59
О любви к ближнему 64
О любви к Богу 71
О посте 75
О молитве. Статья I 83
О молитве. Статья II 99
Восемь главных страстей с их подразделениями
и отраслями 113
О добродетелях, противоположных восьми
главным греховным страстям 118
Дневный Апостол 1-го Февраля 1840 года 122

Размышление о вере ... 124
Сад во время зимы ... 127
Древо зимою пред окнами келлии ... 129
Дума на берегу моря ... 131
Молитва преследуемого человеками ... 133
Кладбище ... 135
Голос из вечности (дума на могиле) ... 137
Учение о плаче преподобного Пимена Великого ... 141
О слезах ... 144
О молитве Иисусовой
    Отдел I. О молитве Иисусовой вообще ... 157
    Отдел II. О прелести ... 183
    Отдел III. О упражнении молитвою Иисусовою ... 213
Чин внимания себе для живущего посреди мира ... 254
Молящийся ум взыскует соединения с сердцем ... 258
Истину и суд мирен судите во вратех ваших,... и клятвы лживыя не любите,... глаголет Господь Вседержитель (Зах.8:16–17) ... 260
Доказательство воскресения тел человеческих, заимствованное из действия умной молитвы ... 262
О смирении (разговор между старцем и учеником его) ... 264
О терпении ... 278
О чистоте ... 292
Слово утешения к скорбящим инокам ... 310
Крест свой и Крест Христов ... 315
Роса ... 319
Житейское море ... 322

Совесть	329
О рассеянной и внимательной жизни	333
О навыках	337
Размышление о смерти	343
Слава Богу!	348
Сети миродержца	358
Песнь под сению Креста (Заимствовано из 15 главы Исхода)	364
Размышление при захождении солнца	368
Фарисей	375
Часть первая	376
Часть вторая	386
Посещение Валаамского монастыря	395
О монашестве. Разговор между православными христианами, мирянином и монахом	424
Вера и дела	468
О евангельских заповедях	478
О евангельских блаженствах. Заимствовано из Отеческих писаний, преимущественно же из книги священномученика Петра Дамаскина. Добротолюбие, ч. 3.	492
Отношение христианина к страстям его	497
О истинном и ложном смиренномудрии	508
Чаша Христова	517
Плач мой	525
Примечания	545

✝

ВСТУПЛЕНИЕ

«Аскетические опыты» святителя Игнатия (Брянчанинова) – одно из наиболее значимых произведений в сокровищнице православной духовной литературы XIX века. Эта книга открывает перед читателем богатейшее наследие русской аскетической традиции, позволяя глубже проникнуть в суть духовной жизни, о которой с такой мудростью и любовью рассуждал её автор. Перед нами не просто сборник наставлений: это живое свидетельство человека, чья душа горела жаждой Бога и чей ум неустанно трудился над постижением глубин православного учения. Том первый «Аскетических опытов» содержит ряд статей, обращённых к самым насущным вопросам духовного пути, и потому особенно ценен для тех, кто стремится к подлинному обновлению своего внутреннего мира.

Святитель Игнатий с самого начала даёт понять, что аскетический путь – это не узконаправленное делание, предназначенное лишь для монахов или затворников. Он подчёркивает, что христианская аскеза – это всеобщее призвание к покаянию, смирению, духовному возрастанию, призванное исцелять человеческую душу от страстей и вести её к единению с Богом. Именно поэтому в своих трудах святитель Игнатий обращается не только к инокам, но и к мирянам, желающим укрепить свою веру и научиться различать волю Божию в повседневной жизни. Так, в статьях «О любви к ближнему», «О любви к Богу», «О посте», «О молитве» и других он раскрывает многогранность христианского подвига, помогая увидеть в нём не формальность и не тяжкое бремя, а живой путь к свободе и духовной радости.

С первых строк книги чувствуется, что автор писал свои «Аскетические опыты» на основе собственного духовного переживания и опыта церковной традиции. Он не только опирается на священное Писание, но и часто ссылается на святых Отцов, цитирует их труды, дабы показать преемственность и надёжность своего учения. Святитель Игнатий настойчиво напоминает о необходимости чтения Евангелия и святоотеческих книг, подчёркивая, что лишь через соприкосновение с этой духовной сокровищницей можно избежать ошибок и заблуждений. В главе «О чтении святых Отцов» он призывает читателей к осознанному, внимательному и вдумчивому чтению, которое становится не просто интеллектуальным занятием, а подлинным внутренним деланием, просвещающим ум и сердце.

Не менее важным разделом книги являются наставления о том, как отличать истинное учение Церкви от ложных учений и ересей, которые нередко заманчиво прикрываются «высокой духовностью». В главе «Об удалении от чтения книг, содержащих в себе лжеучение» святитель Игнатий предупреждает о серьёзной опасности для души, возникающей от соприкосновения с неправильными взглядами. Его слова актуальны и в наше время, когда духовные подделки могут проникать к человеку в самых разных формах. Сохраняя связь со святоотеческим преданием, святитель указывает на то, что истинное просвещение приходит лишь через смирение и искреннее стремление к Божией правде.

Центральное место в «Аскетических опытах» занимает тема молитвы. Святитель Игнатий глубоко убеждён, что без молитвы нет и не может быть подлинной духовной жизни. В статьях «О молитве. Статья I», «О молитве. Статья II» и последующих главах об Иисусовой молитве он даёт детальное объяснение того, как молиться, как удерживать ум от рассеяния, как бороться со страстями, поднимающимися в сердце. При этом он подчёркивает, что молитва – это не механическое повторение слов, а живая беседа души с Богом, требующая постоянного самоконтроля, покаяния и чистоты намерений. В описании путей освоения Иисусовой молитвы автор указывает на необходимость борьбы со страстями, поскольку без искреннего покаяния и смирения молитва превращается в пустую формальность.

Не менее значимой темой первого тома «Аскетических опытов» становится рассмотрение страстей и добродетелей, противостоящих им. Святитель Игнатий даёт подробную классификацию страстей, описывает их подразделения и подвиды, указывая, каким образом они разрушают душу и удаляют её от Бога. Вслед за этим он показывает путь исцеления: предлагает добродетели, противоположные страстям, и призывает читателя к постоянной духовной бдительности. Такой систематический подход делает книгу незаменимым пособием для всех, кто стремится к внутреннему очищению и христианскому совершенству.

Значительное место в томе занимают размышления святителя Игнатия о покаянии, о плаче по грехам, о терпении скорбей и о смирении. Автор раскрывает, что истинная аскеза – это не только воздержание и физические подвиги, но прежде всего сокрушение о своих грехах и постоянное обращение ума к Богу. В главах, посвящённых размышлениям о смерти, о могиле, о кладбище, звучит призыв к памяти смертной, столь характерной для православной традиции, которая помогает человеку не погружаться в суетные заботы, но стремиться к духовному бодрствованию.

Важной особенностью первого тома является его практическая направленность. Святитель Игнатий старается ответить на вопросы, которые неизбежно встают перед каждым христианином: как молиться посреди житейских забот, как сочетать духовные занятия с обязанностями в миру, как противостоять искушениям и не отчаиваться под гнётом обстоятельств? В статьях «Чин внимания себе для живущего посреди мира», «Молящийся ум взыскует соединения с сердцем» и ряде других он даёт конкретные советы и наставления, призывая каждого читателя внимательнее относиться к своему внутреннему состоянию и использовать все жизненные обстоятельства как школу смирения и любви.

Таким образом, «Аскетические опыты» Том 1 – это не только богословское произведение, но и практическое руководство к духовной жизни. Святитель Игнатий пишет с удивительной ясностью и проникновенностью, умело соединяя святоотеческие традиции с живым опытом и личными наблюдениями. Его слова, несмотря на прошедшие века, не утратили актуальности: они продолжают вести ищущих к Богу, учить их терпению и смирению, призывать к искренней любви и покаянию. Каждый раздел этой книги – это своего рода урок, помогающий человеку переосмыслить своё бытие и сделать выбор в пользу вечных ценностей.

Для современного читателя знакомство с «Аскетическими опытами» может стать началом пути к переосмыслению своих жизненных приоритетов и к углублению духовной практики. Этот труд – словно тихий, но неумолимый призыв к тому, чтобы оторваться от земной суеты и взглянуть на свою душу в свете евангельской истины. Мудрые наставления святителя Игнатия, насыщенные цитатами из Писания и святоотеческого предания, помогают обрести точку опоры в мире, который часто увлекает человека внешними впечатлениями и материальными заботами.

Таким образом, первое знакомство с «Аскетическими опытами» лучше всего начинать с чтения данного тома, где автор последовательно, с любовью и терпением, раскрывает глубинный смысл православной аскезы, призывая к личному участию в подвиге духовного обновления. Пусть эта книга станет для вас не просто очередным чтением, а дверью, ведущей к новой жизни во Христе, к обретению истинного покоя и радости, которые только и может дать живая вера и деятельная любовь.

СВЯТИТЕЛЬ ИГНАТИЙ (БРЯНЧАНИНОВ)

Святитель Игнатий (Брянчанинов), в миру Дмитрий Александрович Брянчанинов, родился 15 (27) февраля 1807 года в селе Покровском Вологодской губернии, в семье дворянского происхождения. Его родители, Александр Семёнович и Мария Николаевна, были людьми благочестивыми и обеспеченными, что позволило будущему святителю получить достойное по тем временам образование и воспитание. С детства Дмитрий отличался любознательностью, тяготением к уединению и размышлениям о Боге. Эти особенности характера сформировали в нём особую духовную восприимчивость, которая впоследствии нашла выражение в его аскетическом труде и богословских трудах.

Юные годы Дмитрия прошли в период, когда Россия испытывала значительные общественные и духовные перемены. Он поступил в Главное инженерное училище в Санкт-Петербурге, где проявил незаурядные способности и трудолюбие. Однако мирская карьера не привлекала его сердце: душа юноши стремилась к уединению и монашеской жизни. По воспоминаниям современников, он часто уединялся для молитвы и чтения духовных книг, особенно святоотеческих, и уже тогда в нём начала формироваться твёрдая решимость посвятить себя служению Богу.

Окончив училище, Дмитрий некоторое время занимал офицерскую должность, но вскоре решился окончательно оставить военную карьеру и поступить в монастырь. Он принял постриг в Александро-Свирском монастыре, где получил новое имя – Игнатий. Этот выбор был непростым: требовалось мужество и сила воли, чтобы отречься от светской жизни, почестей и возможностей. Но стремление к духовному совершенствованию перевесило все иные мотивы, и молодой монах принял путь аскезы с истинной самоотверженностью.

В монастыре Игнатий посвящал большую часть времени молитве, чтению Священного Писания и творений святых Отцов, стараясь подражать лучшим образцам древнего монашества. Однако Господь призывал его к более широкому служению Церкви: спустя некоторое время после пострига он был назначен игуменом Троицкого Александро-Свирского монастыря. На этой должности святитель Игнатий проявил себя как мудрый руководитель, заботящийся о духовном состоянии братии, о развитии монастырского хозяйства и об укреплении благочестия среди мирян, которые обращались к нему за советом и наставлением.

Следующим важным этапом в его жизни стало архиерейское служение. В 1857 году он был хиротонисан во епископа Кавказской епархии. Это было непростое послушание: Кавказ в то время был регионом сложным, с многонациональным и многоконфессиональным составом населения, и святителю Игнатию предстояло не только заботиться о внутреннем устройстве епархии, но и выстраивать добрососедские отношения с другими народами и вероисповеданиями. Он прилагал все усилия, чтобы укрепить православие в крае, помогал в строительстве храмов, открытии школ, благотворительных учреждений, неся людям свет евангельской истины.

Однако здоровье святителя было слабым с юности, и напряжённое служение подорвало его силы. В 1861 году, по состоянию здоровья, он вышел на покой и поселился в Николо-Бабаевском монастыре Костромской епархии. Именно в период покоя и относительного уединения святитель Игнатий смог вплотную заняться литературным трудом, обобщить свой богатый духовный опыт, глубоко изучить святоотеческое наследие и приступить к составлению своих знаменитых «Аскетических опытов». Эта серия трудов явилась итогом многолетних наблюдений и размышлений автора, её страницы наполнены практическими советами и рассуждениями о путях спасения, борьбе со страстями, о силе молитвы и покаяния.

Литературное наследие святителя Игнатия обширно и многообразно. Помимо «Аскетических опытов», он писал многочисленные статьи, письма, наставления, затрагивающие различные аспекты духовной жизни. Отличительной чертой его трудов является глубина и ясность мысли, соединённые с кротким, наставническим тоном, помогающим читателю не только понять, но и прочувствовать мудрость православной аскетики. Святитель обладал редким даром излагать сложные богословские вопросы простым и доступным языком, что сделало его произведения популярными не только среди монахов, но и среди мирян.

Святитель Игнатий скончался 30 апреля (12 мая) 1867 года в возрасте 60 лет. Его уход был воспринят верующими как великая утрата, но оставленные им труды стали бесценным сокровищем для всей Русской Православной Церкви. Уже вскоре после его кончины они начали распространяться, переиздаваться и находить отклик в сердцах тех, кто искал духовного руководства. В 1988 году, во время празднования Тысячелетия Крещения Руси, святитель Игнатий (Брянчанинов) был причислен к лику святых. Это стало официальным признанием его святости, которая уже давно жила в народном почитании.

Сегодня имя святителя Игнатия (Брянчанинова) неизменно ассоциируется с глубоким знанием духовной жизни, искренним пастырским отношением к людям и умением вести душу к покаянию и смирению. Его «Аскетические опыты» и другие труды по-прежнему служат путеводной звездой для тех, кто стремится к более тесному общению с Богом, к обретению истинного духовного сокровища в мире, полном суеты и скорбей.

Изучая его биографию, мы видим, что путь святителя Игнатия – это пример подвижничества, стойкости, жертвенного служения Церкви и людям. Он прошёл через испытания, болезни, административные трудности, но сумел сохранить в сердце пламенную любовь к Господу и твёрдое стремление к спасению своей души и душ тех, кто доверился его наставничеству.

Таким образом, биография святителя Игнатия (Брянчанинова) – это свидетельство того, как искреннее стремление к Богу и неустанный труд над собой могут привести к духовным высотам. Его путь – от дворянской семьи до монашеской кельи, от простого инока до епископского сана, от земных скорбей до святости – показывает, что вся жизнь человека может стать лестницей, ведущей к небу, если её основанием будут смирение, вера и любовь. Труды святителя Игнатия продолжают вдохновлять верующих на протяжении уже более полутора веков, и нет сомнения, что они сохранят свою актуальность и в будущем, помогая поколениям христиан найти истинный смысл жизни во Христе.

АСКЕТИЧЕСКИЕ ОПЫТЫ

ТОМ 1

ПРЕДИСЛОВИЕ

Читатель, знакомый с преданием Православной Восточной Церкви, легко усмотрит, что в предлагаемых его вниманию Опытах изложено учение святых Отцов о науке из наук[1], о монашестве – учение, примененное к требованиям современности. Главная черта, которою отличается деятельность древнего монашества от деятельности новейшего, заключается в том, что монашествующие первых веков христианства были руководимы боговдохновенными наставниками, а ныне – замечает преподобный *Нил Сорский* согласно с другими позднейшими Отцами – монашествующие должны наиболее руководиться Священным Писанием и писаниями Отеческими, по причине крайнего оскудения живых сосудов Божественной благодати. Объяснение этого направления и необходимости в нем составляет основную мысль Опытов на всем их пространстве.

Статьи, из которых состоит моя книга, написаны в разные времена, по разным причинам, преимущественно по поводу возникавших аскетических вопросов в обществе иноков и боголюбивых мирян, находившихся в духовном сношении со мною. Оканчивая земное странствование, я счел долгом моим пересмотреть, исправить, пополнить, собрать во едино, и издать печатно все статьи, написанные мною в сане архимандрита[2]. Счел я долгом моим сделать это по двум причинам: во-первых по той, что многие статьи распространились в рукописях с большими или меньшими погрешностями; во-вторых, по той, что признаю себя обязанным представить христианскому обществу отчет по согляданию мною земли обетованной, точащей духовные дары и блага, – по согляданию монашеской жизни, какою она является в святом предании Православной Восточной Церкви и какою промысл Божий привел созерцать ее в некоторых живых представителях ее.

Затем остается мне просить у читателей снисхождения к моему скудоумию и молитв о убогой душе моей.

О ПОСЛЕДОВАНИИ ГОСПОДУ НАШЕМУ ИИСУСУ ХРИСТУ

«Аще кто Мне служит, Мне да последствует» (*Ин.12:26*), сказал Господь. Каждый христианин, обетами, произнесенными при святом крещении, принял на себя обязанность быть рабом и служителем Господа Иисуса Христа: последовать Господу Иисусу Христу непременно должен каждый христианин.

Назвав Себя пастырем овец, Господь сказал, что «овцы глас этого Пастыря слышат, ...и овцы по Нем идут, яко ведят глас Его» (*Ин.10:3–4*). Глас Христов – учение Его; глас Христов – Евангелие; шествие во след Христа по пути земного странствования – деятельность, всецело направленная по заповедям Его.

Чтоб последовать Христу, надо ведать глас Его. Изучи Евангелие, и возможешь жизнию твоею последовать Христу.

Кто, родившись по плоти, внидет в «пакибытие» (*Тит.3:5*) при посредстве святого крещения, и сохранит состояние, доставляемое крещением, при посредстве жительства по Евангелию: тот «спасется». Он «внидет» в богоугодное поприще земной жизни духовным рождением, «и изыдет» из этого поприща блаженною кончиною, и в вечности вечную, обильнейшую, сладостнейшую, духовную «пажить обрящет» (*Ин.10:9*).

«Кто Мне служит, Мне да последствует, и идеже есмь Аз, ту и слуга Мой будет: И аще кто Мне служит, почтит его Отец Мой» (*Ин.12:26*). Где находился Господь, когда

Он произнес эти слова? Человечеством, соединенным с Божеством, Он находился посреди человеков, на земле, в юдоли их изгнания и страданий, пребывая Божеством и там, где находился от безначального начала. «Слово бе у Бога» (*Ин.1:1*) и в Боге. Это Слово возвестило о Себе: «во Мне Отец, и Аз в Нем» (*Ин.10:38*). Туда достигает и последователь Христов: «иже исповесть» устами, сердцем и делами, «яко Иисус есть Сын Божий, Бог в Нем пребывает, и Той в Бозе» (*1Ин.4:15*).

«Аще кто Мне служит, почтит его Отец Мой: побеждающему» мир и грех, последующему Мне в земной жизни, «дам» в вечной жизни «сести со Мною на престоле Моем, якоже и Аз победих, и седох со Отцем Моим на престоле Его» (*Апок.3:21*).

Отречение от мира предшествует последованию за Христом. Второе не имеет места в душе, если не совершится в ней предварительно первое. «Иже хощет, – сказал Господь, – по Мне ити, да отвержется себе, и возмет крест свой, и по Мне грядет. Иже бо аще хощет душу свою спасти, погубит ю; а иже погубит душу свою Мене ради и Евангелия, той спасет ю» (*Мк.8:34–35*). «Аще кто грядет ко Мне, и не возненавидит отца своего, и матерь, и жену, и чад, и братию, и сестр, еще же и душу свою, не может Мой быти ученик. И иже не носит креста своего и в след Мене грядет, не может Мой быти ученик» (*Лк.14:26–27*).

Многие приступают к Господу – немногие решаются последовать Ему. Многие читают Евангелие, услаждаются, восхищаются высотою и святостью учения его, – немногие решаются направить поведение свое по правилам, которые законополагает Евангелие. Господь, всем приступающим к Нему и желающим усвоиться Ему, объявляет: «Аще кто грядет ко Мне», и не отречется от мира и от себя, «не может Мой быти ученик».

«Жестоко есть слово сие», говорили об учении Спасителя даже такие человеки, которые по наружности были последователями Его, и считались учениками Его: «кто может его послушати?» (*Ин.6:60*). Так судит о слове Божием плотское мудрование из бедственного настроения своего. Слово Божие – «жизнь» (*Ин.6:63*), жизнь вечная, жизнь существенная. Этим словом умерщвляется «плотское мудрование» (*Рим.8:6*), родившееся из вечной смерти, поддерживающее в человеках вечную смерть: слово Божие, для погубляемых плотским мудрованием и произволяющих погибнуть от него, «юродство есть». Оно «спасаемым сила Божия есть» (*1Кор.1:18*).

Грех столько усвоился нам при посредстве падения, что все свойства, все движения души пропитаны им. Отвержение греха, сроднившегося душе, соделалось отвержением души. Такое отвержение души необходимо для спасения души. Отвержение естества, оскверненного грехом, необходимо для усвоения естества, обновленного Христом. Выкидывают из сосуда всю пищу, когда она отравлена ядом; сосуд тщательно вымывают, потом уже влагают в него пищу, долженствующую поступить в употребление. Пища, отравленная ядом, по всей справедливости и сама называется ядом.

Чтоб последовать Христу, предварительно отречемся от своего разума и от своей воли. И разум и воля падшего естества вполне повреждены грехом; они никак не примирятся с разумом и волею Божиими. Соделывается способным к усвоению себе разума Божия тот, кто отвергнет свой разум; соделывается способным к исполнению воли Божией тот, кто отречется от исполнения своей воли.

Чтоб последовать Христу, «возмем крест свой». Взятием креста своего названа добровольная, благоговейная покорность суду Божию, при всех скорбях, посылаемых и попускаемых промыслом Божиим. Ропот и негодование при скорбях и напастях есть отречение от креста. Последовать Христу может только «взявший крест свой»: покорный воле Божией, смиренно признающий себя достойным суда, осуждения, наказания.

Господь, заповедавший нам самоотвержение, отречение от мира и ношение креста, дает нам силу исполнять заповедание Его. Решившийся на исполнение этого заповедания и старающийся исполнять его, немедленно усматривает необходимость его. Учение, представлявшееся жестоким при поверхностном и ошибочном взгляде из плотского мудрования, является самым разумным, преисполненным благости: оно воззывает погибших к спасению, убитых – к жизни, погребенных во аде – на небо.

Нерешающиеся на произвольное отречение от себя и от мира, насильно вынуждаются совершить то и другое. Когда придет неумолимая и неотразимая смерть: тогда они расстаются со всем, к чему были привязаны: самоотвержение простирают до того, что скидают с себя самое тело свое, повергают его, оставляют на земле в снедь червям и тлению.

Самолюбие и привязанность к временному и суетному – плоды самообольщения, ослепления, душевной смерти. Самолюбие есть извращенная любовь к себе. Безумна и пагубна эта любовь. Самолюбивый, пристрастный к суетному и преходящему, к греховным наслаждениям – враг самому себе. Он – самоубийца: думая любить себя и угождать себе, он ненавидит и губит себя, убивает себя вечною смертью.

Осмотримся, развлеченные, отуманенные, обманутые суетою! опомнимся, упоенные суетою, лишенные ею правильного самовоззрения! справимся с опытами, которые непрестанно совершаются пред очами нашими. Совершающееся пред нами, непременно совершится и над нами.

Тот, кто употребил всю жизнь на снискание почестей, взял ли их с собою в вечность? не покинул ли здесь громкие титулы, знаки отличия, весь блеск, которым он окружал себя? не пошел ли в вечность единственно человек с делами его, с усвоенными качествами во время земной жизни?

Тот, кто употребил жизнь на снискание богатства, кто накопил множество денег, приобрел обширные пространства земли в свое владение, устроил различные учреждения, дающие обильный доход, жил в чертогах, сияющих золотом и мрамором, разъезжал на великолепных колесницах и конях, – взял ли это в вечность? Нет! он оставил все на земле, удовлетворившись для последней потребности тела малейшим участком земли, в котором одинаково нуждаются, которым одинаково удовлетворяются все мертвецы.

Кто занимался в течение земной жизни плотскими увеселениями и наслаждениями, проводил время с друзьями в играх и других забавах, пировал за роскошною трапезою, – устраняется наконец самою необходимостью от привычного рода жизни. Наступает время старости, болезненности, а за ними час разлучения души с телом. Тогда узнается, но поздно, что служение прихотям и страстям – самообольщение, что жизнь для плоти и греха – жизнь без смысла.

Стремление к земному преуспеянию, какое странное, какое чудовищное! Оно ищет с исступлением. Едва найдет, как найденное лишается цены, и искательство возбуждается с новою силою. Ничем настоящим оно недовольно: оно живет одним будущим, оно жаждет только того, чего не имеет. Предметы желания приманивают к себе сердце искателя мечтою и надеждою удовлетворения: обманутый, постоянно обманываемый, он гоняется за ними на всем поприще земной жизни, доколе не восхитит его нежданная смерть. Как и чем объяснить это искательство, поступающее со всеми подобно бесчеловечному предателю, и всеми владеющее, увлекающее всех? – В душах наших насаждено стремление к бесконечным благам. Но мы пали, и ослепленное падением сердце ищет во времени и на земле того, что существует в вечности и на небе.

Участь, постигшая отцов и братий моих, постигнет и меня. Умрут они: умру и я. Оставлю келлию мою, оставлю в ней и книги мои, и одежды мои, и письменный стол мой, за которым проводил я многие часы; оставлю все, в чем нуждался или думал нуждаться во время земной жизни. Вынесут мое тело из этих келлий, в которых живу, как бы в преддверии к другой жизни и стране; вынесут мое тело, и предадут земле, послужившей началом для тела человеческого. Точно то же постигнет и вас, братия, которые читаете эти строки. Умрете и вы: оставите на земле все земное; одними душами вашими вступите в вечность.

Душа человека стяжавает качества, соответственные своей деятельности. Как в зеркале изображаются предметы, против которых оно будет поставлено: так и душа запечатлевается впечатлениями соответственно своим занятиям и делам, соответственно своей обстановке. В зеркале бесчувственном образы исчезают при удалении предметов от зеркала; в словесной душе впечатления остаются. Они могут быть изглаждаемы и заменяемы другими, но для этого требуется и труд и время. Впечатления, составляющие достояние души в час смерти ее, остаются достоянием ее на веки, служат залогом или ее вечного блаженства, или ее вечного бедствия.

«Не можете Богу работати и мамоне» (*Мф.6:24*), сказал Спаситель падшим человекам, обнаружив пред человеками то состояние, в которое они приведены падением. Так врач поведает больному состояние, в которое он приведен болезнью и которого сам больной понять не может. По причине душевного расстройства нашего, нам необходимо для спасения благовременное самоотвержение и отречение от мира. «Никто же может двема господинома работати: любо единаго возлюбит, а другаго возненавидит: или единаго держится, о друзем же нерадити начнет» (*Мф.6:24*).

Опыты постоянно утверждают справедливость того воззрения на нравственную болезненность человеков, которое выразил всесвятый Врач в приведенных нами словах, сказанных с решительною определенностью: за удовлетворением суетных и греховных пожеланий всегда следует увлечение ими; за увлечением следует плен, умерщвление для всего духовного. Допустившие себе последование своим пожеланиям и плотскому мудрованию увлеклись ими, поработились им, забыли Бога и вечность, истратили земную жизнь напрасно, погибли погибелью вечною.

Нет возможности исполнять вместе волю свою и волю Божию: от исполнения первой исполнение второй оскверняется, соделывается непотребным. Так благовонное, драгоценное миро утрачивает достоинство свое от ничтожной примеси смрада. Тогда только, возвещает Бог чрез великого Пророка, «благая земли снесте», когда произвольно «послушаете Мене. Аще же не хощете, ниже послушаете Мене, меч вы пояст: уста Господня глаголаша сия» (*Ис.1:19–20*).

Нет возможности стяжать разум Божий, пребывая в плотском мудровании. «Мудрование плотское, – сказал Апостол, – смерть есть... Мудрование плотское – вражда на Бога: закону бо Божию не покоряется, ниже бо может» (*Рим.8:6–7*). Что такое плотское мудрование? – Образ мыслей, возникший из состояния, в которое приведены человеки падением, направляющий их действовать на земле, как бы они были вечны на ней, возвеличивающий все тленное и временное, уничижающий Бога и все, относящееся к богоугождению, отъемлющий у человеков спасение.

Отречемся от душ наших, по завещанию Спасителя, чтоб приобрести души наши! отречемся произвольно от порочного состояния, в которое они приведены произвольным отречением от Бога, чтоб получить от Бога святое состояние обновленного человеческого естества вочеловечившимся Богом! Волю свою и волю демонов, которой подчинилась и с которою слилась наша воля, заменим волею Божиею, объявленною нам во Евангелии; мудрование плотское, общее падшим духам и человекам, заменим разумом Божиим, сияющим из Евангелия.

Отречемся от имения нашего, чтоб стяжать способность последовать Господу нашему Иисусу Христу! Отречение от имения совершается на основании правильного понятия о нем. Правильное понятие о вещественном имуществе доставляется Евангелием (*Лк.16:1–31*); когда же оно доставится, тогда разум человеческий невольно сознает всю правильность его. Земное имущество не есть наша собственность, как ошибочно думают никогда не думавшие об этом предмете: иначе оно всегда было бы, и навсегда пребыло бы нашим. Оно переходит из рук в руки, и тем само о себе свидетельствует, что дается лишь на подержание. Богу принадлежит имущество; человек бывает только срочным распорядителем имущества. Верный распорядитель с точностью исполняет волю доверившего ему распоряжение. И мы, управляя, врученным на срок, вещественным достоянием, потщимся управлять им по воле Божией. Не употребим его в средство удовлетворения нашим прихотям и страстям, в средство нашей вечной погибели: употребим в пользу человечества, так много нуждающегося, столько страдающего, употребим его в средство спасения нашего. Желающие христианского совершенства вполне оставляют земное стяжание (*Мф.19:16–30*); желающие спастись должны подавать возможную им милостыню (*Лк.11:41*), и воздерживаться от злоупотребления стяжанием.

Отречемся от славолюбия и честолюбия! Не будем гоняться за почестями и санами, употреблять к снисканию их способы непозволительные и унизительные, сопряженные с попранием закона Божия, совести, блага ближних. Такие способы наиболее употребляются для приобретения земного величия искателями его. Зараженный и увлекаемый тщеславием, ненасытный искатель человеческой славы, неспособен к вере во Христа: «како вы можете веровати», сказал Христос современным Ему честолюбцам, «славу друг от друга приемлюще, и славы, яже от единаго Бога, не ищете?» (*Ин.5:44*). Если промысл Божий предоставил нам земное могущество и власть, то соделаемся при посредстве их благодетелями человечества. Отвергнем лютый яд, столько опасный для духа человеческого: глупый и презренный эгоизм, претворяющий человеков, зараженных им, в зверей и демонов, соделывающий этих человеков бичами человечества, злодеями самим себе.

Возлюбим превыше всего волю Божию; предпочтем ее всему; все, противное ей, возненавидим ненавистью благочестивою и Богоугодною. Когда восстанет поврежденное грехом естество наше против евангельского учения, выразим ненависть к естеству отвержением пожеланий и требований естества. Выражение ненависти чем будет решительнее, тем решительнее будет победа над грехом и над естеством, которым обладает грех; тем духовное преуспеяние наше будет быстрее и прочнее.

Когда люди, близкие к нам по плоти, вознамерятся отвлечь нас от последования воле Божией, окажем к ним святую ненависть, подобную той, какую оказывают волкам агнцы, непретворяющиеся в волков и незащищающиеся от волков зубами[3]. Святая ненависть к ближним заключается в сохранении верности к Богу, в несоизволении порочной воле человеков, хотя бы эти человеки и были ближайшими родственниками, в великодушном терпении оскорблений, наносимых ими, в молитве о спасении их, – отнюдь не в злоречии и не в однородных злоречию действиях, которыми выражается ненависть естества падшего, ненависть богопротивная.

«Не мните, – сказал Спаситель, – яко приидох воврещи мир на землю: не приидох воврещи мир, но меч. Приидох бо разлучити человека на отца своего, и дщерь на матерь свою, и невесту на свекровь свою» (*Мф.10:34–35*). «Приидох» – объясняет святой *Иоанн Лествичник* приведенные слова Господа – «разлучити» боголюбивых от миролюбцев; плотских от духовных; славолюбивых от смиренномудрых: «угождается Бог разделением и разлучением, когда оно совершается ради любви к Нему»[4].

Пророк назвал землю местом «пришельствия своего» (*Пс.118:54*), а себя пришельцем и странником на ней: «преселник аз есмь у Тебе», сказал он в молитве своей к Богу, «и пришлец якоже вси отцы мои» (*Пс.38:13*). Очевидная, осязательная истина! истина, забываемая человеками, несмотря на очевидность свою! Я – «пришлец» на земле: вошел я рождением; выйду смертью. Я – «преселник» на земле: переселен на нее из рая, где я осквернил и обезобразил себя грехом. Переселюсь и с земли, из этого срочного изгнания моего, в которое я помещен Богом моим, чтобы я одумался, очистился от греховности, снова соделался способным для жительства в рае. За упорную, окончательную неисправимость я должен низвергнуться навечно в темницы ада. Я – «странник» на земле: странствование начинаю с колыбели, оканчиваю гробом: странствую по возрастам от детства до старости, странствую по различным обстоятельствам и положениям земным. Я – «пришлец и странник, якоже вси отцы мои». Отцы мои были пришельцами и странниками на земле: вступив на нее рождением, они удалились с лица ее смертью. Исключений не было: никто из человеков не остался навсегда на земле. Уйду и я. Уже начинаю отшествие, оскудевая в силах, подчиняясь старости. Уйду, уйду отсюда по непреложному закону и могущественному установлению Создателя и Бога моего.

Убедимся, что мы – странники на земле. Только из этого убеждения мы можем сделать расчет и распоряжение безошибочные для земной жизни нашей; только из этого убеждения можем дать ей направление верное, употребить ее на приобретение блаженной вечности, не на пустое и суетное, не на погубление себя. Ослепило и ослепляет нас падение наше! и принуждены мы насильно, в течение долгого времени убеждать себя в яснейших истинах, не нуждающихся, по ясности своей, в убеждении.

Странник, когда остановится на пути, в странноприимном доме, не обращает на этот дом особенного внимания. К чему внимание, когда он приютился в доме на кратчайшее время? Он довольствуется одним необходимым; старается не истратить денег, которые ему нужны на продолжение пути и на содержание в том великом городе, в который он шествует; недостатки и неудобства претерпевает великодушно, зная, что они – случайность, которой подвергаются все путешественники, что ненарушимое спокойствие ожидает его на том месте, куда он стремится. Не привязывается он сердцем ни к какому предмету в гостинице, как бы предмет ни казался привлекательным. Не теряет он времени для посторонних занятий: ему нужно оно для совершения многотрудного путешествия. Постоянно углублен он в размышление о великолепной царской столице, в которую направился, о тех значительных препятствиях, которые должно преодолеть, о средствах, могущих облегчить путешествие, о разбойничьих засадах, наветующих путь, о несчастной участи тех, которым не удалось совершить этот путь благополучно, о счастливейшем положении совершивших его с желанным успехом. Пробыв нужное время в гостинице, он благодарит хозяина ее за оказанное ему гостеприимство, и, ушедши, забывает о гостинице или помнит о ней поверхностно, потому что хладно было к ней сердце его.

Стяжем и мы такие отношения к земле. Не растратим безумно способностей души и тела; не принесем их в жертву суете и тлению. Охранимся от привязанности к временному и вещественному, чтоб она не воспрепятствовала нам приобрести вечное, небесное. Охранимся от удовлетворения наших неудовлетворимых и ненасытных прихотей, от удовлетворения которых развивается наше падение и достигает страшных размеров. Охранимся от излишеств, довольствуясь только существенно-нужным. Устремим все внимание к ожидающей нас загробной жизни, не имеющей уже конца. Познаем Бога, заповедавшего нам познание Его и дарующего это познание Своим словом и Своею благодатью. Усвоимся Богу в течение земной жизни. Он предоставил нам теснейшее соединение с Собою, и дал на совершение этого величайшего дела срок – земную жизнь. Нет другого времени, кроме времени, определяемого земною жизнью, в которое могло бы состояться чудное усвоение: если оно не совершится в это время, то не совершится никогда. Приобретем дружбу небожителей, святых Ангелов и почивших святых человеков, чтоб они приняли нас «в вечные кровы» (*Лк.16:9*). Стяжем познание духов падших, этих лютых и коварных врагов рода человеческого, чтоб избежать козней их и сожительства с ними в пламени адском. Светильником на жизненном пути нашем да будет слово Божие (*Пс.118:105*). Прославим и возблагодарим Бога за обильные блага, которыми преисполнен, в удовлетворение потребностей наших, временный приют наш – земля. Чистотою ума проникнем в значение этих благ: они – слабые образы благ вечных. Вечные блага изображаются ими так слабо и недостаточно, как изображаются тенью предметы, от которых она падает. Даруя нам земные блага, Бог таинственно вещает: «Человеки! временный приют ваш снабжен разнообразными, бесчисленными благами, пленяющими, восхищающими и взор и сердце, удовлетворяющими до преизбытка потребностям вашим: заключайте из этого о благах, которыми снабжено ваше вечное жилище. Поймите бесконечную, непостижимую благость Божию к вам и, почтив земные блага благочестивым разумением и созерцанием их, не поступите безрассудно: не поработите себя им, не погубите себя ими. Пользуясь ими сколько нужно и должно, всеми силами устремитесь к приобретению благ небесных».

Устраним от себя все ложные учения и деятельность по ним: овцы Христовы «по чуждем гласе не идут, но бежат от него, яко не знают чуждаго гласа» (*Ин.10:5*). Ознакомимся определенно с гласом Христовым, чтоб немедленно узнать его, когда услышим, и немедленно последовать Его велению. Стяжав в духе сочувствие к этому гласу, мы стяжем в духе отчуждение от чуждого гласа, который издается плотским мудрованием в разнообразных звуках. Едва услышим чуждый глас – побежим, побежим от него, по свойству овец Христовых, спасающихся от чуждого гласа бегством: решительным невниманием ему. Внимание ему уже опасно: за вниманием вкрадывается обольщение, за обольщением – погибель. Падение праотцов наших началось с внимания праматери к чуждому гласу.

Наш Пастырь не только призывает нас гласом, но и руководствует Своим образом жизни: Он «пред овцами Своими ходит» (*Ин.10:4*). Он заповедал нам отречение от мира, отречение от себя, взятие и ношение креста своего: Он и совершил все это пред взорами нашими. «Христос пострада по нас, нам оставль образ, да последуем стопам Его» (*1Пет.2:21*). Благоволил Он принять на Себя человечество, хотя от племени царского, но нисшедшего по положению своему в разряд простого народа. Рождение Его совершилось во время странствования Его святейшей Матери, для которой не нашлось места в домах человеческих. Рождение совершилось в вертепе, в котором помещался домашний скот; колыбелью для Новорожденного послужили ясли. Только что пронеслась весть о рождении, как составился и заговор о убийстве. Младенец уже преследуется! Младенец ищется на убиение! Младенец бежит чрез пустыни в Египет от разъяренного убийцы! Детство Свое Богочеловек проводил в повиновении родителям, нареченному отцу и естественной Матери, показывая пример смирения человекам, погибшим от гордости и производимого ею непослушания. Лета мужеские Господь посвятил проповеди Евангелия, странствуя из града в град, из веси в весь, не имея собственного приюта. Одежду Его составляли хитон и риза. В то время, как Он возвещал человекам спасение и источал на них божественные благодеяния, человеки возненавидели Его, задумали и не раз покушались убить Его. Наконец они казнили Его, как уголовного преступника. Он попустил им совершить ужаснейшее злодеяние, которого жаждало их сердце, потому что восхотел казнью Всесвятого избавить от клятвы и казни вечных преступный род человеческий. Страдальческою была земная жизнь Богочеловека: окончилась она страдальческою кончиною. Вслед за Господом прошли в блаженную вечность все святые, прошли путем тесным и прискорбным, отрицаясь от славы и наслаждений мира, обуздывая плотские пожелания подвигами, распиная дух на кресте Христовом, который составляют собою для падшего человеческого духа заповеди Евангелия, подвергаясь различным лишениям, гонимые духами злобными, гонимые своею братиею – человеками. Последуем Христу и сонму святых, шествовавшему за Ним! Богочеловек «Собою очищение сотворив грехов наших, седе одесную престола величества на высоких» (*Евр.1:3*). Туда призывает Он последователей Своих: «приидите благословеннии Отца Моего, наследуйте уготованное вам Царствие» (*Мф.25:34*). Аминь.

О ПОКАЯНИИ

«Покайтеся и веруйте во Евангелие! покайтеся: приближися бо Царство Небесное» (*Мк.1:15, Мф.4:17*). Таковы были первые слова проповеди Богочеловека. Эти же слова доселе произносит Он нам при посредстве Евангелия.

Когда грех наиболее усилился в мире, – нисшел всесильный Врач в мир. Он нисшел в страну изгнания, в страну томлений и страданий наших, предшествующих вечному мучению в аде, благовествует избавление, отраду, исцеление всем человекам, без всякого изъятия. «Покайтеся!»

Сила покаяния основана на силе Божией: Врач всемогущ, – и врачевство, подаваемое Им, всемогуще.

Тогда – во время проповеди Своей на земле – Господь призывал к исцелению всех болезнующих грехом, не признал никакого греха неисцелимым. И теперь Он продолжает призывать всех, обещает и дарует прощение всякого греха, исцеление всякого греховного недуга.

О, странники земные! о, вы все, стремящиеся или влекущиеся по широкому пути, при неумолкающем шуме земных попечений, развлечений и увеселений, по цветам, перемешанным с колючим тернием, спешащие по этому пути к концу, всем известному и всеми забываемому – к мрачному гробу, к еще более мрачной и страшной вечности, остановитесь! Отряхните обаяние мира, постоянно содержащее вас в плену! Прислушайтесь к тому, что возвещает вам Спаситель, обратите должное внимание на слова Его! «Покайтеся и веруйте во Евангелие», говорит Он вам, «покайтеся: приближися бо Царствие Небесное».

Крайне нужно вам, земные странники, обратить полное внимание на это существенно полезное, спасительное увещание: иначе вы достигнете гроба, достигнете прага (порога. – *Прим. ред.*) и врат вечности, не стяжав никакого правильного понятия ни о вечности, ни об обязанностях вступающего в нее, приготовив себе в ней одни справедливые казни за ваши грехи. Тягчайший из грехов – невнимание к словам Спасителя, пренебрежение Спасителем. «Покайтеся!»

Льстив, обманчив путь земной жизни: для начинающих он представляется бесконечным поприщем, исполненным действительности; для совершивших его – путем самым кратким, обставленным пустыми сновиденьями. «Покайтеся!»

И славу, и богатство, и все прочие тленные приобретения и преимущества, на стяжание которых употребляет всю земную жизнь, все силы души и тела, ослепленный грешник, он должен оставить в те минуты, в которые насильственно снимается с души одежда ее – тело, когда душа ведется неумолимыми ангелами на суд праведного Бога, ей неведомого, пренебреженного ею. «Покайтеся!»

Трудятся, торопятся люди обогатить себя познаниями, но только познаниями маловажными, годными лишь для времени, способствующими для удовлетворения нуждам, удобствам и прихотям земной жизни. Познание и дело, существенно нужные, для которых единственно даровано нам земная жизнь – познание Бога и примирение с Ним при посредстве Искупителя – мы вполне презираем. «Покайтеся!»

Братия! Всмотримся беспристрастно, при свете Евангелия, в земную жизнь нашу. Она ничтожна! все блага ее отнимаются смертью, а часто и гораздо раньше смерти различными неожиданными обстоятельствами. Недостойны эти тленные, так скоро исчезающие блага, называться благами! Скорее, они – обманы, сети. Увязающие в этих сетях, и опутывающиеся ими, лишаются истинных, вечных, небесных, духовных благ, доставляемых верою во Христа и последованием Ему по таинственному пути жительства евангельского. «Покайтеся!»

В каком мы страшном ослеплении! Как очевидно доказывается этим ослеплением наше падение! Мы видим смерть наших братий; мы знаем, что и нам непременно и, может быть, очень скоро предлежит она, потому что никто из человеков не остался навсегда на земле; мы видим, что многим, и прежде смерти, изменяет земное благополучие, что превращается оно часто в злополучие, похожее на ежедневное вкушение смерти. Несмотря на это, столько явное свидетельство самого опыта, мы гоняемся за одними временными благами, как бы за постоянными, за вечными. На них одних обращено все наше внимание! забыт Бог! забыта величественная и вместе грозная вечность! «Покайтеся!»

Изменят, братия, непременно изменят нам все тленные блага: богачам изменит их богатство, славным их слава, юным их юность, мудрецам их мудрость. Только одно вечное, существенное благо может стяжать человек во время странствования земного: истинное Богопознание, примирение и соединение с Богом, даруемые Христом. Но для получения этих верховных благ надо оставить жизнь греховную, надо возненавидеть ее. «Покайтеся!» «Покайтеся!» Что значит покаяться? значит: сознаться, раскаяться в грехах своих, оставить грехи свои – отвечал некоторый великий святой Отец на такой вопрос – и уже более не возвращаться к ним[5]. Таким образом многие грешники претворились в святых, многие беззаконники в праведников. «Покайтеся!» Отвергните от себя не только явные грехи – убийство, грабительство, блуд, клевету, ложь, но и пагубные развлечения, и наслаждения плотские, и мечтания преступные, и помышления беззаконные – все, все, воспрещаемое Евангелием. Прежнюю греховную жизнь омойте слезами искреннего раскаяния.

Не скажи сам себе в унынии и расслаблении душевном: «я впал в тяжкие грехи; я стяжал долговременною греховною жизнью греховные навыки: они обратились от времени как бы в природные свойства, сделали для меня покаяние невозможным»[6]. Эти мрачные мысли внушает тебе враг твой, еще не примечаемый и не понимаемый тобою[7]: он знает могущество покаяния, он боится, чтоб покаяние не исторгло тебя из его власти, – и старается отвлечь тебя от покаяния, приписывая Божию всемогущему врачевству немощь.

Установитель покаяния – Творец твой, создавший тебя из ничего. Тем легче Он может воссоздать тебя, претворить твое сердце: соделать сердце Боголюбивое из сердца грехолюбивого, соделать сердце чистое, духовное, святое, из сердца чувственного, плотского, злонамеренного, сладострастного.

Братия! познаем неизреченную любовь Божию к падшему человеческому роду. Господь вочеловечился, чтоб чрез вочеловечение соделать для Себя возможным принятие на Себя казней, заслуженных человеками, и казнью Всесвятого искупить виновных от казни. Что привлекло Его к нам сюда, на землю, в страну нашего изгнания? Правды ли наши? Нет! Его привлекло к нам то бедственное состояние, в которое ввергла нас наша греховность.

Грешники! ободримся. Для нас, именно для нас, Господь совершил великое дело Своего вочеловечения; на наши болезни призрел Он с непостижимою милостию. Престанем колебаться! престанем унывать и сомневаться! Исполненные веры, усердия и благодарности приступим к покаянию: посредством его примиримся с Богом. «Беззаконник аще обратится от всех беззаконий своих, яже сотворил, и сохранит вся заповеди Моя, и сотворит суд, правду и милость, жизнию поживет, и не умрет: вся согрешения его, елика сотворил, не помянутся ему, но в правде своей, юже сотворил, жив будет» (*Иез.18:21–22*). Такое обетование дает Бог грешнику, устами Своего великого пророка.

Будем соответствовать, по нашим слабым силам, великой любви к нам Господа, как могут соответствовать любви Создателя Его твари, и твари падшие: покаемся!

Покаемся не одними устами; засвидетельствуем наше покаяние не одними немногими, кратковременными слезами, не одним наружным участием в церковном Богослужении, в исполнении церковных обрядов, чем довольствовались фарисеи. Принесем вместе со слезами, с наружным благочестием, и плод достойный покаяния: изменим жизнь греховную на жизнь евангельскую.

«Вскую умираете, доме Израилев!» (*Иез.18:31*). Зачем вы гибнете, христиане, от грехов ваших вечною смертью? зачем наполняется вами ад, как бы не было установлено в церкви Христовой всемогущего покаяния? Дан этот бесконечно благий дар дому Израилеву – христианам – и в какое бы ни было время жизни, какие бы ни были грехи, он действует с одинаковою силою: очищает всякий грех, спасает всякого, прибегающего к Богу, хотя бы то было в последние, предсмертные минуты.

«Вскую умираете, доме Израилев!» От того окончательно гибнут христиане вечною смертью, что во все время жизни земной занимаются одним нарушением обетов крещения, одним служением греху, они гибнут от того, что не удостаивают ни малейшего внимания Слово Божие, возвещающее им о покаянии. В самые предсмертные минуты они не умеют воспользоваться всемогущею силою покаяния! Не умеют воспользоваться, потому что не получили о христианстве никакого понятия, или получили понятие самое недостаточное и сбивчивое, которое должно быть названо скорее полным незнанием, нежели каким-нибудь познанием.

«Живу Аз, глаголет Господь» – как бы вынужденный усилить уверение пред неверующими, и возбудить внимание в невнимающих – «живу Аз, глаголет Господь: не хощу смерти грешника, но еже обратитися нечестивому от пути своего, и живу быти ему... Вскую умираете, доме Израилев?» (*Иез.33:11*).

Ведал Бог немощь человеков, ведал, что они и по крещении будут впадать в согрешения: по этой причине Он установил в Церкви Своей таинство покаяния, которым очищаются грехи, совершенные после крещения. Покаяние должно сопутствовать вере во Христа, предшествовать крещению во Христа; а после крещения оно исправляет нарушение обязанностей уверовавшего во Христа и крестившегося во Христа.

Когда многие из Иерусалима и всей Иудеи сходились к Иоанну, проповеднику покаяния, на Иордан для крещения, то исповедовали ему грехи свои, – исповедовали не потому, замечает некоторый святой Писатель[8], чтоб святой Креститель имел нужду знать согрешения приходивших к нему, но потому, что для прочности их покаяния нужно было соединить с чувствами сожаления о впадении в грехи исповедание грехов.

Душа, знающая, что она обязана исповедать грехи свои – говорит тот же святой Отец, – этою самою мыслью, как бы уздою, удерживается от повторения прежних согрешений; напротив того неисповеданные грехи, как бы совершенные во мраке, удобно повторяются.

Исповедыванием грехов расторгается дружба с грехами. Ненависть к грехам – признак истинного покаяния, – решимости вести жизнь добродетельную.

Если ты стяжал навык к грехам, то учащай исповедь их, – и вскоре освободишься из плена греховного, легко и радостно будешь последовать Господу Иисусу Христу.

Кто постоянно предает друзей своих, тому друзья делаются врагами, удаляются от него, как от предателя, ищущего их верной погибели: кто исповедует грехи свои, от того отступают они, потому что грехи основываются и крепятся на гордости падшего естества, не терпят обличения и позора.

Кто в надежде на покаяние позволяет себе согрешать произвольно и намеренно, тот поступает в отношении к Богу коварно. Грешащего произвольно и намеренно, в надежде на покаяние, поражает неожиданно смерть, и не дается ему времени, которое он предполагал посвятить добродетели[9].

Таинством исповеди решительно очищаются все грехи, соделанные словом, делом, помышлением. Для того, чтоб изгладить из сердца навыки греховные, вкоренившиеся в него долгим временем, нужно время, нужно постоянное пребывание в покаянии. Постоянное покаяние состоит в постоянном сокрушении духа, в борении с помыслами и ощущениями, которыми обнаруживает себя сокровенная в сердце греховная страсть, в обуздании телесных чувств и чрева, в смиренной молитве, в частой исповеди.

Братия! мы потеряли произвольным грехом святую непорочность, неприкосновенную не только делу греховному, но и познанию зла, – непорочность, в духовном сиянии которой мы явились в бытие из рук Создателя. Мы потеряли и ту непорочность, которую получили при воссоздании крещением; мы запятнали на пути жизни различными грехами наши ризы, убеленные Искупителем. Осталась нам еще одна вода для омовения – вода покаяния. Что будет с нами, когда мы пренебрежем и этим омовением? Придется нам предстать Богу с душами, обезображенными грехом, – и грозно воззрит Он на душу оскверненную, осудит ее в огнь геенны.

«Измыйтеся, – говорит Бог грешникам, – и чисти будите, отъимите лукавства от душ ваших пред очима Моима, престаньте от лукавств ваших. И приидите, и истяжимся». Чем же оканчивается этот суд Божий, суд покаяния, на который Бог непрестанно призывает грешника, во время его земной жизни? Когда человек сознает грехи свои, решится на искреннее покаяние и исправление, то решает Бог суд Свой с человеком следующим решением: «Аще будут греси ваши яко багряное, яко снег убелю, аще будут яко червленое, яко волну убелю» (*Ис.1:16, 18*).

Если же христианин окажет пренебрежение к этому последнему, многомилостивому призванию Божию, то возвещается ему от Бога окончательная погибель. «Благость Божия, – говорит Апостол, – на покаяние тя ведет» (*Рим.2:4*). Бог видит твои согрешения: Он долготерпеливо взирает на согрешения, совершаемые тобою под взорами Его, на цепь согрешений, из которых сложилась вся жизнь твоя; Он ожидает твоего покаяния, и вместе предоставляет твоему свободному произволению избрание спасения или погибели твоих. И благостию и долготерпением Божиими ты злоупотребляешь! Нет в тебе исправления! Нерадение твое усиливается! Усиливается в тебе пренебрежение и к Богу и к твоей собственной, вечной участи! Ты заботишься только о умножении грехов твоих, прилагаешь к прежним согрешениям согрешения новые и сугубые! «По жестокости твоей и непокаянному сердцу, собираеши себе гнев в день гнева и откровения праведного Божия суда», на котором воздается «коемуждо по делом его; овым убо по терпению дела благаго, славы и чести и нетления ищущим, живот вечный; а иже по рвению противляются убо истине, повинуются же неправде, ярость и гнев. Скорбь вечная и теснота вечная на всяку душу человека, творящаго злое» (*Рим. 2:5–9*). Аминь.

ВИДЕНИЕ ХРИСТА

Хочешь ли увидеть Господа Иисуса Христа? – «Прииди и виждь» (*Ин.1:46*), говорит Его Апостол.

Господь Иисус Христос дал обетование пребывать с учениками Своими «до скончания века» (*Мф.28:20*). Он – с ними: в святом Евангелии и таинствах Церковных (Священномученик *Петр Дамаскин* говорит: «Христос сокровен в Евангелии. Хотящий найти Его, должен продать все имение свое, и купить Евангелие, чтоб не только найти Христа чтением, но чтоб принять Его в себя подражанием пребыванию Его в мире. Ищущий Христа, говорит святой Максим, должен его искать не вне, но внутри себя, то есть, телом и душою быть, как Христос, безгрешным по возможности человеческой»)[10]. Его нет для тех, которые не веруют в Евангелие: они не видят Его, будучи ослеплены неверием.

Хочешь ли услышать Христа? – Он говорит тебе Евангелием. Не пренебреги Его спасительным голосом: уклонись от греховной жизни, и слушай со вниманием учение Христово, которое – живот вечный.

Хочешь ли, чтоб тебе явился Христос? Он научает тебя, как это получить. «Имеяй заповеди Моя и соблюдаяй их, той есть любяй Мя: а любяй Мя возлюблен будет Отцем Моим, и Аз возлюблю его, и явлюся ему Сам» (*Ин.14:21*).

Ты усыновлен Богу таинством святого крещения; ты вступил в теснейшее единение с Богом таинством святого причащения: поддерживай усыновление, поддерживай единение. Чистоту и обновление, доставленные святым крещением, восстановляй покаянием, а единение с Богом питай жительством по Евангелию и по возможности частым причащением святым Христовым тайнам. «Будите во Мне и Аз в вас» (*Ин.15:4*), сказал Господь. «Аще заповеди Моя соблюдете, пребудите в любви Моей» (*Ин.15:10*). «Ядый Мою Плоть и пияй Мою Кровь, во Мне пребывает, и Аз в нем» (*Ин.6:56*).

Хранись от мечтательности, которая может тебе представить, что ты видишь Господа Иисуса Христа, что ты Его осязаешь, объемлешь. Это – пустая игра напыщенного, гордого самомнения! Это – пагубное самообольщение! (Этот род самообольщения святые аскетические писатели называют «мнением». Святой Иоанн Карпафийский определяет мнение так: «Мнение есть упитательство души тщеславием и суетное дмение ума»[11]). Об этом роде самообольщения святой Апостол Павел говорит: «Никто же вас да прельщает изволенным ему смиренномудрием и службою Ангелов, яже не уведе уча, без ума дмяся от ума плоти своея» (*Кол.2:18*). Сказал святой Григорий Синайский: «Говорящие от своих помыслов, прежде чистоты прельстились духом «мнения». К таким относятся слова Притчей: «Видех мужа непщеваша себе мудра быти, упование же имать безумный паче его» (*Притч.26:12*).[12] Исполняй заповеди Господа – и чудным образом увидишь Господа в себе, в своих свойствах. Так видел в себе Господа святой Апостол Павел: он требовал этого видения от христиан; тех, которые его не имели, называл недостигшими состояния, должного христианам.

Если ты проводишь жизнь греховную, удовлетворяешь страстям, и вместе думаешь, что любишь Господа Иисуса Христа, то присный ученик Его, возлежавший на персях Его во время тайной вечери, обличает тебя в самообольщении. Он говорит: «Глаголяй, яко познах Его, и заповеди Его не соблюдает, ложь есть, и в сем истины несть. А иже аще соблюдает слово Его, поистине в сем любы Божия совершенна есть» (*1Ин.2:4–5*).

Если ты исполняешь греховную волю твою, и тем нарушаешь евангельские заповеди, то Господь Иисус

Христос причисляет тебя к числу нелюбящих Его. «Не любяй Мя, – говорит Он, – словес Моих не соблюдает» (*Ин.14:24*).

Не устремись безрассудно, не рассмотрев тщательно риз твоих, в ветхом, смрадном рубище, на брак к Сыну Божию, на соединение с Ним, хотя ты и призван на этот брак, на который призван каждый христианин. Есть такие слуги у этого Домовладыки, которые свяжут тебе руки и ноги, и ввергнут во тьму кромешную, чуждую Бога (*Мф.22:11–13*).

Слуги, власти которых предается дерзостный, неочищенный покаянием, напыщенный самомнением и высокоумием искатель любви и прочих возвышенных духовных состояний, – демоны, ангелы отверженные. Тьма кромешная – слепота духа человеческого, состояние страстное, плотское. Грех и падшие духи властвуют в человеке, находящемся в этом состоянии. Он лишен нравственной свободы: руки и ноги его связаны. Связанием рук и ног означается утрата способности к богоугодному жительству и к духовному преуспеянию. В этом состоянии находятся все самообольщенные. Из этого бедственного состояния выходит человек с сознанием своего заблуждения, отвержением его, вступлением в спасительное поприще покаяния.

Труден выход из самообольщения. У дверей стоит стража; двери заперты тяжеловесными крепкими замками и затворами; приложена к ним печать адской бездны. Замки и затворы – гордость самообольщенных, глубоко таящаяся в сердце, тщеславие их, составляющее начальную причину деятельности их, лицемерство и лукавство, которыми прикрываются гордость и тщеславие, которыми облекаются они в личину благонамеренности, смирения, святости. Печать несокрушимая – признание действий самообольщения действиями благодатными.

Может ли находящийся в самообольщении, в области лжи и обмана, быть исполнителем заповедей Христовых, которые истина от Истины – Христа? Сочувствующий лжи, услаждающийся ложью, усвоивший себе ложь, соединившийся с ложью в духе, может ли сочувствовать истине? Нет! он возненавидит ее, соделается исступленным врагом ее и гонителем.

Каково будет ваше состояние, несчастные мечтатели, мнившие о себе, что вы провели земную жизнь, в объятиях Божиих, когда поразит вас изречение Спасителя: «Николиже знах вас. Отыдите от Мене делающии беззаконие» (*Мф.7:23*).

Истинный друг мой о Господе! Иди к Господу Иисусу Христу, приближайся к Нему путем евангельских заповедей; ими познавай Его; исполнением их оказывай и доказывай любовь твою к Господу Иисусу. Он Сам явит тебе Себя, явит в день и час, известные Единому Ему. Вместе с этим явлением прольет в сердце твое несказанную любовь к Себе. Божественная любовь – не что-нибудь, собственно принадлежащее падшему человеку: она – дар Святого Духа (*Рим.5:5*), посылаемый одним Богом в сосуды, очищенные покаянием, в сосуды смирения и целомудрия.

Вверь себя Господу, а не себе: это гораздо надежнее. Он – Создатель твой. Когда ты подвергся горестному падению, Он для тебя принял человечество, Себя отдал за тебя на казнь, за тебя пролил кровь Свою, Свое Божество доставил тебе: чего же еще Он не сделает для тебя? Приготовься для даров Его очищением себя: это твое дело. Аминь.

О ЧТЕНИИ ЕВАНГЕЛИЯ

При чтении Евангелия не ищи наслаждения, не ищи восторгов, не ищи блестящих мыслей: ищи увидеть непогрешительно святую Истину.

Не довольствуйся одним бесплодным чтением Евангелия; старайся исполнять его заповедания, читай его делами. Это – книга жизни, и надо читать ее жизнию.

Не думай, что без причины священнейшая из книг, Четверо-Евангелие, начинается Евангелием от Матфея, а оканчивается Евангелием от Иоанна. Матфей научает более, как исполнять волю Божию, и его наставления особенно приличествуют начинающим путь Божий; Иоанн излагает образ соединения Бога с человеком, обновленным заповедями, что доступно одним преуспевшим на пути Божием.

Раскрывая для чтения книгу – святое Евангелие, вспомни, что она решит твою вечную участь. По ней мы будем судимы, и, смотря по тому, каковы были здесь на земле по отношению к ней, получим в удел или вечное блаженство, или вечные казни (*Ин.12:48*).

Бог открыл Свою волю ничтожной пылинке – человеку! Книга, в которой изложена эта великая и всесвятая воля – в твоих руках. Ты можешь и принять, и отвергнуть волю Создателя и Спасителя твоего, смотря по тому, как тебе угодно. Твои вечная жизнь и вечная смерть в руках твоих: рассуди же, сколько нужно тебе быть осторожну, благоразумну. Не играй своею участью вечною!

Молись в сокрушении духа Господу, чтоб Он открыл тебе очи видеть чудеса, сокровенные в законе Его

(*Пс.118:18*), который – Евангелие. Открываются очи, – и усматривается чудное исцеление души от греха, совершаемое Словом Божиим. Исцеление телесных недугов было только доказательством исцеления души, доказательством для плотских людей, для умов, заслепленных чувственностью (*Лк.5:24*).

Читай Евангелие с крайним благоговением и вниманием. В нем не сочти ничего маловажным, малодостойным рассматривания. Каждая йота его испускает луч жизни. Пренебрежение жизни – смерть.

Читая о прокаженных, расслабленных, слепых, хромых и беснующихся, которых исцелил Господь, помышляй, что душа твоя, носящая многоразличные язвы греха, находящаяся в плену у демонов, подобна этим больным. Научайся из Евангелия вере, что Господь, исцеливший их, исцелит и тебя, если ты будешь прилежно умолять Его о исцелении твоем.

Стяжи такое расположение души, чтоб тебе быть способным к получению исцеления. Способны получить его сознающиеся в своей греховности, решившиеся оставить ее (*Ин.9:39, 41*). Горделивому праведнику, то есть грешнику, не видящему своей греховности, не нужен, бесполезен Спаситель (*Мф.9:13*).

Зрение грехов, зрение того падения, в котором находится весь род человеческий, есть особенный дар Божий. Испроси себе этот дар, и понятнее будет для тебя книга Небесного Врача – Евангелие.

Постарайся, чтоб Евангелие усвоилось твоему уму и сердцу, чтоб ум твой, так сказать, плавал в нем, жил в нем: тогда и деятельность твоя удобно соделается евангельскою. Этого можно достичь непрестанным благоговейным чтением, изучением Евангелия.

Преподобный *Пахомий Великий*, один из знаменитейших древних Отцов, знал наизусть святое Евангелие и вменял ученикам своим, по откровению Божию, в непременную обязанность выучить его. Таким образом Евангелие сопутствовало им повсюду, постоянно руководило их[13].

И ныне отчего бы христианским воспитателям не украсить памяти невинного дитяти Евангелием, чем засорять ее изучением Езоповых басней и прочих ничтожностей?

Какое счастие, какое богатство – стяжание Евангелия памятию! Нельзя предвидеть переворотов и бедствий, могущих случиться с нами в течение земной жизни. Евангелие, принадлежащее памяти, читается слепым, узнику сопутствует в темницу, говорит с земледельцем на ниве, орошаемой его потом, наставляет судию во время самого присутствия, руководит купца на торгу, увеселяет больного во время томительной бессонницы и тяжкого одиночества.

Не дерзай сам истолковывать Евангелие и прочие книги Священного Писания. Писание произнесено святыми Пророками и Апостолами, произнесено не произвольно, но по внушению Святого Духа (*2Пет.1:21*). Как же не безумно истолковывать его произвольно?

Святой Дух, произнесший чрез Пророков и Апостолов Слово Божие, истолковал его чрез святых Отцов. И Слово Божие и толкование его – дар Святого Духа. Только это одно истолкование принимает святая Православная *Церковь*! Только это одно истолкование принимают ее истинные чада!

Кто объясняет Евангелие и все Писание произвольно, тот этим самым отвергает истолкование его святыми Отцами, Святым Духом. Кто отвергает истолкование Писания Святым Духом, тот, без всякого сомнения, отвергает и самое Священное Писание.

И бывает слово Божие, слово спасения, для дерзких толкователей его, воней в смерть, мечом обоюдоострым, которым они закалают сами себя в вечную погибель (*2Пет.3:16, 2Кор.2:15–16*). Им убили себя навечно Арий, Несторий, Евтихий и прочие еретики, впавшие произвольным и дерзким толкованием Писания в богохульство.

«На кого воззрю, токмо на кроткаго и молчаливаго и трепещущаго словес Моих» (*Ис.66:2*), говорит Господь.

Таков будь относительно Евангелия и присутствующего в нем Господа.

Оставь греховную жизнь, оставь земные пристрастия и наслаждения, отрекись души своей, тогда сделается для тебя доступным и понятным Евангелие.

«Ненавидяй души своея в мире сем», сказал Господь – души, для которой, от падения, грехолюбие соделалось как бы природным, как бы жизнию – «в живот вечный сохранит ю» (*Ин.12:25*).

Для любящего душу свою, для того, кто не решается на самоотвержение, закрыто Евангелие: он читает букву; но слово жизни, как Дух, остается для него под непроницаемою завесою. Когда Господь был на земле пресвятою плотию, – многие видели Его и, вместе, не видели. Что пользы, когда человек смотрит телесными очами, общими у него с животными, а ничего не видит очами души – умом и сердцем? И ныне многие ежедневно читают Евангелие, и вместе никогда не читали его, вовсе не знают его.

Евангелие, сказал некоторый преподобный пустынножитель, умом чистым читается; понимается по мере исполнения заповеданий его самым делом. Но точного и совершенного раскрытия Евангелия не возможно стяжать в себе собственными усилиями: это – дар Христов[14].

Дух Святой, вселившись в истинного и верного служителя Своего, соделывает его и совершенным читателем и истинным исполнителем Евангелия.

Евангелие есть изображение свойств нового человека, который – «Господь с небесе» (*1Кор.15:47*). Этот новый человек – Бог по естеству. Святое племя Свое человеков, в Него верующих и по Нему преобразившихся, Он соделывает богами по благодати.

Вы, которые валяетесь в смрадном и грязном болоте грехов, находите в нем наслаждение! Подымите главы ваши, взгляните на чистое небо: там ваше место! Бог дает вам достоинство богов; вы, отвергая это достоинство, избираете для себя другое: достоинство животных, – и самых нечистых. Опомнитесь! Оставьте болото зловонное; вычиститесь исповеданием грехов; умойтесь слезами раскаяния; украсьтесь слезами умиления; подымитесь от земли; взойдите на небо: вас возведет туда Евангелие. «Дондеже свет имате», – Евангелие, в котором сокровен Христос, – «веруйте во свет, да сынове Света – Христа будете» (*Ин.12:36*).

О ЧТЕНИИ СВЯТЫХ ОТЦОВ

Беседа и общество ближних очень действует на человека. Беседа и знакомство с ученым сообщает много сведений, с поэтом – много возвышенных мыслей и чувствований, с путешественником – много познаний о странах, о нравах и обычаях народных. Очевидно: беседа и знакомство со святыми сообщают святость. «С преподобным преподобен будеши, и с мужем неповинным неповинен будеши, и с избранным избран будеши» (*Пс.17:26–27*).

Отныне, во время краткой земной жизни, которую Писание не назвало даже жизнью, а странствованием, познакомься со святыми. Ты хочешь принадлежать на небе к их обществу, хочешь быть участником их блаженства? отныне поступи в общение с ними. Когда выйдешь из храмины тела, – они примут тебя к себе, как своего знакомого, как своего друга (*Лк.16:9*).

Нет ближе знакомства, нет теснее связи, как связь единством мыслей, единством чувствований, единством цели (*1Кор.1:10*).

Где единомыслие, там непременно и единодушие, там непременно одна цель, одинаковый успех в достижении цели.

Усвой себе мысли и дух святых Отцов чтением их писаний. Святые Отцы достигли цели: спасения. И ты достигнешь этой цели по естественному ходу вещей. Как единомысленный и единодушный святым Отцам, ты спасешься.

Небо приняло в свое блаженное недро святых Отцов. Этим оно засвидетельствовало, что мысли, чувствования, деяния святых Отцов благоугодны ему. Святые Отцы изложили свои мысли, свое сердце, образ своих действий в своих писаниях. Значит: какое верное руководство к небу, засвидетельствованное самим небом, – писания Отцов.

Писания святых Отцов все составлены по внушению или под влиянием Святого Духа. Чудное в них согласие, чудное помазание! Руководствующийся ими имеет, без всякого сомнения, руководителем Святого Духа.

Все воды земли стекаются в океан, и, может быть, океан служит началом для всех вод земных. Писания Отцов соединяются все в Евангелии; все клонятся к тому, чтоб научить нас точному исполнению заповеданий Господа нашего Иисуса Христа; всех их и источник и конец – святое Евангелие.

Святые Отцы научают, как приступать к Евангелию, как читать его, как правильно понимать его, что содействует, что препятствует к уразумению его. И потому сначала более занимайся чтением святых Отцов. Когда же они научат тебя читать Евангелие: тогда уже преимущественно читай Евангелие.

Не сочти для себя достаточным чтение одного Евангелия, без чтения святых Отцов! Это – мысль гордая, опасная. Лучше пусть приведут тебя к Евангелию святые Отцы, как возлюбленное свое дитя, получившее предварительное воспитание и образование посредством их писаний.

Многие, все, отвергшие безумно, кичливо святых Отцов, приступившие непосредственно, со слепою дерзостию, с нечистым умом и сердцем к Евангелию, впали в гибельное заблуждение. Их отвергло Евангелие: оно допускает к себе одних смиренных.

Чтение писаний отеческих – родитель и царь всех добродетелей. Из чтения отеческих писаний научаемся истинному разумению Священного Писания, вере правой, жительству по заповедям евангельским, глубокому уважению, которое должно иметь к евангельским заповедям, словом сказать, – спасению и христианскому совершенству.

Чтение отеческих писаний, по умалении Духоносных наставников, соделалось главным руководителем для желающих спастись и даже достигнуть христианского совершенства[15].

Книги святых Отцов, по выражению одного из них, подобны зеркалу: смотрясь в них внимательно и часто, душа может увидеть все свои недостатки.

Опять – эти книги подобны богатому собранию врачебных средств: в нем душа может приискать для каждого из своих недугов спасительное врачевство.

Говорил святой *Епифаний Кипрский*: «Один взор на священные книги возбуждает к благочестивой жизни»[16].

Чтение святых Отцов должно быть тщательное, внимательное и постоянное: невидимый враг наш, ненавидящий глас утверждения (*Притч.11:15*), ненавидит в особенности, когда этот глас исходит от святых Отцов. Этот глас обличает козни нашего врага, его лукавство, открывает его сети, его образ действий: и потому враг вооружается против чтения Отцов различными гордыми и хульными помыслами, старается ввергнуть подвижника в суетные попечения, чтоб отвлечь его от спасительного чтения, борет его унынием, скукою, забывчивостью. Из этой брани против чтения святых Отцов, мы должны заключить, как спасительно для нас оружие, столько ненавидимое врагом. Усильно заботится враг о том, чтоб исторгнуть его из рук наших.

Каждый избери себе чтение Отцов, соответствующее своему образу жизни. Отшельник пусть читает Отцов, писавших о безмолвии; инок, живущий в общежитии, – Отцов, написавших наставления для монашеских общежитий; христианин, живущий посреди мира, – святых Отцов, произнесших свои поучения вообще для всего христианства. Каждый, в каком бы звании ни был, почерпай обильное наставление в писаниях Отцов.

Непременно нужно чтение, соответствующее образу жизни. Иначе будешь наполняться мыслями, хотя и святыми, но неисполнимыми самым делом, возбуждающими бесплодную деятельность только в воображении и желании; дела благочестия, приличествующие твоему образу жизни, будут ускользать из рук твоих. Мало того, что ты сделаешься бесплодным мечтателем, – мысли твои, находясь в беспрестанном противоречии с кругом действий, будут непременно рождать в твоем сердце смущение, а в поведении неопределенность, тягостные, вредные для тебя и для ближних. При неправильном чтении Священного Писания и святых Отцов, легко можно уклониться с спасительного пути в непроходимые дебри и глубокие пропасти, что и случилось со многими. Аминь.

ОБ УДАЛЕНИИ ОТ ЧТЕНИЯ КНИГ, СОДЕРЖАЩИХ В СЕБЕ ЛЖЕУЧЕНИЕ

Опять приношу тебе, верный сын Восточной Церкви, слово совета искреннего, благого. Это слово не мне принадлежит: оно – святых Отцов. Оттуда все мои советы.

Храни ум и сердце от учения лжи. Не беседуй о христианстве с людьми, зараженными ложными мыслями; не читай книг о христианстве, написанных лжеучителями.

Истине соприсутствует Дух Святой: Он – Дух Истины. Лжи соприсутствует и содействует дух диавола, который – ложь и отец лжи.

Читающий книги лжеучителей, приобщается непременно лукавому, темному духу лжи. Это да не покажется тебе странным, невероятным: так утверждают светила Церковные – святые Отцы. («Никто да не читает, сказал священномученик Петр Дамаскин, не служащего к угождению Божию. Если же и прочтет когда что таковое в неведении, то да подвизается скорее изгладить его из памяти чтением Божественных Писаний и из них именно тех, которые наиболее служат ко спасению души его, по состоянию, которого он достиг... Противных же сему книг никак да не читает. Какая нужда принять духа нечистого, вместо Духа Святого? Кто в каком слове упражняется, тот получает свойство того слова, хотя этого и не видят неопытные, как видят имеющие духовную опытность».)[17].

Если ум твой и сердце ничем не исписаны, – пусть Истина и Дух напишут на них заповеди Божии и Его учение духовное.

Если же ты позволил исписать и исчеркать скрижали души разнообразными понятиями и впечатлениями, не разбирая благоразумно и осторожно – кто писатель, что он пишет, то вычисти написанное писателями чуждыми; вычисти покаянием и отвержением всего богопротивного.

Писателем на твоих скрижалях да будет един перст Божий.

Приготовь для этого писателя чистоту ума и сердца благочестивою, целомудренною жизнью: тогда при молитвах твоих и при чтении священных книг, неприметно, таинственно будет начертываться на скрижалях души закон Духа.

Только те книги о религии позволено тебе читать, которые написаны святыми Отцами вселенской Восточной Церкви. Этого требует Восточная Церковь от чад своих[18].

Если же ты рассуждаешь иначе, и находишь повеление Церкви менее основательным, нежели рассуждение твое и других, согласных с тобою, то ты уже не сын Церкви, а судия ее.

Ты назовешь меня односторонним, не довольно просвещенным, ригористом? – Оставь мне односторонность мою и все прочие недостатки: желаю лучше при этих недостатках быть послушным Восточной Церкви, нежели при всех мнимых совершенствах быть умнее ее, и потому позволять себе непослушание ей, и отделение от нее. Истинным чадам Восточной Церкви приятен будет голос мой.

Они знают, что хотящий получить небесную премудрость, должен оставить свою собственную, земную, как бы она велика ни была, отречься от нее, признать ее, какова она и есть, «буйством» (*1Кор.3:19*).

Земная мудрость – вражда на Бога: она Закону Божию не покоряется, и не может покоряться (*Рим.8:7*). От начала таково ее свойство; такою останется она до конца своего, – когда «земля и яже на ней дела», а с ними и земная мудрость, «сгорят» (*2Пет.3:10*).

Святая Церковь позволяет читать книги лжеучителей только тем своим членам, которых мысль и сердечные чувства исцелены и просвещены Святым Духом, которые могут всегда отличить от истинного добра зло, притворяющееся добром и прикрытое личиною добра.

Великие угодники Божии, познавшие немощь общую всем человекам, страшились яда ереси и лжи, и потому со всевозможным тщанием убегали бесед с людьми, зараженными лжеучением, и чтения еретических книг[19]. Имея пред очами падение ученейшего *Оригена*, искусного в любопрении Ария, красноречивого Нестория и других богатых мудростью мира, погибших от самонадеянности и самомнения, они искали спасения и обрели его в бегстве от лжеучения, в точнейшем послушании Церкви.

Духоносные, святые пастыри и учители Церковные читали писания богохульных еретиков, вынуждаемые к такому чтению необходимою нуждою всего христианского общества. Они словом сильным, словом духовным обличали заблуждения, возвестили всем чадам Церкви скрытую опасность в еретических писаниях, прикрытую великолепными наименованиями святости и благочестия.

Но мне и тебе необходимо охраняться от чтения книг, сочиненных лжеучителями. Всякому, не принадлежащему Восточной Церкви, единой святой, писавшему о Христе, о христианской вере и нравственности, принадлежит имя лжеучителя.

Скажи: как возможно позволить тебе чтение всякой книги, когда каждая читаемая тобою книга ведет тебя, куда хочет, – убеждает соглашаться на все, на что нужно ей твое согласие, отвергать все, что ей нужно, чтоб ты отвергал?

Опыт доказывает, как гибельны последствия безразборчивого чтения. Сколько можно встретить между чадами Восточной Церкви понятий о христианстве самых сбивчивых, неправильных, противоречащих учению Церкви, порицающих это святое учение, – понятий, усвоенных чтением книг еретических!

Не оскорбись, друг мой, на мои предостережения, внушаемые желанием тебе истинного блага. Отец, мать, добрый воспитатель не будут ли страшиться за невинного, неопытного младенца, когда он захочет невозбранно входить в комнату, где между съестными припасами множество яду?

Смерть души бедственнее смерти тела: умершее тело воскреснет, и часто смерть тела бывает причиною жизни для души; напротив того душа, умерщвленная злом – жертва вечной смерти. Душу может убить одна мысль, содержащая в себе какой-нибудь вид богохульства, тонкий, вовсе не приметный для незнающих.

Будет время, предвозвещал святой Апостол, «егда здраваго учения не послушают, но по своих похотех изберут себе учители, чешеми слухом: и от истины слух отвратят, и к баснем уклонятся» (*2Тим.4:3–4*).

Не прельщайся громким заглавием книги, обещающим преподать христианское совершенство тому, кому нужна еще пища младенцев; не прельщайся ни великолепным изданием, ни живописью, силою, красотою слога, ни тем, что писатель – будто святой, будто доказавший свою святость многочисленными чудесами.

Лжеучение не останавливается ни пред каким вымыслом, ни пред каким обманом, чтоб басням своим дать вид истины, и тем удобнее отравить ими душу.

Лжеучение само по себе – уже обман. Им обманут прежде читателя писатель (*2Тим.3:13*).

Признак книги истинно, существенно душеполезной – святой Писатель, член Восточной Церкви, одобренный, признанный святою Церковью. Аминь.

ИСТИНА И ДУХ

Не обольщайся самомнением и учением тех, обольщенных самомнением, которые, пренебрегая истиною Церкви и Божественным Откровением, утверждают, что истина может вещать в тебе самом без звуков слова, и наставлять тебя сама собою, каким-то неопределенным и неясным действием. Это – учение лжи и ее наперсников[20].

Признаки учения лжи: темнота, неопределительность, мнение[21] и следующее за ним, рождаемое им мечтательное, кровяное и нервное наслаждение. Оно доставляется тонким действием тщеславия и сладострастия.

Падшее человечество приступает к святой истине верою; другого пути к ней нет. «Вера от слуха, слух же глаголом Божиим» (*Рим.10:17*), научает нас Апостол.

Слово Божие – истина (*Ин.17:17*); заповеди евангельские – истина (*Пс.118:86*); всякий человек – ложь (*Пс.115:2*). Все это засвидетельствовано Божественным Писанием. Как же из того, кто – ложь, думаешь услышать голос святой истины?

Хочешь ли услышать его, – услышать духовный голос святой истины? – Научись читать Евангелие: от него услышишь истину, в нем увидишь истину. Истина откроет тебе падение твое и узы лжи, узы самообольщения, которыми невидимо связана душа всякого человека, не обновленного Святым Духом.

Тебе стыдно сознаться, падший горделивец, гордый в самом падении своем, что ты должен искать истины вне себя, что вход для нее в твою душу – чрез слух и другие телесные чувства! Но это – неоспоримая правда, обличающая, как глубоко наше ниспадение. Так глубоко, так страшно ниспадение наше, что для извлечения нас из гибельной пропасти, Бог-Слово принял на Себя человечество, чтоб человеки из учеников диавола и лжи соделались учениками Бога и Истины, при посредстве Слова и Духа Истины освободились от греховного рабства, и научились всякой истине[22].

Мы так грубы, так чувственны, что нужно было, чтоб Святая Истина подверглась нашим телесным чувствам; нужны были не только звуки слова, но и исцеления недужных, ощутительные знамения на водах, древах, хлебах, чтоб мы, убеждаемые телесными очами, могли сколько-нибудь усмотреть Истину. Так омрачились наши очи душевные!

«Аще знамений и чудес не видите, не имате веровати» (*Ин.4:48*), упрекал Господь людей чувственных, просивших у Него исцеления телу, и не подозревавших даже, что души их находятся в несравненно ужаснейшем недуге, и потому нуждаются несравненно более в исцелении и небесном Враче, нежели тела.

И человек сознался пред Господом, что знамения, зримые телесными очами, привели его к вере, привели к зрению умом. «Вем, – говорил он Господу, – яко от Бога пришел еси учитель: никто же бо может знамений сих творити,... аще не будет Бог с ним» (*Ин.3:2*). А человек этот имел ученость земную.

Многие очами видели Спасителя, видели Его Божественную власть над всею тварью в творимых Им чудесах; многие ушами своими слышали Его святое учение, слышали самих бесов, свидетельствующих о Нем; но не познали Его, возненавидели Его, посягнули на ужаснейшее злодеяние – на богоубийство. Так глубоко, так страшно наше падение, наше омрачение.

Кажется: достаточно прочитать одну главу Евангелия, чтоб познать говорящего в нем Бога. «Глаголы живота вечнаго имаши», Господь и Бог наш, явившийся нам в смиренном виде человека, «и мы веровахом, и познахом, яко Ты еси Христос, Сын Бога живаго» (*Ин.6:68–69*).

Вещает Само – истина: «Аще вы пребудете в словеси Моем, воистину ученицы Мои будете. И уразумеете истину, и истина свободит вы» (*Ин.8:31–32*). Изучай Евангелие, и будет из него вещать тебе неподдельная, святая истина.

Может вещать истина и внутри человека. Но когда это? Тогда, когда, по слову Спасителя, человек облечется «силою свыше» (*Лк.24:49*): «егда приидет Он, Дух Истины, наставит вы на всяку истину» (*Ин.16:13*).

Если же прежде явственного пришествия Святого Духа – удела святых Божиих – кто возмнит слышать внутри себя вещающую истину, тот льстит только своей гордости, обманывает себя; он скорее слышит голос того, кто говорил в раю: «будете яко бози» (*Быт.3:5*). И этот-то голос кажется ему голосом истины!

Познавать истину из Евангелия и святых Отцов, посредством чтения причащаться живущему в Евангелии и святых Отцах Святому Духу – великое счастие.

Высшего счастия, – счастия слышать истину от самого Пресвятого Духа я не достоин! я не способен к нему! не способен выдержать его, сохранить его: сосуд мой не готов, не окончен и не укреплен. Вино Духа, если б было влито в него, расторгло бы его, и само пролилось (*Мф.9:17*), а потому всеблагий Господь мой, щадя немощь мою, долготерпит о мне (*Лк.18:7*), и не представляет мне в снедь сильного духовного брашна (*1Кор.3:2*).

Сотник признал себя недостойным принять Господа в дом свой, а просил, чтоб пришло в этот дом всемогущее слово Господа, и исцелило отрока. Оно пришло; совершилось знамение, совершилось исцеление отрока. Господь похвалил веру и смирение сотника (*Мф.8:8–13*).

Говорили сыны Израиля святому вождю своему и законодателю, говорили из правильного понятия о величии Божества, из понятия, от которого рождается в человеке сознание и познание ничтожества человеческого: «Глаголи ты с нами, и да не глаголет к нам Бог, да не... умрем»

(*Исх.20:19*). Смиренные и спасительные слова эти свойственны каждому истинному христианину: предохраняется христианин таким сердечным залогом от душевной смерти, которою поражает самообольщенных гордость и дерзость их. В противоположность истинному христианину, этому духовному израильтянину, вопиет в исступлении самообольщенный: «Сыны Израиля говорили некогда Моисею: говори ты к нам, и мы будем слушать; Господь же да не говорит к нам, чтоб нам не умереть. Не так, Господи, не так молю я! Да не говорит мне Моисей, или другой кто из пророков: говори Ты, Господи Боже, дарующий вдохновение всем пророкам. Ты один, без них, можешь совершенно научить меня»[23].

Недостоин Господа, недостоин подражания тот, кто весь в сквернах и нечистотах, а глупым, гордостным, мечтательным мнением думает быть в объятиях Пречистого, Пресвятого Господа, думает иметь Его в себе и с Ним беседовать, как с другом[24].

«Бог прославляемь в совете святых, велий и страшен есть над всеми окрестными Его» (*Пс.88:8*), говорит Писание; Он страшен для самых высших небесных Сил. Шестокрылатые Серафимы парят вокруг Его престола, в исступлении и ужасе от величия Божия произносят неумолкающее славословие, огненными крылами закрывают огненные лица: видел это тайнозритель Исаия (*Ис.6*). Человек! благоговейно прикройся смирением.

Довольно, довольно, если Слово Божие, истина взойдет в дом души при посредстве слышания, или чтения, и исцелит отрока, то есть, тебя, находящегося еще в младенческом возрасте по отношению к Христу, хотя по возрасту плотскому ты, может быть, уже украшен сединами.

Нет другого доступа к Истине! «Како уверуют, – говорит Апостол, – егоже не услышаша? Како же услышат без проповедающаго? ...вера от слуха, слух же глаголом Божиим» (*Рим.10:14, 17*). Замолкли живые органы Святого Духа: проповедует истину – изреченное Святым Духом – Писание.

Верный сын Восточной Церкви! Послушай совета дружеского, совета спасительного. Ты хочешь познать основательно путь Божий, прийти по этому пути к спасению вечному? – Изучай святую истину в Священном Писании, преимущественно же в Новом Завете, и в писаниях святых Отцов. Непременно нужна при этом упражнении и чистота жизни: потому что только чистые сердцем могут зреть Бога. Тогда сделаешься, в свое время, в мере известной и угодной Богу, учеником и наперсником святой Истины, причастником неразлучного с Нею, преподаемого Ею, Святого Духа. Аминь.

О ЛЮБВИ К БЛИЖНЕМУ

Что может быть прекраснее, насладительнее любви к ближнему?

Любить – блаженство; ненавидеть – мука.

Весь закон и пророки сосредоточиваются в любви к Богу и ближнему (*Мф.22:40*).

Любовь к ближнему есть стезя, ведущая в любовь к Богу: потому что Христос благоволил таинственно облечься в каждого ближнего нашего, а во Христе – Бог (*1Ин.4:14, 15*).

Не подумай, возлюбленнейший брат, чтоб заповедь любви к ближнему была так близка к нашему падшему сердцу: заповедь – духовна, а нашим сердцем овладели плоть и кровь; заповедь – новая, а сердце наше – ветхое.

Естественная любовь наша повреждена падением; ее нужно умертвить – повелевает это Христос – и почерпнуть из Евангелия святую любовь к ближнему, любовь во Христе.

Свойства нового человека должны быть все новые; никакое ветхое свойство нейдет ему.

Не имеет цены пред Евангелием любовь от движения крови и чувствований плотских.

И какую может она иметь цену, когда при разгорячении крови дает клятву положить душу за Господа, а чрез несколько часов, при охлаждении крови, дает клятву, что не знает Его? (*Мф.26:33, 35, 74*).

Евангелие отвергает любовь зависящую от движения крови, от чувств плотского сердца. Оно говорит: «Не мните, яко приидох воврещи мир на землю: не приидох воврещи мир, но меч. Приидох бо разлучити человека на отца своего, и дщерь на матерь свою, и невесту на свекровь свою. И врази человеку домашнии его» (*Мф.10:34– 36*).

Падение подчинило сердце владычеству крови, и, посредством крови, владычеству миродержителя. Евангелие освобождает сердце из этого плена, из этого насилия, приводит под руководство Святого Духа.

Святой Дух научает любить ближнего свято.

Любовь, возженная, питаемая Святым Духом – огнь. Этим огнем погашается огнь любви естественной, плотской, поврежденной грехопадением[25].

«Говорящий, что можно иметь ту и другую любовь, обольщает сам себя», сказал святой Иоанн Лествичник[26].

В каком падении наше естество? Тот, кто по естеству способен с горячностью любить ближнего, должен делать себе необыкновенное принуждение, чтоб любить его так, как повелевает любить Евангелие.

Пламеннейшая естественная любовь легко обращается в отвращение, в непримиримую ненависть (*2Цар.13:15*).

Естественная любовь выражалась и кинжалом.

В каких язвах – наша любовь естественная! Какая тяжкая на ней язва – пристрастие! Обладаемое пристрастием сердце способно ко всякой несправедливости, ко всякому беззаконию, лишь бы удовлетворить болезненной любви своей.

«Мерила льстивая мерзость пред Господом, вес же праведный приятен Ему» (*Притч.11:1*).

Естественная любовь доставляет любимому своему одно земное; о небесном она не думает.

Она враждует против Неба и Духа Святого: потому что Дух требует распятия плоти.

Она враждует против Неба и Духа Святого: потому что находится под управлением духа лукавого, духа нечистого и погибшего.

Приступим к Евангелию, возлюбленнейший брат, поглядимся в это зеркало! глядясь в него, свергнем ризы ветхие, в которые облекло нас падение, украсимся ризою новою, которая приготовлена нам Богом.

Риза новая – Христос. «Елицы во Христа крестистеся, во Христа облекостеся» (*Гал.3:27*).

Риза новая – Дух Святой. «Облечетеся силою свыше» (*Лк.24:49*), сказал о этой ризе Господь.

Облекаются христиане в свойства Христовы, действием всеблагого Духа.

Возможно для христианина это одеяние. «Облецытеся Господем нашим Иисус Христом, и плоти угодия не творите в похоти» (*Рим.13:14*), говорит Апостол.

Сперва, руководствуясь Евангелием, откинь вражду, памятозлобие, гнев, осуждение и все, что прямо противодействует любви.

Евангелие велит молиться за врагов, благословлять клянущих, творить добро ненавидящим, оставлять ближнему все, что бы он ни сделал против нас.

Постарайся, желающий последовать Христу, исполнять все эти заповедания самым делом.

Очень недостаточно: только с удовольствием прочитать веления Евангелия, и подивиться высокой нравственности, которую они в себе содержат. К сожалению, многие этим удовлетворяются.

Когда приступишь к исполнению велений Евангелия: тогда с упорством воспротивятся этому исполнению владыки твоего сердца. Эти владыки: твое собственное плотское состояние, при котором ты подчинен плоти и крови, и падшие духи, которым подвластная страна – плотское состояние человека.

Плотское мудрование, его правда и правда падших духов потребуют от тебя, чтоб ты не уронил чести своей и других тленных преимуществ, защитил их. Но ты с мужеством выдержи невидимую борьбу, водимый Евангелием, водимый Самим Господом.

Пожертвуй всем для исполнения евангельских заповедей. Без такого пожертвования ты не возможешь быть исполнителем их. Господь сказал ученикам Своим: «Аще кто хощет по Мне ити, да отвержется себе» (*Мф.16:24*).

Когда с тобою Господь, – надейся на победу: Господь не может не быть победителем.

Испроси себе у Господа победу; испроси ее постоянною молитвою и плачем. И придет неожиданно действие благодати в твое сердце: ты ощутишь внезапно сладостнейшее упоение духовною любовию ко врагам.

Еще предстоит тебе борьба! еще нужно тебе быть мужественным! Взгляни на предметы твоей любви: они очень тебе нравятся? к ним очень привязано твое сердце? – Отрекись от них.

Этого отречения требует от тебя Господь, законоположитель любви, не с тем, чтоб лишить тебя любви и любимых, но чтоб ты, отвергнув любовь плотскую, оскверненную примесью греха, соделался способным принять любовь духовную, чистую, святую, которая – верховное блаженство.

Ощутивший любовь духовную, с омерзением будет взирать на любовь плотскую, как на уродливое искажение любви.

Как отречься от предметов любви, которые как бы приросли к самому сердцу? – скажи о них Богу: «Они, Господи, Твои; а я – кто? немощное создание, не имеющее никакого значения».

«Сегодня я еще странствую на земле, могу быть полезным для любимых моих чем-нибудь; завтра, может быть, исчезну с лица ее, и я для них – ничто!»

«Хочу, или не хочу, – приходит смерть, приходят прочие обстоятельства, насильственно отторгают меня от тех, которых я считал моими, и они уже – не мои. Они и не были по самой вещи моими; было какое-то отношение между мною и ими; обманываясь этим отношением, я называл, признавал их моими. Если б они были точно мои, – навсегда остались бы принадлежать мне».

«Создания принадлежат одному Создателю: Он – их Бог и Владыка. Твое, Господь мой, отдаю Тебе: себе присвоил я их неправильно и напрасно».

Для них вернее быть Божиими. Бог вечен, вездесущ, всемогущ, безмерно благ. Тому, кто Его, Он – самый верный, самый надежный Помощник и Покровитель.

Свое Бог дает человеку: и делаются человеку человеки своими, на время по плоти, на веки по духу, когда Бог благоволит дать этот дар человеку.

Истинная любовь к ближнему основана на вере в Бога: она – в Боге. «Вси едино будут, – вещал Спаситель мира ко Отцу Своему, – якоже Ты, Отче, во Мне, и Аз в Тебе, да и тии в Нас едино будут» (*Ин.17:21*).

Смирение и преданность Богу убивают плотскую любовь. Значит: она живет самомнением и неверием.

Делай, что можешь полезного и что позволяет закон, твоим любимым; но всегда поручай их Богу, и слепая, плотская, безотчетливая любовь твоя обратится мало-помалу в духовную, разумную, святую.

Если же любовь твоя – пристрастие противозаконное, то отвергни ее, как мерзость.

Когда сердце твое не свободно, – это знак пристрастия.

Когда сердце твое в плену, – это знак страсти безумной, греховной.

Святая любовь – чиста, свободна, вся в Боге.

Она действие Святого Духа, действующего в сердце, по мере его очищения.

Отвергнув вражду, отвергнув пристрастия, отрекшись от плотской любви, стяжи любовь духовную; «уклонися от зла, и сотвори благо» (*Пс.33:15*).

Воздавай почтение ближнему как образу Божию, – почтение в душе твоей, невидимое для других, явное лишь для совести твоей. Деятельность твоя да будет таинственно сообразна твоему душевному настроению.

Воздавай почтение ближнему, не различая возраста, пола, сословия, – и постепенно начнет являться в сердце твоем святая любовь.

Причина этой святой любви – не плоть и кровь, не влечение чувств, – Бог.

Лишенные славы христианства не лишены другой славы, полученной при создании: они – образ Божий.

Если образ Божий будет ввергнут в пламя страшное ада, и там я должен почитать его.

Что мне за дело до пламени, до ада! Туда ввергнут образ Божий по суду Божию: мое дело сохранить почтение к образу Божию, и тем сохранить себя от ада.

И слепому, и прокаженному, и поврежденному рассудком, и грудному младенцу, и уголовному преступнику, и язычнику окажу почтение, как образу Божию. Что тебе до их немощей и недостатков! Наблюдай за собою, чтоб тебе не иметь недостатка в любви.

В христианине воздай почтение Христу, Который сказал в наставление нам и еще скажет при решении нашей участи вечной: «Еже сотвористе меньшему сих братий Моих, Мне сотвористе» (*Мф. 25:40*).

В обращении твоем с ближними содержи в памяти это изречение Евангелия, и соделаешься наперсником любви к ближнему.

Наперсник любви к ближнему входит ею в любовь к Богу.

Но если ты думаешь, что любишь Бога, а в сердце твоем живет неприятное расположение хотя к одному человеку, то ты – в горестном самообольщении.

«Аще кто речет, – говорит святой Иоанн Богослов, – яко люблю Бога, а брата своего ненавидит, ложь есть... Сию заповедь имамы от Него, да любяй Бога любит и брата своего» (*1Ин. 4:20–21*).

Явление духовной любви к ближнему – признак обновления души Святым Духом: «Мы вемы, – говорит опять Богослов, – «яко преидохом от смерти в живот, яко любим братию; не любяй бо брата пребывает в смерти» (*1Ин. 3:14*).

Совершенство христианства – в совершенной любви к ближнему.

Совершенная любовь к ближнему – в любви к Богу, для которой нет совершенства, для которой нет окончания в преуспеянии.

Преуспеяние в любви к Богу – бесконечно: потому что «любовь» есть бесконечный «Бог» (*1Ин. 4:16*). Любовь к ближнему – основание в здании любви.

Возлюбленный брат! Ищи раскрыть в себе духовную любовь к ближним: войдя в нее, войдешь в любовь к Богу, во врата воскресения, во врата Царства Небесного. Аминь.

О ЛЮБВИ К БОГУ

Люби Бога так, как Он заповедал любить Его, а не так, как думают любить Его самообольщенные мечтатели.

Не сочиняй себе восторгов, не приводи в движение своих нервов, не разгорячай себя пламенем вещественным, пламенем крови твоей. Жертва благоприятная Богу — смирение сердца, сокрушение духа. С гневом отвращается Бог от жертвы, приносимой с самонадеянностью, с гордым мнением о себе, хотя б эта жертва была всесожжением.

Гордость приводит нервы в движение, разгорячает кровь, возбуждает мечтательность, оживляет жизнь падения; смирение успокаивает нервы, укрощает движение крови, уничтожает мечтательность, умерщвляет жизнь падения, оживляет жизнь о Христе Иисусе.

«Послушание пред Господом паче жертвы благи, и покорение паче тука овня» (*1Цар.15:22*), говорил Пророк царю израильскому, дерзнувшему принести Богу неправильную жертву: желая принести Богу жертву любви, не принеси ее своевольно, по влечению необдуманному; принеси со смирением, в то время и на том месте, когда и где заповедал Господь.

Духовное место, на котором одном заповедано приносить духовные жертвы, — смирение[27].

Господь отметил верными и точными признаками любящего и нелюбящего. Он сказал: «Аще кто любит Мя, слово Мое соблюдет... Не любяй Мя словес Моих не соблюдает» (*Ин.14:23–24*).

Ты хочешь научиться любви Божией? удаляйся от всякого дела, слова, помышления, ощущения, воспрещенных Евангелием. Враждою твоею к греху, столько ненавистному для всесвятого Бога, покажи и докажи любовь твою к Богу. Согрешения, в которые случится впасть по немощи, врачуй немедленным покаянием, но лучше старайся не допускать к себе и этих согрешений строгою бдительностью над собою.

Ты хочешь научиться любви Божией? тщательно изучай в Евангелии заповедания Господа и старайся исполнить их самым делом, старайся обратить евангельские добродетели в навыки, в качества твои. Свойственно любящему с точностью исполнять волю любимого.

«Возлюбих заповеди Твоя паче злата и топазия: сего ради ко всем заповедем Твоим направляхся, всяк путь неправды возненавидех» (*Пс.118:127–128*), говорит Пророк. Такое поведение необходимо для соблюдения верности к Богу. Верность – непременное условие любви. Без этого условия любовь расторгается.

Постоянным уклонением от зла и исполнением евангельских добродетелей – в чем заключается все евангельское нравоучение – достигаем любви Божией. Этим же самым средством пребываем в любви к Богу: «аще заповеди Моя соблюдете, пребудете в любви Моей» (*Ин.15:10*), сказал Спаситель.

Совершенство любви заключается в соединении с Богом; преуспеяние в любви сопряжено с неизъяснимым духовным утешением, наслаждением и просвещением. Но в начале подвига ученик любви должен выдержать жестокую борьбу с самим собою, с глубоко повреждённым естеством своим: зло, породнившееся грехопадением естеству, сделалось для него законом, воюющим и возмущающим против Закона Божия, против закона святой любви.

Любовь к Богу основывается на любви к ближнему. Когда изгладится в тебе памятозлобие: тогда ты близок к любви. Когда сердце твое осенится святым, благодатным миром ко всему человечеству: тогда ты при самых дверях любви.

Но эти двери отверзаются одним только Духом Святым. Любовь к Богу есть дар Божий в человеке, приготовившем себя для принятия этого дара чистотою сердца, ума и тела. По степени приготовления бывает и степень дара: потому что Бог и в милости Своей – правосуден.

Любовь к Богу вполне духовна: «рожденное от Духа, дух есть». «Рожденное от плоти плоть есть» (*Ин.3:6*): плотская любовь, как рождаемая плотью и кровью, имеет свойства вещественные, тленные. Она непостоянна, переменчива: огнь ее вполне в зависимости от вещества.

Слыша от Писания, что Бог наш огнь (*Евр.12:29*), что любовь есть огнь, и ощущая в себе огнь любви естественной, не подумай, чтоб этот огнь был один и тот же. Нет! эти огни враждебны между собою и погашаются один другим[28]. «Служим благоугодно Богу с благоговением и страхом; ибо Бог наш огнь поядаяй есть» (*Евр.12:28–29*).

Естественная любовь, любовь падшая, разгорячает кровь человека, приводит в движение его нервы, возбуждает мечтательность; любовь святая прохлаждает кровь, успокаивает и душу и тело, влечет внутреннего человека к молитвенному молчанию, погружает его в упоение смирением и сладостью духовною.

Многие подвижники, приняв естественную любовь за Божественную, разгорячили кровь свою, разгорячили и мечтательность. Состояние разгорячения переходит очень легко в состояние исступления. Находящихся в разгорячении и исступлении многие сочли исполненными благодати и святости, а они несчастные жертвы самообольщения.

Много было таких подвижников в Западной Церкви, с того времени как она впала в папизм, в котором богохульно приписываются человеку Божеские свойства, и воздается человеку поклонение, подобающее и приличествующее единому Богу; много эти подвижники написали книг из своего разгоряченного состояния, в котором исступленное самообольщение представлялось им божественною любовью, в котором расстроенное воображение рисовало для них множество видений, льстивших их самолюбию и гордости.

Сын Восточной Церкви! уклонись от чтения таких книг, уклонись от последования наставлениям самообольщенных. Руководствуясь Евангелием и святыми Отцами истинной Церкви, восходи со смирением к духовной высоте *любви* Божественной чрез посредство делания заповедей Христовых.

Твердо знай, что любовь к Богу есть высший дар Святого Духа, а человек только может приготовить себя чистотою и смирением к принятию этого великого дара, которым изменяются и ум, и сердце, и тело.

Тщетен труд, бесплоден он и вреден, когда мы ищем преждевременно раскрыть в себе высокие духовные дарования: их подает милосердый Бог в свое время постоянным, терпеливым, смиренным исполнителям евангельских заповедей. Аминь.

О ПОСТЕ

Глава добродетелей – молитва; их основание – пост.

Пост есть постоянная умеренность в пище с благоразумною разборчивостью в ней.

Гордый человек! ты мечтаешь так много и так высоко о уме твоем, а он – в совершенной и непрерывной зависимости от желудка.

Закон поста, будучи по наружности законом для чрева, в сущности есть закон для ума.

Ум, этот царь в человеке, если желает вступить в права своего самодержавия и сохранить их, должен прежде всего подчиниться закону поста. Только тогда он будет постоянно бодр и светел; только тогда он может властвовать над пожеланиями сердца и тела; только при постоянной трезвенности он может изучать заповеди евангельские и последовать им. Основание добродетелей – пост.

Вновь созданному человеку, введенному в рай, дана единственная заповедь, заповедь о посте. Конечно дана одна заповедь потому, что она была достаточна для сохранения первозданного человека в его непорочности.

Заповедь не говорила о количестве пищи, а воспрещала только качество. Да умолкнут же те, которые признают пост только в количестве пищи, а не в качестве. Углубясь в опытное изучение поста, они увидят значение качества пищи.

Так важна заповедь поста, объявленная Богом человеку в раю, что, вместе с заповедью, произнесена угроза казнью за нарушение заповеди. Казнь заключалась в поражении человеков вечною смертью.

И ныне греховная смерть продолжает поражать нарушителей святой заповеди поста. Несоблюдающий умеренности и должной разборчивости в пище, не может сохранить ни девства, ни целомудрия, не может обуздывать гнева, предается лености, унынию и печали, делается рабом тщеславия, жилищем гордости, которую вводит в человека его плотское состояние, являющееся наиболее от роскошной и сытой трапезы.

Заповедь поста возобновлена или подтверждена Евангелием. «Внемлите же себе, да не когда отягчают сердца ваша объядением и пиянством» (*Лк.21:34*), завещал Господь. Объядение и пьянство сообщают дебелость не только телу, но уму и сердцу, т.е. вводят человека по душе и телу в плотское состояние.

Напротив того, пост вводит христианина в состояние духовное. Очищенный постом – смирен духом, целомудрен, скромен, молчалив, тонок по чувствам сердечным и мыслям, легок по телу, способен к духовным подвигам и умозрениям, способен к приятию Божественной благодати.

Плотской человек всецело погружен в греховные наслаждения. Он сладострастен и по телу, и по сердцу, и по уму, он не способен не только к духовному наслаждению и к приятию Божественной благодати, но и к покаянию. Он неспособен вообще к духовным занятиям: он пригвожден к земле, утонул в вещественности, заживо – мертв душою.

«Горе вам, насыщеннии ныне: яко взалчете!» (*Лк.6:25*). Таково изречение Слова Божия нарушителям заповеди святого поста. Чем будете вы питаться в вечности, когда научились здесь единственно пресыщению вещественными брашнами и вещественными наслаждениями, которых нет на небе? Чем будете вы питаться в вечности, когда вы не вкусили ни одного небесного блага? Как можно вам питаться и наслаждаться небесными благами, когда вы не стяжали к ним никакого сочувствия, стяжали отвращение?

Насущный хлеб христиан – Христос. Ненасытное насыщение этим хлебом – вот пресыщение и наслаждение спасительное, к которому приглашаются все христиане.

Ненасытно насыщайся Словом Божиим; ненасытно насыщайся исполнением заповедей Христовых; ненасытно насыщайся трапезою, «уготованною сопротив стужающих тебе», и упивайся «чашею державною» (*Пс. 22:5*).

С чего начать нам, говорит святой *Макарий Великий*[29], никогда не занимавшимся исследованием сердец наших? Стоя вне, будем стучаться молитвою и постом, как и Господь повелел: «Толцыте, и отверзется вам» (*Мф. 7:7*).

Этот подвиг, который предлагает нам один из величайших наставников монашества, был подвигом святых апостолов. Из среды его они сподоблялись слышать вещания Духа. «Служащим им Господеви, – говорит писатель их деяний, – и постящимся, рече Дух Святый: отделите Ми Варнаву и Савла на дело, на неже призвах их. Тогда постившеся и помолившеся, и возложше руки на ня, отпустиша их» (*Деян. 13:2–3*). Из среды подвига, в котором совокуплены были пост и молитва, услышалось повеление Духа о призвании язычников в христианство.

Чудное совокупление поста с молитвою! Молитва – бессильна, если не основана на посте, и пост – бесплоден, если на нем не создана молитва[30].

Пост отрешает человека от плотских страстей, а молитва борется с душевными страстями и, победив их, проникает весь состав человека, очищает его; в очищенный словесный храм она вводит Бога.

Кто, не обработав земли, засевает ее: тот погубляет зерна, и вместо пшеницы пожинает терние. Так и мы, если будем сеять семена молитвы, не истончив плоти, то вместо правды плодопринесем грех. Молитва будет уничтожаться и расхищаться различными суетными и порочными помышлениями и мечтаниями, оскверняться ощущениями сладострастными. Плоть наша произошла от земли, и, если не возделать ее подобно земле, никогда не может принести плода правды[31].

Напротив, если кто обработает землю с великим тщанием и издержками, но оставит ее незасеянною, то она густо покрывается плевелами. Так, когда тело будет истончено постом, а душа не возделается молитвою, чтонием, смиренномудрием: тогда пост делается родителем многочисленных плевелов – душевных страстей: высокоумия, тщеславия, презорства[32].

Что такое – страсть объядения и пьянства? Потерявшее правильность, естественное желание пищи и пития, требующее гораздо большего количества и разнообразного качества их, нежели сколько нужно для поддержания жизни и сил телесных, на которые излишнее питание действует противоположно своему естественному назначению, действует вредно, ослабляя и уничтожая их.

Желание пищи выправляется простою трапезою и воздержанием от пресыщения и наслаждения пищею. Сперва должно оставить пресыщение и наслаждение: этим и изощряется желание пищи, и получает правильность. Когда же желание сделается правильным: тогда оно удовлетворяется простою пищею.

Напротив того желание пищи, удовлетворяемое пресыщением и наслаждением, притупляется. Для возбуждения его мы прибегаем к разнообразным вкусным яствам и напиткам. Желание сперва представляется удовлетворенным; потом делается прихотливее, и, наконец, обращается в болезненную страсть, ищущую непрестанного наслаждения и пресыщения, постоянно пребывающую неудовлетворенною.

Намереваясь посвятить себя на служение Богу, положим в основание подвига нашего пост. Существенным качеством всякого основания должна быть непоколебимая твердость: иначе невозможно устоять на нем зданию, как бы здание само по себе ни было прочно. И мы никак, никогда, ни под каким предлогом не дозволим себе нарушить поста пресыщением, особенно же упивством.

Наилучшим постом признают святые Отцы употребление пищи однажды в день не досыта. Такой пост не расслабляет тела продолжительным неядением и не отягощает его излишеством пищи, притом сохраняет его способным к душеспасительной деятельности. Такой пост не представляет никакой яркой особенности, и потому постящийся не имеет причины к превозношению, к которому так склонен человек по поводу самой добродетели, особенно когда она резко выставляется.

Кто занят телесными трудами или так слаб телом, что не может довольствоваться употреблением пищи однажды в день: тот должен вкушать дважды. Пост для человека, а не человек для поста.

Но при всяком употреблении пищи, и редком и частом, строго воспрещается пресыщение: оно делает человека неспособным к духовным подвигам, и отворяет дверь другим плотским страстям.

Неумеренный пост, т.е. продолжительное излишнее воздержание в пище, не одобряется святыми Отцами: от безмерного воздержания и происходящего от него изнеможения человек делается неспособным к духовным подвигам, часто обращается к объядению, часто впадает в страсть превозношения и гордости.

Весьма важно качество пищи. Запрещенный райский плод, хотя был прекрасным на вид и вкусным, но он пагубно действовал на душу: сообщал ей познание добра и зла, и тем уничтожал непорочность, в которой были созданы наши праотцы.

И ныне пища продолжает сильно действовать на душу, что особенно заметно при употреблении вина. Такое действие пищи основано на разнообразном действии ее на плоть и кровь, и на том, что пары ее и газы от желудка подымаются в мозг и имеют влияние на ум.

По этой причине все охмеляющие напитки, особливо хлебные, возбраняются подвижнику, как лишающие ум трезвости, и тем победы в мысленной брани. Побежденный ум, особливо сладострастными помыслами, усладившийся ими, лишается духовной благодати; приобретенное многими и долговременными трудами теряется в несколько часов, в несколько минут.

Монах отнюдь не должен употреблять вина, сказал преподобный *Пимен Великий*[33]. Этому правилу должен последовать и всякий благочестивый христианин, желающий сохранить свое девство и целомудрие. Святые

Отцы следовали этому правилу, а если и употребляли вино, то весьма редко и с величайшею умеренностью.

Горячительная пища должна быть изгнана с трапезы воздержника, как возбуждающая телесные страсти. Таковы перец, имбирь и другие пряности.

Самая естественная пища – та, которая назначена человеку Создателем немедленно по создании – пища из царства растительного: Сказал Бог праотцам нашим: «Се, дах вам всякую траву семенную, сеющую семя, еже есть верху земли всея: и всякое древо, еже имать в себе плод семене семеннаго, вам будет в снедь» (*Быт.1:29*). Уже после потопа разрешено употребление мяс (*Быт.9:3*).

Растительная пища есть наилучшая для подвижника. Она наименее горячит кровь, наименее утучняет плоть; пары и газы, отделяющиеся от нее и восходящие в мозг, наименее действуют на него; наконец она – самая здоровая, как наименее производящая слизей в желудке. По этим причинам, при употреблении ее, с особенною удобностью сохраняется чистота и бодрость ума, а с ними и его власть над всем человеком; при употреблении ее слабее действуют страсти, и человек более способен заниматься подвигами благочестия.

Рыбные яства, особливо приготовленные из крупных морских рыб, уже совсем другого свойства: они ощутительнее действуют на мозг, тучнят тело, горячат кровь, наполняют желудок вредными слизями, особливо при частом и постоянном употреблении.

Эти действия несравненно сильнее от употребления мясной пищи: она крайне утучняет плоть, доставляя ей особенную дебелость, горячит кровь; пары и газы ее очень отягощают мозг. По этой причине она вовсе не употребляется монахами; она – принадлежность людей, живущих посреди мира, всегда занятых усиленными телесными трудами. Но и для них постоянное употребление ее вредно.

Как! воскликнут здесь мнимые умницы: мясная пища разрешена человеку Богом, и вы ли воспрещаете употребление ее? – На это мы отвечаем словами Апостола: «Вся ми леть суть (т.е. все мне позволено), но не вся на пользу: вся ми леть суть, но не вся назидают» (*1Кор.10:23*). Мы уклоняемся от употребления мяс не потому, чтоб считали их нечистыми, но потому, что они производят особенную дебелость во всем нашем составе, препятствуют духовному преуспеянию.

Святая Церковь мудрыми учреждениями и постановлениями своими, разрешив христианам, живущим посреди мира, употребление мяс, не допустила постоянного употребления их, но разделила времена мясоядения временами воздержания от мяс, временами, в которые вытрезвляется христианин от своего мясоядения. Такой плод постов может узнать на себе опытом всякий соблюдающий их.

Для иночествующих запрещено употребление мяс, дозволено употребление молочной пищи и яиц во времена мясоядений. В известные времена и дни им разрешается употребление рыбы. Но наибольшее время они могут употреблять только одну растительную пищу.

Растительная пища почти исключительно употребляется самыми ревностными подвижниками благочестия, осо́бливо ощутившими в себе хождение Духа Божия (*2Кор.6:17*), по вышесказанному удобству этой пищи и ее дешевизне. Для пития они употребляют одну воду, избегая не только разгорячающих и охмеляющих напитков, но и питательных, каковы все хлебные напитки[34].

Правила поста установлены Церковью с целью вспоможения чадам ее, как руководство для всего христианского общества. При этом предписано каждому рассматривать себя с помощью опытного и рассудительного духовного отца, и не возлагать на себя поста, превышающего силы: потому что, повторяем, пост для человека, а не человек для поста; пищею, данною для поддержания тела, не должно разрушать его.

«Если удержишь чрево, сказал святой *Василий Великий*, то взойдешь в рай; если же не удержишь, то будешь жертвою смерти»[35]. Под именем рая здесь должно разуметь благодатное молитвенное состояние, а под именем смерти состояние страстное. Благодатное состояние человека, во время пребывания его на земле, служит залогом вечного блаженства его в небесном Едеме; ниспадение во власть греха и в состояние душевной мертвости служит залогом ниспадения в адскую пропасть для вечного мучения. Аминь.

О МОЛИТВЕ. СТАТЬЯ I

Нищим свойственно просить, а обнищавшему грехопадением человеку свойственно молиться.

Молитва – обращение падшего и кающегося человека к Богу. Молитва – плач падшего и кающегося человека пред Богом. Молитва – излияние сердечных желаний, прошений, воздыханий падшего, убитого грехом человека пред Богом.

Первое обнаружение, первое движение покаяния – плач сердца. Это – молитвенный голос сердца, предваряющий молитву ума. И скоро ум, увлеченный молитвою сердца, начинает рождать молитвенные помышления.

Бог есть единый источник всех истинных благ. Молитва есть мать и глава всех добродетелей[36], как средство и состояние общения человека с Богом. Она заимствует добродетели из источника благ – Бога, – усвояет их тому человеку, который молитвою старается пребывать в общении с Богом.

Путь к Богу – молитва. Измерение совершаемого пути – различные молитвенные состояния, в которые постепенно входит молящийся правильно и постоянно.

Научись молиться Богу правильно. Научившись молиться правильно, молись постоянно, – и удобно наследуешь спасение. Спасение является от Бога в свое время, с неоспоримым сердечным извествованием о себе, молящемуся правильно и постоянно.

Для правильности молитвы надобно, чтоб она приносилась из сердца, наполненного нищеты духа, из сердца сокрушенного и смиренного. Все другие состояния сердца, до обновления его Духом Святым, признавай – каковы и точно они – несвойственными кающемуся грешнику, умоляющему Бога о прощении грехов своих и об освобождении – как из темницы и оков – из порабощения страстям.

Моисеевым Законом предписано было израильтянам только на одном, назначенном от Бога месте, приносить все их жертвы. И законом духовным назначено для христиан одно духовное место для принесения всех их жертв, в особенности же жертвы из жертв – молитвы. Это место – смирение[37].

Не нужны Богу наши молитвы! Он знает, и прежде прошения нашего, в чем мы нуждаемся; Он, Премилосердый, и на непросящих у Него изливает обильные щедроты. Нам необходима молитва: она усвояет человека Богу. Без нее человек чужд Бога, а чем более упражняется в молитве, тем более приближается к Богу.

Молитва – причащение жизни. Оставление ее приносит душе невидимую смерть.

Что воздух для жизни тела, то Дух Святой для жизни души. Душа посредством молитвы дышит этим святым, таинственным воздухом.

Когда восстанешь от сна, – первая мысль твоя да будет о Боге; самый начаток мыслей твоих, еще незапечатленный никаким суетным впечатлением, принеси Богу. Когда отходишь ко сну, когда готовишься погрузиться в этот образ смерти, – последние твои мысли да будут о вечности и о царствующем в ней Боге.

Ангел открыл некоторому святому иноку следующий порядок мыслей в молитве, благоугодный Богу: «Начало молитвы должно состоять из славословия Бога, из благодарения Богу за бесчисленные благодеяния Его; потом мы должны принести Богу искреннее исповедание грехов наших, в сокрушении духа, в заключение можем предложить, впрочем с великим смирением, прошения Господу о наших нуждах душевных и телесных, предоставляя благоговейно исполнение и неисполнение этих прошений Его воле»[38].

Начальная причина молитвы – вера: «веровах, темже возглаголах» (*Пс.115:1*) молитвою моею к милосердому Богу, благоволившему заповедать мне молитву и давшему обетование внимать ей.

«Вся елика аще молящеся просите, веруйте, яко приемлете: и будет вам» (*Мк.11:24*), возвестил Господь. И потому, отвергнув всякое сомнение и двоедушие, неотступно пребывай молитвою при Господе, повелевшем «всегда молитися и не стужати си» (*Лк.18:1*) т.е. не приходить в уныние от тесноты молитвенной, которая, в особенности сначала, тягостна, невыносима для ума, привыкшего блуждать повсюду.

Блаженна душа, которая молитвою непрестанно стучится в двери милосердия Божия, и жалобами на «соперника» своего (*Лк.18:3*) – на насилующий ее грех – непрестанно утомляет Неутомимого[39]: она возрадуется в свое время о чистоте своей и о бесстрастии своем.

Иногда немедленно бывает услышано наше прошение; иногда же, по словам Спасителя, «Бог долготерпит о нас» (*Лк.18:7*), т. е. нескоро исполняет просимое нами: Он видит, что нужно остановить на время это исполнение для нашего смирения, что нужно нам утомиться, увидеть нашу немощь, которая всегда обнаруживается очень резко, когда мы бываем предоставлены самим себе.

Молитва, как беседа с Богом, сама собою – высокое благо, часто гораздо большее того, которого просит человек, – и милосердый Бог, не исполняя прошения, оставляет просителя при его молитве, чтоб он не потерял ее, не оставил это высшее благо, когда получит просимое благо, гораздо меньшее.

Прошений, исполнение которых сопряжено с вредными последствиями, Бог не удовлетворяет; не удовлетворяет Он и тех прошений, которые противны Его святой воле, противны Его премудрым, непостижимым судьбам.

В противность определению Божию просил великий Моисей Боговидец, чтоб даровано ему было войти в землю обетованную, и не был услышан (*Втор.3:26*); молился святой Давид, усиливая молитву постом, пеплом и слезами, о сохранении жизни заболевшему сыну его; но не был услышан (*2Цар.12:16–17*). И ты, когда прошение твое не будет исполнено Богом, покорись благоговейно воле всесвятого Бога, Который, по недоведомым причинам, оставил твое прошение неисполненным.

Сынам мира, просящим у Бога земных благ для удовлетворения плотским вожделениям, возвещает святой Апостол Иаков: «Просите, и не приемлете, зане зле просите, да во сластех ваших иждивете» (*Иак.4:3*).

Когда желаем предстать царю земному, то приготовляемся к этому с особенною тщательностью: изучаем, какое должно быть при беседе с ним настроение наших сердечных чувств, чтоб по порыву какого-нибудь чувства не увлечься в слово или движение, царю неприятное; заблаговременно придумываем, что говорить ему, чтоб говорить одно угодное, и тем расположить его к себе; заботимся о том, чтоб самый наружный вид наш привлек его внимание к нам. Тем более мы должны сделать приличное приготовление, когда желаем предстать Царю царей, и вступить молитвою в беседу с Ним.

«Человек зрит на лице, Бог же зрит на сердце» (*1Цар.16:7*); но в человеке расположение сердца наиболее сообразуется с положением лица его, его наружности. И потому давай при молитве самое благоговейное положение телу. Стой, как осужденный, с поникшею главою, не смея воззреть на небо, с опущенными вниз руками или сложив их сзади, как бы от связания веревками, как обыкновенно бывают связаны схваченные на месте преступления преступники. Звук голоса твоего да будет жалостным звуком плача, стоном уязвленного смертоносным орудием или терзаемого лютою болезнью.

«Бог зрит на сердце». Он видит самые сокровенные, самые тончайшие помышления и ощущения наши; видит все прошедшее и все будущее наше. Бог – вездесущ. И потому стой на молитве твоей, как бы ты стоял пред Самим Богом. Точно: ты стоишь пред Ним! ты стоишь пред Судьею твоим и полновластным Владыкою, от Которого зависит твоя участь во времени и в вечности. Употреби твое предстояние пред Ним на устроение твоего благополучия; не допусти, чтоб это предстояние, по недостоинству своему, послужило для тебя причиною казней временных и вечных. Намереваясь принести Богу молитву, отвергни все помышления и попечения земные. Не занимайся мыслями, которые тогда придут тебе, как бы они ни казались важными, блестящими, нужными. Отдай Божие Богу, а нужное для временной жизни успеешь отдать в свое время. Не возможно в одно и тоже время работать Богу молитвою, и занимать ум помышлениями и попечениями посторонними.

Пред молитвою покади в сердце твоем фимиамом страха Божия и святого благоговения: помысли, что ты прогневал Бога бесчисленными согрешениями, которые Ему явнее, нежели самой совести твоей: постарайся умилостивить Судью смирением. Остерегись! не возбуди Его негодования небрежением и дерзостью: Он благоволит, чтоб даже ближайшие к Нему, чистейшие ангельские Силы предстояли Ему со всяким благоговением и святейшим страхом (*Пс.88:8*).

Риза души твоей должна сиять белизною простоты. Ничего не должно быть тут сложного! не должны примешиваться лукавые помыслы и ощущения тщеславия, лицемерства, притворства, человекоугодия, высокоумия, сладострастия – этих темных и зловонных пятен, которыми бывает испещрена душевная одежда молящихся фарисеев.

Вместо жемчугов и алмазов, вместо золота и серебра, укрась себя целомудрием, смиренномудрием, слезами кротости и духовного разума, а прежде нежели получишь эти слезы, слезами покаяния; укрась себя младенческим, ангельским незлобием: вот драгоценная утварь! Когда увидит Царь царей на душе эту утварь: склоняются к душе – Его милостивые взоры.

Прощение всех, всех без исключения обид, и самых тягчайших – непременное условие успеха в молитве. «Егда стоите молящеся, – повелевает Спаситель, – отпущайте аще что имате на кого, да и Отец ваш, Иже есть на Небесех, отпустит вам согрешения ваша. Аще ли же вы не отпускаете, ни Отец ваш, Иже есть на Небесех, отпустит вам согрешения ваша» (*Мк.11:25–26*). «Молитвы памятозлобных – посевы на камне», сказал преподобный Исаак Сирский[40].

Умеренное, благоразумное, постоянное воздержание от пищи и пития делает тело легким, очищает ум, дает ему бодрость, и потому служит также приготовлением к молитве. Невоздержание чрева соделывает тело тяжелым, дебелым, ожесточает сердце, потемняет ум множеством испарений и газов, восходящих из желудка в мозг. Едва встанет пресыщенный или насытившийся на молитву, – сонливость и леность нападают на него, множество грубых мечтаний рисуются в его воображении, сердце его не способно прийти в умиление.

Сколько вредно невоздержание, столько вреден, или еще более, неумеренный пост[41]. Слабость тела, происходящая от малоядения, не позволяет совершать молитв в должном количестве и с должною силою.

Количество молитвы определяется для каждого образом жизни его и количеством сил его, душевных и телесных. Две лепты вдовицы, принесенные ею в церковь и составлявшие все имение ее, оказались на весах правосудного Бога большими, нежели значительные приношения богатых от избытков их. Так суди и о молитве: назначь себе количество ее соответственно силам твоим, помни премудрое наставление великого наставника подвижников: «Если ты понудишь тело немощное на дела, превышающие силы его, то этим влагаешь в душу твою помрачение и приносишь ей смущение, а не пользу[42]».

От здорового и сильного сложения взыскивается соответствующая молитва. «Всякая молитва, сказал тот же великий Отец, при которой не утрудится тело, а сердце не придет в сокрушение, признается недозревшим плодом: потому что такая молитва – без души»[43].

Будучи занят общественными обязанностями, а если ты инок, то послушаниями, и не имея возможности уделять на молитву столько времени, сколько бы ты хотел, не смущайся этим: законно и по совести проходимое служение приготовляет человека к усердной молитве, и заменяет качеством количество. Ничто так не способствует к преуспеянию в молитве, как совесть, удовлетворенная Богоугодною деятельностью. Исполнение евангельских заповедей настраивает ум и сердце к чистой, исполненной умиления молитве, а истинная молитва направляет мыслить, чувствовать, действовать, по заповеданиям Евангелия.

Милосердие к ближним и смирение пред ними, выражаемые наружными делами и питаемые в душе, в совокупности с чистотою сердца, преимущественно от блудных помыслов и ощущений, составляют основание и силу молитвы[44]. Они – как бы «крыле» (*Пс.54:7*) ее, которыми она возлетает к небу. Без них молитва не может подняться от земли, то есть, возникнуть из плотского мудрования: она удерживается им, как сетью или силком; она возмущается, оскверняется, уничтожается им.

Душа молитвы – внимание[45]. Как тело без души мертво, так и молитва без внимания мертва. Без внимания произносимая молитва обращается в пустословие, и молящийся так сопричисляется к приемлющим «имя Божие всуе».

Произноси слова молитвы неспешно; не позволяй уму скитаться повсюду, но затворяй его в словах молитвы[46]. Тесен и прискорбен этот путь для ума, привыкшего странствовать свободно по вселенной; но путь этот приводит ко вниманию. Кто вкусит великое благо внимания: тот возлюбит утеснять ум на пути, ведущем ко блаженному вниманию.

Внимание есть первоначальный дар Божественной благодати, ниспосылаемый трудящемуся и терпеливо страждущему в подвиге молитвенном[47].

Благодатному вниманию должно предшествовать собственное усилие ко вниманию: последнее должно быть деятельным свидетельством искреннего желания получить первое. Собственное внимание обуревается помыслами и мечтаниями, колеблется от них; благодатное – преисполнено твердости.

Воспрещай себе рассеянность мыслей при молитве, возненавидь мечтательность, отвергни попечения силою веры, ударяй в сердце страхом Божиим, и удобно приучишься ко вниманию.

Молящийся ум должен находиться в состоянии вполне истинном. Мечтание, как бы ни было приманчивым и благовидным, будучи собственным, произвольным сочинением ума, выводит ум из состояния Божественной истины, вводит в состояние самообольщения и обмана, а потому оно и отвергается в молитве.

Ум, во время молитвы, должно иметь и со всею тщательностью сохранять безвидным, отвергая все образы, рисующиеся в способности воображения: потому что ум в молитве предстоит невидимому Богу, Которого невозможно представить никаким вещественным образом. Образы, если их допустит ум в молитве, соделаются непроницаемою завесою, стеною между умом и Богом. «Те, которые в молитвах своих не видят ничего, видят Бога», сказал преподобный Мелетий Исповедник[48].

Если б во время молитвы твоей представился тебе чувственно или изобразился сам собою в тебе умственно, вид Христа, или Ангела или какого Святого, – словом сказать, какой бы то ни было образ, – никак не принимай этого явления за истинное, не обрати на него никакого внимания, не вступи с ним в беседу[49]. Иначе непременно подвергнешься обману и сильнейшему повреждению душевному, что и случилось со многими. Человек, до обновления его Святым Духом, неспособен к общению со святыми духами. Он, как находящийся еще в области духов падших, в плену и в рабстве у них, способен видеть только их, и они нередко, заметив в нем высокое мнение о себе и самообольщение, являются ему в виде Ангелов светлых, в виде Самого Христа, для погубления души его.

Святые иконы приняты святою Церковью для возбуждения благочестивых воспоминаний и ощущений, а отнюдь не для возбуждения мечтательности. Стоя пред иконою Спасителя, стой как бы пред Самим Господом Иисусом Христом, вездесущим по Божеству, и иконою Своею присутствующим в том месте, где она находится. Стоя пред иконою Божией Матери, стой как бы пред Самою Пресвятою Девою; но ум твой храни безвидным: величайшая разница быть в присутствии Господа и предстоять Господу, или воображать Господа. Ощущение присутствия Господня наводит на душу спасительный страх, вводит в нее спасительное чувство благоговения, а воображение Господа и святых Его сообщает уму как бы вещественность, приводит его к ложному, гордому мнению о себе, – душу приводит в ложное состояние, состояние самообольщения[50].

Высокое состояние – ощущение присутствия Божия! Им удерживается ум от беседы с чуждыми помыслами, наветующими молитву; по причине его обильно ощущается ничтожество человека; по причине его является особенная бдительность над собою, хранящая человека от согрешений, даже самомалейших. Ощущение присутствия Божия доставляется внимательною молитвою. Много способствует к приобретению его и благоговейное предстояние пред святыми иконами.

Слова молитвы, одушевляемые вниманием, проникают глубоко в душу, убодают, пронзают, так сказать, сердце, и производят в нем умиление. Слова молитвы, совершаемой с рассеянностью, касаются как бы только поверхности души, не производя на нее никакого впечатления.

Внимание и умиление признаются даром Святого Духа. Только Дух может остановить волны ума, разбегающиеся повсюду, сказал святой Иоанн Лествичник[51]. Другой достоблаженный Отец сказал: «Когда с нами умиление, тогда с нами Бог»[52].

Достигший постоянного внимания и умиления в молитвах своих, достиг состояния блаженств, называемых в Евангелии «нищетою духа» и «плачем». Он разорвал уже многие цепи страстей, уже обонял воню свободы духовной, уже носит в недрах своих залог спасения. Не оставь теснин истинного молитвенного пути — и достигнешь священного покоя, таинственной субботы: в субботу не совершается никакого земного дела, устраняются борьба и подвиг; в блаженном бесстрастии, вне рассеянности, душа чистою молитвою предстоит Богу, и упокоевается в Нем верою в бесконечную благость Его, преданностью Его всесвятой воле.

В подвижнике молитвы преуспеяние в молитве сперва начинает проявляться особенным действием внимания: от времени до времени оно неожиданно объемлет ум, заключает его в слова молитвы. Потом оно сделается гораздо постояннее и продолжительнее: ум как бы прилепится к словам молитвы, влечется ими к соединению с сердцем. Наконец со вниманием внезапно сочетается умиление и соделает человека храмом молитвы, храмом Божиим.

Приноси Богу молитвы тихие и смиренные, а не пылкие и пламенные. Когда соделаешься таинственным священнослужителем молитвы: тогда взойдешь в Божию скинию, и оттуда наполнишь священным огнем кадильницу молитвенную. Огнь нечистый — слепое, вещественное разгорячение крови — воспрещено приносить пред всесвятого Бога.

Священный огнь молитвы, заимствуемый из Божией скинии — святая любовь, изливаемая в истинных христиан Духом Святым (*Рим. 5:5*). Силящийся совокупить молитву с огнем крови, мнит, в самообольщении своем, обманутый мнением о себе, совершать служение Богу, а на самом деле прогневляет Его.

Не ищи в молитве наслаждений: они отнюдь не свойственны грешнику. Желание грешника ощутить наслаждение есть уже самообольщение. Ищи, чтоб ожило твое мертвое, окаменевшее сердце, чтоб оно раскрылось для ощущения греховности своей, своего падения, своего ничтожества, чтоб оно увидело их, созналось в них с самоотвержением. Тогда явится в тебе истинный плод молитвы: истинное покаяние. Ты восстенаешь пред Богом, и будешь вопиять к Нему молитвою из бедственного состояния души, тебе внезапно открывшегося; будешь вопиять, как из темницы, как из гроба, как из ада.

Покаяние рождает молитву, и в сугубом количестве рождается от дщери своей.

Наслаждение в молитве – исключительный удел святых избранников Божиих, обновленных Святым Духом. Кто, увлекаемый порывами крови, увлекаемый тщеславием и сладострастием, сочиняет сам себе наслаждения: тот находится в горестном самообольщении. К такому сочинению очень способна душа, омраченная жительством по плоти, душа, обманутая и обманываемая своею гордостью.

Ощущения, порождаемые молитвою и покаянием, состоят в облегчении совести, в мире душевном, в примирении к ближним и к обстоятельствам жизни, в милости и сострадании к человечеству, в воздержании от страстей, в хладности к миру, в покорности к Богу, в силе при борьбе с греховными помыслами и влечениями. Этими ощущениями – в которых однако же вкушение надежды спасения – будь доволен. Не ищи преждевременно высоких духовных состояний и молитвенных восторгов. Они совсем не таковы на самом деле, каковыми представляются нашему воображению: действие Святого Духа, от которого являются высокие молитвенные состояния, непостижимо для ума плотского[53].

Научись молиться от всего помышления твоего, от всей души твоей, от всей крепости твоей. Спросишь: что это значит? – Этого нельзя иначе узнать, как опытом. Старайся постоянно заниматься внимательною молитвою: внимательная молитва доставит тебе разрешение вопроса блаженным опытом.

Тягостным, скучным, сухим представляется молитвенный подвиг для ума, привыкшего заниматься одними тленными предметами. С трудом приобретается навык к молитве; когда ж приобретется этот навык, тогда он делается источником непрестанного духовного утешения.

Молитва, как уже сказано выше, мать всех добродетелей: стяжи мать! с нею придут и чада ее в дом души твоей, соделают его святилищем Божиим.

Пред начинанием всякого дела приноси молитву Богу; ею привлекай благословение Божие на дела твои, и ею суди дела твои: помышление о молитве останавливает от дел, противных заповедям Божиим.

Кто пред всяким делом и словом обращается молитвою к Богу о вразумлении, помощи и благословении: тот совершает жительство свое как бы под взорами Бога, под Его руководством. Навык к такому поведению удобен; ничего нет быстрее ума, сказал Великий Варсонофий, ничего нет удобнее, как возводить, при всякой встречающейся нужде, ум к Богу[54].

В трудных обстоятельствах жизни учащай молитвы к Богу. Вернее прибегать к молитвам, нежели к пустым соображениям слабого человеческого разума, соображениям, которые по большей части оказываются несбыточными. Вернее опереться верою и молитвою на всемогущего Бога, нежели – шаткими соображениями и предположениями – на свой немощный разум.

Не будь безрассуден в прошениях твоих, чтоб не прогневать Бога малоумием твоим: просящий у Царя царей чего-нибудь ничтожного уничижает Его. Израильтяне, оставив без внимания чудеса Божии, совершенные для них в пустыне, просили исполнения пожеланий чрева – «и еще брашну сущу во устех их, гнев Божий взыде на ня» (*Пс.77:30–31*)[55].

Приноси Богу прошения, сообразные величию Его. Просил у Него Соломон премудрости; получил ее, и с нею множество других благ: потому что просил благоразумно. Просил у Него Елисей благодати Святого Духа, сугубой пред великим учителем своим, и прошение его было принято.

Ищущий в молитве своей тленных земных благ возбуждает против себя негодование Небесного Царя. Ангелы и Архангелы – эти вельможи Его – взирают на тебя во время молитвы твоей, смотрят чего просишь ты у Бога.

Они удивляются и радуются, когда видят земного, оставившего свою землю и приносящего прошение о получении чего-нибудь небесного; они скорбят, напротив того, на оставившего без внимания небесное, и просящего своей земли и тления.

Нам заповедано быть младенцами злобою, а не умом (*1Кор.14:20*). При молитве отвергается разум мира сего, многоглаголивый и кичливый: из этого не следует, чтобы принималось, требовалось в ней скудоумие. В ней требуется разум совершенный, разум духовный, исполненный смиренномудрия и простоты, выражающийся часто в молитве не словами, а превысшим слов молитвенным молчанием. Молитвенное молчание тогда объемлет ум, когда внезапно предстанут ему новые, духовные понятия, невыразимые словами этого мира и века, когда явится особенно-живое ощущение присутствующего Бога. Пред необъятным величием Божества умолкает Его немощная тварь – человек.

Многоглаголание (*Мф.6:7–8*), осужденное Господом в молитвах языческих, заключается в многочисленных прошениях о временных благах, которыми преисполнены молитвы язычников, в том изложении витийственном, в котором они предложены[56] – как будто риторические украшения, вещественная звучность и сила слога могут точно так же действовать на Бога, как они действуют на слух и нервы плотских людей. Осуждая это многословие, Господь отнюдь не осудил продолжительных молитв, как представилось некоторым еретичествующим: Он Сам освятил продолжительную молитву, пребывая подолгу в молитве. «И бе обнощь (т.е. пребыл всю ночь) в молитве Божией» (*Лк.6:12*), повествует о Господе Евангелие.

Продолжительность молитв угодников Божиих – не от многоглаголания, но от обильных духовных ощущений, которые являются в них во время молитвы. Обилием и силою этих ощущений уничтожается, так сказать, время, отселе преобразуясь для святых Божиих в вечность.

Когда делатель молитвы достигнет преуспеяния в своем блаженном подвиге: тогда разнообразие мыслей в псалмах и прочих молитвословиях делается несоответствующим его устроению. Молитва мытаря и другие кратчайшие молитвы удовлетворительнее выражают невыразимое, обширное желание сердца, и часто угодники Божии в такой молитве проводили многие часы, дни и годы, не ощутив нужды в разнообразии мыслей для сильной, сосредоточенной молитвы своей. (Иеромонах *Серафим Саровский*, инок особенно преуспевший в молитве, препроводил тысячу дней и тысячу ночей, стоя на камне и вопия ко Господу: «Боже, милостив буди мне грешному!»)[57].

Молитвы, сочиненные еретиками, весьма сходствуют с молитвами язычников: в них многоглаголание; в них земная красота слова; в них разгорячение крови; в них недостаток покаяния; в них стремление на брак Сына Божия прямо из блудилища страстей; в них самообольщение. Чужды они Духа Святого: веет из них смертоносная зараза духа темного, духа лукавого, духа лжи и погибели.

Велико занятие молитвою! Святые Апостолы для молитвы и для служения Слову отказались от служения ближним в телесных их потребностях. «Не угодно есть нам, – сказали они, – оставльшим слово Божие, служити трапезам... Мы в молитве и служении Слова пребудем» (*Деян.6:2, 4*), то есть, в беседе с Богом молитвою и в беседе о Боге с ближними, возвещая им Триипостасного Бога и вочеловечившегося Бога-Слово.

Занятие молитвою есть высшее занятие для ума человеческого; состояние чистоты, чуждой развлечения, доставляемое уму молитвою, есть высшее его естественное состояние; восхищение его к Богу, чему начальная причина – чистая молитва, есть состояние сверхъестественное[58].

В сверхъестественное состояние восходят только святые угодники Божии, обновленные Святым Духом, совлекшиеся ветхого Адама, облекшиеся в Нового, способные "откровенным лицем души славу Господню взирать, преобразующиеся в той же образ от славы в славу" действием Духа Господня (*2Кор.3:18*). Большую часть Божественных откровений они получают во время упражнения молитвою, как в такое время, в которое душа бывает особенно приготовлена, особенно очищена, настроена к общению с Богом[59]. Так Святой Апостол Петр во время молитвы увидел сходящую с неба знаменательную плащаницу (*Деян.10:11*). Так Корнилию сотнику во время молитвы явился Ангел (*Деян.10:3*). Так, когда Апостол Павел молился в храме Иерусалимском, явился ему Господь, и повелел немедленно оставить Иерусалим: «иди, яко Аз во языки далече послю тя» (*Деян.22:21*), сказал Он ему.

Молитва заповедана Господом, так как и покаяние. Конец молитвы, так как и покаяния, указан один: вход в Царство Небесное, в Царство Божие, которое – внутри нас. «Покайтеся, приближися бо Царствие Небесное» (*Мф.4:17*). «Царствие Божие внутрь вас есть» (*Лк.17:21*). «Просите, и дастся вам: ищите и обрящете: толцыте и отверзется вам. Всяк бо просяй приемлет, и ищай обретает, и толкущему отверзется... Отец, иже с небесе, даст Духа Святаго просящим у Него» (*Лк.11:9–10, 13*). «Бог не имать ли сотворити отмщение избранных Своих, вопиющих к Нему день и нощь и жалующихся на насилие, причиняемое им греховною заразою и бесами? Глаголю вам, яко сотворит отмщение их вскоре» (*Лук.18:7–8*). Вход в Царство Небесное, которое святым крещением насаждено в сердце каждого христианина, есть развитие этого Царства действием Святого Духа.

Спеши молитвою, жаждущая спасения душа, спеши в след Спасителя, сопровождаемого Его бесчисленными учениками. Зови вслед Его молитвою подобно жене Хананейской (*Мф.15:22–28*); не огорчайся продолжительным невниманием Его; претерпи великодушно и смиренно скорби и унижения, которые Он попустит тебе на пути молитвенном. Для успеха в молитве непременно нужна помощь от искушений. По вере твоей, за смирение твое, за неотступность молитвы твоей, Он утешит тебя исцелением беснующейся от действия страстей дщери твоей – исцелением твоих помышлений и ощущений, претворив их из страстных в бесстрастные, из греховных в святые, из плотских в духовные. Аминь.

О МОЛИТВЕ. СТАТЬЯ II

Свят, велик, душеспасителен подвиг молитвы. Он – главный и первый между подвигами иноческими. Все прочие подвиги – подвиги служебные этому подвигу; предприемлются они для того, чтобы подвиг молитвы совершался успешнее, чтобы плоды молитвы были обильнее. «Глава всякого благочестивого жительства, – сказал преподобный Макарий Великий, – и верх всех добрых дел есть постоянное пребывание в молитве»[60].

Какое человеческое положение может быть выше, может сравниться с положением человека, допущенного к беседе молитвою с Царем царей, с Богом богов, с Творцом и полновластным Владыкою всех видимых и невидимых, вещественных и духовных тварей?

По важности упражнения молитвою, это упражнение нуждается в значительном предварительном приуготовлении[61].

От желающих приступить к Царю царей Он требует благоугодных Ему образа мыслей и сердечного настроения, того образа мыслей и того сердечного настроения, при посредстве которых приблизились к Нему и благоугодили Ему все праведники Ветхого и Нового Заветов (*Лк.1:17*). Без этого образа мыслей и сердечного настроения доступ невозможен, попытки и усилия к доступу тщетны.

Желающий приступить к Богу и усвоиться Ему постоянным пребыванием в молитве, осмотрись! Исследуй тщательно твой образ мыслей: не заражен ли ты каким-либо лжеучением? В точности ли и без исключений последуешь учению Восточной Церкви, единой истинной, святой, апостольской?[62] Если кто «Церковь преслушает, – сказал Господь ученику Своему, – буди тебе якоже язычник и мытарь» (*Мф.18:17*), чуждые Бога, враги Божии. Какое же может иметь значение молитва того, кто находится в состоянии вражды к Богу, в состоянии отчуждения от Бога?

Сознание своей греховности, сознание своей немощи, своего ничтожества – необходимое условие для того, чтоб молитва была милостиво принята и услышана Богом. Все святые полагали в основание молитвы сознание и исповедание своей греховности и греховности всего человечества. Святость человека зависит от сознания и исповедания этой греховности. Тот, Кто дарует святость человекам за покаяние их, сказал: «Не приидох призвати праведники, но грешники на покаяние» (*Мф.9:13*).

Желающий заняться подвигом молитвы! Прежде, нежели приступишь к этому подвигу, постарайся простить всякому огорчившему, оклеветавшему, уничижившему тебя, всякому, причинившему тебе какое бы то ни было зло. Тот, пред Кем ты намереваешься предстать молитвою, повелевает тебе: «Аще принесеши дар молитвы к горнему олтарю Царя царей, и ту помянеши, яко брат твой имать нечто на тя: остави ту дар твой пред олтарем и шед прежде смирися с братом твоим, и тогда пришед принеси дар твой» (*Мф.5:23–24*).

Приуготовь себя к молитве беспристрастием и беспопечением. От пристрастий – попечения. Удерживаемая пристрастиями, развлекаемая попечениями, мысль твоя не возможет неуклонно стремиться молитвою к Богу. «Не можете Богу работати и мамоне: идеже бо есть сокровище ваше, ту и сердце ваше будет. Не пецытеся, глаголюще: что ямы, или что пием, или чим одеждемся? Ищите прилежными, постоянными, исполненными умиления молитвами ...Царствия Божия и правды Его, и сия вся приложатся вам» (*Мф.6:24, 21, 31, 33*). Отторгни от земли и от всего земного ум и сердце твои, и не неудобно будет для тебя начать невидимое шествие молитвою к небу.

Если терпишь нищету, или угнетают тебя скорбные обстоятельства, или злоумышляет на тебя и гонит тебя враг твой: оставь без внимания – для того, чтоб твое внимание при молитве не было наветуемо никаким развлечением, никаким смущением – оставь без внимания приносимые тебе воспоминания и помышления о нищете твоей, о обстоятельствах твоих, о враге твоем. Тот, у Кого в полной власти и ты, и обстоятельства твои, и враг твой, говорит возлюбленным Своим: «Да не смущается сердце ваше: веруйте в Бога, и в Мя веруйте» (*Ин.14:1*).

«Егда молишися, – завещавает Господь, – вниди в клеть твою, и, затворив двери твоя, помолися Отцу твоему, Иже в тайне» (*Мф.6:6*). В обществе ли ты человеков, или находишься наедине, старайся постоянно углубляться во внутреннюю душевную клеть твою, затворять двери чувств и языка, молиться тайно умом и сердцем.

Возлюбив подвиг молитвы, возлюби уединение и вещественной келлии. Затворяй двери ее для себя и для других. Терпеливо переноси скуку затвора: она не замедлит замениться приятнейшим чувством. «Пребывай в келлии твоей, – сказали святые Отцы, – она научит тебя всему»[63], т.е. монашескому жительству, которое все сосредоточивается в молитве.

Возлюбив подвиг молитвы, возлюби молчание: оно сохраняет силы души неразъединенными, способными к постоянной молитве во внутренней клети. Навык к молчанию дает возможность к безмолвной сердечной молитве и среди шумящего многолюдства[64].

В жертву любви к молитве принеси наслаждения чувствами и наслаждения умственные, любознательность, любопытство; храни душу твою от всех внешних впечатлений, чтоб на ней напечатлелся, при посредстве молитвы, Бог. Его всесвятый, невидимый, духовный Образ не терпит пребывать в душе, засоренной образами суетного, вещественного, преходящего мира.

Не любуйся видимой природою, не занимайся созерцанием красот ее; не трать драгоценного времени и сил души на приобретение познаний, доставляемых науками человеческими[65]. И силы и время употреби на стяжание молитвы, священнодействующей во внутренней клети. Там, в тебе самом, откроет молитва зрелище, которое привлечет к себе все твое внимание; она доставит тебе познания, которых мир вместить не может, о существовании которых он не имеет даже понятия.

Там, в глубине сердца, ты увидишь падение человечества, ты увидишь душу твою, убитую грехом, увидишь гроб, увидишь ад, увидишь демонов, увидишь цепи и оковы, увидишь пламенное оружие Херувима, стрегущего путь к древу жизни, возбраняющего человеку вход в обители рая, – увидишь многие другие таинства, сокровенные от мира и от сынов мира[66]. Когда откроется это зрелище, – прикуются к нему твои взоры; ты охладеешь ко всему временному и тленному, которому сочувствовал доселе.

«Ныне, или завтра умрем», – сказал святой Андрей иноку[67], отвлекая его от привязанности к веществу и объясняя безрассудство такой привязанности. Очень верные слова! Очень верное изображение неопределенного срока нашей земной жизни! Не сегодня-завтра умрем. Ничего нет легче, как умереть. Самая продолжительная жизнь, когда придем к концу ее, оказывается кратчайшим мгновением. К чему же заниматься тем, что по необходимости должны будем оставить навсегда, оставить весьма скоро. Лучше молитвою изучить себя, изучить ожидающие нас жизнь и мир, в которых мы останемся навечно.

Уединение келлии и пустыня – обитель молитвы. «Вкусивший молитвы, – сказал святой Иоанн Лествичник, – будет убегать многолюдства: кто, как не молитва, соделывает любителя своего, подобно онагру пустыннолюбивому, свободным от потребности в обществе»[68]? Если хочешь посвятить душу твою в дело молитвы: удали себя от видения мира, откажись от общества человеческого, от бесед и от обычного принятия друзей в твою келлию, даже под предлогом любви. Устрани от себя все, чем прерывается и возмущается твоя таинственная беседа с Богом[69]. Пребывай на земле и в обществе человеческом, как странник. Ты – странник. Земля – гостиница. Неизвестен час, в который будешь призван. Призыв неизбежен и неотвратим; отказаться или воспротивиться невозможно. Приготовь себя святою молитвою к радостному исшествию из гостиницы.

Молитва усвояет человека Богу. С невыразимою завистью и ненавистью взирают на ее действие падшие ангелы, перешедшие падением от усвоения Богу к страшной, безумной вражде к Нему. Разнообразными искушениями они стараются поколебать молящегося, отвратить от спасительнейшего подвига, исторгнуть у него то преуспеяние и блаженство, которые без сомнения доставятся подвигом. А потому желающий посвятить себя упражнению молитвою должен благовременно приготовиться к скорбям, чтоб не приходить в недоумение и смущение, когда они постигнут его, чтоб мужественно противостать им силою веры и терпения[70].

Демоны поражают инока, пребывающего в молитве, болезнями телесными, угнетают нищетою, недостатком внимания и помощи человеческих, как они поразили и угнетали многоболезненного Иова, по Божию попущению. Но мы, подобно этому праведнику, благословим и возблагодарим Бога за попущенное Им, исполненное бесами[71]; славословием и благодарением Бога совершим всесвятую волю Божию, объявленную нам Святым Божиим Духом: «о всем благодарите: сие бо есть воля Божия о Христе Иисусе в вас» (*1Сол.5:18*).

Демоны подучают человеков вооружаться на делателя молитвы, осуждать его за странность поведения, за скудость полезной деятельности, – обвинять в праздности, лицемерстве и пустосвятстве, – приписывать ему намерения злые и коварные, действия порочные, – нарушать и возмущать его безмолвие, – принуждать к занятиям, противоположным его жительству, сопряженным с развлечением, рассеянностью, с нарушением сердечного мира. Зная начальную причину этих искушений, будем молиться по заповеди Евангелия и по завещанию святых

Отцов о ближних наших, согрешающих в неведении и по увлечению; козни демонов разрушит Бог.

Искушая нас извне, демоны злодействуют и внутри нас. Когда удалимся в уединение, начнем заниматься молитвою: они возбуждают в нас разнообразные греховные пожелания, каковых доселе мы не ощущали, – волнуют наше сердце бесчисленными греховными помышлениями и мечтаниями, которые до сего времени никогда не являлись уму нашему: делают они это с той целью, чтобы мы, приведенные в недоумение и уныние, как не видящие никакой пользы от молитвенного подвига и уединения, оставили их[72]. Это действие бесов, для подвижников, новых в подвиге, представляется собственным действием души: невидимые, злохитрые враги наши, совершая злодеяния, вместе хотят укрыться, чтоб исшествие из сетей, расставленных человеку, было для него невозможным, расстройство и погибель неизбежными[73].

Как демоны признают весьма важным для себя скрыть себя от человека: так для человека очень важно понять, что они – начальные делатели греха, источник наших искушений, а не ближние наши, не мы, когда проводим жизнь в служении Богу, – не какой-нибудь случай. Усмотрев врагов, постепенно научимся, под руководством Слова Божия, бдительно наблюдать над ними и над собою, с твердостью сопротивляться им. «Смиритеся, – наставляет нас верховный Апостол, – под крепкую руку Божию, да вы вознесет во время, всю печаль вашу возвергше Нань, яко Той печется о вас. Трезвитеся, бодрствуйте, зане супостат ваш диавол, яко лев рыкая, ходит, иский кого поглотити, емуже противитеся тверди верою» (*1Пет.5:6–9*).

Эта борьба, эти нападения демонов на спасающихся и молящихся попущены Самим Богом, – суть следствия нашего произвольного падения, при котором мы подчинили себя власти демонов. Покоримся правосудному о нас определению Бога и подклоним главу под все удары скорбей и болезней, каковыми благоугодно будет Богу карать нашу греховность и наши согрешения во временной жизни, чтоб избавить нас от заслуженных нами вечных скорбей и болезней. Бог, попуская нам искушения и предавая нас диаволу, не престает промышлять о нас; наказуя, не престает благодетельствовать нам. «Верен Бог, – говорит Апостол, – Иже не оставит вас искуситися паче, еже можете, но сотворит со искушением и избытие, яко возмощи вам понести» (*1Кор.10:13*). И диавол, будучи раб и творение Бога, искушает не столько, сколько ему хочется, но сколько попустит ему мановение Божие; искушает не тогда, когда ему захочется, но когда дается на то дозволение[74]. На Бога возложим, по совету Апостола, все попечение наше о себе, все наши печали, всю нашу надежду, а для этого участим и усилим молитву к Нему.

Попущение демонам искушать нас необходимо для нашего преуспеяния: противодействуя нашей молитве, они вынуждают нас изучиться особенно искусному употреблению этого меча. Мечом молитвы сокрушается огненный меч Херувима, стрегущего путь к древу жизни, и победитель соделывается причастником живота вечного[75]. По неизреченной премудрости Божией «содействует злое благому намерением не благим»[76]. Когда в уединении нашем и при упражнении молитвою внезапно закипят в нас страстные ощущения и движения, нападут на нас лютые помыслы, предстанут нам в обольстительной живости греховные мечтания: это знак пришествия врагов. Тогда – не время уныния, не время расслабления: время подвига. Воспротивимся врагам усиленною молитвою к Богу, и Он рассеет, прогонит врагов наших[77].

В невидимой брани не всегда и не скоро соделываемся победителями: победа – дар Божий, даруемый подвижнику Богом в свое время, известное единому Богу и определяемое единым Богом. Самые побеждения бывают нужными для нас. Здесь разумеются побеждения, происходящие от немощи и греховности нашей, а не от изменившегося произволения. Побеждения попущаются нам к нашему смирению, для того, чтоб мы усмотрели и изучили падение нашего естества, признали необходимость в Искупителе, уверовали в Него и исповедали Его[78].

При таких побеждениях невидимые враги наши влагают нам стыд по причине побеждения, а по причине стыда расслабление в молитвенном подвиге, недоверие к нему, мысль о оставлении его и о переходе к благой деятельности посреди человеческого общества. Не вдадимся в обман! С самоотвержением и бесстыдством откроем нашу язву пред всеблагим и всемогущим Врачом нашим, заповедавшим это спасительное для нас бесстыдство и обетовавшим увенчать его отмщением соперникам нашим (*Лк.18*). Положим в душе своей завет: до конца жизни не оставлять молитвенного подвига, из среды его прейти в вечность.

Наша стыдливость при побеждениях чужда смысла: она – злая насмешка над нами врагов наших. Способен ли этот лист смоковничный – стыдливость с ее средствами – сокрыть согрешение человека от всевидящего Бога? Бог видит грех и без исповедания греха. Он ищет исповедания единственно для того, чтоб уврачевать. Если Он завещал Апостолу Своему прощать согрешившего и кающегося брата «седмижды» на день, тем более Сам исполнит это над нами, непрестанно приносящими Ему молитву и покаяние (*Лк.17:4*).

Обратим тщательное внимание на нижеследующее: не двоедушие ли наше укрепляет врагов наших в борьбе с нами? Не оно ли – причиною частых побеждений наших? Не сами ли мы упрочиваем власть и влияние наших врагов над нами, исполняя их волю исполнением наших плотских пожеланий, влечений, пристрастий? Не прогневляем ли этим Бога, не удаляем ли Его от себя? Не действует ли в нас миролюбие, оставляющее за нами наружность служителей Бога, отъемлющее существенное достоинство Божиих рабов, соделывающее в сущности врагами Бога (*Иак.4:4–5*)?

«Муж двоедушен не устроен во всех путех своих добродетелей» (*Иак.1:8*), тем паче поколеблется он на пути возвышеннейшей, первенствующей добродетели

– молитвы. Он отвергается Богом, как ни теплый, ни студеный (*Откр.3:16*). Он не возможет быть учеником истинной молитвы, приводящей учеников своих пред лицо Божие для вышеестественного назидания, водящей их во след Иисуса, «если не отречется всего своего имения» (*Лк.14:33*): болезненных уклонений воли падшего человека к миру. «Иже Христовы суть, плоть распяша со страстьми и похотьми» (*Гал.5:24*): только принадлежащие всецело Христу могут стяжать истинную молитву.

Ничтожное по-видимому пристрастие, невинная по-видимому любовь к какому-нибудь предмету одушевленному или неодушевленному, низводят ум и сердце с неба, повергают их на земле между бесчисленными гадами и пресмыкающимися пространного житейского моря (*Пс.103:25*). Святые Отцы уподобляют подвижника, преуспевшего в молитве, орлу, а мелочное пристрастие петле силка; если в этой петле запутается один коготь орлиной могучей лапы, то орел делается неспособным воспарить горе, делается легкою и непременною добычею ловца[79]: тщетны тогда и сила и отвага царственной птицы. «Иди», наставляют нас святые Отцы, заимствуя наставление из святого Евангелия, «продаждь вещественное имение твое, и даждь нищим, и взем крест, отвергнись себя противодействием твоим пристрастиям и твоей падшей воле» (*Мф.19:21, 16:24, Мк.10:21*), да возможешь помолиться невозмущенно и без рассеянности[80]. Доколе живы в тебе пристрастия, дотоле наветуют молитву смущение и рассеянность.

Необходимо сперва отрешиться от вещественного имущества, расстаться с миром, отречься от него: только по совершении этого отречения христианин может усмотреть свой внутренний плен, темницу, узы, язвы, умерщвление души[81]. Борьба с живущею в сердце смертью, совершаемая при посредстве молитвы, под водительством Слова Божия, есть распятие, есть погубление души для спасения души (*Мк.8:35*)[82].

Молитву соедини с благоразумным постом: соединение этих двух духовных оружий заповедано нам Самим

Господом для изгнания из себя демонов (*Мк.9:29*). «Постяся, помажи главу твою, и лице твое умый» (*Мф.6:17*), заповедал Спаситель. По объяснению святых Отцов[83], елей, которым по обычаю того времени помазывали голову, означает милость, которая должна пребывать на нашем духовном суде, как и Апостол сказал: «Облецытеся убо якоже избраннии Божии, святи и возлюбленни, во утробы щедрот, благость, смиренномудрие, кротость и долготерпение: приемлюще друг друга и прощающе себе, аще кто на кого имать поречение: якоже и Христос простил есть вам, тако и вы» (*Кол.3:12–13*). Лице тела и души должно умывать слезами: они тогда появятся на глазах молящегося и постящегося, когда сердце его преисполнится милости к ближним, сострадания ко всему человечеству без исключений.

Хочешь ли усвоиться Богу молитвою? Усвой сердцу милость, которою заповедано нам уподобляться небесному Отцу (*Лк.6:36*) и достигать благодатного совершенства (*Мф.5:48*). Принуждай сердце к милости и благости, погружай, облекай весь дух твой в эти качества, доколе не ощутишь в себе человеколюбия, подобного тому, которое солнцем своим сияет равно «на злыя и благия, и дождит на праведныя и неправедныя» (*Мф.5:45*).[84].

Когда от души простишь всем ближним согрешения их: тогда откроются тебе твои собственные согрешения. Ты увидишь, сколько нуждаешься в милосердии Божием, сколько нуждается в нем все человечество: ты восплачешь пред Богом о себе и о человечестве.

Святые Отцы совмещают все делания инока, всю жизнь его в «плач». Что значит «плач» инока? Это – его «молитва»[85].

Святый «Дух, когда вселится в человека, ходатайствует о нас воздыхании неизглаголанными» (*Рим.8:26*). Божественный и пренебесный Дух, соделавшись как бы душою человека, молится и плачет о нем; Он ходатайствует за святых по воле Божией (*Рим.8:27*), потому что Ему единому вполне известна воля Божия. «Божия никтоже весть, точию Дух Божий» (*1Кор.2:11*). Господь, обещая ученикам Своим величайший дар, дар Святаго Духа, сказал: «Утешитель, Дух Святый, Егоже послет Отец во имя Мое, Той вы научит всему» (*Ин.14:26*); если всему, то и плачу и молитве. Он восплачет о нас, Он будет молиться о нас, мы же «о чесом помолимся, якоже подобает, не вемы» (*Рим.8:26*). Так мы немощны, ограничены, омрачены и повреждены грехом[86]!

Если Святый Дух, вселившись в нас, плачет о нас, тем более мы, до приятия в себя этого всесвятого Странника, должны плакать о себе. Если состояние наше, по обновлении нас Святым Духом, достойно плача, – достойно плача по свидетельству Самого Духа, тем более оно достойно плача в ветхости своей, в падении своем, предоставленное самому себе. Плач должен быть неотъемлемым качеством молитвы нашей, ее постоянным, неразлучным спутником и споспешником, ее душою.

Кто соединяет с молитвою плач: тот подвизается по указанию Самого Бога, подвизается правильно, законно. В свое время он пожнет обильный плод: радость достоверного спасения. Кто устранил из молитвы плач: тот трудится в противность установлению Божию, тот не пожнет никаких плодов. Мало этого, пожнет терние самомнения, самообольщения, погибели.

Братия! Не попустим обмануть себя мысли ложной, смешной, безрассудной, гибельной: не устремимся к исканию наслаждений при молитве нашей! Не свойственно грешникам благодатное наслаждение; им свойствен плач: поищем его всеусердно, поищем этого сокровища – ключа ко всем духовным сокровищам.

Не имеющий плача находится в ложном положении: он обманут своей гордостью.

Святые Отцы называют плач вождем в духовном подвиге. Он должен предводительствовать всеми нашими благочестивыми помышлениями, направлять их к истинной цели. Помышление, не проникнутое плачем и не руководимое им – помышление заблудшее[87].

Преподобный Пимен Великий сказал: «Все житие монаха должно быть плачем. Это – путь покаяния, преподанный нам Писанием и Отцами, которые сказали: плачьте! Другого пути, кроме плача, нет»[88].

Другой великий Отец сказал: «Если хочешь угодить Богу, изыди из мира, отделись от земли, оставь тварь, приступи к Творцу и соединись с Богом «молитвою и плачем»»[89].

Иноки, живущие в многолюдных монастырях и желающие стяжать молитвенный плач, должны обращать особенное внимание на умерщвление своей воли. Если они будут отсекать ее и не обращать внимания на грехи, вообще на поведение ближних, то приобретут и молитву и плач. Помыслы, собираясь в сердце, возбуждают в нем молитву и печаль по Богу, а печаль эта производит слезы[90].

При страшной скудости нашего времени в наставниках истинной молитвы, изберем себе в руководителя и наставника плач. Он и научит молитве, и охранит от самообольщения. Все отвергшие плач, отлучившие его от молитвы своей, впали в самообольщение. Это утверждают святые Отцы[91].

Достигший посредством плача чистой молитвы, помнит во время молитвы только Бога и греховность свою. Смерть и суд, долженствующий немедленно наступить после смерти, представляются ему наступившими. Он предстоит сердечным ощущением пред Судьею нелицеприятным и неумолимым в конечный день суда, пред Судьею, Который еще может быть умолен и может принять лице плачущего на суде, установленном и предначатом молитвою. Он благовременно ужасается, недоумевает, трепещет, рыдает, стонет, чтоб избежать бесполезных ужаса, трепета, недоумения, рыдания, отчаяния, которые породит в отверженных грешниках окончательный приговор прогневанного навеки Бога. Он осуждает себя, чтоб не быть осужденным; признает себя преступником, достойным всех казней, чтоб отклонить от себя казни; исповедует грешником, чтоб получить праведность от десницы Бога, дающего эту праведность туне всем грешникам, сознающимся и раскаивающимся в греховности.

Заповедует Господь: «Просите, и дастся вам: ищите, и обрящете: толцыте, и отверзется вам». Здесь указано не однократное действие, но постоянное; повеление распространяется на всю земную жизнь человека. «Всяк бо просяй таким образом приемлет, и ищай обретает, и толкущему неотступно отверзется... Отец, Иже с небесе, даст Духа Святаго просящим у Него» (*Лк.11:9–10, 13*)[92]. По самому обетованию необходимо тщательнейшее, непрерывное делание: «не весте бо, когда Господь дому приидет, вечер, или полунощи, или в петлоглашение, или утро: да не пришед внезапу, обрящет вы спяща» (*Мк.13:35–36*)

Невозможно, замечает святой Иоанн Лествичник, научить молитве желающего научиться ей, одними словами[93]. Учители ее – опыт и плач. В сокрушении и смирении духа начнем подвиг молитвы, вступим под руководство плача: Сам Бог, «даяй молитву молящемуся» (*1Цар.2:9*), соделается нашим учителем молитвы. «Приидите ко мне», приглашает нас священная матерь всех добродетелей – молитва, «вси труждающиися под игом страстей, в плену у падших духов, обремененнии различными согрешениями, и аз упокою вы. Возмите иго мое на себе... и обрящете покой душам вашим», исцеление вашим язвам. «Иго бо мое благо» (*Мф.11:28–30*), способно исцелять от согрешений, и самых великих[94]. «Приидите чада», приглашает нас священная матерь всех добродетелей – молитва – послушайте меня: «страху Господню научу вас» (*Пс.33:12*). Научу вас «страху Господню» самым опытом, внесу ощущение его в сердца ваши. Научу вас и «страху» новоначальных, которым «уклонится всяк от зла» (*Притч.15:27*), и чистому «страху» Господню, «пребывающему в век века» (*Пс.18:10*), страху, которым страшен Господь «над всеми окрестными Его» (*Пс.88:8*), страшен самим пламенным Херувимам и преславным, шестокрылатым Серафимам. Оставьте бесплодную и напрасную привязанность ко всему преходящему, с которым вы должны и поневоле расстаться! Оставьте увеселения и наслаждения обольстительные! Оставьте празднословие, смехословие и многословие, опустошающие душу! Вспомните, рассмотрите, удостоверьтесь, что вы здесь, на земле, кратковременные странники, что отечество ваше, вечная обитель – небо. Вам нужен туда верный и сильный вождь: этот вождь – я, не кто иной. Все святые, восшедшие от земли на небо, совершили шествие не иначе, как мною. Я открываю вступившему в союз со мною падение и греховность человека и извлекаю из них, как из глубокой пропасти. Я обнаруживаю пред ним князей воздушных, их сети и цепи, разрываю эти сети и цепи, поражаю и прогоняю этих князей. Я объясняю Творца сотворенному и Искупителя искупленному, примиряю человека с Богом. Я раскрываю пред учеником и любимцем моим необъятное величие Бога и ввожу в то состояние благоговения и покорности к Нему, в котором должны быть создания пред Создателем. Я насеваю в сердце смирение, я делаю сердце источником обильных слез; причастников моих соделываю причастниками Божественной благодати. Не оставляю руководимых мною, доколе не приведу их пред лице Божие, доколе не соединю с Богом. Бог – неисполнимое исполнение всех желаний в здешнем и будущем веке. Аминь.

ВОСЕМЬ ГЛАВНЫХ СТРАСТЕЙ С ИХ ПОДРАЗДЕЛЕНИЯМИ И ОТРАСЛЯМИ

Заимствовано из святых отеческих писаний

1. Чревообъядение

Объядение, пьянство, нехранение и разрешение постов, тайноядение, лакомство, вообще нарушение воздержания. Неправильное и излишнее любление плоти, ее живота и покоя, из чего составляется самолюбие, от которого нехранение верности к Богу, Церкви, добродетели и людям.

2. Любодеяние

Блудное разжжение, блудные ощущения и пожелания тела, блудные ощущения и пожелания души и сердца (скоктание), принятие нечистых помыслов, беседа с ними, услаждение ими, соизволение им, медление в них. Блудные мечтания и пленения. Осквернение истицанием. Нехранение чувств, в особенности осязания, в чем дерзость, погубляющая все добродетели. Сквернословие и чтение сладострастных книг. Грехи блудные естественные: блуд и прелюбодеяние. Грехи блудные противоестественные: малакия, мужеложство, скотоложство и им подобные.

3. Сребролюбие

Любление денег, вообще любление имущества движимого и недвижимого. Желание обогатиться. Размышление о средствах к обогащению. Мечтание богатства. Опасение старости, нечаянной нищеты, болезненности, изгнания. Скупость. Корыстолюбие. Неверие Богу, неупование на Его промысл. Пристрастия или болезненная излишняя любовь к разным тленным предметам, лишающая душу свободы. Увлечение суетными попечениями. Любление подарков. Присвоение чужого. Лихва. Жестокосердие к нищей братии и ко всем нуждающимся. Воровство. Разбой.

4. Гнев

Вспыльчивость, приятие гневных помыслов; мечтание гнева и отмщения, возмущение сердца яростью, помрачение ею ума: непристойный крик, спор, бранные, жесткие и колкие слова, ударение, толкание, убийство. Памятозлобие, ненависть, вражда, мщение, оклеветание, осуждение, возмущение и обида ближнего.

5. Печаль

Огорчение, тоска, отсечение надежды на Бога, сомнение в обетованиях Божиих, неблагодарение Богу за все случающееся, малодушие, нетерпеливость, несамоукорение, скорбь на ближнего, ропот, отречение от креста, покушение сойти с него.

6. Уныние

Леность ко всякому доброму делу, в особенности к молитве. Оставление церковного и келейного правила. Оставление непрестанной молитвы и душеполезного чтения. Невнимание и поспешность в молитве. Небрежение. Неблагоговение. Праздность. Излишнее успокоение сном, лежанием и всякого рода негою. Перехождение с места на место. Частые выходы из келлии, прогулки и посещения друзей. Празднословие. Шутки. Кощуны. Оставление поклонов и прочих подвигов телесных. Забвение грехов своих. Забвение заповедей Христовых. Нерадение. Пленение. Лишение страха Божия. Ожесточение. Нечувствие. Отчаяние.

7. Тщеславие

Искание славы человеческой. Хвастовство. Желание и искание земных почестей. Любление красивых одежд, экипажей, прислуги и келейных вещей. Внимание к красоте своего лица, приятности голоса и прочим качествам тела. Расположение к наукам и искусствам гибнущим сего века, искание успеть в них для приобретения временной, земной славы. Стыд исповедовать грехи свои. Скрытие их пред людьми и отцом духовным. Лукавство. Словооправдание. Прекословие. Составление своего разума. Лицемерие. Ложь. Лесть. Человекоугодие. Зависть. Уничижение ближнего. Переменчивость нрава. Притворство. Бессовестность. Нрав и жизнь бесовские.

8. *Гордость*

Презрение ближнего. Предпочтение себя всем. Дерзость. Омрачение, дебелость ума и сердца. Пригвождение их к земному. Хула. Неверие. Прелесть. Лжеименный разум. Непокорность Закону Божию и Церкви. Последование своей плотской воле. Чтение книг еретических, развратных и суетных. Неповиновение властям. Колкое насмешничество. Оставление христоподражательного смирения и молчания. Потеря простоты. Потеря любви к Богу и ближнему. Ложная философия. Ересь. Безбожие. Невежество. Смерть души.

Таковы недуги, таковы язвы, составляющие собою великую язву, ветхость ветхого Адама, которая образовалась из его падения. Об этой великой язве говорит святой пророк Исаия: «от ног даже до главы несть в нем целости: ни струп, ни язва, ни рана палящаяся: несть пластыря приложити, ниже елеа, ниже обязания» (*Ис.1:6*). Это значит, по изъяснению Отцов, что язва[95] — грех — не частная, не на одном каком-нибудь члене, но на всем существе: объяла тело, объяла душу, овладела всеми свойствами, всеми силами человека. Эту великую язву Бог назвал смертью, когда, воспрещая Адаму и Еве вкушение от древа познания добра и зла, сказал: «воньже аще день снесте от него, смертию умрете» (*Быт.2:17*). Тотчас по вкушении плода запрещенного, праотцы почувствовали вечную смерть: во взорах их явилось ощущение плотское; они увидели, что они наги. В познании наготы тела отразилось обнажение души, потерявшей красоту непорочности, на которой почивал Дух Святый. Действует в глазах плотское ощущение, а в душе стыд, в котором совокупление всех греховных ощущений: и гордости, и нечистоты, и печали, и уныния, и отчаяния! Великая язва – смерть душевная; неисправима ветхость, происшедшая после потери Божественного подобия! Великую язву Апостол называет «законом греховным, телом смерти» (*Рим.7:23–24*), потому что умерщвленные ум и сердце вполне обратились к земле, служат раболепно тленным пожеланиям плоти, омрачились, отяготели, сами соделались плоть. Эта плоть уже неспособна к общению с Богом! (*Быт.6:3*). Эта плоть не способна наследовать блаженство вечное, небесное! (*1Кор.15:50*). Великая язва разлилась на весь род человеческий, соделалась достоянием злосчастным каждого человека.

Рассматривая великую мою язву, взирая на умерщвление мое, исполняюсь горькой печали! Недоумеваю, что мне делать? – Последую ли примеру ветхого Адама, который, увидев наготу свою, спешил скрыться от Бога? Стану ли, подобно ему, оправдываться, возлагая вину на вины греха? Напрасно – скрываться от Всевидящего! Напрасно – оправдываться пред Тем, «Кто всегда побеждает, внегда судити Ему» (*Пс.50:6*).

Облекусь же вместо смоковничных листьев в слезы покаяния; вместо оправдания принесу искреннее сознание. Облеченный в покаяние и слезы, предстану пред Бога моего. Но где найду Бога моего? В раю ли? Я изгнан оттуда, – и Херувим, стоящий при входе, не впустит меня! Самою тягостью плоти моей я пригвожден к земле, моей темнице!

Грешный потомок Адама, ободрись! Воссиял свет в темнице твоей: Бог нисшел в дольную страну твоего изгнания, чтоб возвести тебя в потерянное тобою твое горнее отечество. Ты хотел знать добро и зло: Он оставляет тебе это знание. Ты хотел сделаться «яко Бог», и от этого сделался по душе подобным диаволу, по телу подобным скотам и зверям: Бог, соединяя тебя с Собою, соделывает тебя богом по благодати. Он прощает тебе грехи. Этого мало! Он изъемлет корень зла из души твоей, самую заразу греховную, яд, ввергнутый в душу диаволом, и дарует тебе врачевство на весь путь твоей земной жизни, для исцеления от греха, сколько бы раз ты ни заразился им, по немощи твоей. Это врачевство – исповедание грехов. Хочешь ли совлечься ветхого Адама, ты, который святым крещением уже облечен в Нового Адама, но собственными беззакониями успел оживить в себе ветхость и смерть, заглушить жизнь, соделать ее полумертвою? Хочешь ли ты, поработившийся греху, влекомый к нему насилием навыка, возвратить себе свободу и праведность? – погрузись в смирение! Победи тщеславный стыд, научающий тебя лицемерно и лукаво притворяться праведным и тем хранить, укреплять в себе смерть душевную. Извергни грех, вступи во вражду с грехом искренней исповедью греха. Это врачевание должно предварять все прочие; без него врачевание молитвой, слезами, постом и всеми другими средствами будет недостаточным, неудовлетворительным, непрочным. Поди, горделивый, к духовному отцу твоему, – у ног его найди милосердие Отца Небесного! Одна, одна исповедь искренняя и частая может освободить от греховных навыков, соделать покаяние плодоносным, исправление прочным и истинным.

В краткую минуту умиления, в которую открываются очи ума для самопознания, которая приходит так редко, написал я это в обличение себе, в увещание, напоминание, наставление. А ты, кто с верою и любовью о Христе прочитаешь эти строки и, может быть, найдешь в них что-нибудь полезное себе, принеси сердечный вздох и молитву о душе, много пострадавшей от волн греховных, видевшей часто пред собою потопление и погибель, находившей отдохновение в одном пристанище: в исповедании своих грехопадений.

О ДОБРОДЕТЕЛЯХ, ПРОТИВОПОЛОЖНЫХ ВОСЬМИ ГЛАВНЫМ ГРЕХОВНЫМ СТРАСТЯМ

1. Воздержание

Удержание от излишнего употребления пищи и пития, в особенности от употребления в излишестве вина. Хранение точное постов, установленных Церковью. Обуздание плоти умеренным и постоянно одинаковым употреблением пищи, от чего начинают ослабевать вообще все страсти, а в особенности самолюбие, которое состоит в бессловесном люблении плоти, живота и покоя ее.

2. Целомудрие

Уклонение от всякого рода блудных дел. Уклонение от сладострастных бесед и чтения, от произношения скверных, сладострастных, двусмысленных слов. Хранение чувств, особенно зрения и слуха, а еще более осязания. Скромность. Отвержение помышлений и мечтаний блудных. Молчание. Безмолвие. Служение больным и увечным. Воспоминание о смерти и аде. Начало целомудрия – неколеблющийся ум от блудных помыслов и мечтаний: совершенство целомудрия – чистота, зрящая Бога.

3. Нестяжание

Удовлетворение себя одним необходимым. Ненависть к роскоши и неге. Милосердие к нищим. Любление нищеты евангельской. Упование на промысл Божий. Последование Христовым заповедям. Спокойствие и свобода духа. Беспопечительность. Мягкость сердца.

4. Кротость

Уклонение от гневливых помыслов и от возмущения сердца яростью. Терпение. Последование Христу, призывающему ученика Своего на крест. Мир сердечный. Тишина ума. Твердость и мужество христианские. Неощущение оскорблений. Незлобие.

5. Блаженный плач

Ощущение падения, общего всем человекам, и собственной нищеты душевной. Сетование о них. Плач ума. Болезненное сокрушение сердца. Прозябающие от них легкость совести, благодатное утешение и радование. Надежда на милосердие Божие. Благодарение Богу в скорбях, покорное их переношение от зрения множества грехов своих. Готовность терпеть. Очищение ума. Облегчение от страстей. Умерщвление миру. Желание молитвы, уединения, послушания, смирения, исповедания грехов своих.

6. Трезвение

Усердие ко всякому доброму делу. Неленостное исправление церковного и келейного правила. Внимание при молитве. Тщательное наблюдение за всеми делами, словами и помышлениями своими. Крайняя недоверчивость к себе. Непрестанное пребывание в молитве и Слове Божием. Благоговение. Постоянное бодрствование над собою. Хранение себя от многого сна, изнеженности, празднословия, шуток и острых слов. Любление нощных бдений, поклонов и прочих подвигов, доставляющих бодрость душе. Редкое, по возможности, исхождение из келлии. Воспоминание о вечных благах, желание и ожидание их.

7. Смирение

Страх Божий. Ощущение его при молитве. Боязнь, рождающаяся при особенно чистой молитве, когда особенно сильно ощущаются присутствие и величие Божии, чтоб не исчезнуть и не обратиться в ничто. Глубокое познание своего ничтожества. Изменение взора на ближних, при чем они, без всякого принуждения, кажутся так смирившемуся, превосходнее его по всем отношениям.

Явление простодушия от живой веры. Ненависть к похвале человеческой. Постоянное обвинение и укорение себя. Правота и прямота. Беспристрастие. Мертвость ко всему. Умиление. Познание таинства, сокровенного в кресте Христовом. Желание распять себя миру и страстям, стремление к этому распятию. Отвержение и забвение льстивых обычаев и слов, скромных по принуждению, или умыслу, или навыку притворяться. Восприятие буйства евангельского. Отвержение премудрости земной, как непотребной для неба. Презрение всего, что в человеках высоко и мерзость пред Богом (*Лк.16:15*). Оставление словооправдания. Молчание пред обижающими, изученное в Евангелии. Отложение всех собственных умствований и приятие разума евангельского. Низложение всякого помысла, взимающегося на разум Христов. Смиренномудрие, или духовное рассуждение. Сознательное во всем послушание Церкви.

8. Любовь

Изменение во время молитвы страха Божия в любовь Божию. Верность к Господу, доказываемая постоянным отвержением всякого греховного помысла и ощущения. Несказанное, сладостное влечение всего человека любовью к Господу Иисусу Христу и к поклоняемой Святой Троице. Зрение в ближних образа Божия и Христа; проистекающее от этого духовного видения предпочтение себе всех ближних и благоговейное почитание их о Господе. Любовь к ближним братская, чистая, ко всем равная, беспристрастная, радостная, пламенеющая одинаково к друзьям и врагам. Восхищение в молитву и любовь ума, сердца и всего тела. Несказанное наслаждение тела радостью духовною. Упоение духовное. Расслабление телесных членов при духовном утешении[96]. Бездействие телесных чувств при молитве. Разрешение от немоты сердечного языка. Прекращение молитвы от духовной сладости. Молчание ума. Просвещение ума и сердца. Молитвенная сила, побеждающая грех. Мир Христов. Отступление всех страстей. Поглощение всех разумений превосходящим разумом Христовым. Богословие. Познание существ бестелесных. Немощь греховных помыслов, немогущих изобразиться в уме. Сладость и обильное утешение при скорбях. Зрение устроений человеческих. Глубина смирения и уничиженнейшего о себе мнения...

Конец бесконечен!

ДНЕВНЫЙ АПОСТОЛ 1-ГО ФЕВРАЛЯ 1840 ГОДА

Некоторый инок, по неисповедимым судьбам Божиим, вступил в поприще искушений. В день вступления его в это поприще, на литургии, читали 62 зачало 1-го соборного послания Петрова: «Возлюбленнии, не дивитеся еже в вас раждежению ко искушению вам бываему» и проч. (*1Пет.4:12*). Особенно поразили инока слова, возглашенные Апостолом: «Время начати суд от дому Божия» (*1Пет.4:17*). Иноку показалось, что эти слова провозглашены именно для него. При наружном действии человеков и бесов, которые суть лишь слепые орудия Божественного промысла, совершается таинственный, высший суд – суд Божий[97].

Если следствием этого суда есть наказание, то оно есть следствие правосудия. Если ж следствием правосудия есть наказание, то оно есть обличение виновности, обличение – от Бога. Напрасно же считаю себя праведным, несправедливо наказываемым, усиливаюсь хитрыми оправданиями, которые сам в совести моей признаю ложью, извинить себя, обвинить людей. Самозванец-праведник! обрати взоры ума на грехи твои, неведомые человекам, ведомые Богу: и сознаешься, что суды Божии праведны, а твое оправдание – бесстыдное лукавство. С благоговейной покорностью воздай славословие суду Божию, и оправдай орудия, избранные Богом для твоего наказания. Мир Христов низойдет в твое сердце. Этим миром примиришься с твоими скорбями, – с самоотвержением предашь воле Божией себя и все. Одно, одно попечение останется в тебе: попечение о точнейшем, действительном покаянии, разрушающем вражду между человеком и Богом, усвояющем человека Богу. Основание покаяния – сознание, полное сознание своей греховности.

РАЗМЫШЛЕНИЕ О ВЕРЕ

Изливаю глаголы сердца моего, тихо волнуемого радостью нетленною и несказанною. Братия! приникните чистою мыслию в слова мои, и насладитесь пиром духовным! Вера во Христа – жизнь. Питающийся верою, вкушает уже во время странствования земного жизнь вечную, назначенную праведникам по окончании этого странствования. Господь сказал: «Веруяй в Мя имать живот вечный» (*Ин.6:47*). Верою угодники Божии претерпели жестокие искушения: имея в персях богатство и наслаждение живота вечного, они вменяли ни во что жизнь земную с ее прелестями. Верою они принимали скорби и страдания, как дары от Бога, которыми сподобил их Бог подражать и причащаться Своему пребыванию на земли, когда Он благоволил единым из Лиц Своих принять естество наше и совершить наше искупление. Наслаждение безмерное, рождаемое верою, поглощает лютость скорби, так, что во время страданий ощущается только одно наслаждение. Засвидетельствовал это великомученик Евстратий в предсмертной молитве своей, склоняя под меч главу. «Телесные мучения, – говорил он Богу, – суть веселия рабом Твоим!»[98] Верою святые погрузились в глубину смирения: они узрели чистым оком веры, что жертвы человеческие Богу – дары Божии в человеке, долги человека, ненужные Богу, необходимые, спасительные для человека, когда человек старается приносить, усугублять, уплачивать их. «Услышите, людие Мои, – говорит Бог, – и возглаголю вам, Израилю, и засвидетельствую тебе: Бог, Бог твой есмь Аз. Не о жертвах твоих обличу тя:... Моя бо есть вселенная и исполнение ее» (*Пс.49:7–8, 12*). «Что же имаши, егоже неси приял? аще же и приял еси, что хвалишися, яко не прием» (*1Кор.4:7*)? «Всякому, емуже дано будет много, много взыщется от него и емуже предаше множайше, множайше истяжут от него» (*Лк.12:48*). Божии святые чудодействовали, воскрешали мертвых, предвозвещали будущее, упоены были духовною сладостью, и вместе смирялись, трепетали, видя с недоумением, удивлением, страхом, что Бог благоволил ущедрить персть, – персти, брению вверил Святого Духа Своего. О ужас! нападает от зрения этих таинств молчание на ум зрящий; объемлет сердце несказанная радость; язык изнемогает к поведанию. Верою вступили святые в любовь к врагам: око ума, просвещенное верою, неуклонно смотрит на Бога в промысле Его, и этому Божественному промыслу приписывает все внешние наведения. Так Давид, зревший пред собою «Господа выну», чтоб пребывать непоколебимым в мужестве при всех скорбях и попущениях, усиливающихся поколебать и возмутить сердце (*Пс.15:8*), сказал о Семее, когда Семей проклинал его, и кидал в него камнями: «Господь рече ему проклинати Давида. Что вам и мне, сынове Саруины», помыслы гнева и мщения! «оставите его, и да проклинает! оставите его проклинати мя, яко рече ему Господь: негли призрит Господь на смирение мое» (*2Цар.16:10–12*). Душа приемлет искушения, как врачевания своих недугов, благодарит Врача – Бога, и поет: «Накажи [искуси] мя, Господи, и испытай мя, разжги утробы моя и сердце мое» (*Пс.25:2*). При таком рассматривании искушения, люди и прочие орудия искушений остаются в стороне, как орудия. Нет на них злобы, нет вражды! Душа, славословящая Создателя, благодарящая Врача Небесного, в упоении несказанными чувствами начинает благословлять орудия своего врачевания[99]. И вот! внезапно возгорается в ней любовь к врагам; человек бывает готов положить душу за врага своего, – видит в этом не жертву, но долг, долг непременный раба неключимого. Отселе небо нам отверзто, – входим в любовь к ближним, ею в любовь к Богу, бываем в Боге, и Бог бывает в нас. Вот какие сокровища заключает в себе вера, – ходатай и податель надежды и любви. Аминь.

1840 года, Сергиева Пустыня.

САД ВО ВРЕМЯ ЗИМЫ

В 1829-м году проводил я зиму в Площанской Пу́стыни[100]. И поныне там, в саду, стоит уединенная, деревянная келлия, в которой я жил с моим товарищем. В тихую погоду, в солнечные ясные дни, выходил я на крыльцо, садился на скамейку, смотрел на обширный сад. Нагота его покрывалась снежным покрывалом; кругом все – тихо, какой-то мертвый и величественный покой. Это зрелище начало мне нравиться: задумчивые взоры невольно устремлялись, приковывались к нему, как бы высматривая в нем тайну.

Однажды сидел я, и глядел пристально на сад. Внезапно упала завеса с очей души моей: пред ними открылась книга природы. Это – книга, данная для чтения первозданному Адаму, книга содержащая в себе слова Духа, подобно Божественному Писанию. Какое же учение прочитал я в саду? – Учение о воскресении мертвых, учение сильное, учение изображением действия, подобного воскресению. Если б мы не привыкли видеть оживление природы весною, то оно показалось бы нам вполне чудесным, невероятным. Не удивляемся от привычки; видя чудо, уже как бы не видим его! Гляжу на обнаженные сучья дерев, и они с убедительностью говорят мне своим таинственным языком: «мы оживем, покроемся листьями, заблагоухаем, украсимся цветами и плодами: неужели же не оживут сухие кости человеческие во время весны своей?»

Они оживут, облекутся плотью; в новом виде вступят в новую жизнь и в новый мир. Как древа, не выдержавшие лютости мороза, утратившие сок жизненный, при наступлении весны посекаются, выносятся из сада для топлива: так и грешники, утратившие жизнь свою – Бога, будут собраны в последний день этого века, в начатке будущего вечного дня, и ввергнуты в огнь неугасающий.

Если б можно было найти человека, который бы не знал превращений, производимых переменами времен года; если б привести этого странника в сад, величественно покоящийся во время зимы сном смертным, показать ему обнаженные древа и поведать о той роскоши, в которую они облекутся весною, то он, вместо ответа, посмотрел бы на вас, и улыбнулся – такою несбыточною баснею показались бы ему слова ваши! Так и воскресение мертвых кажется невероятным для мудрецов, блуждающих во мраке земной мудрости, непознавших, что Бог всемогущ, что многообразная премудрость Его может быть созерцаема, но не постигаема умом созданий. Богу все возможно: чудес нет для Него. Слабо помышление человека: чего мы не привыкли видеть, то представляется нам делом несбыточным, чудом невероятным. Дела Божии, на которые постоянно и уже равнодушно смотрим, – дела дивные, чудеса великие, непостижимые.

И ежегодно повторяет природа пред глазами всего человечества учение о воскресении мертвых, живописуя его прообразовательным, таинственным действием!

1843 года, Сергиева Пустыня.

ДРЕВО ЗИМОЮ ПРЕД ОКНАМИ КЕЛЛИИ

Зиму 1828-го года я провел в монастыре преподобного *Александра Свирского*. Пред окнами моей келлии стояло древо, разоблаченное морозами, как скелет, разоблаченный смертью. Уединение изощряет чувства, изощряет мысль; круг действия их расширяется. Между тем море, о котором святой Иоанн Лествичник говорит, что ему непременно должно взволноваться, волновалось[101]. Обнаженное древо служило для меня утешением: оно утешало меня надеждою обновления души моей. «Гласом моим», гласом ума моего, гласом сердца моего, гласом тела моего болезнующего, гласом немощей моих, гласом падений моих «воззвах» (*Пс.141:2*): «Господи, услыши молитву мою» (*Пс.142:1*), «вонми молению моему» (*Пс.141:7*), которое воссылаю Тебе из среды браней, потрясающих ум мой и сердце, из среды болезней, томящих и расслабляющих тело мое, из среды множества немощей, объемлющих все существование мое, из среды бесчисленных падений, которыми преисполнена жизнь моя. Услышавший Иону, молившегося во чреве кита, услышь меня, вопиющего из чрева беззаконий моих, из чрева адова. Из глубины, из бездны грехов, из бездны поползновений и искушений моих «воззвах Тебе, Господи!» Господи, услышь глас мой! «Изведи из темницы страстей душу мою», пролей в нее свет благодатный! (*Пс.141:8*). Когда прольешь в нее этот свет, свет и светлый, и радостный, и животворный, тогда будет она «исповедатися имени Твоему» (*Пс.141:8*). – Действует в душе исповедание, возбужденное благодатью, превышающее ум и потоплящее его в неизреченной сладости своей; он, сошедши в сердечную клеть, затворившись в ней невниманием ко всему чувственному, произносит имя Твое, поклоняется имени Твоему, питается именем Твоим, объемлет имя Твое и объемлется им. Имя Твое, Слове Божий и Боже, соделывает для него излишними все прочие слова! «Избави мя от гонящих мя» бесовских помыслов и начинаний, «яко укрепишася паче мене» (*Пс.141:7*), паче произволения души моей, паче постижения ума моего! «Уны во мне дух мой, во мне смятеся сердце мое» (*Пс.142:4*). «Объяша мя болезни смертныя, беды адовы обретоша мя» (*Пс.114:3*).

Господи! не на мою силу уповаю: падения мои научают меня познавать немощь мою. Ты, Господи, упование мое! Тогда только могу быть «в стране живых» (*Пс.114:8*), в стране святыя правды Твоея, когда Ты, Господи, ниспошлешь в сердце мое благодать Твою, когда, вселившись в сердце мое, будешь «часть достояния моего» (*Пс.15:5*), моим единственным имуществом и сокровищем! Возрадуются святые Ангелы Твои, возрадуются лики благоугодивших Тебе человеков, увидя спасение мое. «Мене ждут праведницы, дондеже воздаси мне» (*Пс.141:8*) милость Твою не по множеству грехов моих, но по множеству Твоего человеколюбия. Аминь.

ДУМА НА БЕРЕГУ МОРЯ

Кому подобен христианин, переносящий скорби земной жизни с истинным духовным разумом? – Его можно уподобить страннику, который стоит на берегу волнующегося моря. Яростно седые волны подступают к ногам странника и, ударившись о песок, рассыпаются у ног его в мелкие брызги. Море, препираясь с вихрем, ревет, становит волны, как горы, кипит, клокочет. Волны рождают и снедают одна другую; главы их увенчаны белоснежною пеною; море, покрытое ими, представляет одну необъятную пасть страшного чудовища, унизанную зубами. На это грозное зрелище с спокойною думою смотрит таинственный странник. Одни глаза его на море, а где мысль его, где сердце? Мысль его – во вратах смерти; сердце – на суде Христовом. Здесь он уже предстоит умом, здесь он предстоит ощущением, здесь его заботы, здесь страх его: от этого страха бежит страх земных искушений. Утихнут ветры, уляжется море. Где холмились гневные волны: там расстелется неподвижная поверхность утомленных бурею вод. После усиленной тревоги они успокоятся в мертвой тишине; в прозрачном зеркале их отразится вечернее солнце, когда оно встанет над Кронштадтом, и пустит лучи свои вдоль Финского залива, на встречу струям Невы, к Петербургу. Живописное зрелище, знакомое жителям Сергиевой Пу́стыни! Это небо, этот берег, эти здания сколько видели увенчанных пеною гордых, свирепых волн? И все они прошли, все улеглись в тишине гроба и могилы. И идущие мимо идут, успокоятся также! Что так зыбко, так непродолжительно, как венцы из пены влажной!

Взирая из тихого монастырского пристанища на житейское море, воздвизаемое бурею страстей, благодарю Тебя, Царю и Боже мой! привел Ты меня в ограду святой обители! скрыл меня «в тайне лица Твоего от мятежа человеческаго!» покрыл меня «в крове от пререкания язык!» (*Пс.30:21*). О том только печальна душа моя, о том смущаюсь неизвестностью, что пройду ли отсюду, с берега житейского моря коловратного, неверного, «в место селения дивна, даже до дому Божия, во гласе радования и исповедания шума празднующаго» (*Пс.41:5*), вселюсь ли там в век века? Что ж до скорбей земных, – «на Бога уповах, не убоюся: что сотворит мне человек» (*Пс.55:12*).

1843 года. Сергиева Пустыня.

МОЛИТВА ПРЕСЛЕДУЕМОГО ЧЕЛОВЕКАМИ

Благодарю Тебя, Господь и Бог мой, за все совершившееся надо мною! Благодарю Тебя за все скорби и искушения, которые посылал Ты мне для очищения оскверненных грехами, для исцеления изъязвленных грехами, моих души и тела!

Помилуй и спаси те орудия, которые Ты употреблял для моего врачевания: тех людей, которые наносили мне оскорбления. Благослови их в этом и будущем веке! Вмени им в добродетели то, что они делали для меня! Назначь им из вечных Твоих сокровищ обильные награды!

Что ж я приносил Тебе? Какие благоугодные жертвы? – Я приносил одни грехи, одни нарушения Твоих Божественнейших заповеданий. Прости меня, Господи, прости виновного пред Тобою и пред человеками! Прости безответного! Даруй мне увериться и искренно сознаться, что я грешник! Даруй мне отвергнуть лукавые оправдания! Даруй мне покаяние! Даруй мне сокрушение сердца! Даруй мне кротость и смирение! Даруй любовь к ближним, любовь непорочную, одинаковую ко всем, и утешающим и оскорбляющим меня! Даруй мне терпение во всех скорбях моих! Умертви меня для мира! Отыми от меня мою греховную волю, и насади в сердце мое Твою святую волю, да творю ее единую и делами, и словами и помышлениями, и чувствованиями моими.

Тебе за все подобает слава! Тебе единому принадлежит слава! Мое единственное достояние – стыдение лица и молчание уст. Предстоя страшному суду Твоему в убогой молитве моей, не обретаю в себе ни единого доброго дела, ни единого достоинства, и предстою, лишь объятый отвсюду бесчисленным множеством грехов моих, как бы густым облаком и мглою, с единым утешением в душе моей: с упованием на неограниченную милость и благость Твою. Аминь.

КЛАДБИЩЕ

После многих лет отсутствия посетил я то живописное село, в котором я родился. Давно-давно принадлежит оно нашей фамилии. Там – величественное кладбище, осеняемое вековыми древами. Под широкими развесами дерев лежат прахи тех, которые их насадили. Я пришел на кладбище. Раздались над могилами песни плачевные, песни утешительные священной панихиды. Ветер ходил по вершинам дерев; шумели их листья; шум этот сливался с голосами поющих священнослужителей.

Услышал я имена почивших – живых для моего сердца. Перечислялись имена: моей матери, братьев и сестер, моих дедов и прадедов отшедших. Какое уединение на кладбище! Какая чудная, священная тишина! Сколько воспоминаний! Какая странная, многолетняя жизнь! Я внимал вдохновенным, божественным песнопениям панихиды. Сперва объяло меня одно чувство печали; потом оно начало облегчаться постепенно. К окончанию панихиды тихое утешение заменило собою глубокую печаль: церковные молитвы растворили живое воспоминание о умерших духовным услаждением. Они возвещали воскресение, ожидающее умерших! они возвещали жизнь их, привлекали к этой жизни блаженство.

Могилы праотцов моих ограждены кругом вековых дерев. Широко раскинувшиеся ветви образовали сень над могилами: под сенью покоится многочисленное семейство. Лежат тут прахи многих поколений. Земля, земля! сменяются на поверхности твоей поколения человеческие, как на деревьях листья. Мило зеленеют, утешительно, невинно шумят эти листочки, приводимые в движение тихим дыханием весеннего ветра. Придет на них осень: они пожелтеют, спадут с дерев на могилы, истлеют на них. При наступлении весны другие листочки будут красоваться на ветвях, и также – только в течение краткой чреды своей, также увянут, исчезнут.

Что наша жизнь? Почти то же, что жизнь листка на древе!

«20 Мая 1848 года. Село Покровское, Вологодской губернии».

ГОЛОС ИЗ ВЕЧНОСТИ
(ДУМА НА МОГИЛЕ)

В сумраке тихого летнего вечера стоял я, задумчивый и одинокий, на могиле моего друга. В тот день совершено было поминовение о нем; в тот день семейство его долго оставалось на могиле. Почти не слышно было слов между присутствовавшими: слышны были одни рыдания. Рыдания прерывались глубоким молчанием; молчание прерывалось рыданиями. И долго сменялись рыдания молчанием, молчание рыданиями.

Стоял я, задумчивый и одинокий, на могиле; стоял осененный впечатлениями дня. Внезапно овладело мною неожиданное, чудное вдохновение. Как будто услышал я голос почившего! – Загробную речь его, таинственную беседу, чудную проповедь, какою изобразилась она в душе моей, спешу начертать трепещущею рукою.

«Отец мой! мать моя! супруга моя! сестры мои! В черных одеждах, облеченные в глубокую печаль и телом и душою, стеклись вы к моей одинокой могиле, – с поникшими главами, окружили ее. Безмолвно, одними помышлениями и чувствованиями, вы беседуете с безмолвствующим жителем гроба. Сердца ваши – фиалы неисцельной грусти. Потоки слез льются из очей ваших; вслед за потоками пролившимися рождаются новые слезные потоки: печали нет дна, слезам нет конца».

«Младенцы – дети мои! и вы здесь у камня могильного, у камня надгробного! И на ваших глазках навернулись слезки, а сердце ваше не знает, о чем плачут очи, подражающие очам отца моего, очам моей матери. Вы любуетесь камнем надгробным, камнем светящимся, гранитом зеркальным; вы любуетесь надписью из букв золотых; а они – этот гранит и эта надпись – провозвестники вашего раннего сиротства».

«Отец мой! мать моя! супруга моя! родные и друзья мои! что стоите вы так долго над моей могилой, над хладным камнем, хладно стоящем на страже гробовой? Давно уже охладело мое бездыханное тело; по приговору всемогущего Творца оно возвращается в свою землю, рассыпается в прах. Какие тяжкие думы объемлют вас, удерживают на могиле моей?.. Служители алтаря принесли у ней молитву о упокоении моем, возгласили мне вечную память в спасающем и упокоевающем меня Боге. Они отошли от могилы безмолвной: уйдите и вы. Вам нужен покой после подвигов души и тела, измученных, истерзанных скорбью».

«Вы нейдете!.. вы здесь!.. вы приковались к месту моего погребения! В молчании, сказывающем более, нежели сколько может сказать самое пышное красноречие, – с душою, для которой нет объяснения, – с сердцем, в котором обилием чувств поглощается определенность чувств, вы не отступаете от могилы, запечатленной на многие веки, от камня – памятника бесчувственного. Что надо вам?.. Не ожидаете ли вы из-под камня, из недр могилы мрачной, моего голоса?»

«Нет этого голоса! Вещаю одним молчанием. Молчание, тишина нерушимая – достояние кладбища до самой трубы воскресения. Прахи мертвецов говорят без звуков, в которых нуждается слово земное: тлением осуществленным они возглашают громкую проповедь, убедительнейшее увещание к мятущимся, шумящим на земной поверхности искателям тления».

«И есть еще у меня голос! И говорю с вами, и отвечаю на ваши неизъяснимые думы, на ваши непроизнесенные и невыразимые вопросы. Послушайте меня! Отличите мой голос в общем голосе, которым говорит вечность ко времени! – Голос вечности один, – неизменяем, непреложен. В ней нет непостоянства, переменчивости: в ней день – один, сердце – одно, мысль – одна. Соединяющий все во едино – Христос. Оттуда голос – один».

«В этом голосе, которым говорит вечность, в этом голосе безмолвном и вместе подобном грому, отличите мой голос! Неужели вы, родные мои, не узнаете моего голоса? Мой голос в общем, едином голосе вечности, имеет свой отдельный звук, как голос струны в общем аккорде многострунного фортепиано».

«Вещал всем нам голос вечности, вещал с времен явления нашего в бытие. Вещал он нам, когда мы были еще неспособны внимать ему; вещал он нам и в зрелом возрасте нашем, когда мы уже могли и должны были внимать ему, понимать его. Голос вечности!... увы!... мало прислушивающихся к тебе в шумной земной гостинице! То препятствует внимать тебе младенчество наше; то препятствуют внимать тебе заботы, развлечения житейские. Но ты не умолкаешь. Говоришь, говоришь, – и, наконец, чрез грозного посланника – смерть, требуешь и внимательного, и невнимательного слушателя к отчету во внимании и послушании великим глаголам вечности».

«Чтоб голос вечности имел для вас особенный отголосок, особенно способный проникать в ваше сердце, привлекать к слову спасения ум ваш, – Бог причислил меня к говорящим из вечности. Мой голос слился в стройное согласие с общим голосом обширного невидимого мира. Для всех странников земли я – мертв, безгласен, как и все мертвецы, но для вас я – жив, и, мертвый, говорю слово спасения открытее, сильнее, нежели как сказал бы его, оставаясь между вами и гоняясь вместе с вами за призраками благ, которыми тление обманывает и губит изгнанников из рая, помещаемых на короткое время в земной гостинице для примирения с прогневанным ими Богом».

«Бог – милостив, милостив бесконечно. Если б было нужным и полезным, – внезапно из тьмы могильной, из-под тяжкого камня отозвался бы я вам!... Небо признало частный голос из вечности излишним... И какой голос из вечности уже нелишний, когда Бог благоволил, чтоб не только равноангельные человеки, но Сам Единородный Сын Его возвестил вселенной волю Его, возвестил святые и строгие уставы – блаженной для послушных, страшной для непокорных – вечности? «Имут Моисея и пророки, да послушают их» (*Лк.16:29*), ответ был Неба просившему голоса умерших для проповеди живущим на земле плотскою жизнью, умерщвленным душевною вечною смертью. «Аще Моисея и пророков не послушают, и аще кто от мертвых воскреснет, не имут веры» (*Лк.16:31*).

«Товарищ мой – мертвец, но еще с живым словом в устах! Прими от меня поручение и исполни его.

Вот отец мой! вот мать моя! вот супруга моя! вот родные мои! не могу говорить с ними иначе, как общим голосом вечности. В этом голосе они слышат звук и моего голоса... да, они слышат его!... но нет у меня отдельного, частного, моего слова... Товарищ мой! будь моим словом; из общей нашей сокровищницы, из священной вечности, скажи им за меня краткое, нужнейшее для них слово: «Земная жизнь – мгновенное обманчивое сновидение. Вечность – неизбежна. Есть и бедственная вечность!... Стяжите ж вечность блаженную вниманием, повиновением всесвятому закону всесвятого Бога, – и приходите ко мне на верное, некончающееся наслаждение, каждый в свое, самим и единым Богом назначенное время!»

1848-го года, Сергиева Пустыня. Дума написана на кончину К. Ф. О-на, бывшего с юных лет в близких отношениях с архимандритом *Игнатием Брянчаниновым*.

УЧЕНИЕ О ПЛАЧЕ ПРЕПОДОБНОГО ПИМЕНА ВЕЛИКОГО[102]

Брат вопросил авву Пимена о том, какое должно иметь иноку делание. Авва отвечал: «Авраам, когда пришел в обетованную землю, то купил себе гроб, и с гроба начал вступать во владение Обетованною землею». Брат спросил: какое имеет значение «гроб»? Авва отвечал: «Это – место плача и рыдания».

Следующее изречение также принадлежит авве Пимену: «Плач – сугуб: делает и хранит».

Брат вопросил авву Пимена: «Что мне делать со страстями моими, возмущающими меня?» Старец сказал ему: «Будем всеусильно плакать пред благостию Божиею, доколе она не сотворит милости с нами».

Брат вопросил авву Пимена: «Что мне делать с грехами моими?» Старец сказал: «Желающий избавиться от живущих в нем грехов, плачем избавляется от них, и желающий не впадать вновь в грехи, плачем избегает от впадения в них. Это – путь покаяния, преданный нам Писанием и Отцами, которые сказали: плачьте! другого пути, кроме плача, нет».

Однажды авва Пимен, проходя чрез Египет, увидел женщину, сидевшую на гробе и плакавшую горько. При этом он сказал: «Если б со всего мира стеклись к ней утешающие, то не отвлекли бы души ее от плача. Так и монах должен постоянно иметь в себе плач».

Однажды преподобный Пимен шел с аввою Анувом в окрестностях города Диолка. Увидев там женщину, терзающуюся и горько плачущую над могилою, они остановились послушать ее. Потом, несколько отошедши, встретили прохожего, и спросил его святой Пимен: «Что случилось с этою женщиною? она так горько плачет». Прохожий отвечал: «У ней умерли муж, сын и брат». Тогда авва Пимен, обратясь к авве Ануву, сказал: «Говорю тебе: если человек не умертвит всех плотских пожеланий своих и не стяжет такого плача, то не может быть монахом. Все житие монаха – плач».

Сказал старец: «Плач составляет поучение (душевное делание, душевный подвиг) инока. Если нет плача, то невозможно сохраниться от расстройства и смущения». Я отвечал: «Когда я в келлии, тогда плач пребывает со мною; если же кто придет ко мне, или я выйду из келлии, то уже не обретаю его». На это старец сказал: «Это оттого, что плач не усвоился тебе, но как бы дан взаймы». Я просил объяснить мне эти слова. Старец сказал: «Если человек потрудится всеусильно о стяжании плача, то обретает его в служение себе, когда только захочет».

Брат вопросил авву Пимена: «К чему должно быть устремлено внимание безмолвствующего в келлии? Старец отвечал: «Я – подобен человеку, погрязшему в болото по шею, имеющему бремя на шее, и вопиющему к Богу: помилуй меня!» Помилуй меня! это – выражение внедрившегося в душу плача. Плач, когда достигнет развития, не может облекаться в многомыслие и многословие: он довольствуется для выражения необъятного духовного ощущения самою краткою молитвою.

Брат вопросил авву Пимена о монашеском делании. Старец сказал: «Когда Бог посетит нас призывом в вечность: тогда что озаботит нас?» – Брат отвечал: «Грехи наши». Старец сказал: «Итак! Войдем в келлии наши; уединившись в них, воспомянем грехи наши, и Господь послушает нас». Здесь должно разуметь не поверхностное, холодное воспоминание о грехах и о греховности своей, но воспоминание, соединенное с покаянием, с плачем.

Когда скончался авва *Арсений Великий*, святой Пимен, при вести о кончине Великого, прослезившись, сказал:

«Блажен ты, авва Арсений! потому что ты плакал о себе в жизни сей. Не плачущий здесь, будет вечно плакать. Невозможно не плакать, или здесь произвольно, или невольно там, в муках».

О СЛЕЗАХ

Слезы – естественны падшему человеческому естеству. До падения оно не ведало слез, – ведомо ему было одно чистейшее наслаждение райским блаженством. Оно утратило это блаженство: ему оставлены слезы, как выражение сочувствия к блаженству, как свидетельство падения, как свидетельство состояния под гневом прогневанного Божества, как надежда возвратить когда-нибудь блаженство. Верна эта надежда: потому что сочувствие к блаженству не изглаждено из естества. Верна эта надежда: потому что сетование о потере небесного блаженства не может быть удовлетворено никаким временным удовлетворением; оно, оставаясь неудовлетворенным, ожидает удовлетворения, возвещает существование удовлетворения. В слезах таинственно живет утешение и в плаче – радость. Человек, в каком бы ни был земном благополучии, на какой бы высоте ни стоял, в каком бы обилии ни плавал, встречает и переживает такие минуты, часы и дни, в которые нуждается в утешении, доставляемом слезами, – утешения в другом утешении не находит. Каждый из нас лишь вступает в страну нашего изгнания и томления, в страну страданий и плача, как и ознаменовывает это вступление, начало своего существования, плачевным воплем. «Блажен муж, ему же есть заступление его у Тебе», ознаменовываемое слезами при молитве его! Таковы невидимые, духовные «восхождения в сердце своем положи, преходя юдоль плачевную – земную жизнь, которую Ты назначил для покаяния: ибо благословение даст законополагаяй» нам плач и слезы.

Очищающие себя плачем и слезами, «пойдут от силы в силу, и явится Бог богов в Сионе» – в духе человеческом, приуготовленном к приятию Бога истинным покаянием (*Пс.83:6–8*). «Сеющии слезами, радостию пожнут». Те «ходящии» путем земной жизни, которые «хождаху» по пути узкому и прискорбному, «и плакахуся, метающе семена своя, грядуще приидут радостию, вземлюще рукояти своя» (*Пс.125:5–6*).

Слезы, как свойство падшего естества, заражены недугом падения, подобно всем прочим свойствам. Иной бывает особенно склонен к слезам по природе и при всяком удобном случае проливает слезы: такие слезы называются естественными. Есть и греховные слезы. Греховными слезами называются слезы, проливаемые по греховным побуждениям. Такие слезы во множестве и с особенною легкостью проливаются людьми, преданными сладострастию; слезы, подобные слезам сладострастных, проливают находящиеся в самообольщении и прелести; льются обильно слезы из тщеславия, лицемерства, притворства, человекоугодия. Наконец, проливает их злоба: когда она лишена возможности совершить злодеяние, пролить человеческую кровь, тогда она проливает слезы. Эти слезы имел Нерон, в котором современные христиане, по жестокости его и ненависти к христианству, думали видеть антихриста[103]. К естественным слезам относятся слезы от огорчения; когда же огорчение имеет характер греховный, то слезы огорчения делаются слезами греховными. И естественные, и греховные слезы, немедленно по появлении их, повелевается нам святыми Отцами прелагать на богоугодные, то есть изменять побуждение слез: приводить себе на память согрешения наши, неизбежную и неизвестную смерть, суд Божий, – и плакать по этим причинам[104].

Чудное дело! Те, которые по естественной наклонности проливали потоки беструдных, бессмысленных и бесплодных слез, также те, которые проливали их по греховным побуждениям, когда захотят плакать богоугодно, внезапно видят в себе необыкновенную сухость, не могут добыть из глаз ни одной слезной капли. Из этого научаемся, что слезы страха Божия и покаяния суть дар Божий, что для получения их надо позаботиться, во-первых, о стяжании причины их.

Причина слез – зрение и сознание своей греховности. «Исходища водная изведосте очи мои, – говорит святой пророк Давид, – понеже не сохраних Закона Твоего» (*Пс.118:136*). Причина слез – нищета духа: будучи сама собою блаженство, она рождает другое блаженство – плач (*Мф.5:3–4*), питает, поддерживает, усиливает его. «Не плач происходит от слез, но слезы от плача, сказал преподобный Иоанн Пророк. Если кто, находясь посреди братства, отсекает свою волю и не обращает внимания на чужие грехи, то приобретает плач. Чрез сие собираются помыслы его, и, собираясь таким образом, рождают в сердце печаль (плач) по Богу, а печаль рождает слезы»[105]. Слезы, как дар Божий, служат признаком милости Божией: «Слезы в молитве, – говорит святой Исаак Сирский, – суть знамение милости Божией, которой сподобилась душа своим покаянием, и того, что она принята и начала входить в поле чистоты слезами. Если помыслы не отторгнутся от предметов преходящих, не отвергнут от себя надежды на этот мир; если не возбудится в них презрение к нему, и они не начнут приготовлять напутствий к исходу своему; если не начнут действовать в душе помышления о предметах, принадлежащих будущему веку, то очи не возмогут произвести слез»[106].

Стяжавшему зрение своей греховности, стяжавшему страх Божий, стяжавшему чувство покаяния и плача, нужно испросить у Бога дар слез прилежною молитвою. Так Асхань, дочь Халева, будучи отдана в замужество и получив в приданое участок земли, когда села на осла, чтобы отправиться в дом мужа, то со стенанием и воплем стала просить у отца, чтобы он к данному ей участку присовокупил и другой, обилующий водами. «На землю южную (сухую) отдал еси мя, да даси мне и исходища водная» (*Суд.1:15*). Халев исполнил желание дочери. Святые Отцы под лицом Асхани разумеют душу, сидящую, как бы на осле, на бессловесных влечениях плоти. Сухая земля изображает делание под водительством страха Божия, а что Асхань начала со стенанием и воплем просить источников воды, этим означается крайняя нужда в слезах для каждого подвижника, долженствующего просить с воздыханиями и сердечною болезнию дара слез у Бога[107]. При молитве о даровании слез, необходимо и собственное усилие производить их. Собственное усилие или труд бывают и предваряющими излияние слез и сопутствующими этому излиянию.

Труд, предваряющий слезы, заключается в благоразумном воздержании от пищи и пития, в благоразумном бдении, в нестяжании, в отвлечении внимания от всего окружающего нас, в сосредоточении его к самим себе. Святой Иоанн Лествичник сказал в Слове о плаче: «Покаяние есть произвольное лишение себя всякого телесного утешения»[108]. Святой Давид описывает положение плачущего так: «Уязвлен бых яко трава, и изсше сердце мое, яко забых снести хлеб мой. От гласа воздыхания моего прильпе кость моя плоти моей. Уподобихся неясыти пустынней, бых яко нощный вран на нырищи (развалине). Бдех, и бых яко птица особящаяся на зде (крове)... Пепел яко хлеб ядях, и питие мое с плачем растворях» (*Пс.101:5–8, 10*). Без умерщвления для мира невозможно стяжать плач и слезы: стяжаваем их по мере умерщвления миру. – Труд при самом плаче и излиянии слез состоит в понуждении себя к ним, в великодушном терпении сухости и бездождия, которыми иногда наветуется блаженный подвиг, после которых всегда награждается терпеливый делатель обильным излиянием слез. Как земля, долго ждавшая орошения и наконец получившая его в изобилии, вдруг покрывается нежною, яркою зеленью: так и сердце, истомившееся сухостью и потом оживленное слезами, испускает из себя множество духовных помышлений и ощущений, украшенных общим цветом смирения. Делание плача, будучи неразлучно с деланием молитвы, требует тех же условий для преуспеяния, в каких нуждается и молитва. Она нуждается в терпеливом, постоянном пребывании в ней: нуждается в нем и плач. Она нуждается в утомлении тела, производит изнеможение тела: производит это изнеможение и плач, нуждаясь для того, чтоб родиться, в утруждении и утомлении тела. «Утрудихся воздыханием моим, – говорит великий Делатель плача, – измыю на всяку нощь ложе мое, слезами моими постелю мою омочу» (*Пс.6:7*). Понуждение себя и труд должно соразмерять с телесными силами. Преподобный Нил Сорский советует и ублажает плач и слезы. «Это – путь покаяния и плод его, – говорит он. – Кто о всякой напасти, находящей на него, и против всякого вражеского помысла плачет пред благостью Божиею, чтоб она помогла ему, тот скоро обретет покой, если молится в духовном разуме»[109]. Однако и этот Преподобный, посоветовав руководствоваться в делании теми наставлениями, которые находятся в книгах святого Иоанна Лествичника и святого *Симеона Нового Богослова*, дает предостережение, заимствовав его от святого Исаака Сирского, чтоб не привести слабое тело в расстройство безмерным понуждением. «Тогда, – говорит он, – неполезно ратовать естество. Когда немощное тело будет понуждено на дела, превышающие его силу: тогда наносится душе помрачение на помрачение, – она приводится в смущение»[110]. Впрочем, и при слабом телосложении и здравии некоторое понуждение, соразмерно силам, необходимо. Соразмерность эту легко можно усмотреть из немногих опытов. Немощные должны приводить себя к плачу и слезам наиболее внимательною молитвою и стараться о стяжании плача в духе[111], причем изливаются тихие слезы, и сердечная болезнь бывает не столь сильною. Всякое духовное делание, будучи собственно даром Божиим в нас, непременно нуждается в понуждении нашем к нему, потому что понуждение есть деятельное обнаружение и свидетельство нашего благого произволения. Понуждение в особенности нужно тогда, когда из падшего естества или по злодейству бесов возникнет в нас какое-либо греховное стремление или возмущение: тогда необходимо произносить плачевные слова молитвы несколько вслух. Вещественный, машинальный, гласный, особенно понудительный и насильственный плач не соответствует немощным, как потрясающий тело и производящий в нем мучительные томление и болезнование. Эти томление и болезнование уподоблены Отцами болезням рождающей[112]; последствием их бывает значительное изнеможение даже в сильных подвижниках. Инокам, крепкого телосложения, возможно и полезно более усиленное понуждение к плачу и слезам; для них нужно, особенно в начале их подвига, прежде, нежели они стяжут плач духа, слова молитвы произносить плачевным гласом, чтоб душа, уснувшая сном смертным от упоения греховного, возбудилась на глас плача и сама ощутила чувство плача. Так плакал могучий Давид. «Рыках от воздыхания сердца моего» (*Пс. 37:9*), говорит он о себе, «рыках» подобно льву, оглашающему пустыню воплем, в котором страшны и выражение силы, и выражение скорби. Для гласной молитвы и плача необходимо уединение, по крайней мере, келейное: это делание не имеет места посреди братий. Из жизнеописаний святых Отцов видно, что те из них, которые имели возможность, занимались гласным плачем, невольно раздававшимся иногда за стены келлии, хотя они и заботились со всею тщательностью, чтобы всякое делание их оставалось тайною, ведомою единому Богу. Как скопление газов в воздухе разражается громом при обильном дожде, так и скопление ощущений плача в душе разражается рыданиями с воплем и обильными слезами. Это случалось с иноком, которого подвиг описан святым Исааком в 10 Слове его. После грома и дождя бывает особенное благорастворение воздуха: и душа, облегчившая печаль свою рыданием, прохладившаяся слезами, вкушает особенные тишину и мир, из которых, как бы благоухание от ароматических веществ, возникает и действует чистейшая молитва. – Вообще полезно узнавать из Священного Писания и писаний Отеческих разные способы иноческого делания, испытывать их, и избирать для себя то делание, которое окажется наиболее свойственным. Человеки устроены так разнообразно, способности и качества их так разнообразны, что одно и тоже делание или способ, будучи употреблены несколькими подвижниками, действуют в каждом из них с значительным различием. По этой причине необходим опыт, как и Апостол советует: «Вся искушающе, добрая держите» (*1Сол.5:21*).

Дар «плача» и «слез» есть один из величайших даров Божиих. Он – дар, существенно нужный нам для нашего спасения. Дары пророчества, прозорливства, чудотворения, суть признаки особенного благоугождения Богу и благоволения Божия, а дар умиления и слез есть признак принятого или принимаемого покаяния. «Печаль мысли есть честное даяние Божие; имеющий ее и хранящий как должно, подобен человеку, имеющему в себе святыню. Телесные подвиги без печали мысли подобны телу без души»[113]. Слезы, проливаемые о грехах, сначала бывают горьки, изливаются при болезни и томлении духа, которые дух сообщает и телу. Мало-помалу начинает соединяться со слезами утешение, состоящее в особенном спокойствии, в ощущении кротости и смирения; вместе с этим слезы, соразмерно и сообразно доставляемому утешению, сами изменяются, утрачивают в значительной степени горечь, истекают безболезненно или с меньшею болезнью. Сначала они бывают скудны, и приходят редко; потом мало-помалу начинают приходить чаще, и становятся обильнее. Когда же дар слезный усилится в нас Божиею милостью, тогда укрощается внутренняя борьба, утихают помыслы, начинает действовать в особенном развитии умная молитва или молитва духа, насыщая и увеселяя внутреннего человека. Тогда снимается покрывало страстей с ума, и открывается ему таинственное учение Христово. Тогда слезы претворяются из горьких в сладостные. Тогда прозябает в сердце духовное утешение, которому ничего нет подобного между радостями земными, и которое известно только упражняющимся в молитвенном плаче и имеющим дар слез[114]. Тогда сбывается обетование Господа: «Блажени плачущии, яко тии утешатся» (*Мф.5:4*). Тогда приветствует себя подвижник по внушению и удостоверению Святого Духа: «храняй младенцы Господь: смирихся, и спасе мя. Обратися, душе моя, в покой твой, яко Господь благодействова тя: яко изъят душу мою от смерти, очи мои от слез, и нозе мои от поползновения» (*Пс.114:6–8*). Тогда подвижник, усматривая бессилие над собою греховных помыслов и ощущений, тщетно усиливающихся подчинить его своему влиянию, дерзновенно говорит им: «Отступите от мене вси, делающии беззаконие, яко услыша Господь глас плача моего. Услыша Господь моление мое, Господь молитву мою прият» (*Пс.6:9–10*).

Живописно изображается в Плаче святого пророка Иеремии душевное состояние инока, узревшего падение естества человеческого, не обманываемого обольщениями преходящего мира, но всецело устремившего взоры души на это падение и предавшегося в глубоком уединении глубокому плачу[115]. «И бысть, – говорит Писание, – повнегда в плен отведен бе Исраиль, и Иерусалим опустошен бяше, сяде Иеремия пророк плачущ, и рыдаше рыданием над Иерусалимом» (*Плч.1*). Все пособия для Иерусалима истощены, и все уже тщетны: осталось одно рыдание о нем. Пророк вещал ему некогда, вещал неумолкаемо пророческое слово; теперь некому уже слышать этого слова; не только нет людей, – нет и зданий; остались одни развалины: на них могут раздаваться одни рыдания. Никому не понятны эти рыдания, и нет нужды заботиться, чтоб они были понятны кому-либо. Ими Пророк выражает невыразимо тяжкую скорбь свою; они раздаются по пустыне из развалин; им внемлет с неба Бог. Какое положение Пророка! он один на обширных развалинах города; он один – живой среди бесчисленных, мертвых знамений и свидетельств минувшей жизни; он один – живой среди области смерти. Как живой, он подает голос скорби о утрате жизни; он призывает эту жизнь возвратиться в оставленное ею жилище, снова заменить собою страшную, не чувствующую себя смерть. «Како седе един град, умноженный людьми? бысть яко вдовица, умноженный во языцех, владяй странами, бысть под данию» (*Плч.1:1*).

Пророком означается ум инока, просвещенный Откровенным учением Божиим; великий град – это весь человек, созданный Богом; жители города – свойства души и тела; язычники – это демоны, которые были унижены пред человеком до его падения, соделались его владыками по падении его. В состоянии падения находится и сам инок, и все человеки: предмет плача его он и все человеки. Но плачет инок один, потому что он один при свете Слова Божия видит падение человечества; прочие человеки не видят его, не принимают участия в плаче, плача не понимают, и плачущего считают лишившимся разума. Плачет инок один от лица своего и от лица всего человечества, не имея возможности отделиться от человечества по любви к нему и по родству с ним; плачет инок о себе и о всем человечестве; оплакивает он падшее естество, всем общее. Плачет он один на развалинах бесчувственных, среди разбросанных и лежащих кучами камней: развалины и камни – образ человечества, пораженного нечувствием, человечества, не ощущающего и не понимающего своих падения и вечной смерти, нисколько не заботящегося о них. Плачет инок один, и плач его понятен единому Богу. «Плача плакася в нощи – во все время земной жизни, и слезы его на ланитех его, и несть утешаяй его от всех любящих его: вси дружащиися с ним, отвергошася его, быша ему врази» (*Плч.1:2*). Чтоб восплакать плачем по Богу, должно удалиться от мира и человеков, умереть для мира и человеков, по сердцу и уму соделаться одиноким. «Оставление всех попечений поможет тебе приблизиться ко граду безмолвия; если не будешь вменять себя, то вселишься в него; если же умрешь для всякого человека, то сделаешься наследником града и его сокровищ», – сказал Великий Варсонофий иноку, которого он приуготовлял к безмолвию и отшельничеству в гробе-келлии, этом возлюбленном жилище молитвенного плача[116]. Иудеи, находившиеся в плену и работе у Вавилонян, изображают собою произвольные скорби, то есть лишения и подвиги телесные, которым подвергает себя инок с целью покаяния, также скорби, попускаемые ему Промыслом Божиим во очищение грехов. Духовный вождь подвигов – плач, посылает к ним с развалин Иерусалима, на которых он безмолвствует в одиночестве, послание. В послании возвещает он пленникам, по прошествии срочного времени, освобождение. Для горького плача есть свой срок, и для чаши горестей произвольных и невольных есть своя мера. Определяются эти вес и мера Богом[117], как и святой Давид сказал: «Напитаеши нас хлебом слезным, и напоиши нас слезами в меру» (*Пс.79:6*), «ибо Ты положил еси слезы моя пред Тобою», как средство очищения «во обетовании Твоем» (*Пс.55:9*) помилования и спасения. Были дни, в которые «быша слезы моя мне хлеб день и нощь» (*Пс.41:4*); за ними последовали дни, в которые, соответственно предварившему «множеству болезней моих в сердце моем, утешения Твоя возвеселиша душу мою» (*Пс.93:19*). «Внегда возвратити Господу плен Сионь, быхом яко утешени. Тогда исполнишася радости уста наша, и язык наш веселия» (*Пс.125:1–2*). «Ты же не убойся, рабе мой Иакове», возвещает вдохновенный Иеремия от лица Божия избранному народу, которому попущен был за грехи его плен в Вавилоне, «ни устрашайся, Израилю: се бо Аз тебе спасена сотворю издалеча, и семя твое от земли пленения их: и возвратится Иаков, и почиет, и благоуспеет» (*Иер.46:27*). Скорби и болезни покаяния заключают в себе семя утешения и исцеления. Это таинство открывается плачем ученику его. – Все иноки, очистившиеся от грехов, очистились плачем, и все достигшие христианского совершенства, достигли его плачем. Особливо это делание развито было между многочисленными безмолвниками нижнего Египта, в пустыне Скита, в горе Нитрийской, в Келлиях и в других уединенных местах. Оно лики и полки иноков претворило в лики и полки Ангелов. Когда основатель иноческого жительства в пустыне Скитской, преподобный Макарий Великий, которого и прочие пустынножители признавали Отцом Отцов, достиг глубокой старости, то иноки горы Нитрийской, весьма близкой к Скиту, просили его, чтобы он прежде отшествия своего к Господу, посетил их. Макарий пришел на гору; множество иноков, безмолвствовавших на ней, встретили его. Они просили у него назидания. Макарий, прослезившись, сказал: «Братия! восплачем. Очи наши да проливают слезы до отшествия нашего туда, где наши слезы будут жечь наши тела». Все заплакали, пали на лица свои, и сказали: «Отец! молись за нас»[118]. Из своего дара слез Святой наставник святых древних иноков произнес краткое учение о слезах, совокупив в нем все учение о монашеской жизни. Слышатели явлением своего дара слез выразили, что они поняли значение и обширность учения. Многих слов тут было не нужно.

Слезный дар – это осенение благодати Божией – наиболее посещает подвижников во время внимательной молитвы, будучи обычным плодом ее; иным приходит он во время чтения; другим во время какого-либо труда. Так преподобному Кириллу Белоезерскому приходили слезы во время занятия в монастырской кухне. Смотря на вещественный огнь, он воспоминал неугасимый огнь вечной муки и проливал слезы. Кирилл, полагая, что в безмолвии умиление его усилится, и слезы умножатся, желал уединиться в келлии. По смотрению Божию обстоятельства доставили ему желаемое, и что ж? с устранением причины, возбуждавшей умиление и слезы, оскудели слезы, и Кирилл просил настоятеля возвратить его к огню монастырской кухни[119]. Святые Отцы повелевают пребывать в том делании, в котором приходят слезы: потому что слезы – плод, а цель монашеской жизни – достижение плода тем средством, которым благоугодно Богу доставить плод. – Преподобный Феодор Енатский сказывал, что «он знал инока, безмолвствовавшего в келлии и имевшего рукоделием плетение веревок. Когда этот инок сидел и плел веревку, занимаясь умною молитвою, то приходили ему слезы. Тогда он вставал для молитвословия; но при этом слезы прекращались. Брат садился, и принимался за веревку, сосредоточивая в себе мысли, и слезы опять приходили. Равным образом, когда он сидел и читал, приходили слезы. Он вставал на молитву, и слезы немедленно прекращались. Только что он снова принимался за книгу, – слезы возвращались». По поводу этого Преподобный сказал: «Справедливо изречение святых Отцов, что плач – учитель. Он научает всякого человека, тому, что ему полезно[120]».

Преподобный Феодор Енатский говаривал: «Всяк грех, егоже аще сотворит человек, кроме тела есть: а блудяй во свое тело согрешает» (*1Кор.6:18*), потому что из тела источается скверна, оскверняющая его: так и всякая добродетель «кроме тела есть», а ежедневно плачущий очищает и тело: потому что слеза, истекающая сверху, омывает тело от нечистот его»[121]. «Истинно кающийся признает, – по словам святого Иоанна Лествичника, – каждый день, в который он не плакал, потерянным для себя, хотя бы в течение его он и сделал что доброе»[122]. «Какое бы возвышенное жительство ни проходили мы, но если не стяжали сердца сокрушенного, то это жительство – притворное и бесплодное. Подобает, истинно подобает осквернившимся после бани пакибытия (после святого крещения) очистить свои руки постоянным огнем сердца и милостью Божиею»[123]. «Не будем мы обвинены, о друзья, при исходе души нашей из тела, что мы не были чудотворцами, не были Богословами, не имели духовных видений; но непременно воздадим Богу ответ за то, что не плакали непрестанно»[124], т. е. не пребывали в постоянной спасительной печали о согрешениях и греховности наших. Хотя плач почти всегда увенчивается более или менее обильными слезами; но некоторые подвижники – как видно из утешения, которое произнесено для них святыми Отцами – томятся, или в течение всего подвига своего, или в течение значительного времени, под гнетом плача, не получая слез для отрады и прохлаждения. Да ведают они, что сущность покаяния заключается в смирении и сокрушении духа нашего (*Пс.50:19*), когда дух восплачет по причине смирения. Плач духа, при недостатке телесных сил для выражения телесными подвигами и действиями действующего в душе покаяния, заменяет собою все телесные подвиги и действия, а между ними и слезы[125]. Аминь.

О МОЛИТВЕ ИИСУСОВОЙ
ОТДЕЛ I. О МОЛИТВЕ ИИСУСОВОЙ ВООБЩЕ

Беседа старца с учеником[126].

Ученик. Можно ли всем братиям в монастыре заниматься молитвою Иисусовою?

Старец. Не только можно, но и должно. При пострижении в монашество, когда новопостриженному вручаются четки, называемые при этом мечом духовным, завещавается ему непрестанное, денноощное моление молитвою Иисусовою[127]. Следовательно упражнение в молитве Иисусовой есть обет монаха. Исполнение обета есть обязанность, от которой нет возможности отречься.

Мне сказывали старые монахи, что еще в начале нынешнего столетия в Саровской пу́стыни, вероятно и в других благоустроенных Российских монастырях, всякому поступавшему в монастырь немедленно преподавалась молитва Иисусова. Блаженный старец Серафим, подвизавшийся в этой пу́стыни и достигший великого преуспеяния в молитве, постоянно советовал всем инокам проводить внимательную жизнь и заниматься Иисусовою молитвою[128]. Посетил его некоторый юноша, окончивший курс учения в духовной семинарии, и открыл старцу о намерении своем вступить в монашество. Старец преподал юноше душеспасительнейшие наставления. В числе их было завещание обучаться молитве Иисусовой. Говоря о ней, старец присовокупил: «Одна внешняя молитва недостаточна. Бог внимает уму, а потому те монахи, которые не соединяют внешней молитвы со внутреннею, не суть монахи»[129]. Определение очень верное! Монах – значит уединенный: кто не уединился в самом себе, тот еще не уединен, тот еще не монах, хотя бы и жил в уединеннейшем монастыре. Ум подвижника, не уединившегося и не заключившегося в себе, находится по необходимости среди молвы и мятежа, производимых бесчисленными помыслами, имеющими к нему всегда свободный доступ, и сам болезненно, без всякой нужды и пользы, зловредно для себя скитается по вселенной. Уединение человека в самом себе не может совершиться иначе, как при посредстве внимательной молитвы, преимущественно же при посредстве внимательной молитвы Иисусовой.

Ученик. Суждение старца Серафима представляется мне слишком строгим.

Старец. Оно представляется таким только при поверхностном взгляде на него; оно представляется таким недостаточному пониманию великих духовных сокровищ, сокровенных в христианстве. Блаженный Серафим произнес не свое собственное мнение: он произнес мнение, принадлежащее вообще святым Отцам, принадлежащее православной Церкви. Говорит святой *Исихий Иерусалимский*: «Отрекшийся от всего житейского, от жены, имения и тому подобного, соделал монахом лишь внешнего человека, а не и внутреннего, который – ум. Тот – истинный монах, кто отрекся от пристрастных помыслов: удобно может он соделать монахом и внешнего человека, когда захочет. Не мал подвиг соделать монахом внутреннего человека. Имеется ли в современном поколении монах, совершенно избавившийся от пристрастных помыслов и сподобившийся чистой, невещественной, непрестанной молитвы, что служит признаком внутреннего монаха?»[130] Преподобный Агафон, инок Египетского Скита, будучи спрошен, что важнее, телесный ли подвиг или подвиг внутренний, отвечал: «Человек подобен древу; телесный подвиг подобен листу древа, а внутренний – плоду. Но как в Писании сказано, что «всяко древо, не творящее плода добра, посекается и во огнь вметается» (*Лк. 3:9*), то из этого явствует, что все тщание наше должно быть о плоде, то есть о хранении ума. Нужно и то, чтоб древо было покрыто и украшено листьями, чем изображается телесный подвиг»[131]. «О чудо! – восклицает блаженный Никифор Афонский, приведши слова преподобного Агафона в своем сочинении о духовном подвиге, – какое изречение произнес этот Святой против всех, не хранящих ума, а уповающих на одно телесное делание! «Всяко древо, не творящее плода добра», то есть блюдения ума, а имеющее один только лист, то есть телесный подвиг, «посекается и во огнь вметается». Страшно, Отец, твое изречение!»[132]

Хранение ума, блюдение ума, трезвение, внимание, умное делание, умная молитва, это – различные наименования одного и того же душевного подвига, в различных видоизменениях его. Душевный подвиг переходит, в свое время, в духовный. Духовный подвиг есть тот же душевный, но уже осененный Божественною благодатью. Этот душевный или духовный подвиг Отцы определяют так: «Внимание есть сердечное, непрестанное безмолвие, всегда и непрерывно призывающее Христа Иисуса, Сына Божия и Бога, дышащее Им, с Ним мужественно ополчающееся против врагов, исповедающееся Ему, Единому имеющему власть прощать грехи»[133]. Проще сказать – внутренним деланием, умным, душевным деланием, умною молитвою, трезвением, хранением и блюдением ума, вниманием называется одно и то же: благоговейное, тщательное упражнение в молитве Иисусовой. Блаженный Никифор Афонский уподобил эти наименования отрезанной части хлеба, которая, сообразно виду ее, может быть названа и куском, и ломтем, и укрухом[134]. Божественное Писание Ветхого Завета законополагает: «всяцем хранением блюди твое сердце; от сих бо исходища живота» (*Притч. 4:23*). «Внемли себе: да не будет слово тайно в сердцы твоем беззакония» (*Втор. 15:9*)[135]. Бодрствование над сердцем и очищение его повелевается особенно Новым Заветом. К этому направлены все заповеди Господа. «Очисти прежде, – говорит Господь, – внутреннее сткляницы и блюда, да будет и внешнее их чисто» (*Мф.23:26*). Сосудами из хрупкого стекла и малоценной глины Господь назвал здесь человеков. «Исходящее от человека, то сквернит человека: извнутрь бо от сердца человеческа помышления злая исходят, прелюбодеяния, любодеяния, убийства, татьбы, лихоимства, обиды, лукавствия, лесть, студодеяния, око лукаво, хула, гордыня, безумство. Вся сия злая извнутрь исходят и сквернят человека» (*Мк.7:20–23*). Святой Варсонофий Великий говорит: «если внутреннее делание с Богом, то есть осененное Божественною благодатию, не поможет человеку, то тщетно подвизается он наружным, то есть телесным подвигом»[136]. Святой Исаак Сирский: «не имеющий душевного делания, лишен духовных дарований»[137]. В другом слове этот великий наставник христианского подвижничества уподобляет телесные подвиги, без подвига об очищении ума, ложеснам бесплодным и сосцам иссохшим: «Они, – сказал Святой, – не могут приблизиться к разуму Божию» (Слово 58). Святой Исихий Иерусалимский: «не имеющий молитвы, чистой от помыслов, не имеет оружия для брани: говорю о молитве, приснодействующей во внутренности души, о молитве, в которой призыванием Христа поражается и опаляется супостат ратующий тайно»[138]. «Невозможно очистить сердце и отогнать от него враждебных духов без частого призывания Иисуса Христа»[139]. «Как невозможно проводить земную жизнь без пищи и пития, так невозможно без хранения ума и чистоты сердца, в чем заключается трезвение и что называется трезвением, достигнуть душе во что-либо духовное, или освободиться от мысленного греха, хотя бы кто страхом вечных мук и понуждал себя не согрешать»[140]. «Если точно хочешь постыдить стужающие тебе помыслы, безмолвствовать в душевном мире, свободно трезвиться (бодрствовать) сердцем, то Иисусова молитва да соединится с дыханием твоим, – и увидишь это совершающимся по прошествии немногих дней»[141]. «Невозможно плавание кораблю без воды: и блюдение ума не возможет состояться без трезвения, соединенного со смирением и с непрерывающейся молитвою Иисусовою»[142]. «Если имеешь желание о Господе не только представляться монахом и благим, и кротким, и постоянно соединенным с Богом, если имеешь желание быть истинно таким монахом: всеусильно проходи добродетель внимания, которая состоит в хранении и блюдении ума, в совершении сердечного безмолвия, в блаженном состоянии души, чуждом мечтательности, что обретается не во многих»[143]. «Истинно и существенно монах — тот, кто исправляет трезвение: и тот истинно исправляет трезвение, кто в сердце — монах (уединенный)»[144]. Такому учению святых Отцов служит основанием, как зданию краеугольный камень, учение Самого Господа. «Истиннии поклонницы, — возвестил Господь, — поклонятся Отцу духом и истиною, ибо Отец таковых ищет покланяющихся Ему. Дух есть Бог: и иже кланяется Ему, духом и истиною достоит кланятися» (*Ин. 4:23–24*).

Помню: современные молодости моей некоторые благочестивые миряне, даже из дворян, проводившие очень простую жизнь, занимались Иисусовою молитвою. Этот драгоценный обычай, ныне, при общем ослаблении христианства и монашества, почти утратился. Моление именем Господа Иисуса Христа требует трезвенной, строго нравственной жизни, жизни странника, требует оставления пристрастий, а нам сделались нужными рассеянность, обширное знакомство, удовлетворение нашим многочисленным прихотям, благодетели и благодетельницы. «Иисус уклонися, народу сущу на месте» (*Ин. 5:13*).

Ученик. Последствием сказанного не будет ли заключение, что без упражнения молитвою Иисусовою не получается спасение?

Старец. Отцы не говорят этого. Напротив того, преподобный Нил Сорский, ссылаясь на священномученика Петра Дамаскина, утверждает, что многие, не достигши бесстрастия, сподобились получить отпущение грехов и спасение[145]. Святой Исихий, сказав, что без трезвения нет возможности избежать греха «в мыслях», назвал блаженными и тех, которые воздерживаются от греха «на деле». Он наименовал их насилующими Царство Небесное[146]. Достижение же бесстрастия, освящения или, что то же, христианского совершенства, без стяжания умной молитвы невозможно: в этом согласны все Отцы. Цель монашеского жительства состоит не только в достижении спасения, но, по преимуществу, в достижении христианского совершенства. Цель эта предначертана Господом: «аще хощеши совершен быти, – сказал Господь, – иди, продаждь имение твое и даждь нищим,... и гряди в след Мене, взем крест» (*Мф.19:21*; *Мк.10:21*). Отцы, сравнивая подвиг молитвы именем Господа Иисуса с прочими иноческими подвигами, говорят следующее: «Хотя и имеются другие пути и роды жительства или, если хочешь так назвать, благие делания, руководствующие ко спасению и доставляющие его тем, которые занимаются ими; хотя имеются подвиги и упражнения, вводящие в состояние раба и наемника (как и Спасителем сказано: «у Отца Моего обители многи суть» (*Ин.14:2*), но путь умной молитвы есть путь царский, избранный. Он настолько возвышеннее и изящнее всех других подвигов, насколько душа превосходнее тела: он возводит из земли и пепла в усыновление Богу[147].

Ученик. Направление современного монашества, при котором упражнение молитвою Иисусовою встречается очень редко, может ли послужить для меня извинением и оправданием, если я не буду заниматься ею?

Старец. Долг остается долгом, и обязанность – обязанностью, хотя бы число неисполняющих еще более умножилось. Обет произносится всеми. Ни множество нарушителей обета, ни обычай нарушения не дают законности нарушению. Мало то стадо, которому Отец Небесный благоволил даровать Царство (*Лк.12:32*). Всегда тесный путь имеет мало путешественников, а широкий – много (*Мф.7:13–14*). В последние времена тесный путь оставится почти всеми, почти все пойдут по широкому. Из этого не следует, что широкий потеряет свойство вводить в пагубу, что тесный сделается излишним, ненужным для спасения. Желающий спастись непременно должен держаться тесного пути, положительно завещанного Спасителем.

Ученик. Почему называешь ты тесным путем упражнение молитвою Иисусовою?

Старец. Как же не тесный путь? Тесный путь, в точном смысле слова! Желающий заняться успешно молитвою Иисусовою должен оградить себя, и извне, и внутри поведением самым благоразумным, самым осторожным: падшее естество наше готово ежечасно изменить нам, предать нас; падшие духи с особенным неистовством и коварством наветуют упражнение молитвою Иисусовою. Нередко из ничтожной, по-видимому, неосторожности, из небрежности и самонадеянности непримеченных, возникает важное последствие, имеющее влияние на жизнь, на вечную участь подвижника, – «и аще не Господь помог бы ми, вмале вселилася бы во ад душа моя. ...Подвижеся нога моя: милость Твоя, Господи, помогаше ми» (*Пс.93:17–18*).

Основанием для упражнения молитвою Иисусовою служит поведение благоразумное и осторожное. Во-первых, должно устранить от себя изнеженность и наслаждения плотские, во всех видах. Должно довольствоваться пищею и сном постоянно умеренными, соразмерными с силами и здоровьем, чтоб пища и сон доставляли телу должное подкрепление, не производя непристойных движений, которые являются от излишества, не производя изнеможения, которое является от недостатка. Одежда, жилище и все вообще вещественные принадлежности должны быть скромные, в подражание Христу, в подражание Апостолам Его, в последование духу их, в общение с духом их. Святые Апостолы и истинные ученики их не приносили никаких жертв тщеславию и суетности, по обычаям мира, не входили ни в чем в общение с духом мира. Правильное, благодатное действие молитвы Иисусовой может прозябнуть только из Духа Христова; прозябает и произрастает оно исключительно на одной этой почве. Зрение, слух и прочие чувства должны быть строго хранимы, чтобы чрез них, как чрез врата, не ворвались в душу супостаты. Уста и язык должны быть обузданы, как бы окованы молчанием; празднословие, многословие, особливо насмешки, пересуды и злоречие суть злейшие враги молитвы. От принятия братий в свою келлию, от хождения в их келлии должно отказаться: должно пребывать терпеливо в своей келлии, как в гробе, с мертвецом своим – со своею душою, истерзанною, убитою грехом – молить Господа Иисуса о помиловании. Из могилы – келлии – молитва восходит на небо: в той могиле, в которую скрывается тело по смерти, и в могиле адской, в которую низвергается душа грешника, уже нет места для молитвы. В монастыре должно пребывать странником, не входя в дела монастыря по самочинию, не заводя ни с кем близкого знакомства, ограждаясь при трудах монастырских молчанием, посещая неупустительно храм Божий, посещая в случаях нужды келлию духовного отца, обдумывая всякий выход из своей келлии, выходя из нее только по указанию существенной надобности. От любопытства и любознательности суетных должно отказаться решительно, обратив все любопытство и все изыскания на исследование и изучение пути молитвенного. Нуждается этот путь в тщательнейшем исследовании и изучении: он – не только «путь тесный», но и путь «вводяй в живот» (*Мф.7:14*); он – наука из наук, и художество из художеств. Так именуют его Отцы[148].

Путь истинной молитвы соделывается несравненно теснее, когда подвижник вступит на него деятельностью внутреннего человека. Когда же он вступит в эти теснины, и ощутит правильность, спасительность, необходимость такого положения; когда труд во внутренней клети соделается вожделенным для него: тогда соделается вожделенною и теснота по наружному жительству, как служащая обителью и хранилищем внутренней деятельности. Вступивший умом в подвиг молитвы, должен отречься и постоянно отрекаться как от всех помыслов и ощущений падшего естества, так и от всех помыслов и ощущений, приносимых падшими духами, сколько бы ни были благовидными те и другие помыслы и ощущения: он должен идти постоянно тесным путем внимательнейшей молитвы, не уклоняясь ни налево, ни направо. Уклонением налево называю оставление молитвы умом для беседы с помыслами суетными и греховными; уклонением направо называю оставление молитвы умом для беседы с помыслами, по-видимому благими. Четырех родов помыслы и ощущения действуют на молящегося: одни прозябают из благодати Божией, насажденной в каждого православного христианина святым крещением, другие предлагаются Ангелом хранителем, иные возникают из падшего естества, наконец иные наносятся падшими духами. Первых двух видов помыслы, правильнее, воспоминания и ощущения содействуют молитве, оживляют ее, усиливают внимание и чувство покаяния, производят умиление, плач сердца, слезы, обнажают пред взорами молящегося обширность греховности его и глубину падения человеческого, возвещают о неминуемой никем смерти, о безызвестности часа ее, о нелицеприятном и страшном суде Божием, о вечной муке, по лютости своей превышающей постижение человеческое. В помыслах и ощущениях падшего естества добро смешано со злом, а в демонских зло часто прикрывается добром, действуя впрочем иногда и открытым злом. Последних двух родов помыслы и ощущения действуют совокупно по причине связи и общения падших духов с падшим человеческим естеством, и первым плодом действия их являются высокоумие, в молитве – рассеянность. Демоны, принося мнимо духовные и высокие разумения, отвлекают ими от молитвы, производят тщеславную радость, услаждение, самодовольство, как бы от открытия таинственнейшего христианского учения. Вслед за демонскими богословием и философией вторгаются в душу помыслы и мечтания суетные и страстные, расхищают, уничтожают молитву, разрушают благое устроение души. По плодам различаются помыслы и ощущения истинно благие от помыслов и ощущений мнимо благих.

О, как справедливо называют Отцы упражнение молитвою Иисусовою и тесным путем, и самоотвержением, и отречением от мира![149]. Эти достоинства принадлежат всякой внимательной и благоговейной молитве, по преимуществу же молитве Иисусовой, чуждой того разнообразия в форме и того многомыслия, которые составляют принадлежность псалмопения и прочих молитвословий[150].

Ученик. Из каких слов состоит молитва Иисусова?

Старец. Она состоит из следующих слов: «Господи Иисусе Христе, Сыне Божий, помилуй мя грешнаго». Некоторые Отцы[151] разделяют молитву, для новоначальных, на две половины, и повелевают от утра, примерно, до обеда говорить: «Господи Иисусе Христе, помилуй мя», а после обеда: «Сыне Божий, помилуй мя». Это – древнее предание. Но лучше приучиться, если то можно, к произношению цельной молитвы. Разделение допущено по снисхождению к немощи немощных и новоначальных.

Ученик. Помянуто ли о Иисусовой молитве в Священном Писании?

Старец. О ней говорится в святом Евангелии. Не подумай, что она – установление человеческое: она – установление Божественное. Установил и заповедал священнейшую молитву Иисусову Сам Господь наш, Иисус Христос. После Тайной Вечери, на которой сотворено величайшее из таинств христианских – святая Евхаристия, Господь, в прощальной беседе с учениками Своими, пред исшествием на страшные страдания и крестную смерть для искупления ими человечества погибшего, преподал возвышеннейшее учение и важнейшие, окончательные заповеди. Между этими заповедями Он даровал дозволение и заповедание молиться именем Его[152]. «Аминь, аминь глаголю вам, – сказал Он Апостолам, – яко елика аще чесо просите от Отца во имя Мое, даст вам» (*Ин.16:23*). «Еже аще что просите от Отца во имя Мое, то сотворю; да прославится Отец в Сыне. И аще чесо просите во имя Мое, Аз сотворю» (*Ин.14:13–14*). «Доселе не просисте ничесоже во имя Мое: просите, и приимете, да радость ваша исполнена будет» (*Ин.16:24*). Величие имени Господа Иисуса Христа предвозвещено Пророками. Указывая на имеющее совершиться искупление человеков Богочеловеком, Исаия вопиет: «Се Бог мой, Спас мой!... Почерпите воду с веселием от источник спасения! И речеши в день он: хвалите Господа, воспойте имя Его: ...поминайте, яко вознесеся имя Его; хвалите имя Господне, яко высокая сотвори» (*Ис.12:2–5*). «Путь Господень – суд: уповахом во имя Твое и память, ея же желает душа наша» (*Ис.26:8*). Согласно с Исаиею предрекает Давид: «Возрадуемся о спасении Твоем, и во имя Господа Бога нашего возвеличимся... Имя Господа Бога нашего призовем» (*Пс.19:6, 8*). «Блажени людие ведущии воскликновение – усвоившие себе умную молитву – Господи, во свете лица Твоего пойдут, и о имени Твоем возрадуются весь день, и правдою Твоею вознесутся» (*Пс.88:16–17*).

Ученик. В чем заключается сила молитвы Иисусовой?

Старец. В Божественном имени Богочеловека, Господа и Бога нашего, Иисуса Христа. Апостолы, как видим из книги Деяний их и из Евангелия, совершали великие чудеса именем Господа Иисуса Христа: исцеляли недуги, неисцелимые средствами человеческими, воскрешали мертвых, повелевали бесам, изгоняли их из одержимых ими человеков. Однажды, вскоре после вознесения Господня на небо, когда все двенадцать Апостолов пребывали еще во Иерусалиме, два из них, Петр и Иоанн, пошли для молитвы в храм Иерусалимский. К вратам храма, называемым красными, ежедневно выносили хромого от рождения, и полагали на помост: хромой не мог ни ходить, ни стоять. Поверженный у врат, страдалец просил у входивших в храм милостыню, которою, как видно, питался. Когда Апостолы приблизились к красным вратам, – хромой устремил к ним взоры, ожидая получить подаяние. Тогда святой Петр сказал ему: «сребра и злата несть у мене, но еже имам, сие ти даю: во имя Иисуса Христа Назорея востани и ходи» (*Деян.3:6*). Увечный исцелел мгновенно, взошел в храм с Апостолами, и громко прославлял Бога. Народ, пораженный удивлением, сбежался к Апостолам. «Мужие Израильтяне!, – сказал святой Петр собравшемуся народу, – что чудитеся о сем? или на ны что взираете? яко своею ли силою или благочестием сотворихом его ходити? Бог Авраамов и Исааков и Иаковль, Бог отец наших, прослави Отрока Своего Иисуса... и о вере имене Его, сего, его же видите и знаете, утверди имя Его» (*Деян.3:12–13, 16*). Весть о чуде вскоре пронеслась до враждебного Господу Иисусу Синедриона[153]. Встревожился Синедрион вестью, схватил Апостолов, отдал под стражу, а на следующий день позвал их к суду пред полное собрание свое. Призван был и исцеленный хромец. Когда Апостолы встали посреди сонмища богоубийц, недавно заклеймивших себя казнью Богочеловека, во имя и именем Которого теперь совершено поразительнейшее чудо пред множеством очевидцев-свидетелей, – дан был Апостолам запрос: «Коею силою, или коим именем сотвористе сие вы?» – Петр, исполнившись Святого Духа, отвечал словами Святаго Духа, которые заключались следующими: «Разумно буди всем вам и всем людем Исраилевым, яко во имя Иисуса Христа Назорея, Его же вы распясте, Его же Бог воскреси от мертвых, о Сем сей стоит пред вами здрав... Несть бо иного имене под небесем, даннаго в человецех, о нем же подобает спастися нам» (*Деян.4:7, 10, 12*). Запечатлелись молчанием уста врагов Божиих пред непреоборимою силою глаголов небесной истины; не нашлось многочисленное сонмище мудрых и сильных, что сказать и чем возразить на свидетельство Святого Духа, возвещенное двумя некнижными рыбарями, запечатленное небесною печатью – Божиим чудом. Синедрион прибегает к своей власти, к насилию. Несмотря на явное чудо, несмотря на свидетельство, данное истине Самим Богом, Синедрион запрещает настрого Апостолам учить о имени Иисуса, даже произносить это имя. Но Апостолы отвечали дерзновенно: «аще праведно есть пред Богом вас послушати паче Бога, судите: не можем бо мы, яже видехом и слышахом, не глаголати» (*Деян.4:19–20*). Синедрион опять не находит возражения, опять прибегает исключительно к своей власти, повторяет строгое воспрещение. Он отпустил Апостолов, ничего не сделав им, хотя и желал излить на них исступленную злобу: чудом всенародным связывались и настроение его и действие. Петр и Иоанн, возвратившись к своим, передали им угрозы и воспрещение верховного судилища. Тогда двенадцать Апостолов и все члены новорожденной Иерусалимской Церкви пролили единодушно пламенную молитву к Богу: молитву противопоставили они силе и ненависти миродержителей – человеков и демонов. Молитва эта заключалась следующим прошением: «Господи! призри на прещения их и даждь рабом Твоим со всяким дерзновением глаголати слово Твое, внегда руку Твою прострети Ти во исцеления, и знамением и чудесем бывати именем святым Отрока Твоего Иисуса» (*Деян.4:29–30*).

Ученик. Некоторые утверждают, что от упражнения Иисусовою молитвою всегда, или почти всегда последует прелесть, и очень запрещают заниматься этой молитвою.

Старец. В усвоении себе такой мысли и в таком запрещении заключается страшное богохульство, заключается достойная сожаления прелесть. Господь наш Иисус Христос есть единственный источник нашего спасения, единственное средство нашего спасения; человеческое имя Его заимствовало от Божества Его неограниченную, всесвятую силу спасать нас: как же эта сила, действующая во спасение, эта единственная сила, дарующая спасение, может извратиться и действовать в погибель? Это – чуждо смысла! это – нелепость горестная, богохульная, душепагубная! Усвоившие себе такой образ мыслей точно находятся в бесовской прелести, обмануты лжеименным разумом, исшедшим из сатаны. Сатана восстал коварно против всесвятого и великолепного имени Господа нашего Иисуса Христа, употребляет в свое орудие слепоту и неведение человеческие, оклеветал имя, «еже паче всякаго имене. О имени Иисусове всяко колено поклонится небесных и земных и преисподних» (*Флп.2:9–10*). Запрещающим молиться молитвою Иисусовою можно отвечать словами апостолов Петра и Иоанна на подобное запрещение, сделанное Иудейским Синедрионом: «праведно ли есть пред Богом, вас послушати паче, нежели Бога, судите». Господь Иисус заповедал молиться всесвятым именем Своим; Он дал нам бесценный дар; какое значение может иметь учение человеческое, противоречащее учению Бога, воспрещение человеческое, усиливающееся устранить и разрушить повеление Божие, отъять дар бесценный? Опасно, очень опасно проповедовать учение, противное тому учению, которое проповедано Евангелием. Такое начинание есть произвольное отлучение себя от благодати Божией, по свидетельству Апостола (*Гал.1:8*).

Ученик. Но старцы, которых мнение приведено мною, пользуются особенною известностью, признаются многими за опытнейших наставников в духовной жизни.

Старец. Апостол заповедал – правильнее – заповедал устами Апостола Святой Дух отвергать всякое учение, несогласное с учением, которое «благовествовали» Апостолы – отвергать и тогда, когда бы «Ангел с небесе» благовестил это несогласное учение. «Аще мы, или Ангел с небесе благовестит вам паче еже благовестихом вам, анафема да будет. Якоже предрекох, и ныне паки глаголю, аще кто вам благовестит паче еже приясте, анафема да будет». (*Гал.1:8–9*) Так выразилось Священное Писание не потому, чтоб кто-либо из святых Ангелов покусился противоречить учению Христову, но потому, что учение Христово, учение Божие, проповеданное Апостолами, вполне достоверно, вполне свято, не подлежит никаким изменениям, как бы ни представлялись эти изменения основательными недостаточному, превратному знанию и плотскому мудрованию. Учение Христово, будучи превыше суда и человеков и Ангелов, принимается одною смиренною верою, и само служит тем камнем, которым испытуются все прочие учения.

Мнение общества человеков о наставнике монашества не имеет никакого значения, если учение этого наставника противоречит Священному Писанию и писанию святых Отцов, если оно содержит в себе богохульство. Монашество – наука из наук: надо знать ее, чтоб верно оценивать преподающего ее. Сказал преподобный Макарий Великий: «Многие, представляющиеся по наружности праведными, слывут истинными христианами; но одним художникам, и из них, основательно знающим художество, свойственно узнавать, точно ли эти праведники имеют знание и образ Царя, или же, может быть, вычеканено и напечатлено на них поддельно знамение неблагонамеренными людьми? одобрят ли или отвергнут их искусные художники? Если же не найдется искусных художников, то некому и исследовать злохитрых делателей, потому что и они облечены в наружность монашествующих и христиан»[154]. Блаженный *Феофилакт Болгарский*, объясняя слова Архангела Гавриила о Иоанне, Предтече Господнем, что он «будет велий пред Господом» (*Лк.1:15*), говорит: «Ангел обещает, что Иоанн будет велик, но пред Господом: потому что многие называются великими пред человеками, не пред Богом, а они – лицемеры». Если порочная жизнь и злонамеренность, прикрытые лицемерством, не узнаются миром, принимаются им за добродетель, тем непостижимее для него знание недостаточное, знание поверхностное, знание превратное. Мир высоко ценит телесные подвиги и лишения, не разбирая того, правильно ли, полезно ли употребляются они, или погрешительно и в тяжкий душевный вред; мир особенно уважает то, что действует удачно на телесные чувства, что соответствует понятиям мира о добродетели и о монашестве; мир любит то, что льстит и угождает ему; мир любит свое, – сказал Спаситель (*Ин.15:18–25*). Скорее ненависть мира, злоречие мира, гонение им могут быть признаками истинного раба Божия: и это засвидетельствовано Спасителем. Святые Отцы завещавают избирать наставника непрелестного, непрелестность которого должна познаваться по согласию учения и жительства его с Священным Писанием и с учением Духоносных Отцов[155]. Они предостерегают от учителей неискусных, чтоб не заразиться их лжеучением[156]. Они повелевают сличать учение учителей с учением Священного Писания и святых Отцов, согласное принимать, несогласное отвергать[157]. Они утверждают, что не имеющие очищенного душевного ока и не могущие познавать древа по плоду, признают учительными и духовными тщеславных, пустых и лицемеров, а на истинных святых не обращают никакого внимания, находя их не знающими ничего, когда они молчат, — гордыми и жестокими, когда говорят[158]. Рассмотри все Священное Писание: увидишь, что в нем повсюду возвеличено и прославлено имя Господне, превознесена сила его, спасительная для человеков. Рассмотри писания Отцов: увидишь, что все они, без исключения, советуют и заповедуют упражнение молитвою Иисусовою, называют ее оружием, которого нет крепче ни на небе, ни на земле[159], называют ее Богоданным, неотъемлемым наследием, одним из окончательных и высших завещаний Богочеловека, утешением любвеобильным и сладчайшим, залогом достоверным[160]. Наконец обратись к законоположению православной Восточной Церкви: увидишь, что она для всех неграмотных чад своих, и монахов и мирян, установила заменять псалмопение и молитвословие на келейном правиле молитвою Иисусовою[161]. Что же значит пред единогласным свидетельством Священного Писания и всех святых Отцов, пред законоположением Вселенской Церкви о молитве Иисусовой противоречащее учение некоторых слепцов, прославленных и прославляемых подобными им слепцами.

Молдавский старец, схимонах Василий, живший в конце прошедшего столетия, изложил учение о молитве Иисусовой с особенною удовлетворительностью в замечаниях к сочинениям преподобных *Григория Синаита*, Исихия Иерусалимского и *Филофея Синайского*. Схимонах назвал замечания свои предисловиями или предпутиями. Название очень верное! Чтение замечаний подготовляет к чтению упомянутых Отцов, которых сочинения относятся наиболее к монахам уже значительно преуспевшим. Замечания изданы Оптиной пустынью вместе с писаниями Паисия Нямецкого, которого Василий был наставником, сподвижником и другом[162]. В предисловии на книгу преподобного Григория Синаита старец Василий говорит: «Некоторые, не знакомые опытно с умным деланием и мнящие о себе, что имеют дар рассуждения, оправдывают себя, или лучше сказать, отклоняют от обучения сему священному деланию тремя предлогами или изветами: во-первых, отсылая это делание к святым и бесстрастным мужам, думая, что оно принадлежит им, а не и страстным; во-вторых, представляя совершенное оскудение наставников и учителей такому жительству и пути; в-третьих — последующую этому деланию прелесть. Из этих предлогов, или изветов, первый — непотребен и несправедлив: потому что первая степень преуспеяния новоначальных монахов состоит в умалении страстей трезвением ума и блюдением сердца, то есть, умною молитвою, подобающею деятельным. Второй — безрассуден и неоснователен: потому что за недостатком наставника и учителя, Писание — нам учитель. Третий заключает в себе самообольщение: приводящие его, читая писания о прелести, этим же писанием запинают себя, криво объясняя его. Вместо того, чтоб из писания познавать прелесть и предостережение от нее, они превращают это писание и представляют его в основание к уклонению от умного делания. Если же ты страшишься этого делания и обучения ему от одного благоговения и простоты сердца, то и я, на этом основании, страшусь, а не на основании пустых басен, по которым «волка бояться, так в лес не ходить». И Бога должно бояться, но не убегать и не удаляться от Него по причине этого страха». Далее схимонах объясняет различие между молитвою, совершаемою умом при сочувствии сердца и приличествующею всем благочестивым инокам и христианам, от молитвы благодатной, совершаемой умом в сердце или из сердца и составляющей достояние иноков преуспевших. Получившим и усвоившим себе несчастное предубеждение против молитвы Иисусовой, нисколько незнакомым с нею из правильного и долговременного упражнения ею, было бы гораздо благоразумнее, гораздо безопаснее воздерживаться от суждения о ней, сознавать свое решительное неведение этого священнейшего подвига, нежели принимать на себя обязанность проповеди против упражнения молитвою Иисусовою: провозглашать, что эта всесвятая молитва служит причиною бесовской прелести и душепогибели. В предостережение им нахожу необходимым сказать, что хуление молитвы именем Иисуса, приписание зловредного действия этому имени равновесны той хуле, которую произносили фарисеи на чудеса, совершаемые Господом (*Мф.12:31, 34, 36*). Неведение может быть извинено на суде Божием гораздо удобнее, нежели упорное предубеждение и основанные на нем возгласы и действия. Будем помнить, что на суде Божием мы должны дать отчет за каждое праздное слово[163]; тем страшнее отчет за слово и слова хульные на основной догмат Христианской веры. Учение о Божеской силе имени Иисусова имеет полное достоинство основного догмата, и принадлежит к всесвятому числу и составу этих догматов. Невежественное богохульное умствование против молитвы Иисусовой имеет весь характер умствования еретического.

Ученик. Однако святые Отцы очень остерегают занимающегося молитвою Иисусовою от прелести.

Старец. Да, предостерегают. Они предостерегают от прелести и находящегося в послушании, и безмолвника, и постника – словом сказать, всякого, упражняющегося какою бы то ни было добродетелью. Источник прелести, как и всякого зла – диавол, а не какая-нибудь добродетель. «Со всею осмотрительностью должно наблюдать, – говорит святой Макарий Великий, – устрояемые врагом (диаволом) со всех сторон козни, обманы и злоковарные действия. Как Святой Дух чрез Павла всем служит для всех (*1Кор.9:22*), так и лукавый дух старается злобно быть всем для всех, чтоб всех низвести в погибель. С молящимися притворяется и он молящимся, чтоб по поводу молитвы ввести в высокоумие; с постящимися постится, чтоб обольстить их самомнением и привести в умоисступление; со сведущими Священное Писание и он устремляется в исследование Писания, ища по-видимому, знания, в сущности же стараясь привести их к превратному разумению Писания; с удостоившимися осияния светом, представляется и он имеющим этот дар, как говорит Павел: «сатана преобразуется во ангела светла» (*2Кор.11:14*), чтоб, прельстив привидением как бы света, привлечь к себе. Просто сказать: он принимает на себя для всех всякие виды, чтоб действием, подобным действию добра, поработить себе подвижника, и, прикрывая себя благовидностью, низвергнуть его в погибель»[164]. Мне случалось видеть старцев, занимавшихся исключительно усиленным телесным подвигом, и пришедших от него в величайшее самомнение, величайшее самообольщение. Душевные страсти их — гнев, гордость, лукавство, непокорство — получили необыкновенное развитие. Самость и самочиние преобладали в них окончательно. Они с решительностью и ожесточением отвергали все душеспасительнейшие советы и предостережения духовников, настоятелей, даже святителей: они, попирая правила не только смирения, но и скромности, самого приличия, не останавливались выражать пренебрежение к этим лицам самым наглым образом.

Некоторый Египетский инок, в начале IV века, сделался жертвою ужаснейшей бесовской прелести. Первоначально он впал в высокоумие, потом, по причине высокоумия, поступил под особенное влияние лукавого духа. Диавол, основываясь на произвольном высокоумии инока, озаботился развить в нем этот недуг, чтоб при посредстве созревшего и окрепшего высокоумия окончательно подчинить себе инока, вовлечь его в душепогибель. Вспомоществуемый демоном инок достиг столь бедственного преуспеяния, что становился босыми ногами на раскаленные угли, и, стоя на них, прочитывал всю молитву Господню «Отче наш».

Разумеется, люди, не имевшие духовного рассуждения, видели в этом действии чудо Божие, необыкновенную святость инока, силу молитвы Господней, и прославляли инока похвалами, развивая в нем гордость и способствуя ему губить себя. Ни чуда Божия, ни святости инока тут не было; сила молитвы Господней тут не действовала – тут действовал сатана, основываясь на самообольщении человека, на ложно направленном произволении его; тут действовала бесовская прелесть. Спросишь: какое же значение имела в бесовском действии молитва Господня? Ведь прельщенный читал ее и приписывал действию ее совершавшееся чудо. Очевидно: молитва Господня не принимала тут никакого участия: прельщенный, по собственному произволению, по собственному самообольщению и по обольщению демонскому, употребил против себя духовный меч, данный человекам во спасение. Заблуждение и самообольщение еретиков всегда прикрывались злоупотреблением Слова Божия, прикрывались с утонченным лукавством; и в повествуемом событии заблуждение человеческое и бесовская прелесть, с тою же целью, прикрывались коварно молитвою Господнею. Несчастный инок полагал, что он стоит на раскаленных углях босыми ногами по действию молитвы Господней, за чистоту и высоту своей подвижнической жизни, а он стоял на них по действию бесовскому. Точно таким образом самообольщение и бесовская прелесть прикрываются иногда как бы действием молитвы Иисусовой, а неведение приписывает действию этой святейшей молитвы то, что должно приписывать совокупному действию сатаны и человека, – человека, предавшегося руководству сатаны. Упомянутый Египетский инок перешел от мнимой святости к необузданному сладострастию, потом к совершенному умоисступлению, и, кинувшись в разжженную печь общественной бани, сгорел. Вероятно: или объяло его отчаяние, или представилось ему в печи какое-либо обманчивое привидение[165].

Ученик. Что в человеке, какое условие в нем самом, делает его способным к прелести?

Старец. Преподобный Григорий Синаит говорит: «Вообще, одна причина прелести – гордость»[166]. В гордости человеческой, которая есть самообольщение, диавол находит для себя удобное пристанище, и присоединяет свое обольщение к самообольщению человеческому. Всякий человек более или менее склонен к прелести: потому что «самая чистая природа человеческая имеет в себе нечто горделивое»[167].

Основательны предостережения Отцов! Должно быть очень осмотрительным, должно очень охранять себя от самообольщения и прелести. В наше время, при совершенном оскудении Боговдохновенных наставников, нужна особенная осторожность, особенная бдительность над собою. Они нужны при всех иноческих подвигах: наиболее нужны при молитвенном подвиге, который из всех подвигов – возвышеннейший, душеспасительнейший, наиболее наветуемый врагами[168]. «Со страхом... жительствуйте» (*1Пет.1:17*), завещавает Апостол. В упражнении молитвою Иисусовою есть свое начало, своя постепенность, свой конец бесконечный. Необходимо начинать упражнение с начала, а не с средины и не с конца. Святейший Каллист, патриарх Константинопольский, живописуя духовные плоды этой молитвы, говорит: «Никто, из ненаученных тайнам или из требующих млека, услыша высокое учение о благодатном действии молитвы, да не осмелится прикоснуться к нему. Возбранена такая несвоевременная попытка. Покусившихся на нее, и взыскавших преждевременно того, что приходит в свое время, усиливающихся взойти в пристанище бесстрастия в несоответствующем ему устроении, Отцы признают не иначе, как находящимися в умопомешательстве. Невозможно читать книг тому, кто не выучился грамоте»[169].

Ученик. Что значит начинать упражнение молитвою Иисусовою с средины и конца, и что значит начинать это упражнение с начала?

Старец. Начинают с средины те новоначальные, которые, прочитав в Отеческих писаниях наставление для упражнения в молитве Иисусовой, данное Отцами безмолвникам, то есть, монахам, уже весьма преуспевшим в монашеском подвиге, необдуманно принимают это наставление в руководство своей деятельности. Начинают с средины те, которые, без всякого предварительного приготовления, усиливаются взойти умом в сердечный храм, и оттуда воссылать молитву. С конца начинают те, которые ищут немедленно раскрыть в себе благодатную сладость молитвы и прочие благодатные действия ее. Должно начинать с начала, то есть, совершать молитву со «вниманием» и «благоговением», с целью «покаяния», заботясь единственно о том, чтоб эти три качества постоянно соприсутствовали молитве. Так и святой Иоанн Лествичник, этот великий делатель сердечной благодатной молитвы, предписывает находящимся в послушании молитву внимательную, а созревшим для безмолвия молитву сердечную. Для первых он признает невозможною молитву, чуждую рассеянности, а от вторых требует такой молитвы[170]. В обществе человеческом должно молиться одним умом, а наедине – и умом и устами, несколько вслух себе одному[171]. Особенное попечение, попечение самое тщательное должно быть принято о благоустроении нравственности сообразно учению Евангелия. Опыт не замедлит открыть уму молящегося теснейшую связь между заповедями Евангелия и молитвою Иисусовою. Эти заповеди служат для этой молитвы тем, чем служит елей для горящего светильника; без елея светильник не может быть возжен; при оскудении елея не может гореть: он гаснет, разливая вокруг себя дым зловонный. Образуется нравственность по учению Евангелия очень удобно при прохождении монастырских послушаний, когда послушания проходятся в том разуме, в каком заповедано проходить их святыми Отцами. Истинное послушание служит основанием, законною дверью для истинного безмолвия[172]. Истинное безмолвие состоит в усвоившейся сердцу Иисусовой молитве, – и некоторые из святых Отцов совершили великий подвиг сердечного безмолвия и затвора, окруженные молвою человеческою[173]. Единственно на нравственности, приведенной в благоустройство Евангельскими заповедями, единственно на этом твердом камне Евангельском, может быть воздвигнут величественный, священный, невещественный храм Богоугодной молитвы. Тщетен труд зиждущего на песце: на нравственности легкой, колеблющейся (*Мф.7:26*). Нравственность, приведенную в стройный, благолепный порядок, скрепленную навыком в исполнении евангельских заповедей, можно уподобить несокрушимому серебряному или золотому сосуду, который, один только, способен достойно принять и благонадежно сохранить в себе бесценное, духовное миро: молитву.

Святой Симеон Новый Богослов, рассуждая о случающейся безуспешности молитвенного подвига и о плевелах прелести, возникающих из него, приписывает причину и безуспешности и прелести несохранению правильности и постепенности в подвиге. «Хотящие взойти, – говорит Богослов, – на высоты молитвенного преуспеяния, да не начинают идти сверху вниз, но да восходят снизу вверх, сперва на первую ступень лествицы, потом на вторую, далее на третью, наконец на четвертую. Таким образом всякий может восстать от земли, и взойти на небо. «Во-первых», он должен подвизаться, чтоб укротить и умалить страсти. «Во-вторых», он должен упражняться в псалмопении, то есть в молитве устной: когда умалятся страсти, тогда молитва, естественно доставляя веселие и сладость языку, вменяется благоугодною Богу. «В-третьих», он должен заниматься умною молитвою». Здесь разумеется молитва, совершаемая умом в сердце: молитву внимательную новоначальных, при сочувствии сердца, Отцы редко удостаивают наименования умной молитвы, причисляя ее более к устной. «В-четвертых», он должен восходить к видению. Первое составляет принадлежность новоначальных; второе – возрастающих в преуспеяние; третье – достигших крайнего преуспеяния; четвертое – совершенных». Далее Богослов говорит, что и подвизающиеся о умалении страстей должны приобучаться к хранению сердца и к внимательной молитве Иисусовой, соответствующей их устроению[174]. В общежитиях Пахомия Великого, произведших возвышеннейших делателей умной молитвы, каждого вновь вступившего в монастырь, во-первых, занимали телесными трудами под руководством старца в течение трех лет. Телесными трудами, частыми наставлениями старца, ежедневною исповедью внешней и внутренней деятельности, отсечением воли обуздывались страсти могущественно и быстро, доставлялась уму и сердцу значительная чистота. При упражнении в трудах преподавалось новоначальному соответствующее устроению его делание молитвы. По истечении трех лет требовалось от новоначальных изучение наизусть всего Евангелия и Псалтыри, а от способных и всего Священного Писания, что необыкновенно развивает устную внимательную молитву. Уже после этого начиналось тайноучение умной молитве: объяснялось оно обильно и Новым и Ветхим Заветами[175]. Таким образом монахи вводились в правильное понимание умной молитвы и в правильное упражнение ею. От прочности основания и от правильности в упражнении – дивным было преуспеяние[176].

Ученик. Имеется ли какое верное средство к предохранению себя от прелести вообще, при всех подвигах монашеских, и в частности при упражнении молитвою Иисусовою?

Старец. Как гордость есть вообще причина прелести, так смирение – добродетель, прямо противоположная гордости – служит верным предостережением и предохранением от прелести. Святой Иоанн Лествичник назвал смирение «погублением страстей»[177]. Очевидно, что в том, в ком не действуют страсти, в ком обузданы страсти, не может действовать и прелесть, потому что «прелесть есть страстное или пристрастное уклонение души ко лжи на основании гордости».

При упражнении же молитвою Иисусовою, и вообще молитвою, вполне и со всею верностью предохраняет вид смирения, называемый «плачем». Плач есть сердечное чувство покаяния, спасительной печали о греховности и разнообразной, многочисленной немощи человека. Плач есть «дух сокрушен, сердце сокрушенно и смиренно, которое Бог не уничижит» (*Пс.50:19*), то есть не предаст во власть и поругание демонам, как предается им сердце гордое, исполненное самомнения, самонадеянности, тщеславия. Плач есть та единственная жертва, которую Бог принимает от падшего человеческого духа, до обновления человеческого духа Святым Божиим Духом. Да будет наша молитва проникнута чувством покаяния, да совокупится она с плачем, – и прелесть никогда не воздействует в нас. Святой Григорий Синаит, в последней статье своего сочинения[178], в которой изложены им для подвижников молитвы предостережения от душепагубной прелести, говорит: «Не малый труд – достигнуть точно истины, и соделаться чистым от всего, сопротивного благодати: потому что обычно диаволу показывать, особливо пред новоначальными, свою прелесть в образе истины, давая лукавому вид духовного. По этой причине подвизающийся в безмолвии достичь чистой молитвы, должен шествовать мысленным путем молитвы со многим трепетом и плачем, с испрошением наставления у искусных, всегда плакать о своих грехах, печалясь и боясь, как бы не подвергнуться муке, или не отпасть от Бога, не отлучиться от Него в этом или будущем веке. Если диавол увидит, что подвижник живет плачевно, то не пребывает при нем, не терпя смирения, происходящего от плача... Великое оружие – иметь при молитве и плач. Непрелестная молитва состоит в теплоте с молитвою Иисусовою, которая (молитва Иисусова) и влагает огнь в землю сердца нашего, в теплоте, попаляющей страсти, как терние, производящей в душе веселие и тихость. Теплота эта не приходит с правой или с левой стороны и не сверху, но прозябает в самом сердце, как источник воды от Животворящего Духа[179]. Возлюби ее единую найти и стяжать в сердце, соблюдая твой ум присно-немечтательным, чуждым разумений и помышлений, и не бойся. Сказавший: «Дерзайте: Аз есмь, не бойтеся» (*Мф.14:27*), Он – с нами. Он – Тот, Кого мы ищем. Он всегда защитит нас, – и мы не должны бояться или воздыхать, призывая Бога. Если некоторые и совратились, подвергшись умоповреждению, то знай, что они подверглись этому от самочиния и высокомудрия». Ныне, по причине совершенного оскудения духоносных наставников, подвижник молитвы вынужден исключительно руководствоваться Священным Писанием и писаниями Отцов[180]. Это – гораздо труднее. Новая причина для сугубого плача!

О МОЛИТВЕ ИИСУСОВОЙ
ОТДЕЛ II. О ПРЕЛЕСТИ

Ученик. Дай точное и подробное понятие о прелести. Что такое – прелесть?

Старец. Прелесть есть повреждение естества человеческого ложью. Прелесть есть состояние всех человеков, без исключения, произведенное падением праотцов наших. Все мы – в прелести[181]. Знание этого есть величайшее предохранение от прелести. Величайшая прелесть – признавать себя свободным от прелести. Все мы обмануты, все обольщены, все находимся в ложном состоянии, нуждаемся в освобождении истиною. Истина есть Господь наш Иисус Христос (*Ин.8:32, 14:6*). Усвоимся этой Истине верою в Нее; возопием молитвою к этой Истине, – и Она извлечет нас из пропасти самообольщения и обольщения демонами. Горестно – состояние наше! Оно – темница, из которой мы молим извести нашу душу, «исповедатися имени» Господню (*Пс.141:8*). Оно – та мрачная земля, в которую низвергнута жизнь наша позавидовавшим нам и погнавшим нас врагом (*Пс.142:3*). Оно – плотское мудрование (*Рим.8:6*) и лжеименный разум (*1Тим.6:20*), которыми заражен весь мир, не признающий своей болезни, провозглашающий ее цветущим здравием. Оно – «плоть и кровь, которые Царствия Божия наследити не могут» (*1Кор.15:50*). Оно – вечная смерть, врачуемая и уничтожаемая Господом Иисусом, Который есть «воскрешение и живот» (*Ин.11:25*). Таково наше состояние. Зрение его – новый повод к плачу. С плачем возопием ко Господу Иисусу, чтоб Он вывел нас из темницы, извлек из пропастей земных, исторг из челюстей смерти. «Господь наш Иисус Христос, – говорит преподобный Симеон, Новый Богослов, – потому и сошел к нам, что восхотел изъять нас из плена и из «злейшей прелести»[182].

Ученик. Это объяснение недовольно доступно для моих понятий: нуждаюсь в объяснении более простом, более близком к моему уразумению.

Старец. В средство погубления человеческого рода употреблена была падшим ангелом «ложь» (*Быт.3:13*). По этой причине Господь назвал диавола «ложью, отцом лжи и человекоубийцею искони» (*Ин.8:44*). Понятие о лжи Господь тесно соединил с понятием о человекоубийстве: потому что последнее есть непременное последствие первой. Словом «искони» указывается на то, что ложь с самого начала послужила для диавола орудием к человекоубийству, и постоянно служит ему орудием к человекоубийству, к погублению человеков. Начало зол – ложная мысль! Источник самообольщения и бесовской прелести – ложная мысль! Причина разнообразного вреда и погибели – ложная мысль! При посредстве лжи диавол поразил вечною смертью человечество в самом корне его, в праотцах. Наши праотцы *прельстились*, то есть признали истиною ложь, и, приняв ложь под личиною истины, повредили себя неисцельно смертоносным грехом, что засвидетельствовала и праматерь наша. «Змий прельсти мя, – сказала она, – и ядох» (*Быт.3:13*). С того времени естество наше, зараженное ядом зла, стремится «произвольно» и «невольно» ко злу, представляющемуся добром и наслаждением искаженной воле, извращенному разуму, извращенному сердечному чувству. Произвольно: потому что в нас еще есть остаток свободы в избрании добра и зла. Невольно: потому что этот остаток свободы не действует как полная свобода; он действует под неотъемлемым влиянием повреждения грехом. Мы родимся такими; мы не можем не быть такими: и потому все мы, без всякого исключения, находимся в состоянии самообольщения и бесовской прелести. Из этого воззрения на состояние человеков в отношении к добру и злу, на состояние, которое по необходимости принадлежит каждому человеку, вытекает следующее определение прелести, объясняющее ее со всею удовлетворительностью: «прелесть есть усвоение человеком лжи, принятой им за истину». Прелесть действует первоначально на образ мыслей; будучи принята и извратив образ мыслей, она немедленно сообщается сердцу, извращает сердечные ощущения; овладев сущностью человека, она разливается на всю деятельность его, отравляет самое тело, как неразрывно связанное Творцом с душою. Состояние прелести есть состояние погибели или вечной смерти.

Со времени падения человека диавол получил к нему постоянно свободный доступ[183]. Диавол имеет право на этот доступ: его власти, повиновением ему, человек подчинил себя произвольно, отвергнув повиновение Богу. Бог искупил человека. Искупленному человеку предоставлена свобода повиноваться или Богу, или диаволу, а чтоб свобода эта вынаружилась непринужденно, оставлен диаволу доступ к человеку. Очень естественно, что диавол употребляет все усилия удержать человека в прежнем отношении к себе, или даже привести в большее порабощение. Для этого он употребляет прежнее и всегдашнее свое оружие – ложь. Он старается обольстить и обмануть нас, опираясь на наше состояние самообольщения; наши страсти – эти болезненные влечения – он приводит в движение; пагубные требования их облачает в благовидность, усиливается склонить нас к удовлетворению страстям. Верный Слову Божию не дозволяет себе этого удовлетворения, обуздывает страсти, отражает нападения врага (*Иак.4:7*): действуя под руководством Евангелия против собственного самообольщения, укрощая страсти, этим уничтожая мало-помалу влияние на себя падших духов, он мало-помалу выходит из состояния прелести в область истины и свободы (*Ин.8:32*), полнота которых доставляется осенением Божественной благодати. Неверный учению Христову, последующий своей воле и разуму, подчиняется врагу и из состояния самообольщения переходит к состоянию бесовской прелести, теряет остаток своей свободы, вступает в полное подчинение диаволу. Состояние людей в бесовской прелести бывает очень разнообразно, соответствуя той страсти, которою человек обольщен и порабощен, соответствуя той степени, в которой человек порабощен страсти. Но все, впавшие в бесовскую прелесть, то есть, чрез развитие собственного самообольщения вступившие в общение с диаволом и в порабощение ему, – находятся в прелести, суть храмы и орудия бесов, жертвы вечной смерти, жизни в темницах ада.

Ученик. Исчисли виды бесовской прелести, происходящей от неправильного упражнения молитвою.

Старец. Все виды бесовской прелести, которым подвергается подвижник молитвы, возникают из того, что в основание молитвы не положено покаяние, что покаяние не сделалось источником, душою, целью молитвы. «Если кто, – говорит преподобный Григорий Синаит в вышеприведенной статье, – с самонадеянностью, основанною на самомнении[184], мечтает достигнуть в высокие молитвенные состояния, и стяжал ревность не истинную, а сатанинскую, того диавол удобно опутывает своими сетями, как своего служителя». Всякий, усиливающийся взойти на брак Сына Божия не в чистых и светлых одеждах, устраиваемых покаянием, а прямо в своем рубище, в состоянии ветхости, греховности и самообольщения, извергается вон, во тьму кромешную: в бесовскую прелесть. «Совещаю тебе, – говорит Спаситель призванному к таинственному жречеству, – купити от Мене злато разжжено огнем, да обогатишися, и одеяние бело, да облечешися, да не явится срамота наготы твоея: и коллурием слез помажи чувственные очи твои и очи ума, да видиши. Аз, ихже люблю, обличаю и наказую. Ревнуй убо и покайся» (*Откр. 3:18–19*). Покаяние и все, из чего оно составляется, как то: сокрушение или болезнование духа, плач сердца, слезы, самоосуждение, памятование и предощущение смерти, суда Божия и вечных мук, ощущение присутствия Божия, страх Божий – суть дары Божии, дары великой цены, дары первоначальные и основные, залоги даров высших и вечных. Без предварительного получения их, подаяние последующих даров – невозможно. «Как бы ни возвышенны были наши подвиги, – сказал святой Иоанн Лествичник, – но если мы не стяжали болезнующего сердца, то эти подвиги и ложны и тщетны»[185]. Покаяние, сокрушение духа, плач суть признаки, суть свидетельство правильности молитвенного подвига; отсутствие их – признак уклонения в ложное направление, признак самообольщения, прелести или бесплодия. То или другое, то есть прелесть или бесплодие, составляют неизбежное последствие неправильного упражнения молитвою, а неправильное упражнение молитвою неразлучно с самообольщением.

Самый опасный неправильный образ молитвы заключается в том, когда молящийся сочиняет силою воображения своего мечты или картины, заимствуя их по-видимому из Священного Писания, в сущности же из своего собственного состояния, из своего падения, из своей греховности, из своего самообольщения, – этими картинами льстит своему самомнению, своему тщеславию, своему высокоумию, своей гордости, обманывает себя. Очевидно, что все, сочиняемое мечтательностью нашей падшей природы, извращенной падением природы, не существует на самом деле, – есть вымысел и ложь, столько свойственные, столько возлюбленные падшему ангелу. Мечтатель, с первого шага на пути молитвенном, исходит из области истины, вступает в область лжи, в область сатаны, подчиняется произвольно влиянию сатаны. Святой Симеон, Новый Богослов, описывает молитву мечтателя и плоды ее так: «Он возводит к небу руки, глаза и ум, воображает в уме своем – подобно Клопштоку и Мильтону – Божественные совещания, небесные блага, чины святых Ангелов, селения святых, короче, собирает в воображении своем все, что слышал в Божественном Писании, рассматривает это во время молитвы, взирает на небо, всем этим возбуждает душу свою к Божественному желанию и любви, иногда проливает слезы и плачет. Таким образом мало-помалу кичится сердце его, не понимая того умом; он мнит, что совершаемое им есть плод Божественной благодати к его утешению, и молит Бога, чтоб сподобил его всегда пребывать в этом делании. Это признак прелести. Такой человек, если и будет безмолвствовать совершенным безмолвием, не может не подвергнуться умоисступлению и сумасшествию. Если же не случится с ним этого, однако ему невозможно никогда достигнуть духовного разума и добродетели или бесстрастия. Таким образом прельстились видевшие свет и сияние этими телесными очами, обонявшие благовония обонянием своим, слышавшие гласы ушами своими. Одни из них возбесновались, и переходили умоповрежденными с места на место; другие приняли беса, преобразившегося в Ангела светлого, прельстились и пребыли неисправленными даже до конца, не принимая совета ни от кого из братий; иные из них, подучаемые диаволом, убили сами себя: иные низверглись в пропасти, иные удавились. И кто может исчислить различные прельщения диавола, которыми он прельщает, и которые неисповедимы? Впрочем, из сказанного нами всякий разумный человек может научиться, какой вред происходит от этого образа молитвы. Если же кто из употребляющих его и не подвергнется ни одному из вышесказанных бедствий по причине сожительства с братиею, потому что таким бедствиям подвергаются наиболее отшельники, живущие наедине, но таковой проводит всю жизнь свою безуспешно»[186].

Все святые Отцы, описавшие подвиг умной молитвы, воспрещают не только составлять произвольные мечты, но и преклоняться произволением и сочувствием к мечтам и привидениям, которые могут представиться нам неожиданно, независимо от нашего произволения. И это случается при молитвенном подвиге, осо́бливо в безмолвии. «Никак не прими, – говорит преподобный Григорий Синаит, – если увидишь что-либо, чувственными очами или умом, вне или внутри тебя, будет ли то образ Христа, или Ангела, или какого Святого, или если представится тебе свет... Будь внимателен и осторожен! не позволь себе доверить чему-либо, не вырази сочувствия и согласия, не вверься поспешно явлению, хотя бы оно было истинное и благое; пребывай хладным к нему и чуждым, постоянно сохраняя ум твой безвидным, не составляющим из себя никакого изображения и не запечатленным никаким изображением. Увидевший что-либо в мысли или чувственно, хотя бы то было и от Бога, и принимающий поспешно, удобно впадает в прелесть, по крайней мере обнаруживает свою наклонность и способность к прелести, как принимающий явления скоро и легкомысленно. Новоначальный должен обращать все внимание на одно сердечное действие, одно это действие признавать непрелестным, – прочего же не принимать до времени вступления в бесстрастие. Бог не прогневляется на того, кто опасаясь прелести, с крайней осмотрительностью наблюдает за собою, если он и не примет чего посланного от Бога, не рассмотрев посланное со всею тщательностью; напротив того, Бог похваляет такого за его благоразумие»[187]. Святой Амфилохий, с юности вступивший в монашество, удостоился в зрелых летах и в старости проводить жизнь отшельническую в пустыне. Заключась в пещеру, он упражнялся в безмолвии, и достиг великого преуспеяния. Когда совершилось «сорок» лет его отшельнической жизни, – явился ему ночью Ангел, и сказал: Амфилохий! иди в город и паси духовных овец. Амфилохий пребыл во внимании себе, и не обратил внимания на повеление Ангела. На другую ночь снова явился Ангел и повторил повеление, присовокупив, что оно от Бога. И опять Амфилохий не оказал повиновения Ангелу, опасаясь быть обольщенным и вспоминая слова Апостола, что и сатана преобразуется в Ангела светлого (*2Кор.11:14*). На третью ночь снова явился Ангел и, удостоверив о себе Амфилохия славословием Бога, нетерпимым духами отверженными, взял старца за руку, вывел из келлии, привел к церкви, находившейся вблизи. Двери церковные отворились сами собою. Церковь освещалась небесным светом; в ней присутствовало множество святых мужей в белых ризах с солнцеобразными лицами. Они рукоположили Амфилохия в епископа города Иконии[188]. – При противоположном поведении, преподобные Исаакий и Никита Печерские, новые и неопытные в отшельнической жизни, подверглись ужаснейшему бедствию, опрометчиво вверившись представившемуся им привидению. Первому явилось множество демонов в сиянии: один из демонов принял вид Христа, прочие – вид святых Ангелов. Второго обольстил демон сперва благоуханием и гласом, как бы Божиим, потом представ ему очевидно в виде Ангела[189]. Опытные в монашеской жизни иноки, истинно святые иноки гораздо более опасаются прелести, гораздо более не доверяют себе, нежели новоначальные, особливо те из новоначальных, которые объяты разгорячением к подвигу. С сердечною любовью предостерегает от прелести преподобный Григорий Синаит безмолвника, для которого написана его книга: «Хочу, чтоб ты имел определенное понятие о прелести: хочу этого с тою целью, чтоб ты мог предохранить себя от прелести, чтоб при стремлении, не озаренном должным ведением, ты не причинил себе великого вреда, не погубил души твоей. Свободное произволение человека удобно преклоняется к общению с противниками нашими, в особенности произволение неопытных, новых в подвиге, как еще обладаемых демонами»[190]. Как это верно! Склоняется, влечется наше свободное произволение к прелести: потому что всякая прелесть льстит нашему самомнению, нашему тщеславию, нашей гордости. «Бесы находятся вблизи и окружают новоначальных и самочинных, распростирая сети помыслов и пагубных мечтаний, устраивая пропасти падений. Город новоначальных – все существо каждого из них – находится еще в обладании варваров... По легкомыслию не вдавайся скоро тому, что представляется тебе, но пребывай «тяжким», удерживая благое со многим рассмотрением, и отвергая лукавое... Знай, что действия благодати – ясны; демон преподать их не может: он не может преподать ни кротости, ни тихости, ни смирения, ни ненависти к миру; он не укрощает страстей и сластолюбия, как это делает благодать». Действия его: «дмение» – надменность, напыщенность – «высокоумие, страхование, словом, все виды злобы. По действию возможешь познать свет, воссиявший в душе твоей, Божий ли он, или от сатаны»[191]. Надо знать, что такое рассмотрение – принадлежность преуспевших иноков, никак не новоначальных. Преподобный Синаит беседует, хотя с новоначальным, но с новоначальным по безмолвной жизни, который и по пребыванию в монашестве и по телесному возрасту был старец, как видно из книги.

Ученик. Не случилось ли тебе видеть кого-либо пришедшего в бесовскую прелесть от развития мечтательности при упражнении молитвою?

Старец. Случалось. Некоторый чиновник, живший в Петербурге, занимался усиленным молитвенным подвигом, и пришел от него в необычайное состояние. О подвиге своем и о последствиях его он открывал тогдашнему протоиерею церкви Покрова Божией Матери, что в Коломне. Протоиерей, посетив некоторый монастырь Санкт-Петербургской епархии, просил одного из монашествующих того монастыря побеседовать с чиновником. «Странное положение, в которое чиновник пришел от подвига, – говорил справедливо протоиерей, – удобнее может быть объяснено жителями монастыря, как более знакомыми с подробностями и случайностями аскетического подвига». Монах согласился. Чрез несколько времени чиновник прибыл в монастырь. При беседе его с монахом присутствовал и я. Чиновник начал тотчас рассказывать о своих видениях, – что он постоянно видит при молитве свет от икон, слышит благоухание, чувствует во рту необыкновенную сладость, и так далее. Монах, выслушав этот рассказ, спросил чиновника: «Не приходила ли вам мысль убить себя?» – «Как же! – отвечал чиновник, – я уже был кинувшись[192] в Фонтанку, да меня вытащили». Оказалось, что чиновник употреблял образ молитвы, описанный святым Симеоном, разгорячил воображение и кровь, при чем человек делается очень способным к усиленному посту и бдению. К состоянию самообольщения, избранному произвольно, диавол присоединил свое, сродное этому состоянию действие, – и человеческое самообольщение перешло в явную бесовскую прелесть. Чиновник видел свет телесными очами; благоухание и сладость, которые он ощущал, были так же чувственные. В противоположность этому, видения Святых и их сверхъестественные состояния вполне духовны[193]: подвижник соделывается способным к ним не прежде, как по отверзении очей души Божественною благодатью, причем оживают и прочие чувства души, дотоле пребывающие в бездействии[194]; принимают участие в благодатном видении и телесные чувства Святых, но тогда, когда тело перейдет из состояния страстного в состояние бесстрастное. Монах начал уговаривать чиновника, чтоб он оставил употребляемый им способ молитвы, объясняя и неправильность способа и неправильность состояния, доставляемого способом. С ожесточением воспротивился чиновник совету. «Как отказаться мне от явной благодати!» – возражал он.

Вслушиваясь в поведания чиновника о себе, я почувствовал к нему неизъяснимую жалость, и вместе представлялся он мне каким-то смешным. Например, он сделал монаху следующий вопрос: «Когда от обильной сладости умножится у меня во рту слюна, то она начинает капать на пол: не грешно ли это?» Точно: находящиеся в бесовской прелести возбуждают к себе сожаление, как не принадлежащие себе и находящиеся, по уму и сердцу, в плену у лукавого, отверженного духа. Представляют они собой и смешное зрелище: посмеянию предаются они овладевшим ими лукавым духом, который привел их в состояние уничижения, обольстив тщеславием и высокоумием. Ни плена своего, ни странности поведения прельщенные не понимают, сколько бы ни были очевидными этот плен, эта странность поведения.

Зиму 1828 – 1829 годов проводил я в Площанской Пу́стыни[195]. В то время жил там старец, находившийся в прелести. Он отсек себе кисть руки, полагая исполнить этим евангельскую заповедь, и рассказывал всякому, кому угодно было выслушать его, что отсеченная кисть руки соделалась святыми мощами, что она хранится и честву́ется благолепно в Московском Симонове монастыре, что он, старец, находясь в Площанской Пу́стыни в пятистах верстах от Симонова, чувствует, когда Симоновский архимандрит с братиею прикладываются к руке. Со старцем делалось содрогание, причем он начинал шипеть очень громко: он признавал это явление плодом молитвы; но зрителям оно представлялось извращением себя, достойным лишь сожаления и смеха. Дети, жившие в монастыре по сиротству, забавлялись этим явлением и копировали его перед глазами старца. Старец приходил в гнев, кидался то на одного, то на другого мальчика, трепал их за волосы. Никто из почтенных иноков обители не мог уверить прельщенного, что он находится в ложном состоянии, в душевном расстройстве.

Когда чиновник ушел, я спросил монаха: «С чего пришло ему на мысль спросить чиновника о покушении на самоубийство?» Монах отвечал: «Как среди плача по Богу приходят минуты необыкновенного успокоения совести, в чем заключается утешение плачущих, так и среди ложного наслаждения, доставляемого бесовскою прелестью, приходят минуты, в которые прелесть как бы разоблачается, и дает вкусить себя так, как она есть. Эти минуты – ужасны! горечь их и производимое этою горечью отчаяние – невыносимы. По этому состоянию, в которое приводит прелесть, всего бы легче узнать ее прельщенному, и принять меры к исцелению себя. Увы! начало прелести – гордость, и плод ее – преизобильная гордость. Прельщенный, признающий себя сосудом Божественной благодати, презирает спасительные предостережения ближних, как это заметил святой Симеон. Между тем припадки отчаяния становятся сильнее и сильнее: наконец отчаяние обращается в умоисступление и увенчавается самоубийством.

В начале нынешнего столетия подвизался в Софрониевой Пустыни[196] схимонах Феодосий, привлекший к себе уважение и братства и мирян строгим, возвышенным жительством. Однажды представилось ему, что он был восхищен в рай. По окончании видения, он пошел к настоятелю, поведал подробно о чуде, и присовокупил выражение сожаления, что он видел в раю только себя, не видел никого из братий. Эта черта ускользнула из внимания у настоятеля: он созвал братию, в сокрушении духа пересказал им о видении схимонаха, и увещавал к жизни, более усердной и богоугодной. По прошествии некоторого времени начали обнаруживаться в действиях схимонаха странности. Дело кончилось тем, что он найден удавившимся в своей келлии.

Со мною был следующий, достойный замечания случай. Посетил меня однажды Афонский иеросхимонах, бывший в России за сбором. Мы сели в моей приемной келлии, и он стал говорить мне: «Помолись о мне, отец: я много сплю, много ем». Когда он говорил мне это, я ощутил жар, из него исходивший, почему и отвечал ему: «Ты не много ешь, и не много спишь; но нет ли в тебе чего особенного?» и просил его войти во внутреннюю мою келлию. Идя пред ним, и отворяя дверь во внутреннюю келлию, я молил мысленно Бога, чтоб Он даровал гладной душе моей попользоваться от Афонского иеросхимонаха, если он – истинный раб Божий. Точно: я заметил в нем что-то особенное. Во внутренней келлии мы опять уселись для беседы, – и я начал просить его: «Сделай милость, научи меня молитве. Ты живешь в первом монашеском месте на земле, среди тысяч монахов: в таком месте и в таком многочисленном собрании монахов непременно должны находиться великие молитвенники, знающие молитвенное тайнодействие и преподающие его ближним, по примеру Григориев Синаита и Паламы, по примеру многих других Афонских светильников». Иеросхимонах немедленно согласился быть моим наставником, – и, о ужас! с величайшим разгорячением начал передавать мне вышеприведенный способ восторженной, мечтательной молитвы. Вижу: он – в страшном разгорячении! у него разгорячены и кровь и воображение! он – в самодовольстве, в восторге от себя, в самообольщении, в прелести! Дав ему высказаться, я начал понемногу, в чине наставляемого, предлагать ему учение святых Отцов о молитве, указывая его в Добротолюбии, и прося объяснить мне это учение. Афонец пришел в совершенное недоумение. Вижу: он вполне незнаком с учением Отцов о молитве! При продолжении беседы говорю ему: «Смотри, старец! будешь жить в Петербурге, – никак не квартируй в верхнем этаже; квартируй непременно в нижнем». «Отчего так?» – возразил Афонец. «Оттого, – отвечал я, – что если вздумается ангелам, внезапно восхитив тебя, перенести из Петербурга в Афон, и они понесут из верхнего этажа, да уронят, то убьешься до смерти: если же понесут из нижнего, и уронят, то только ушибешься». «Представь себе, – отвечал Афонец, – сколько уже раз, когда я стоял на молитве, приходила мне живая мысль, что ангелы восхитят меня, и поставят на Афоне!» Оказалось, что иеросхимонах носит вериги, почти не спит, мало вкушает пищи, чувствует в теле такой жар, что зимою не нуждается в теплой одежде. К концу беседы пришло мне на мысль поступить следующим образом: я стал просить Афонца, чтоб он, как постник и подвижник, испытал над собою способ, преподанный святыми Отцами, состоящий в том, чтоб ум во время молитвы был совершенно чужд всякого мечтания, погружался весь во внимание словам молитвы, заключался и вмещался, по выражению святого Иоанна Лествичника, в словах молитвы[197]. При этом сердце обыкновенно содействует уму душеспасительным чувством печали о грехах, как сказал преподобный *Марк Подвижник*: «Ум, не развлеченно молящийся, утесняет сердце: «сердце же сокрушенно и смиренно Бог не уничижит» (*Пс.50:19*)»[198]. «Когда ты испытаешь над собою, – сказал я Афонцу, – то сообщи и мне о плоде опыта; для меня самого такой опыт неудобен по развлеченной жизни, проводимой мною». Афонец охотно согласился на мое предложение. Чрез несколько дней приходит он ко мне, и говорит: «Что сделал ты со мною?» – «А что?» – «Да как я попробовал помолиться со вниманием, заключая ум в слова молитвы, то все мои видения пропали, и уже не могу возвратиться к ним». Далее в беседе с Афонцем я не видел той самонадеянности и той дерзости, которые были очень заметны в нем при первом свидании и которые обыкновенно замечаются в людях, находящихся в самообольщении, мнящих о себе, что они святы, или находятся в духовном преуспеянии. Афонец изъявил даже желание услышать для себя мой убогий совет. Когда я посоветовал ему не отличаться по наружному образу жизни от прочих иноков, потому что такое отличие себя ведет к высокоумию[199], то он снял с себя вериги, и отдал их мне. Через месяц он опять был у меня, и сказывал, что жар в теле его прекратился, что он нуждается в теплой одежде, и спит гораздо более. При этом он говорил, что на Афонской горе многие, и из пользующихся славою святости, употребляют тот способ молитвы, который был употребляем им, – научают ему и других. Не мудрено! Святой Симеон, Новый Богослов, живший за восемь столетий до нашего времени, говорит, что внимательною молитвою занимаются очень немногие[200]. Преподобный Григорий Синаит, живший в четырнадцатом столетии по Рождестве Христове, когда прибыл на Афонскую гору, то нашел, что многочисленное монашество ее не имеет никакого понятия о умной молитве, а занимается лишь телесными подвигами, совершая молитвы лишь устно и гласно[201]. Преподобный Нил Сорский, живший в конце 15-го и начале 16-го века, посетивший также Афонскую гору, говорит, что в его время число внимательных молитвенников оскудело до крайности[202]. Старец, архимандрит *Паисий Величковский* переместился на Афонскую гору из Молдавии в 1747 г. Он ознакомился коротко со всеми монастырями и скитами, беседовал со многими старцами, которых признавало общее мнение Святой Горы опытнейшими и святыми иноками. Когда же он начал вопрошать этих иноков о книгах святых Отцов, написавших о умной молитве, — оказалось, что они не только не знали о существовании таких Писаний, но даже не знали имен святых Писателей; тогда Добротолюбие еще не было напечатано на греческом языке[203]. Внимательная молитва требует самоотвержения, а на самоотвержение решаются редкие. Заключенный в себя вниманием, находящийся в состоянии недоумения от зрения своей греховности, неспособный к многословию и вообще к эффекту и актерству, представляется для незнающих таинственного подвига его каким-то странным, загадочным, недостаточным во всех отношениях. Легко ли расстаться с мнением мира! И миру — как познать подвижника истинной молитвы, когда самый подвиг вовсе неизвестен миру? То ли дело — находящийся в самообольщении! Не ест, не пьет, не спит, зимою ходит в одной рясе, носит вериги, видит видения, всех учит и обличает с дерзкою наглостью, без всякой правильности, без толку и смыслу, с кровяным, вещественным, страстным разгорячением, и по причине этого горестного, гибельного разгорячения. Святой, да и только! Издавна замечены вкус и влечение к таким в обществе человеческом: «приемлете, — пишет Апостол Павел к Коринфянам, — аще кто вас поработает, аще кто поядает, аще кто не в лепоту проторит, аще кто по лицу биет вы, аще кто величается» (*2Кор.11:20*). Далее святой Апостол говорит, что он, бывши в Коринфе, не мог вести себя дерзко и нагло: поведение его было запечатлено скромностию, «кротостию и тихостию Христовою» (*2Кор.10:1*). Большая часть подвижников Западной Церкви, провозглашаемых ею за величайших святых — по отпадении ее от Восточной Церкви и по отступлении Святаго Духа от нее — молились и достигали видений, разумеется, ложных, упомянутым мною способом. Эти мнимые святые были в ужаснейшей бесовской прелести. Прелесть уже естественно воздвигается на основании богохульства, которым у еретиков извращена догматическая вера. Поведение подвижников латинства, объятых прелестью, было всегда исступленное, по причине необыкновенного вещественного, страстного разгорячения. В таком состоянии находился Игнатий Лойола, учредитель Иезуитского ордена. У него воображение было так разгорячено и изощрено, что, как сам он утверждал, ему стоило только захотеть и употребить некоторое напряжение, как являлись пред его взорами, по его желанию, ад или рай. Явление рая и ада совершалось не одним действием воображения человеческого; одно действие воображения человеческого недостаточно для этого: явление совершалось действием демонов, присоединявших свое обильное действие к недостаточному действию человеческому, совокуплявших действие с действием, пополнявших действие действием, на основании свободного произволения человеческого, избравшего и усвоившего себе ложное направление. Известно, что истинным святым Божиим видения даруются единственно по благоволению Божию и действием Божиим, а не по воле человека и не по его собственному усилию, – даруются неожиданно, весьма редко, при случаях особенной нужды, по дивному смотрению Божию, а не как бы случилось[204]. Усиленный подвиг находящихся в прелести обыкновенно стоит рядом с глубоким развратом. Разврат служит оценкою того пламени, которым разжжены прельщенные. Подтверждается это и сказаниями истории и свидетельством Отцов. «Видящий духа прелести в явлениях представляемых им, – сказал преподобный Максим Капсокаливи, – очень часто подвергается ярости и гневу; благовоние смирения или молитвы, или слезы истинной не имеет в нем места. Напротив того, он постоянно хвалится своими добродетелями, тщеславствует, и предается завсегда лукавым страстям бесстрашно»[205].

Ученик. Неправильность этого способа молитвы и связь его с самообольщением и прелестью – ясны; предостереги меня и от прочих видов неправильной молитвы и сопряженного с ними ложного состояния.

Старец. Как неправильное действие умом вводит в самообольщение и прелесть, так точно вводит в них неправильное действие сердцем. Исполнены безрассудной гордости желание и стремление видеть духовные видения умом, не очищенным от страстей, не обновленным и не воссозданным десницею Святого Духа; исполнены такой же гордости и безрассудства желание и стремление сердца насладиться ощущениями святыми, духовными, Божественными, когда оно еще вовсе неспособно для таких наслаждений. Как ум нечистый, желая видеть Божественные видения и не имея возможности видеть их, сочиняет для себя видения из себя, ими обманывает себя и обольщает, так и сердце, усиливаясь вкусить Божественную сладость и другие Божественные ощущения, и не находя их в себе, сочиняет их из себя, ими льстит себе, обольщает, обманывает, губит себя, входя в область лжи, в общение с бесами, подчиняясь их влиянию, порабощаясь их власти.

Одно ощущение из всех ощущений сердца, в его состоянии падения, может быть употреблено в невидимом Богослужении: печаль о грехах, о греховности, о падении, о погибели своей, называемая плачем, покаянием, сокрушением духа. Это засвидетельствовано Священным Писанием. «Аще бы восхотел еси жертвы, дал бых убо: всесожжения не благоволиши» (*Пс.50:18*): и каждое сердечное ощущение порознь, и все они вместе не благоугодны Тебе, как оскверненные грехом, как извращенные падением. «Жертва Богу дух сокрушен: сердце сокрушенно и смиренно Бог не уничижит» (*Пс.50:19*). Эта жертва – жертва отрицательная; с принесением этой жертвы естественно устраняется принесение прочих жертв: при ощущении покаяния умолкают все другие ощущения. Для того, чтобы жертвы прочих ощущений соделались благоугодными Богу, нужно предварительно излиться благоволению Божию на наш Сион, нужно предварительно восстановиться стенам нашего разрушенного Иерусалима. Господь – праведен, всесвят; только праведные, чистые жертвы, к которым способно естество человеческое по обновлении своем, благоприятны праведному, всесвятому Господу. К жертвам и всесожжениям оскверненным Он не благоволит. Позаботимся очиститься покаянием! «Тогда благоволиши жертву правды, возношение и всесожигаемая: тогда возложат на олтарь Твой тельцы» (*Пс.50:21*): новорожденные ощущения обновленного Святым Духом человека.

Первая заповедь, данная Спасителем мира всему без исключения человечеству, есть заповедь о покаянии: «начат Иисус проповедати и глаголати: покайтеся, приближися бо Царство Небесное» (*Мф.4:17*). Эта заповедь объемлет, заключает, совмещает в себе все прочие заповеди. Тем человекам, которые не понимали значения и силы покаяния, Спаситель говорил не раз: «Шедше, научитеся, что есть: милости хощу, а не жертвы» (*Мф.9:13*). Это значит: Господь, умилосердившись над падшими и погибшими человеками, всем даровал покаяние в единственное средство к спасению, потому что все объяты падением и погибелью. Он не взыскивает, даже не желает от них жертв, к которым они не способны, а желает, чтоб они умилосердились над собою, сознали свое бедствие, освободились от него покаянием. К упомянутым словам Господь присовокупил страшные слова: «не приидох, – сказал Он, – призвати праведники, но грешники на покаяние». Кто названы праведниками? те несчастные, слепотствующие грешники, которые, будучи обмануты самомнением, не находят покаяние существенно нужным для себя, и потому, или отвергают его, или небрегут о нем. О несчастье! за это отрекается от них Спаситель, утрачивается ими сокровище спасения. «Горе душе, – говорит преподобный Макарий Великий, – не чувствующей язв своих и мнящей о себе, по причине великого, безмерного повреждения злобою, что она вполне чужда повреждения злобою. Такой души уже не посещает и не врачует благий Врач, как оставившей произвольно язвы свои без попечения о них, и мнящей о себе, что она здрава и непорочна. «Не требуют, – говорит Он – здравии врача, но болящии» (*Мф.9:12*)»[206]. Ужасная жестокость к себе – отвержение покаяния! Ужасная холодность, нелюбовь к себе – небрежение о покаянии. Жестокий к себе не может не быть жестоким и к ближним. Умилосердившийся к себе приятием покаяния, вместе делается милостивым и к ближним. Из этого видна вся важность ошибки: отнять у сердца заповеданное ему Самим Богом, существенно и логически необходимое для сердца чувство покаяния, и усиливаться раскрыть в сердце, в противность порядку, в противность установлению Божию, те чувствования, которые сами собою должны явиться в нем по очищении покаянием, но совершенно в ином характере[207]. Об этом характере духовном плотской человек не может составить себе никакого представления: потому что представление ощущения всегда основывается на известных уже сердцу ощущениях, а духовные ощущения вполне чужды сердцу, знакомому с одними плотскими и душевными ощущениями. Такое сердце не знает даже о существовании духовных ощущений.

Всем известно, какое душевное бедствие возникло для иудейских книжников и фарисеев из их неправильного душевного настроения: они сделались не только чуждыми Бога, но и исступленными врагами Его, богоубийцами. Подобному бедствию подвергаются подвижники молитвы, извергшие из своего подвига покаяние, усиливающиеся возбуждать в сердце любовь к Богу, усиливающиеся ощущать наслаждение, восторг: они развивают свое падение, соделывают себя чуждыми Бога, вступают в общение с сатаною, заражаются ненавистью к Святому Духу. Этот род прелести – ужасен; он одинаково душепагубен как и первый, но менее явен: он редко оканчивается сумасшествием и самоубийством, но растлевает решительно и ум и сердце. По производимому им состоянию ума Отцы назвали его «мнением»[208]. На этот род прелести указывает святой Апостол Павел, когда говорит: «Никтоже вас да прельщает изволенным ему смиренномудрием и службою Ангелов, яже не уведе уча, без ума дмяся от ума плоти своея» (*Кол.2:18*). Одержимый этою прелестью *мнит* о себе, сочинил о себе «мнение», что он имеет многие добродетели и достоинства, – даже, что обилует дарами Святаго Духа. Мнение составляется из ложных понятий и ложных ощущений: по этому свойству своему, оно вполне принадлежит к области отца и представителя лжи – диавола. Молящийся, стремясь раскрыть в сердце ощущения нового человека, и не имея на это никакой возможности, заменяет их ощущениями своего сочинения, поддельными, к которым не замедляет присоединиться действие падших духов. Признав неправильные ощущения, свои и бесовские, истинными и благодатными, он получает соответствующие ощущениям понятия. Ощущения эти, постоянно усвоиваясь сердцу и усиливаясь в нем, питают и умножают ложные понятия; естественно, что от такого неправильного подвига образуются самообольщение и бесовская прелесть – «мнение». «Мнение не допускает быть мнимому[209]», – сказал святой Симеон, Новый Богослов. Мнящий о себе, что он бесстрастен, никогда не очистится от страстей; мнящий о себе, что он исполнен благодати, никогда не получит благодати; мнящий о себе, что он свят, никогда не достигнет святости. Просто сказать: приписывающий себе духовные делания, добродетели, достоинства, благодатные дары, льстящий себя и потешающий себя «мнением», заграждает этим «мнением» вход в себя и духовным деланиям, и христианским добродетелям и Божественной благодати, – открывает широко вход греховной заразе и демонам. Уже нет никакой способности к духовному преуспеянию в зараженных «мнением»: они уничтожили эту способность, принесши на алтарь лжи самые начала деятельности человека и его спасения – понятия о истине. Необыкновенная напыщенность является в недугующих этой прелестью: они как бы упоены собою, своим состоянием самообольщения, видя в нем состояние благодатное. Они пропитаны, преисполнены высокоумием и гордостью, представляясь, впрочем, смиренными для многих, судящих по лицу, не могущих оценивать по плодам, как заповедал Спаситель (*Мф.7:16, 12:33*), тем менее по духовному чувству, о котором упоминает Апостол (*Евр.5:14*). Живописно изобразил Пророк Исаия действие прелести «мнения» в падшем архангеле, действие, обольстившее и погубившее этого архангела.

«Ты, – говорит пророк сатане, – рекл еси во уме твоем: на небо взыду, выше звезд небесных поставлю престол мой, сяду на горе высоце, на горах высоких, яже к северу: взыду выше облак, буду подобен Вышнему. Ныне же во ад снидеши и во основания земли» (*Ис.14:13–15*). Зараженного «мнением» обличает Господь так: «Глаголеши, яко богат есмь и обогатихся и ничтоже требую: и не веси, яко ты еси окаянен и беден, и нищ и слеп и наг» (*Откр.3:17*). Господь увещавает прельщенного к покаянию; предлагает купить не у кого иного, у Самого Господа, необходимые потребности, из которых составляется покаяние (*Откр.3:18*). Купля настоятельно нужна: без нее нет спасения. Нет спасения без покаяния, а покаяние принимается от Бога только теми, которые, для принятия его, продадут все имущество свое, то есть, отрекутся от всего, что им ложно усвоивалось «мнением».

Ученик. Не случалось ли тебе встречаться с зараженными этого вида прелестью?

Старец. Зараженные прелестью «мнения» встречаются очень часто. Всякий, не имеющий сокрушенного духа, признающий за собою какие бы то ни было достоинства и заслуги, всякий, не держащийся неуклонно учения Православной Церкви, но рассуждающий о каком-либо догмате или предании произвольно, по своему усмотрению, или по учению инославному, находится в этой прелести. Степенью уклонения и упорства в уклонении определяется степень прелести.

Немощен человек! непременно вкрадывается в нас «мнение» в каком-либо виде своем, и, осуществляя наше «я», удаляет от нас благодать Божию. Как нет, по замечанию святого Макария Великого, ни одного человека, совершенно свободного от гордости, так нет ни одного человека, который бы был совершенно свободен от действия на него утонченной прелести, называемой «мнением». Наветовало оно апостола Павла, и врачевалось тяжкими попущениями Божиими. «Не бо хощем вас, братие, – пишет Апостол к Коринфянам, – не ведети о скорби нашей, бывшей нам во Асии, яко по премногу и паче силы отяготихомся, яко не надеятися нам и жити. Но сами в себе осуждение смерти имехом, да не надеющеся будем на ся, но на Бога, возставляющаго мертвыя» (*2Кор.1:8–9*). По этой причине должно бдительно наблюдать за собою, чтоб не приписать собственно себе какого-либо доброго дела, какого-либо похвального качества или особенной природной способности, даже благодатного состояния, если человек возведен в него, короче, чтоб не признать собственно за собою какого-либо достоинства. «Что ты имеешь, – говорит Апостол, – чего бы ты не приял» от Бога? (*1Кор.4:7*) От Бога имеем и бытие, и пакибытие, и все естественные свойства, все способности, и духовные, и телесные. Мы – должники Богу! Долг наш неоплатим! Из такого воззрения на себя образуется само собою для нашего духа состояние, противоположное «мнению», состояние, которое Господь назвал нищетою духа, которое заповедал нам иметь, которое ублажил (*Мф.5:3*). Великое бедствие – уклониться от догматического и нравственного учения Церкви, от учения Святаго Духа каким-либо умствованием! это – «возношение, взимающееся на разум Божий». Должно низлагать и пленять такой разум «в послушание Христово» (*2Кор.10:5*).

Ученик. Имеется ли какая-либо связь между прелестью первого рода и прелестью второго рода?

Старец. Связь между этими двумя видами прелести непременно существует. Первого рода прелесть всегда соединена с прелестью второго рода, с «мнением». Сочиняющий обольстительные образы при посредстве естественной способности воображения, сочетавающий при посредстве мечтательности[210] эти образы в очаровательную картину, подчиняющий все существо свое обольстительному, могущественному влиянию этой живописи, непременно, по несчастной необходимости, «мнит», что живопись эта производится действием Божественной благодати, что сердечные ощущения, возбуждаемые живописью, суть ощущения благодатные.

Второго рода прелесть – собственно «мнение» – действует без сочинения обольстительных картин: она довольствуется сочинением поддельных благодатных ощущений и состояний, из которых рождается ложное, превратное понятие о всем вообще духовном подвиге. Находящийся в прелести «мнения» стяжавает ложное воззрение на все, окружающее его. Он обманут и внутри себя и извне. Мечтательность сильно действует в обольщенных «мнением», но действует исключительно в области отвлеченного. Она или вовсе не занимается, или занимается редко живописью в воображении рая, горних обителей и чертогов, небесного света и благоухания, Христа, Ангелов и Святых; она постоянно сочиняет мнимодуховные состояния, тесное дружество со Иисусом[211], внутреннюю беседу с Ним[212], таинственные откровения[213], гласы, наслаждения, зиждет на них ложное понятие о себе и о христианском подвиге, зиждет вообще ложный образ мыслей и ложное настроение сердца, приводит то в упоение собою, то в разгорячение и восторженность. Эти разнообразные ощущения являются от действия утонченных тщеславия и сладострастия: от этого действия кровь получает греховное, обольстительное движение, представляющееся благодатным наслаждением. Тщеславие же и сладострастие возбуждаются высокоумием, этим неразлучным спутником «мнения». Ужасная гордость, подобная гордости демонов, составляет господствующее качество усвоивших себе ту и другую прелесть. Обольщенных первым видом прелести гордость приводит в состояние явного умоисступления; в обольщенных вторым видом она, производя также умоповреждение, названное в Писании растлением ума (*2Тим.3:8*), менее приметна, облекается в личину смирения, набожности, мудрости, – познается по горьким плодам своим. Зараженные «мнением» о достоинствах своих, особенно о святости своей, способны и готовы на все козни, на всякое лицемерство, лукавство и обман, на все злодеяния. Непримиримою враждою дышат они против служителей истины, с неистовою ненавистью устремляются на них, когда они не признают в прельщенных состояния, приписываемого им и выставляемого на позор слепотствующему миру «мнением».

Ученик. Существуют же и состояния духовные, производимые Божественной благодатью, как то состояние, в котором вкушается духовная сладость и радость, состояние, в котором открываются тайны христианства, состояние, в котором ощущается в сердце присутствие Святого Духа, состояние, в котором подвижник Христов сподобляется духовных видений?

Старец. Несомненно существуют, но существуют только в христианах, достигших христианского совершенства, предварительно очищенных и приуготовленных покаянием. Постепенное действие покаяния вообще, выражаемого всеми видами смирения, в особенности молитвою, приносимою из нищеты духа, из плача, постепенно ослабляет в человеке действие греха. Для этого нужно значительное время. И дается оно истинным, благонамеренным подвижникам промыслом Божиим, неусыпно бдящим над нами. Борьба со страстями – необыкновенно полезна: она более всего приводит к нищете духа. С целью существенной пользы нашей, Судия и Бог наш «долготерпит» о нас, и не скоро «отмщевает» (*Лк.18:7*) сопернику нашему – греху. Когда очень ослабеют страсти, – это совершается наиболее к концу жизни[214] – тогда мало-помалу начнут появляться состояния духовные, различающиеся бесконечным различием от состояний, сочиняемых «мнением». Во-первых, вступает в душевную храмину благодатный плач, омывает ее и убеляет для принятия даров, последующих за плачем по установлению духовного закона. Плотский человек никак, никаким способом, не может даже представить себе состояний духовных, не может иметь никакого понятия ниже о благодатном плаче: познание этих состояний приобретается не иначе, как опытом[215]. Духовные дарования раздаются с Божественною премудростью, которая наблюдает, чтоб словесный сосуд, долженствующий принять в себя дар, мог вынести без вреда для себя силу дара. Вино новое разрывает мехи ветхие! (*Мф.9:17*).

Замечается, что, в настоящее время, духовные дарования раздаются с величайшей умеренностью, сообразно тому расслаблению, которым объято вообще христианство. Дары эти удовлетворяют почти единственно потребности спасения. Напротив того, «мнение» расточает свои дары в безмерном обилии и с величайшей поспешностью.

Общий признак состояний духовных – глубокое смирение и смиренномудрие, соединенное с предпочтением себе всех ближних, с расположением, евангельскою любовью ко всем ближним, со стремлением к неизвестности, к удалению от мира. «Мнению» тут мало места: потому что смирение состоит в отречении от всех собственных достоинств, в существенном исповедании Искупителя, в совокуплении в Нем всей надежды и опоры, а «мнение» состоит в присвоении себе достоинств, данных Богом, и в сочинении для себя достоинств несуществующих. Оно соединено с надеждою на себя, с холодным, поверхностным исповеданием Искупителя. Бог прославляется для прославления себя, как был прославлен фарисеем (*Лк.18:11*). Одержимые «мнением» по большей части преданы сладострастию, несмотря на то, что приписывают себе возвышеннейшие духовные состояния, беспримерные в правильном православном подвижничестве; немногие из них воздерживаются от грубого порабощения сладострастию, – воздерживаются единственно по преобладанию в них греха из грехов – гордости.

Ученик. Могут ли от прелести, именуемой «мнением», порождаться какие-либо осязательные, видимые несчастные последствия?

Старец. Из этого рода прелести возникли пагубные ереси, расколы, безбожие, богохульство. Несчастнейшее видимое последствие его есть неправильная, зловредная для себя и для ближних деятельность, – зло, несмотря на ясность его и обширность, мало примечаемое и мало понимаемое. Случаются с зараженными «мнением» делателями молитвы и несчастия, очевидные для всех, но редко: потому что «мнение», приводя ум в ужаснейшее заблуждение, не приводит его к исступлению, как приводит расстроенное воображение. – На Валаамском острове, в отдаленной пустынной хижине, жил схимонах Порфирий, которого и я видел. Он занимался подвигом молитвы. Какого рода был этот подвиг, – положительно не знаю. Можно догадываться о неправильности его по любимому чтению схимонаха: он высоко ценил книгу западного писателя Фомы Кемпийского, о подражании Иисусу Христу, и руководствовался ею. Книга эта написана из «мнения». Порфирий однажды вечером, в осеннее время, посетил старцев скита, от которого невдалеке была его пустыня. Когда он прощался со старцами, они предостерегали его, говоря: «Не вздумай пройти по льду: лед только что встал, и очень тонок». Пустыня Порфирия отделялась от скита глубоким заливом Ладожского озера, который надо было обходить. Схимонах отвечал тихим голосом, с наружною скромностью: «Я уже легок стал». Он ушел. Чрез короткое время услышался отчаянный крик. Скитские старцы встревожились, выбежали. Было темно; не скоро нашли место, на котором совершилось несчастье; не скоро нашли средства достать утопшего: вытащили тело, уже оставленное душою.

Ученик. Ты говоришь о книге «Подражание», что она написана из состояния самообольщения; но она имеет множество чтителей даже между чадами Православной Церкви!

Старец. Эти-то чтители, в восторге от ее достоинства, и высказываются об этом достоинстве, не понимая того. В предисловии русского переводчика к книге «Подражание» – издание 1834 года, напечатанное в Москве – сказано: «Один высокопросвещенный муж – русский, православный – говаривал: ежели б нужно было мое мнение, то я бы смело после Священного Писания поставил Кемписа о подражании Иисусу Христу»[216]. В этом, столько решительном приговоре дается инославному писателю полное предпочтение пред всеми святыми Отцами Православной Церкви, а своему взгляду дается предпочтение пред определением всей Церкви, которая на святых Соборах признала писания святых Отцов Богодухновенными, и завещала чтение их не только в душеназидание всем чадам своим, но и в руководство при решении Церковных вопросов. В писаниях Отцов хранится великое духовное, христианское и церковное сокровище: догматическое и нравственное предание Святой Церкви. Очевидно, что книга «Подражание» привела упомянутого мужа в то настроение, из которого он выразился так опрометчиво, так ошибочно, так грустно[217]. Это – самообольщение! это – прелесть! составилась она из ложных понятий; ложные понятия родились из неправильных ощущений, сообщенных книгой. В книге жительствует и из книги дышит помазание лукавого духа, льстящего читателям, упоевающего их отравой лжи, услажденной утонченными приправами из высокоумия, тщеславия и сладострастия. Книга ведет читателей своих прямо к общению с Богом, без предочищения покаянием: почему и возбуждает особенное сочувствие к себе в людях страстных, незнакомых с путем покаяния, не предохраненных от самообольщения и прелести, не наставленных правильному жительству учением святых Отцов Православной Церкви. Книга производит сильное действие на кровь и нервы, возбуждает их, – и потому особенно нравится она людям, порабощенным чувственностью; книгою можно наслаждаться, не отказываясь от грубых наслаждений чувственности. Высокоумие, утонченное сладострастие и тщеславие выставляются книгой за действие благодати Божией. Обоняв блуд свой в его утонченном действии, плотские люди приходят в восторг от наслаждения, от упоения, доставляемых беструдно, без самоотвержения, без покаяния, без «распятия плоти со страстьми и похотьми» (*Гал.5:24*), с ласкательством состоянию падения. Радостно переходят они, водимые слепотою своею и гордостью, с ложа любви скотоподобной на ложе любви более преступной, господствующей в блудилище духов отверженных. Некоторая особа, принадлежавшая по земному положению к высшему и образованнейшему обществу, а по наружности к Православной Церкви, выразилась следующим образом о скончавшейся лютеранке, признанной этой особою за святую: «Она любила Бога страстно; она думала только о Боге; она видела только Бога; она читала только Евангелие и "Подражание", которое – второе Евангелие»[218]. Этими словами выражено именно то состояние, в которое приводятся читатели и чтители «Подражания». – Тождественно, в сущности своей, с этой фразой изречение знаменитой французской писательницы, г-жи де-Севинье о знаменитом французском поэте, Расине старшем. «Он любит Бога, – дозволила себе сказать г-жа Севинье, – как прежде любил своих наложниц»[219]. Известный критик Ла-Гарп, бывший сперва безбожником, потом перешедший к неправильно понятому и извращенному им христианству, одобряя выражение г-жи Севинье, сказал: «Сердце, которым любят Творца и тварь – одно, хотя последствия столько же различаются между собою, сколько различны и предметы»[220]. Расин перешел от разврата к прелести, называемой «мнением». Эта прелесть выражается со всей ясностью в двух последних трагедиях поэта: в «Есфири» и «Гофолии». Высокие христианские мысли и ощущения Расина нашли себе пространное место в храме Муз и Апполона[221], в театре возбудили восторг, рукоплескания. «Гофолия», признаваемая высшим произведением Расина, дана была сорок раз сряду. Дух этой трагедии – один с духом «Подражания». – Мы веруем, что в сердце человеческом имеется вожделение скотоподобное, внесенное в него падением, находящееся в соотношении с вожделением падших духов; мы веруем, что имеется в сердце и вожделение духовное, с которым мы сотворены, которым любится естественно и правильно Бог и ближний, которое находится в гармонии[222] с вожделением святых Ангелов. Чтоб возлюбить Бога и в Боге ближнего, необходимо очиститься от вожделения скотоподобного. Очищение совершает Святой Дух в человеке, выражающем жизнью произволение к очищению. Собственно и называется сердцем, в нравственном значении, вожделение и прочие душевные силы, а не член плоти – сердце. Силы сосредоточены в этом члене, – и перенесено общим употреблением наименование от члена к собранию сил.

В противоположность ощущению плотских людей, духовные мужи, обоняв воню зла, притворившегося добром, немедленно ощущают отвращение от книги, издающей из себя эту воню. Старцу Исаии – иноку, безмолвствовавшему в Никифоровской Пу́стыни[223], преуспевшему в умной молитве и сподобившемуся благодатного осенения, был прочитан отрывок из «Подражания». Старец тотчас проник в значение книги. Он засмеялся и воскликнул: «О! это написано из мнения. Тут ничего нет истинного! тут все – придуманное! Какими представлялись Фоме духовные состояния и как он мнил о них, не зная их по опыту, так и описал их». Прелесть, как несчастие, представляет собою зрелище горестное; как нелепость, она – зрелище смешное. Известный по строгой жизни архимандрит Кирилло-Новоезерского монастыря[224] Феофан, занимавшийся в простоте сердца почти исключительно телесным подвигом, и о подвиге душевном имевший самое умеренное понятие, сперва предлагал лицам, советовавшимся с ним и находившимся под его руководством, чтение книги «Подражание»; за немного лет до кончины своей он начал воспрещать чтение ее, говоря со святой простотою: «прежде признавал я эту книгу душеполезною, но Бог открыл мне, что она – душевредна». Такого же мнения о «Подражании» был известный деятельной монашеской опытностью иеросхимонах Леонид, положивший начало нравственному благоустройству в Оптиной Пу́стыни[225]. Все упомянутые подвижники были знакомы мне лично. – Некоторый помещик, воспитанный в духе Православия, коротко знавший, так называемый, большой свет, то есть, мир, в высших слоях его, увидел однажды книгу «Подражание» в руках дочери своей. Он воспретил ей чтение книги, сказав: «Я не хочу, чтоб ты последовала моде, и кокетничала пред Богом». Самая верная оценка книге.

Ученик. Имеются ли еще какие виды прелести?

Старец. Все частные виды самообольщения и обольщения бесами относятся к двум вышесказанным главным видам, и происходят, или от неправильного действия ума, или от неправильного действия сердца. В особенности обширно действие «мнения». Не без основания относят к состоянию самообольщения и прелести душевное настроение тех иноков, которые, отвергнув упражнение молитвою Иисусовою и вообще умное делание, удовлетворяются одним внешним молением, то есть, неупустительным участием в церковных службах и неупустительным исполнением келейного правила, состоящего исключительно из псалмопения и молитвословия устных и гласных. Они не могут избежать «мнения», как это объясняет упомянутый старец Василий в предисловии к книге святого Григория Синаита, ссылаясь преимущественно на писания преподобных, этого Григория и Симеона Нового Богослова. Признак вкравшегося «мнения» вынаруживается в подвижниках тем, когда они думают о себе, что проводят внимательную жизнь, часто от гордости презирают других, говорят худо о них, поставляют себя достойными, по мнению своему, быть пастырями овец и руководителями их, уподобляясь слепцу, берущемуся указывать путь другим слепцам[226]. Устное и гласное моление тогда плодоносно, когда оно сопряжено со вниманием, что встречается очень редко, потому что вниманию научаемся преимущественно при упражнении молитвою Иисусовою[227].

О МОЛИТВЕ ИИСУСОВОЙ
ОТДЕЛ III. О УПРАЖНЕНИИ МОЛИТВОЮ ИИСУСОВОЮ

Ученик. Изложи правильный способ упражнения молитвою Иисусовою.

Старец. Правильное упражнение молитвою Иисусовою вытекает само собой из правильных понятий о Боге, о всесвятом имени Господа Иисуса и об отношении человека к Богу.

Бог есть существо неограниченно-великое, всесовершенное, Создатель и Воссоздатель человеков, полновластный Владыка над человеками, над Ангелами, над демонами, над всею тварью видимою и невидимою. Это понятие о Боге научает нас, что мы должны предстоять пред Богом молитвою в глубочайшем благоговении, в величайшем страхе и трепете, устремя к Нему все внимание наше, сосредоточивая во внимании все силы ума, сердца, души, отвергая рассеянность и мечтательность, как нарушение внимания и благоговения, как нарушение правильности в предстоянии Богу, правильности, настоятельно требуемой величием Бога (*Ин. 4:23–24; Мф. 22:37; Мк. 12:29–30; Лк. 10:27*). Прекрасно сказал Исаак Сирский: «Когда припадаешь пред Богом в молитве, будь, в помысле твоем, как муравей, как земные гады, как червячок, как лепечущее дитя. Не скажи пред Ним чего-нибудь разумного; младенческим образом мыслей приблизься к Богу»[228]. Стяжавшие истинную молитву ощущают неизреченную нищету духа, когда предстоят пред Богом, славословя Его, исповедуясь Ему, повергая пред Ним прошения свои. Они чувствуют себя как бы уничтожившимися, как бы несуществующими. Это естественно! когда молящийся ощутит обильно присутствие Божие, присутствие Само-Жизни, Жизни необъятной и непостижимой, тогда его собственная жизнь представляется ему мельчайшею каплею, сравниваемою с беспредельным океаном. В такое состояние пришел праведный многострадальный Иов, достигши высшего духовного преуспеяния. Он почувствовал себя «истаявшим» (*Иов.42:6*), как тает и исчезает снег, когда упадут на него лучи палящего солнца.

Имя Господа нашего Иисуса Христа – Божественно; сила и действие этого имени – Божественны; они – всемогущи и спасительны; они – превыше нашего понятия, недоступны для него. С верою, упованием, усердием, соединенными с великим благоговением и страхом, будем совершать великое дело Божие, преподанное Богом: будем упражняться в молитве именем Господа нашего Иисуса Христа. «Непрестанное призывание имени Божия, – говорит Великий Варсанофий, – есть врачевание, убивающее не только страсти, но и самое действие их. Как врач прилагает лекарственные средства или пластыри на рану страждущего, и они действуют, причем больной и не знает, как это делается: так точно и имя Божие, будучи призываемо, убивает все страсти, хотя мы и не знаем, как это совершается»[229].

Наше обычное состояние, состояние всего человечества, есть состояние падения, прелести, погибели. Сознавая и, по мере сознания, ощущая это состояние, будем молитвенно вопить из него, вопить в сокрушении духа, вопить с плачем и стенаниями, вопить о помиловании. Отречемся от всякого наслаждения духовного, от всех высоких молитвенных состояний, как недостойные их и неспособные к ним. Нет возможности воспеть «песнь Господню на земли чуждей» – в сердце, обладаемом страстями. Если же услышим приглашение воспеть ее, то да знаем наверно, что приглашение это делается «пленившими нас». «На реках Вавилонских» можно и должно только плакать. (*Пс.136:1, 3–4*)

Таково общее наставление для упражнения молитвою Иисусовою, извлеченное из Священного Писания и писаний святых Отцов, из весьма немногих бесед с истинными молитвенниками. Из частных наставлений, преимущественно для новоначальных, признаю полезным упомянуть нижеследующие:

Святой Иоанн Лествичник советует заключать ум в слова молитвы, и, сколько бы раз он ни устранился из слов, опять вводить его[230]. Этот механизм особенно полезен и особенно удобен. Когда ум будет таким образом во внимании, тогда и сердце вступит в сочувствие уму умилением, – молитва будет совершаться совокупно умом и сердцем. Слова молитвы должно произносить очень неспешно, даже протяжно, чтобы ум имел возможность заключаться в слова. Утешая и наставляя общежительных иноков, занимающихся монастырскими послушаниями, ободряя их к усердию и тщаливости в молитвенном подвиге, Лествичник говорит: «от монахов, занимающихся послушаниями, Бог не требует молитвы, вполне чистой от развлечения. Не унывай, будучи окрадываем рассеянностью! благодушествуй, и постоянно понуждай ум твой возвращаться к себе. Совершенная свобода от рассеянности – принадлежность Ангелов»[231]. «Порабощенные страстям! будем молиться Господу постоянно, неотступно, потому что все бесстрастные перешли» такою молитвою «к состоянию бесстрастия из состояния страстного. Если ты неослабно будешь приобучать ум твой, чтоб он никуда не удалялся» из слов молитвы: «то он и во время трапезования твоего будет при тебе. Если же попущено ему тобою невозбранное скитание повсюду, то он не возможет никогда пребывать у тебя. Великий делатель великой и совершенной молитвы сказал: «хощу пять словес умом моим глаголати, нежели тмы словес языком» (*1Кор.14:19*). «Такая молитва» – благодатная молитва ума в сердце, чуждая парения – «не свойственна младенцам, и потому мы, как младенцы, заботясь о качестве молитвы» – о внимании при посредстве заключения ума в слова – «будем молиться очень много. Количество служит причиною качества. Господь дает чистую молитву тому, кто молится безленостно, много и постоянно своею оскверняемою развлечением молитвою»[232]. Новоначальные иноки нуждаются в продолжительном времени для обучения молитве. Невозможно, вскоре по вступлении в монастырь или по вступлении в подвиг, достичь этой верховной добродетели. Нужны и время и постепенность в подвиге, чтобы подвижник созрел для молитвы во всех отношениях. Как цвет и плод произрастают на стебле или древе, которые сами прежде должны быть посеяны и вырасти: так и молитва произрастает на других добродетелях, иначе не может явиться, как на них. Не скоро инок справится с умом своим; он не скоро приучит ум свой пребывать в словах молитвы, как бы в заключении и затворе. Отвлекаемый усвоившимися ему пристрастиями, впечатлениями, воспоминаниями, попечениями, ум новоначального непрестанно расторгает спасительные для него узы, оставляет тесный путь, уносится на широкий: любит он странствовать свободно в поднебесной, в стране обольщений, с духами, низверженными с неба, – странствовать без цели, безрассудно, зловредно для себя. Страсти – эти нравственные недуги человека – служат основною причиною развлечения при молитве. Соответственно ослаблению страстей уменьшается развлечение. Страсти обуздываются и умерщвляются мало-помалу истинным послушанием и истекающими из истинного послушания самоотвержением и смирением. Послушание, самоотвержение и смирение суть те добродетели, на которых зиждется преуспеяние в молитве. Непарительность, доступная человеку, даруется Богом в свое время такому подвижнику молитвы, который постоянством и усердием в подвиге докажет искренность своего желания стяжать молитву.

Священноинок Дорофей[233], наш соотечественник, великий наставник духовному подвигу, подходящий этим достоинством своим к святому Исааку Сирскому, советует приобучающемуся к молитве Иисусовой сперва произносить ее гласно. Он говорит, что гласная молитва сама собою переходит в умную[234]. «От молитвы гласной многой, – говорит священноинок, – истекает молитва умная, а от умной молитвы является молитва сердечная. Произносить молитву Иисусову должно не громким голосом, но тихо, вслух себе одному»[235]. При особенном действии рассеянности, печали, уныния, лености, очень полезно совершать молитву Иисусову гласно: на гласную молитву Иисусову душа мало-помалу возбуждается от тяжкого нравственного сна, в который обычно ввергают ее печаль и уныние. Очень полезно совершать молитву Иисусову гласно при усиленном нашествии помыслов и мечтаний плотского вожделения и гнева, когда от действия их разгорячится и закипит кровь, отымутся мир и тишина у сердца, когда ум поколеблется, ослабеет, как бы ниспровергнется и свяжется множеством непотребных помыслов и мечтаний: воздушные князи злобы, присутствие которых не обличается телесными очами, но познается душою по производимому ими действию на нее, услышав грозное для них имя Господа Иисуса, придут в недоумение и замешательство, устрашатся, не замедлят отступить от души. Способ, предлагаемый священноиноком, очень прост и удобен. Его надо соединять с механизмом святого Иоанна Лествичника, то есть, произносить молитву Иисусову гласно, вслух себе одному, не спеша, и заключая ум в слова молитвы; заключение ума в слова молитвы завещавается самим священноиноком[236].

Механизм святого Иоанна Лествичника необходимо соблюдать и при способе, который изложен преподобным Нилом Сорским во 2-м Слове его Предания или Устава Скитского. Преподобный Нил заимствовал способ свой у греческих Отцов, Симеона Нового Богослова и Григория Синаита, и несколько упростил. Святой Нил говорит: «Сказанному этими святыми о удерживании дыхания, то есть, чтоб не часто дышать, и опыт вскоре научит, что это очень полезно к собранию ума». Некоторые, не поняв этого механизма, придают ему излишнее значение, непомерно удерживают дыхание и тем повреждают легкие, вместе причиняя вред душе усвоением ей понятия неправильного. Все разгоряченные и излишне напряженные действия служат препятствием к преуспеянию в молитве, развивающейся единственно на лоне мирного, тихого, благоговейного настроения по душе и телу. «Все неумеренное – от демонов» – говорил Пимен Великий[237].

Начинающему обучаться молитве Иисусовой очень вспомоществует к обучению ей ежедневное келейное правило из известного числа земных и поясных поклонов, соответственно силам. Полагаются поклоны неспешно, с чувством покаяния, и при каждом поклоне произносится молитва Иисусова. Образец этого моления можно видеть в «Слове о Вере» преподобного Симеона Нового Богослова[238]. Описывая ежедневный вечерний молитвенный подвиг блаженного юноши Георгия, святой Симеон говорит: «Он помышлял, что предстоит Самому Господу, и припадает к пречистым ногам Его; он молил Господа со слезами, чтоб Господь умилосердился над ним. Молясь, он стоял неподвижно, подобно некоему столбу, не дозволяя себе никакого движения ни ногами, ни другою какою частью тела, не дозволяя очам любопытно обращаться на стороны: он стоял с великим страхом и трепетом, не допуская себе дремания, уныния и лености». Число поклонов, на первый раз может быть ограничено двенадцатью. Соображаясь с силами, с удобством, доставляемым обстоятельствами, это число может постоянно возрастать. При умножении числа поклонов должно строго наблюдать, чтоб качество молитвенного подвига сохранилось, чтоб нам не увлечься к бесплодному, вредному количеству, по причине плотского разгорячения. От поклонов тело согревается, несколько утомляется: такое состояние тела содействует вниманию и умилению. Остережемся, остережемся, чтоб это состояние не перешло в плотское разгорячение, чуждое духовных ощущений, развивающее ощущение естества падшего. Количество, столько полезное при правильности настроения и цели, может быть очень вредным, когда оно приводит к плотскому разгорячению. Плотское разгорячение познается по плодам своим; ими оно отличается от духовной теплоты. Плоды плотского разгорячения — самомнение, самонадеянность, высокоумие, превозношение, иначе гордость в различных видах ее, к которым удобно прививается прелесть. Плоды духовной теплоты — покаяние, смирение, плач, слезы. Правило с поклонами всего удобнее совершать, отходя ко сну: в это время, по окончании дневных попечений, можно совершать правило продолжительнее и сосредоточеннее. Но и утром, и среди дня полезно, особенно юным, полагать умеренное количество поклонов, — поклонов 12 и до 20-ти. Этими поклонами поддерживается молитвенное настроение и распятие плоти, поддерживается и усиливается усердие к молитвенному подвигу.

Предложенных мною советов, полагаю, достаточно для новоначального, желающего обучиться молитве Иисусовой: «Молитва, — сказал преподобный Мелетий Исповедник, — учителя не требует, но тщания, но рачения и особенного усердия, — и бывает учителем ее Бог»[239]. Святые Отцы, написав много сочинений о молитве, чтобы доставить делателю правильное понятие о ней и верное руководство к упражнению ею, предлагают и поощряют вступить в самый подвиг для получения существенного познания, без которого учение словом, хотя и извлеченное из опытов, мертво, темно, не понятно, как нуждающееся в объяснении и оживлении опытами. Наоборот: тщательно занимающийся молитвою и уже преуспевший в ней, должен часто обращаться к писаниям святых Отцов о молитве, ими поверять и направлять себя, помня, что и великий Павел, хотя имел благовестию своему превысшее всех свидетельств свидетельство Духа, но ходил в Иерусалим, и предложил бывшим там Апостолам благовестие, возвещенное им между язычниками, на рассмотрение, — «да не како вотще теку, или текох» (*Гал.2:2*), — говорит он.

Ученик. Какие книги святых Отцов должен читать желающий заниматься молитвою Иисусовою под руководством Боговдохновенного учения?

Старец. Это зависит от того рода жизни, который проводится подвижником молитвы. Рассмотри сочинения Каллиста и Игнатия Ксанфопулов о безмолвии и молитве, – и увидишь, что оно написано для иноков, пребывающих в затворе или проводящих жизнь отшельническую, подобную жизни иноков Египетского Скита, в котором каждый старец жил в отдельной келлии, имея одного, двух и не более как трех учеников. Проводящих такой род жизни святые Отцы называют безмолвниками[240]. Безмолвник располагает собою и своим временем по собственному усмотрению или по обычаю, заимствованному от его наставников, а иноки, находящиеся в общежитии, обязаны участвовать в общественном богослужении и заниматься монастырскими послушаниями, не имея ни права, ни возможности располагать собою и своим временем своевольно; притом к безмолвию допускаются одни преуспевшие в монашеской жизни, обучившиеся ей предварительно в общежитии, сподобившиеся благодатного осенения: и потому книги святых Отцов, написанные для безмолвников, никак нейдут для новоначальных и вообще для иноков, подвизающихся в монастырях общежительных. Сказанное о книге Ксанфопулов, должно сказать и о книгах Григория Синаита, Исаака Сирского, Нила Сорского, священноинока Дорофея. Занимающийся молитвою, при занятии монастырскими послушаниями, может ознакомиться и с этими книгами, но не для руководства ими, а единственно для знания, наблюдая притом осторожность, чтоб они не повлекли его безвременно в уединение и затвор или к несвойственному подвигу. Часто случается то и другое к величайшему вреду обманутого ревностью безрассудною. Дети и отроки, когда, по неразумию своему и легкомыслию, покусятся поднять тяжесть, превышающую силу их, то надрываются, нередко губят себя окончательно: так и не созревшие в духовном возрасте подвергаются великим бедствиям от духовного подвига, не соответствующего устроению их, нередко впадают в расстройство неисправимое. Сочинения святых Исихия, Филофея и Феолипта, помещенные во второй части Добротолюбия, очень полезны для общежительных и для уединенных иноков. Особенно полезны предисловия схимонаха Василия: в них изложено учение о молитве покаяния, учение столько полезное, столько нужное для нашего времени. Находится много назидательных наставлений о молитве в книге Варсанофия Великого; надо заметить, что в первой половине ее заключаются ответы к безмолвникам, а во второй, с 220-го ответа, к инокам, подвизавшимся в общежитии.

Ученик. Что значит место сердечное, о котором говорят святые Симеон, Новый Богослов, Никифор Монашествующий и другие Отцы?

Старец. Это – словесная сила или дух человека, присутствующий в верхней части сердца, против левого сосца, подобно тому, как ум присутствует в головном мозге. При молитве нужно, чтоб дух соединился с умом и вместе с ним произносил молитву, причем ум действует словами, произносимыми одною мыслию или и с участием голоса, а дух действует чувством умиления или плача. Соединение даруется в свое время Божественною благодатию, а для новоначального достаточно, если дух будет сочувствовать и содействовать уму. При сохранении внимания умом, дух непременно ощутит умиление. «Дух» обыкновенно называется «сердцем», как и вместо слова «ум» употребляется слово «голова». Молись со вниманием, в сокрушении духа, помогая себе вышеисчисленными механизмами: при этом само собою откроется опытное познание места сердечного. О нем удовлетворительно объяснено в предисловиях схимонаха Василия.

Ученик. Мне показалось, что ты отвечал неохотно на вопрос мой о сердечном месте, и, отослав меня к предисловиям схимонаха Василия, этим уклонился от изложения твоих собственных понятий и взглядов. Умоляю тебя, для пользы моей и других, выскажись откровенно на вопрос мой.

Старец. Вопрос твой навел скорбь на мое сердце. Этот вопрос делали мне многие, – и был он часто выражением, которым выражалось состояние самообольщения, состояние душевного повреждения. С трудом исправляется душевное повреждение, произведенное неправильным упражнением в духовных подвигах, – по большей части остается неисправимым. Остается оно неисправимым или по причине гордости повредившихся, или по причине оконченности повреждения. Яд лжи – страшен: с упорством держится он в тех, которые приняли его произвольно; оставляет он смертоносное действие в тех, которые, осознав его, не отвергли его и не извергли из себя с решительным самоотвержением. Зодчие[241] воздушных замков, видя здание свое возвышающимся до небес, любуются и восхищаются этим обольстительным зрелищем: они не любят напоминания евангельской заповеди, возвещающей, что всякому «человеку, зиждущему храмину, подобает ископать, и углубить, и положить основание на камени» (*Лк.6:48*). Камень – Христос. Христос предстоит взорам ума нашего в Евангелии: предстоит Он взорам ума поведением Своим; предстоит взорам ума учением Своим; предстоит взорам ума заповедями Своими; предстоит взорам ума смирением Своим, по причине которого Он «послушлив быв до смерти, смерти же крестныя» (*Флп.2:8*). Тот возлагает на себя тяжкий труд копания земли и углубляется в нее, кто, в противность влечению сердца, нисходит в смирение, кто, отвергая свою волю и свой разум, старается изучить с точностью заповеди Христовы и предание Православной Церкви, с точностью последовать им; тот полагает в основание прочные камни, кто прежде и превыше всех других подвигов заботится о том, чтоб исправить и направить свою нравственность сообразно поведению, учению и завещанию Господа нашего Иисуса Христа. Нет места для истинной молитвы в сердце, не благоустроенном и не настроенном евангельскими заповедями. Напротив того, прелесть насаждена в каждого из нас падением: «по этому состоянию самообольщения, составляющему неотъемлемую принадлежность каждого из нас, обычно уму, – говорит преподобный Григорий Синаит, – особенно в людях легкомысленных, преждевременно стремиться к усвоению себе высоких молитвенных состояний, чем и малое устроение, данное Богом, утрачивается, а делатель поражается мертвостью ко всему доброму. И потому должно тщательно рассматривать себя, чтоб не искать преждевременно того, что приходит в свое время, и чтоб не отвергнуть того, что подается в руки, направившись к исканию другого. Свойственно уму представлять себе мечтанием высокие состояния молитвы, которых он еще не достиг, и «извращать» их в своей мечте или в своем мнении. Очень опасно, чтоб такой делатель не лишился и того, что дано ему, чтоб не подвергся умоповреждению и сумасшествию от действия прелести»[242]. Прелесть в большей или меньшей степени есть необходимое логичное последствие неправильного молитвенного подвига.

Монашеское жительство – наука из наук, Божественная наука. Это относится ко всем монашеским подвигам, – в особенности относится к молитве. В каждой науке имеется свое начало, имеется своя постепенность в преподавании познаний, имеются свои окончательные упражнения: так и в обучении молитве существует свой порядок, своя система. Тщательное последование порядку или, что то же, системе служит в каждой науке ручательством основательного успеха в ней: так и правильное упражнение в молитве служит ручательством преуспеяния в ней, – того преуспеяния, которым благоугодно Богу ущедрить подвижника. Отвержение системы при изучении науки служит источником превратных понятий, источником знания, которое хуже незнания, будучи знанием неправильным, отрицательным: таково и последствие беспорядочного упражнения в молитве. Неизбежное, естественное последствие такого упражнения – прелесть. Самочинное монашество – не монашество. Это – прелесть! Это – карикатура, искажение монашества! Это – насмешка над монашеством! Это – обман самого себя! Это – актерство, очень способное привлечь внимание и похвалы мира, но отвергаемое Богом, чуждое плодов Святаго Духа, обильное плодами, исходящими от сатаны.

Многие, ощутив расположение и усердие к духовному подвигу, приступают к этому подвигу опрометчиво и легкомысленно. Они предаются ему со всею ревностью и разгорячением, со всею безрассудностью, не поняв, что эти ревность и разгорячение – наиболее кровяные и плотские; что они преисполнены нечистоты и примеси, не поняв, что, при изучении науки из наук – молитвы – нужно самое верное руководство, нужны величайшее благоразумие и осторожность. Увы! Скрываются от нас пути Божии, правые; скрываются они от нас по причине слепоты, произведенной и поддерживаемой в нас падением. Избираются нами в руководители преимущественно те наставники, которых мир провозгласил святыми, и которые находятся или в глубине прелести, или в глубине неведения. Избираются в руководители книги, написанные инославными подвижниками, находившимися в ужаснейшей бесовской прелести, в общении с бесами. Избираются в руководители писания святых Отцов православной Церкви, изложивших возвышенный молитвенный подвиг преуспевших иноков, подвиг, недоступный для понимания новоначальных, не только для последования ему, – и плодом духовного подвига чудовищно является душевное расстройство, погибель. «Посеясте пшеницу, а терние пожасте» (*Иер.12:13*), говорит с болезнованием Святой Дух человекам, извращающим добро во зло неправильным употреблением добра. Горестное, точно горестное зрелище! На возвышеннейшем делании ума, на делании, возводящем к Богу того, кто идет по установленным ступеням, стяжавается неправильным действованием омрачение и растление ума, умоповреждение, умопомешательство, порабощение демонам, погибель. Такое зрелище, зрелище, которое нередко представлялось взорам моим, послужило причиною скорби для сердца моего при вопросе твоем. Не хотелось бы мне слышать его ни от тебя, ни от кого другого из новоначальных. «Не полезно тебе, – сказали Отцы, – узнать последующее прежде, нежели стяжешь опытное знание предшествовавшего»[243]. Такое любопытство – признак праздности и кичащегося разума[244]. Указал же я на предисловия схимонаха Василия, как на сочинение истинного делателя молитвы, особенно полезное для современности. Сочинение это наставляет непогрешительному пониманию Отеческих писаний о молитвенном подвиге, писаний, составленных для преуспевших монахов, преимущественно для безмолвников.

Чтоб исполнить твое желание, повторю, лишь иными словами, уже сказанное мною. Упражнение молитвою Иисусовою имеет два главнейших подразделения или периода, оканчивающихся чистою молитвою, которая увенчивается бесстрастием или христианским совершенством в тех подвижниках, которым Богу благоугодно дать его. Святой Исаак Сирский говорит: «Не многие сподобились чистой молитвы, но малые: достигший же к таинству, совершающемуся после нее, и перешедший на другой берег (Иордана) едва встречается один из поколения в поколение, по «благодати и благоволению» Божиим»[245]. В первом периоде предоставляется молящемуся молиться при одном собственном усилии; благодать Божия несомненно содействует молящемуся благонамеренно, но она не обнаруживает своего присутствия. В это время страсти, сокровенные в сердце, приходят в движение и возводят делателя молитвы к мученическому подвигу, в котором побеждения и победы непрестанно сменяют друг друга[246], в котором свободное произволение человека и немощь его выражаются с ясностью[247]. Во втором периоде благодать Божия являет ощутительно свое присутствие и действие, соединяя ум с сердцем, доставляя возможность молиться непарительно или, что то же, без развлечения, с сердечным плачем и теплотою; при этом греховные помыслы утрачивают насильственную власть над умом. На эти два состояния указывают святые Отцы. Из них преподобный Нил Сорский, ссылаясь на преподобного Григория Синаита, говорит: «Когда придет действие молитвы, тогда оно удерживает ум при себе, увеселяет его и освобождает от парения»[248]. Для не стяжавших благодатного действия, преподобный признает удержание ума от рассеянности и внимательную молитву подвигом самым трудным, тяжким, неудобным[249]. Чтоб достичь второго состояния, необходимо пройти сквозь первое, необходимо выказать и доказать основательность своего произволения, и «принести плод в терпении» (*Лк.8:15*). Первое состояние молящегося можно уподобить обнаженным древам во время зимы; второе – тем же древам, покрывшимся листьями и цветами от действия теплоты весенней. Силу для произведения листьев и цветов деревья накопляют во время зимы, когда состояние их имеет весь образ состояния страдательного, состояния под областию смерти. Не дозволим себе искушать Господа! Не дозволим себе приступать к Нему легкомысленно, с бесстрашием, с двоедушием, с настроением сумнящейся пытливости, за которую возбраняется вход в землю обетованную (*Евр.3:8–11, 18–19*). Приступим как погибшие, как существенно нуждающиеся во спасении, которое даруется Богом за истинное покаяние. Душою и целью молитвы в том и другом состоянии должно быть покаяние. За покаяние, приносимое при одном собственном усилии, Бог дарует, в свое время, покаяние благодатное, – и «Дух Святой», вселившись в человека, «ходатайствует» о нем «воздыхании неизглаголанными»: Он «ходатайствует о святых» сообразно воле Божией, которую ведает один Он (*Рим.8:26–27*).

Из этого явствует со всею очевидностью, что для новоначального искание места сердечного, то есть искание открыть в себе безвременно и преждевременно явственное действие благодати, есть начинание самое ошибочное, извращающее порядок, систему науки. Такое начинание – начинание гордостное, безумное! Столько же не соответствует новоначальному употребление механизмов, предложенных святыми Отцами для преуспевших иноков, для безмолвников. Новоначальные должны держаться при упражнении молитвою одного благоговейнейшего внимания, одного заключения ума в слова молитвы, произнося слова очень неспешно, чтоб ум успевал заключаться в них, и производя дыхание тихо, но свободно. Некоторые подумали, что в самом производстве дыхания заключается нечто особенно важное, и, не поняв, что неспешное и тихое дыхание заповедано Отцами для удержания ума от рассеянности, начали чрезмерно удерживать дыхание и этим расстроили телесное здравие, столько способствующее в молитвенном подвиге. «Удерживай, – говорит преподобный Григорий Синаит, – и дыхание, то есть, движение ума, смежив несколько уста при совершении молитвы, а не дыхание ноздрей, то есть, чувственное, как это делают невежи, чтоб не повредить себя, надымаясь»[250]. Не только в процессе дыхания, но и во всех движениях тела должно наблюдать спокойствие, тихость и скромность. Все это очень способствует к удержанию ума от рассеянности. Ум, молящийся внимательно, непременно привлечет сердце в сочувствие себе, в чувство покаяния. Между сочувствием сердца уму и соединением ума с сердцем или схождением ума в сердце – величайшее различие. Святой Иоанн Лествичник признает значительным преуспеянием в молитве то, когда ум будет пребывать в словах ее[251]. Этот великий наставник иноков утверждает, что молитва молящегося постоянно и усердно, при заключении ума в слова молитвы, из чувства покаяния и плача, непременно осенится Божественною благодатию[252]. Когда молитва осенится Божественною благодатию, тогда не только откроется сердечное место, но и вся душа повлечется к Богу непостижимою духовною силою, увлекая с собою и тело. Молитва преуспевших в ней произносится из всего существа. Весь человек делается как бы одними устами. Не только «сердце» обновленного человека, не только «душа», но и «плоть» исполняется духовного утешения и услаждения, радости о «Бозе живе» (*Пс.83:3*), о Боге, действующем ощутительно и могущественно благодатию Своею. «Вся кости» истинного молитвенника «рекут: Господи, Господи, кто подобен Тебе? избавляяй нища из руки крепльших его, и нища, и убога от расхищающих» его молитву и надежду: от помыслов и ощущений, возникающих из падшего естества и возбуждаемых демонами (*Пс. 34:10*). К преуспеянию в молитве покаяния должны стремиться все христиане; к упражнению в молитве покаяния и к преуспеянию в ней святые Отцы приглашают всех христиан. Напротив того, они строго воспрещают преждевременное усилие взойти умом в святилище сердца для благодатной молитвы, когда эта молитва еще не дана Богом. Воспрещение сопрягается со страшною угрозою. «Умная молитва, – говорит преподобный Нил Сорский, повторяя слова преподобного Григория Синаита, – выше всех деланий, и добродетелей глава, как любовь Божия. Бесстыдно и дерзостно хотящий войти к Богу, и чисто беседовать с Ним, нудящийся стяжать Его в себе, удобно умерщвляется бесами»[253].

Умоляю, умоляю обратить все должное внимание на грозное воспрещение Отцов. Мне известно, что некоторые благонамеренные люди, но впадающие в блуд на самом деле, не могущие, по несчастной привычке, воздержаться от падений, покушаются на упражнение в сердечной молитве. Может ли быть что-либо безрассуднее, невежественнее, дерзостнее этого начинания? Молитва покаяния дана всем без исключения, дана и обладаемым страстями, и подвергающимся насильственно падениям. Они имеют все право вопить ко Господу о спасении; но вход в сердце для молитвенного священнодействия возбранен для них: он предоставлен исключительно архиерею таинственному, хиротонисанному законно Божественною благодатию. Поймите, поймите, что единственно перстом Божиим отверзается этот вход; отверзается он тогда, когда человек не только престанет от деятельного греха, но и получит от десницы Божией силу противиться страстным помыслам, не увлекаться и не услаждаться ими. Мало-помалу зиждется сердечная чистота: чистоте «постепенно» и «духовно» является Бог. Постепенно! Потому что и страсти умаляются и добродетели возрастают не вдруг, то и другое требует значительного времени.

Вот тебе завет мой: не ищи места сердечного. Не усиливайся тщетно объяснить себе, что значит место сердечное: удовлетворительно объясняется это одним опытом. Если Богу угодно дать тебе познание, то Он даст в свое время, – и даст таким способом, какого даже не может представить себе плотский человек. Занимайся исключительно и со всею тщательностью молитвою покаяния; старайся молитвою принести покаяние: удостоверишься в успехе подвига, когда ощутишь в себе нищету духа, умиление, плач. Такого преуспеяния в молитве желаю и себе и тебе. Достижение вышеестественных благодатных состояний было всегда редкостью. Пимен Великий, инок Египетского Скита, знаменитого по высокому преуспеянию его монахов, живший в 5-м веке, в котором особенно процветало монашество, говаривал: «О совершенстве беседуют между нами многие, а действительно достигли совершенства один или два»[254]. Святой Иоанн Лествичник, аскетический писатель 6-го века, свидетельствует, что в его время очень умалились сосуды Божественной благодати в сравнении с предшествовавшим временем, причину этого святой видит в изменении духа в обществе человеческом, утратившем простоту и заразившемся лукавством[255]. Святой Григорий Синаит, писатель 14-го века, решился сказать, что в его время вовсе нет благодатных мужей, так сделались они редки; причину этого Синаит указывает в необыкновенном развитии пороков, происшедшем от умножившихся соблазнов[256]. Тем более в наше время делателю молитвы необходимо наблюдать величайшую осторожность. Боговдохновенных наставников нет у нас! целомудрие, простота, евангельская любовь удалились с лица земли. Соблазны и пороки умножились до бесконечности! Развратом объят мир! Господствует над обществом человеческим, как полновластный тиран, любовь преступная в разнообразных формах! Довольно, предовольно, если сподобимся принести Богу единое, существенно нужное для спасения нашего делание – покаяние.

Ученик. Удобна ли для обучения молитве Иисусовой жизнь в монастыре, посреди более или менее многочисленного братства и молвы, неизбежной в многолюдстве? не удобнее ли для этого жизнь в безмолвии?

Старец. Жизнь в монастыре, особенно в общежительном, способствует новоначальному к успешному и прочному обучению молитве, если только он жительствует правильно. Жительствующему правильно в общежитии представляются непрестанно случаи к послушанию и смирению, а эти добродетели, более всех других, приготовляют и настраивают душу к истинной молитве. «От послушания – смирение» – сказали Отцы[257]. Смирение рождается от послушания и поддерживается послушанием, как поддерживается горение светильника подливаемым елеем. Смирением вводится в душу «мир Божий» (*Флп.4:7*). Мир Божий есть духовное место Божие (*Пс.75:3*), духовное небо; вошедшие в это небо человеки соделываются равноангельными и, подобно Ангелам, непрестанно поют в сердцах своих духовную песнь Богу (*Еф.5:19*), то есть, приносят чистую, святую молитву, которая в преуспевших есть точно песнь и песнь песней. По этой причине послушание, которым доставляется бесценное сокровище смирения, признано единодушно Отцами[258] за основную монашескую добродетель, за дверь, вводящую законно и правильно в умную и сердечную молитву, или, что то же, в истинное священное безмолвие. Святой Симеон, Новый Богослов, говорит о внимательной молитве: «Как я думаю, это благо проистекает нам от послушания. Послушание, являемое духовному отцу, соделывает всякого беспопечительным. Таковой какою привременною вещью может быть побежден или порабощен? Какую печаль и какое попечение может иметь такой человек?»[259]. Попечения и пристрастия, отвлекая постоянно мысль к себе, служат причиною развлечения при молитве; гордость служит причиною сердечного ожесточения; гнев и памятозлобие, основывающиеся на гордости, служат причиною сердечного смущения. Послушание служит начальною причиною, уничтожающею рассеянность, от которой молитва бывает бесплодною; оно служит причиною смирения, смирение уничтожает ожесточение, при котором молитва мертва; прогоняет смущение, при котором молитва непотребна, помазует сердце умилением, от которого молитва оживает, окрыляется, возлетает к Богу. Следовательно, послушание не только действует против рассеянности, но и охраняет сердце от ожесточения и смущения, содержит его постоянно кротким, благим, постоянно способным к умилению, постоянно готовым излиться пред Богом в молитве и плаче, столько искренних, что они по всей справедливости могут назваться и «исповеданием»[260] души пред Богом и духовным «явлением» Бога душе[261]. Если инок будет вести себя в монастыре подобно страннику, не заводя знакомства вне и внутри монастыря, не ходя по братским келлиям и не принимая братию в свою келлию, не заводя в келлии никаких излишеств, не исполняя своих пожеланий, трудясь в монастырских послушаниях со смирением и добросовестностью, прибегая часто к исповеди согрешений, повинуясь настоятелю и прочим властям монастырским безропотно, в простоте сердца, то, без сомнения, преуспеет в молитве Иисусовой, то есть, получит дар заниматься ею внимательно и проливать при ней слезы покаяния. «Видел я, – говорит святой Иоанн Лествичник, – преуспевших в послушании и не нерадевших по возможности о памяти Божией[262], действуемой умом, как они, внезапно встав на молитву, вскоре преодолевали ум свой и изливали слезы потоками: совершалось это с ними потому, что они были предуготовлены преподобным послушанием»[263]. Святой Симеон, Новый Богослов, преподобный *Никита Стифат* и многие другие Отцы обучились молитве Иисусовой и занимались ею в обителях, находившихся в столице Восточной Империи, в обширном и многолюдном Константинополе. Святейший патриарх Фотий обучился ей уже в сане патриарха при многочисленных других занятиях, соединенных с этим саном. Святейший патриарх Каллист обучился, проходя послушание повара в лавре преподобного *Афанасия Афонского* на Афонской горе[264]. Преподобные *Дорофей*[265] и *Досифей*[266] обучались ей в общежитии святого Серида, первый неся послушание начальника больницы, второй – прислужника в ней. В общежитии Александрийском, которое описывает святой Иоанн Лествичник, все братия упражнялись в умной молитве[267]. Этот святой, равно как и Варсанофий Великий, заповедует боримым блудною страстью особенно усиленное моление именем Господа Иисуса[268]. Блаженный старец, Серафим Саровский, свидетельствовал, наставленный собственным опытом, что молитва Иисусова есть бич против плоти и плотских похотений[269]. Увядает пламень этих похотений от действия ее. Когда она воздействует в человеке, тогда, от действия ее, плотские похотения утрачивают свободу в действовании своем. Так хищный зверь, посаженный на цепь, сохраняя способность умерщвлять и пожирать человеков и животных, теряет возможность действовать соответственно способности.

Святые Симеон и Андрей, юродивые ради Христа, находились в особеннейшем молитвенном преуспеянии, будучи возведены в него своим полным самоотвержением и глубочайшим смирением. Ничто не доставляет такого свободного доступа к Богу, как решительное самоотвержение, попрание своей гордости, своего «я». Обильное действие сердечной молитвы святого Андрея описано сотаинником его, Никифором, иереем великой церкви царственного Константинополя. Действие это, по особенности своей, достойно быть замеченным. «Он, – говорит Никифор, – приял такой дар молитвы в тайном храме сердца своего, что шепот уст его звенел далеко. Как котел воды, приведенный в движение безмерным кипением, издает из себя пар: так и у него выходил пар из уст от действия Святого Духа. Одни из видевших его говорили, что в нем живет демон, и потому выходит из него пар; другие говорили: нет! сердце его, мучимое неприязненным духом, производит такое дыхание. Ни то, ни другое мнение не было справедливым: в этом явлении отражалась непрестанная, богоприятная молитва, – и незнакомые с духовным подвигом составили о великом Андрее понятие, подобное тому, какое составлено было некогда при внезапно открывшемся даре знания иностранных языков»[270]. Очевидно, что угодник Божий производил молитву из всего существа своего, соединяя умную и сердечную молитву с гласною. Когда святой Андрей был восхищен в рай, то, как поведал он иерею, обильная благодать Божия, наполняющая рай, произвела в нем то духовное действие, которое обыкновенно производится умною молитвой в преуспевших: она привела в соединение ум его и сердце, причем человек приходит в состояние духовного упоения и некоторого самозабвения[271]. Это упоение и самозабвение есть вместе ощущение новой жизни. Святой Симеон говорил сотаиннику своему, диакону Иоанну, что посреди самых сильных соблазнов ум его пребывает всецело устремленным к Богу, – и соблазны остаются без обычного действия своего[272]. В тех, которые сподобились благодатного осенения, постоянно восхищается душа из среды греховных и суетных помыслов и ощущений умною молитвой, как бы таинственною невидимою рукою, и возносится горе: действие греха и мира остается бессильным и бесплодным[273].

Во дни новоначалия моего, некоторый старец, в искренней беседе, поведал мне: «В мирской жизни, по простоте прошедших времен и господствовавшему тогда благочестивому направлению, узнал я о молитве Иисусовой, занимался ею, и ощущал по временам необыкновенное изменение в себе и утешение. Вступив в монастырь, я продолжал заниматься ею, руководствуясь чтением Отеческих книг и наставлениями некоторых иноков, которые, казалось, имели понятие о ней. У них я видел и низменный стулец, упоминаемый преподобным Григорием Синаитом, сделанный наподобие тех стульцев, которые употреблялись в Молдавии. В конце прошедшего столетия и начале нынешнего процветало умное делание в разных обителях Молдавии, особенно в Нямецком монастыре. Сначала был я в послушании трапезного; занимаясь послушанием, занимался и молитвою, соединяя ее с содействующими ей смиренномудрыми помышлениями, по наставлению Отцов[274]. Однажды ставил я блюдо с пищею на последний стол, за которым сидели послушники, и мыслию говорил: примите от меня, рабы Божии, это убогое служение. Внезапно в грудь мою впало такое утешение, что я даже пошатнулся; утешение продолжалось многие дни, около месяца. Другой раз случилось зайти в просфорню; не знаю с чего, по какому-то влечению, я поклонился братиям, трудившимся в просфорне, очень низко, – и, внезапно, так воздействовала во мне молитва, что я поспешил уйти в келлию, и лег на постель по причине слабости, произведенной во всем теле молитвенным действием»[275].

В описании кончины святителя *Димитрия Ростовского* повествуется, что он найден почившим на молитве. За несколько часов до кончины был у него любимый его певчий; прощаясь с певчим, Святитель поклонился ему едва не до земли. Из одного сердечного настроения истекли смирение и молитва. Иноческое общежитие, как уже сказано мною, служит величайшим пособием для обучения молитве Иисусовой в первых степенях ее, доставляя новоначальному непрестанные случаи к смирению. Удобно может испытать над собою, скоро может увидеть каждый инок действие послушания и смирения на молитву. Ежедневное исповедание духовному отцу или старцу своих помыслов, отречение от деятельности по своему разуму и по своей воле начнет в непродолжительном времени действовать против рассеянности, уничтожать ее, удерживать ум в словах молитвы. Смирение пред старцем и пред всеми братиями немедленно начнет приводить сердце в умиление и содержать в умилении. Напротив того, от деятельности по своей воле и по своему разуму немедленно явится попечительность о себе, предстанут уму различные соображения, предположения, опасения, мечты, уничтожат внимательную молитву. Оставление смирения для сохранения своего достоинства по отношению к ближнему, отымет у сердца умиление, ожесточит сердце, убьет молитву, лишив ее существенных свойств ее, внимания и умиления. Каждый поступок против смирения есть наветник и губитель молитвы. На послушании и смирении да зиждется молитва! Эти добродетели – единственно прочное основание молитвенного подвига.

Безмолвие полезно для преуспевших, понявших внутреннюю брань, окрепших в евангельской нравственности основательным навыком к ней, отвергнувших пристрастия[276]: все это должно стяжать предварительно в общежитии. Вступившим в безмолвие без предварительного, удовлетворительного обучения в монастыре, безмолвие приносит величайший вред: лишает преуспеяния, усиливает страсти[277], бывает причиною высокоумия[278], самообольщения и бесовской прелести[279]. «Неопытных» – необученных опытно тайнам монашеского жительства – «безмолвие губит»[280], – сказал святой Иоанн Лествичник. «К истинному безмолвию, – замечает этот же святой, – способны редкие: те, которые стяжали Божественное утешение в поощрение к трудам и Божественное содействие в помощь при бранях»[281].

Ученик. Ты сказал прежде, что неочищенный от страстей не способен ко вкушению Божественной благодати, а теперь упомянул о молитвенном благодатном утешении в мирянине и новоначальном послушнике. Здесь представляется мне противоречие.

Старец. Научаемые Священным Писанием и писаниями святых Отцов, мы веруем и исповедуем, что Божественная благодать действует как прежде, так и ныне в Православной Церкви, несмотря на то, что обретает мало сосудов, достойных ее. Она осеняет тех подвижников Божиих, которых ей благоугодно осенить. Утверждающие, что ныне невозможно христианину сделаться причастником Святого Духа, противоречат Священному Писанию, и причиняют душам своим величайший вред, как об этом прекрасно рассуждает преподобный Макарий Великий[282]. Они, не предполагая в христианстве никакой особенно высокой цели, не ведая о ней, не стараются, даже нисколько не помышляют о достижении ее; довольствуясь наружным исполнением некоторых добродетелей, лишают сами себя христианского совершенства. Что хуже всего, – они, удовлетворясь своим состоянием и признавая себя, по причине своего наружного поведения, восшедшими на верх духовного жительства, не только не могут иметь смирения, нищеты духовной и сердечного сокрушения, но и впадают в самомнение, в превозношение, в самообольщение, в прелесть, уже нисколько не заботятся об истинном преуспеянии. Напротив того, уверовавшие существованию христианского совершенства, устремляются к нему всеусердно, вступают в неослабный подвиг для достижения его. Понятие о христианском совершенстве охраняет их от гордости: в недоумении и плаче предстоят они молитвою пред заключенным входом в этот духовный чертог. Введенные Евангелием в правильное самовоззрение, смиренно, уничиженно думают они о себе: признают себя рабами непотребными, не исполнившими назначения, приобретенного и предначертанного Искупителем для искупленных Им человеков[283]. Отвержение жительства по заповедям Евангелия и по учению святых Отцов – жительство самовольное, основанное на собственном умствовании, хотя бы и очень подвижное или очень благовидное – имеет самое вредное влияние на правильное понимание христианства, даже на догматическую Веру (*1Тим.1:19*). Это доказано со всею ясностью характером тех нелепых заблуждений и того разврата, в которые вринулись все отступники, все еретики и раскольники.

Вместе с этим, опять основываясь на Божественном Писании и на писаниях Отеческих, мы утверждаем, что ум и сердце, не очищенные от страстей покаянием, не способны соделаться причастниками Божественной благодати, – утверждаем, что сочиняющие для себя благодатные видения и благодатные ощущения, ими льстящие себе и обманывающие себя, впадают в самообольщение и бесовскую прелесть. Несомненно веруя существованию благодатного действия, столько же несомненно мы должны веровать недостоинству и неспособности человека, в его состоянии страстном, к принятию Божией благодати. По причине этого сугубого убеждения погрузимся всецело, бескорыстно, в делание покаяния, предав и вручив себя всесовершенно воле и благости Божией. «Нет неправды у Бога, – наставляет преподобный Макарий Великий, – Бог не оставит неисполненным того, что Он предоставил исполнять Себе, когда исполним то, что мы обязаны исполнить»[284]. Монах не должен сомневаться о получении дара Божественной благодати, – говорит святой Исаак Сирский, – как сын не сомневается в получении наследства от отца. Наследство принадлежит сыну по закону естества. Вместе с этим святой Исаак называет прошение в молитве о ниспослании явного действия благодати начинанием, заслуживающим порицания, прошением, внушенным гордынею и превозношением; он признает желание и искание благодати настроением души неправильным, отверженным Церковью Божиею, душевным недугом. Усвоивших себе такое желание он признает усвоившими гордыню и падение, то есть, самообольщение и демонскую прелесть. Хотя самая цель монашества и есть обновление Святым Духом принявшего монашество, но святой Исаак предлагает идти к этой цели покаянием и смирением, стяжать плач о себе и молитву мытаря, столько раскрыть в себе греховность, чтоб совесть наша свидетельствовала нам, что мы – рабы непотребные, и нуждаемся в милости. «Божие, – говорит святой, – приходит само собою, в то время, как мы и не помышляем о нем. Ей так! но если место чисто, а не оскверненно»[285].

Что ж касается до упомянутого новоначального, то из самых приведенных случаев с ним видно, что он вовсе не ожидал такого молитвенного действия, какое в нем внезапно открылось, даже не понимал, что оно существует. Это – строение промысла Божия, постижение которого нам недоступно. Тот же святой Исаак говорит: «Чин (порядок) особенного смотрения (промысла, суда Божия) отличается от общего человеческого чина. Ты следуй общему чину, и путем, по которому прошли все человеки, по последованию преемничества, взойди на высоту духовного пирга (башни)»[286].

Ученик. Мне привелось узнать, что некоторые старцы, весьма преуспевшие в молитве Иисусовой, преподавали новоначальным прямо молитву умную, даже сердечную.

Старец. Знаю это. Такие частные случаи не должно принимать за общее правило, или основываясь на них, пренебрегать преданием Церкви, то есть, тем учением святых Отцов, которое Церковь приняла в общее руководство. К отступлению от общего правила приведены были упомянутые тобою преуспевшие старцы или по замеченной ими особенной способности новоначальных к упражнению в умной молитве, или по собственной неспособности быть удовлетворительными руководителями других, несмотря на свое молитвенное преуспеяние. И последнее случается! В Египетском Ските некоторый новоначальный монах просил наставления по одному из случаев иноческого подвижничества у аввы Ивистиона, старца очень возвышенной жизни. Получив наставление, новоначальный нашел нужным поверить наставление советом с преподобным Пименом Великим. Великий устранил наставление аввы Ивистиона, как слишком возвышенное, невыносимое для новоначального и страстного, преподал монаху способ более удобный и доступный, произнесши при этом следующее, достойное внимания изречение: «Авва Ивистион и делание его на небе, с Ангелами: утаилось от него, что мы с тобою на земле и в страстях»[287]. Очень верно замечает преподобный Григорий Синаит, что находящиеся в молитвенном преуспеянии обучают молитве других сообразно тому, как сами достигли в ней преуспеяния[288]. Из опытов я мог убедиться, что получившие благодатную молитву, по особенному смотрению Божию, скоро и не общим путем, поспешают, соответственно совершившемуся с ними, сообщать новоначальным такие сведения о молитве, которые новоначальными никак не могут быть поняты правильно, понимаются ими превратно, и повреждают их. Напротив того, получившие дар молитвы после продолжительной борьбы со страстями, при очищении себя покаянием и при образовании нравственности евангельскими заповедями, преподают молитву с большою осмотрительностью, постепенностью, правильностью. Монахи Молдавского Нямецкого монастыря передавали мне, что знаменитый старец их, архимандрит Паисий Величковский, получивший сердечную благодатную молитву по особенному смотрению Божию, а не общим порядком, по этой самой причине не доверял себе преподавание ее братиям: он поручал это преподавание другим старцам, стяжавшим дар молитвы общим порядком. Святой Макарий Великий говорит, что по неизреченной благости Божией, снисходящей немощи человеческой, встречаются души, соделавшиеся причастницами Божественной благодати, преисполненные небесного утешения и наслаждающиеся действием в них Святого Духа, — вместе с тем, по недостатку деятельной опытности, пребывающие как бы в детстве, в состоянии очень неудовлетворительном в отношении к тому состоянию, которое требуется и доставляется истинным подвижничеством[289]. Мне пришлось видеть такое дитя-старца, осененного обильно Божественною благодатью. С ним познакомилась дама цветущих лет и здоровья, громкого имени, жизни вполне светской, и, получив уважение к старцу, сделала ему некоторые услуги. Старец, движимый чувством благодарности, желая вознаградить великим душеназиданием послугу вещественную и не поняв, что этой даме прежде всего нужно было оставить чтение романов и жизнь по романам, преподал ей упражнение молитвою Иисусовою, умною и сердечною, с пособием тех механизмов, которые предлагаются святыми Отцами для безмолвников и описаны в 1-й и 2-й частях Добротолюбия. Дама послушалась святого старца, пришла в затруднительнейшее положение и могла бы повредить себя окончательно, если б другие не догадались, что дитя-старец дал ей какое-нибудь несообразнейшее наставление, не извлекли у ней признания и не отклонили ее от последования наставлению.

Упомянутому здесь старцу говаривал некоторый, близко знакомый ему инок: «Отец! твое душевное устроение подобно двухэтажному дому, которого верхний этаж отделан отлично, а нижний стоит вчерне, отчего доступ и в верхний этаж очень затруднителен». В монастырях употребляется о таких преуспевших старцах изречение «свят, но не искусен», и наблюдается осторожность в совещаниях с ними, в совещаниях, которые иногда могут быть очень полезными. Осторожность заключается в том, чтоб не вверяться поспешно и легкомысленно наставлениям таких старцев, чтоб поверять их наставления Священным Писанием и писаниями Отцов[290], также беседою с другими преуспевшими и благонамеренными иноками, если окажется возможность найти их. Блажен новоначальный, нашедший в наше время благонадежного советника! «Знай, – восклицает преподобный Симеон, Новый Богослов, – что в наши времена появилось много лжеучителей и обманщиков!»[291] Таково было положение христианства и монашества за восемь столетий до нас. Что ж сказать о современном положении? едва ли не то, что сказал преподобный Ефрем Сирский о положении тех, которые займутся исканием живого слова Божия во времена последние. «Они будут, – пророчествует Преподобный, – проходить землю от востока к западу и от севера к югу, ища такого слова, – и не найдут его»[292]. Как истомленным взорам заблудившихся в степях представляются высокие дома и длинные улицы, чем заблудившиеся вовлекаются еще в большее, неисходное заблуждение: так и ищущим живого слова Божия в нынешней нравственной пустыне представляются во множестве великолепные призраки слова и учения Божия, воздвигнутые из душевного разума, из недостаточного и ложного знания буквы, из настроения духов отверженных, миродержителей. Призраки эти, льстиво являясь духовным эдемом, преизобилующим пищею, светом, жизнью, отвлекают обманчивым явлением своим душу от истинной пищи, от истинного света, от истинной жизни, вводят несчастную душу в непроницаемый мрак, изнуряют голодом, отравляют ложью, убивают вечною смертью.

Преподобный Кассиан Римлянин повествует, что в современных ему Египетских монастырях, в которых особенно процветало монашество и соблюдались с особенною тщательностью и точностью предания духоносных Отцов, никак не допускали того инока, который не обучился монашеству правильно, в послушании, к обязанности наставника и настоятеля, хотя бы этот инок и был весьма возвышенной жизни, даже украшенный дарами благодати. Египетские Отцы признавали дар руководить братий ко спасению величайшим даром Святаго Духа. Не обученный науке монашества правильно, утверждали они, не может и преподавать ее правильно[293]. Некоторые были восхищены Божественною благодатию из страны страстей и перенесены в страну бесстрастия, – этим избавлены от тяжкого труда и бедствий, испытываемых всеми, проплывающими бурное, обширное, глубокое море, которым отделяется страна от страны. Они могут поведать подробно и верно о стране бесстрастия, но не могут дать должного отчета о плавании чрез море, о том плавании, которое не изведано ими на опыте. Великий наставник монашествующих святой Исаак Сирский, объяснив, что иные, по особенному смотрению Божию, скоро получают Божественную благодать и освящение, решился присовокупить, что, по мнению его, тот, кто не образовал себя исполнением заповедей и не шествовал по пути, по которому прошли Апостолы, «недостоин называться святым»[294]. «Кто же победил страсти при посредстве исполнения заповедей и многотрудного жительства в благом подвиге, тот да ведает, что он стяжал здравие души законно»[295]. «Порядок предания таков: терпение с понуждением себя борется против страстей для приобретения чистоты. Если страсти будут побеждены, то душа стяжавает чистоту. Истинная чистота доставляет уму дерзновение во время молитвы»[296]. В послании к преподобному Симеону чудотворцу святой Исаак говорит: «Ты пишешь, что чистота сердца зачалась в тебе и что память Божия» — умная молитва Иисусова — «очень воспламенилась в сердце твоем, разогревает и разжигает его. Если это — истинно, то оно — велико; но я не хотел бы, чтоб ты написал мне это: потому что тут нет никакого порядка»[297]. «Если хочешь, чтоб сердце твое было вместилищем таинств нового века, то прежде обогатись подвигом телесным, постом, бдением, служением братии, послушанием, терпением, низложением помыслов и прочим тому подобным. Привяжи ум твой к чтению и изучению Писаний; изобрази заповеди пред очами твоими, и отдай долг страстям, побеждаясь и побеждая; приучайся к непрестанным молитве и молению, и постоянным упражнением в них исторгни из сердца всякий образ и всякое подобие, которыми грех запечатлел тебя в прежней жизни твоей»[298]. «Ты знаешь, что зло взошло в нас при посредстве преступления заповедей: из этого явствует, что здравие возвращается исполнением заповедей. Без делания заповедей нам даже не должно желать очищения души или надеяться на получение его, когда не ходим по тому пути, который ведет к очищению души. Не скажи, что Бог может и без делания заповедей, благодатью даровать очищение души: это — судьбы Божии, и Церковь воспрещает просить, чтоб совершилось с нами такое чудо. Иудеи, возвращаясь из Вавилона во Иерусалим, шли обыкновенным путем и в течение определенного на такой путь времени; совершив путешествие, они достигли святого града своего, и увидели чудеса Господа. Но пророк Иезекииль сверхъестественно восхищен был действием духовным, поставлен во Иерусалим, и по Божественному откровению соделался зрителем будущего обновления. По образу этого совершается и относительно чистоты души. Некоторые входят в чистоту души путем, проложенным для всех, путем законным: хранением заповедей в жительстве многотрудном, проливая кровь свою. Иные же сподобляются чистоты по дару благодати. Дивно то, что не дозволено испрашивать молитвою даруемое нам благодатию, оставя деятельное жительство по заповедям»[299]. «Немощному, нуждающемуся быть вскормленным млеком заповедей, полезно жительство со многими, чтоб он и обучился и был обуздан, чтоб был заушен многими искушениями, падал и восставал, и стяжал здравие души. Нет такого младенца, который не был бы вскормлен молоком, – и не может быть истинным монахом тот, кто не воспитан млеком заповедей, исполняя их с усилием, побеждая страсти, и таким образом сподобляясь чистоты»[300].

Можно и новоначальному и юному преподать умную и сердечную молитву, если он к ней способен и подготовлен. Такие личности были очень редки и в прежние времена, предшествовавшие времени общего растления нравов. Я был свидетелем, что старец, стяжавший благодатную молитву и духовное рассуждение, преподал советы об умной и сердечной молитве некоторому новоначальному, сохранившему девство, предуготовленному с детства к принятию таинственного учения о молитве изучением христианства и монашества, ощутившему уже в себе действие молитвы. Старец объяснил возбуждение молитвенного действия в юноше его девственностью. Совсем другому правилу подлежат и молодые люди, и люди зрелых лет, проводившие до вступления в монастырь жизнь рассеянную, при скудных, поверхностных понятиях о христианстве, стяжавшие различные пристрастия, особливо растлившие целомудрие блудом. Грех блуда имеет то свойство, что соединяет два тела, хотя и незаконно, в одно тело (*1Кор.6:16*): по этой причине, хотя он прощается немедленно после раскаяния в нем и исповеди его, при непременном условии, чтоб покаявшийся оставил его; но очищение и истрезвление тела и души от блудного греха требует продолжительного времени, чтоб связь и единение, установившиеся между телами, насадившиеся в сердце, заразившие душу, изветшались и уничтожились. Для уничтожения несчастного усвоения Церковь полагает впавшим в блуд и в прелюбодеяние весьма значительные сроки для покаяния, после чего допускает их к причащению всесвятым Телу и Крови Христовым. Точно так для всех, проводивших рассеянную жизнь, для запечатленных различными пристрастиями, особливо для низвергшихся в пропасть блудных падений, для стяжавших навык к ним, нужно время и время, чтоб предочиститься покаянием, чтоб изгладить из себя впечатления мира и соблазнов, чтоб истрезвиться от греха, чтоб образовать нравственность заповедями Евангелия, и таким образом соделать себя способными к благодатной, умной и сердечной молитве. «Каждый да обсуживает душу свою, – говорит преподобный Макарий Великий, – рассматривая и исследуя тщательно, к чему она чувствует привязанность, и если усмотрит, что сердце находится в разногласии с законами Божиими, то да старается всеусильно охранить как тело, так и душу от растления, отвергая общение с нечистыми помыслами, если хочет ввести душу в сожительство и лики чистых дев, по данному обету» – при крещении и при вступлении в иночество – «потому что вселение и хождение Божие обетовано Богом только в душах вполне чистых и утвержденных в правильной любви»[301]. «Рачительный к пашне земледелец сперва обновляет ее и исторгает из нее плевелы, потом уже засевает ее семенами: так и тот, кто ожидает, чтоб душу его засеял Бог семенами благодати, во-первых, должен очистить душевную ниву, чтоб семя, которое впоследствии повергнет на эту ниву Святой Дух, принесло совершенный и многочисленный плод. Если этого не будет сделано прежде всего, и если человек не очистит себя от всякой скверны плоти и духа, то он пребудет плотию и кровию, и далеко отстоящим от жизни в Боге»[302]. «Кто принуждает себя исключительно и всеусильно к молитве, но не трудится о приобретении смирения, любви, кротости и всего сонма прочих добродетелей, не внедряет их в себя насильно, тот может достигнуть только до того, что «иногда», по прошению его, касается его Божественная благодать, потому что Бог по естественной благости Своей человеколюбиво дарует просящим то, чего они хотят. Если же получивший не приобучит себя к прочим добродетелям, упомянутым нами, и не стяжет навыка в них, то или лишается полученной благодати, или, вознесшись, ниспадает в гордость, или оставаясь на низшей степени, на которую взошел, уже не преуспевает более и не растет. Престолом и покоем, так сказать, для Святого Духа служат смирение, любовь, кротость и, последовательно, все святые заповеди Христовы. Итак, кто захотел бы, совокупляя и собирая в себе все добродетели равно и без исключения, тщательным приумножением их достичь совершенства, тот во-первых да насилует себя, как мы уже сказали, и постоянно поборая упорное сердце, да тщится представить его покорным и благоугодным Богу. Употребивший во-первых такое насилие над собою, и все, что ни есть в душе противодействующего Богу возвративший, как бы укрощенного дикого зверя, в покорность повелениям Божиим, в повиновение направлению истинного, святого учения, благоустроивший таким образом свою душу, если будет молиться Богу и просить Бога, чтоб Бог даровал преуспеяние начинаниям его, то получит вкупе все просимое, человеколюбивейший Бог предоставит ему все во всеобилии, чтоб дар молитвы в нем возрос и процвел, будучи услажден Святым Духом»[303]. «Впрочем знай, что во многом труде и в поте лица твоего восприимешь утраченное сокровище твое: потому что беструдное получение блага несообразно с твоею пользою. Полученное без труда ты потерял, и предал врагу наследие твое»[304].

Ученик. Когда я молюсь, то уму моему представляется множество мечтаний и помыслов, не допускающих чисто молиться: не может ли возникнуть из этого прелесть или какой другой вред для меня.

Старец. Множеству помыслов и мечтаний естественно возникать из падшего естества. Даже свойственно молитве открывать в падшем естестве сокровенные признаки падения его и впечатления, произведенные произвольными согрешениями[305]. Также диавол, зная, какое великое благо – молитва, старается во время ее возмутить подвижника греховными, суетными помыслами и мечтаниями, чтоб отвратить его от молитвы или молитву сделать бесплодною[306]. Из среды помыслов, мечтаний и ощущений греховных, из среды этого порабощения и плинфоделания нашего, тем сильнее возопием и будем вопить молитвою ко Господу, подобно израильтянам, «возстенавшим... от дел и возопившим. И взыде, – говорит Писание, – вопль их к Богу от дел. И услыша Бог стенание их» (*Исх.2:23–24*).

Общее правило борьбы с греховными начинаниями заключается в том, чтоб отвергать грех при самом появлении его, убивать таинственных вавилонян, доколе они младенцы (*Пс.136:9*). «Разумно борющийся, – сказал преподобный Нил Сорский, – отражает матерь злого мысленного сонмища, то есть, первое прикосновение лукавых мыслей к уму его. Отразивший это первое прикосновение, разом отразил и все последующее за ним сонмище лукавых мыслей»[307]. Если же грех, по причине предварившего порабощения ему и навыка к нему, насилует нас, то и тогда не должно унывать и приходить в расслабление и отчаяние; должно врачевать невидимые побеждения покаянием, и пребывать в подвиге с твердостью, мужеством, постоянством. Греховные и суетные помыслы, мечтания и ощущения тогда могут несомненно повредить нам, когда мы не боремся с ними, когда услаждаемся ими, и насаждаем их в себя. От произвольного содружества с грехом и от произвольного общения с духами отверженными зарождаются и укрепляются страсти, может вкрасться в душу неприметным образом прелесть. Когда же мы противимся греховным помыслам, мечтам и ощущениям, тогда самая борьба с ними доставит нам преуспеяние и обогатит нас деятельным разумом. Некоторый старец, преуспевший в умной молитве, спросил другого инока, также занимавшегося ею: «Кто обучил тебя молитве?» Инок отвечал: «Демоны». Старец улыбнулся и сказал: «Какой соблазн произнес ты для незнающих дела! однако скажи, каким образом демоны выучили тебя молитве?» Инок отвечал: «Мне попущена была тяжкая и продолжительная брань от лютых помыслов, мечтаний и ощущений, не дававших мне покоя ни днем, ни ночью. Я истомился и исхудал неимоверно от тяжести этого неестественного состояния. Угнетенный натиском духов, я прибегал к молитве Иисусовой. Брань достигла такой степени, что привидения начали мелькать в воздухе пред глазами моими чувственно. Я ощущал постоянно, что горло мое перетянуто как бы веревкой. Потом, при действии самой брани, я начал чувствовать, что молитва усиливается и надежда обновляется в сердце моем. Когда же брань, делаясь легче и легче, наконец совсем утихла, – внезапно появилась молитва в сердце моем сама собою».

Будем молиться постоянно, терпеливо, настойчиво. Бог, в свое время, даст благодатную, чистую молитву тому, кто молится без лености и постоянно своею нечистою молитвою, кто не покидает малодушно молитвенного подвига, когда молитва долго не поддается ему. Образец успеха настойчивой молитвы Иисусовой видим в Евангелии. Когда Господь выходил из Иерихона в сопровождении учеников и народного множества, тогда слепец Вартимей, сидевший при пути и просивший милостыни, узнав, что Господь проходит мимо, начал кричать: «Сыне Давидов, Иисусе, помилуй мя». Ему воспрещали кричать, но он тем более кричал. Последствием неумолкающего крика было исцеление слепца Господом (*Мк.10:46–52*). Так и мы будем вопить, несмотря на восстающие из падшего естества и приносимые диаволом помыслы, мечтания и ощущения греховные, для воспрепятствования нашему молитвенному воплю, – и несомненно получим милость.

Ученик. Какие истинные плоды молитвы Иисусовой, по которым новоначальный мог бы узнать, что он молится правильно?

Старец. Первоначальные плоды молитвы заключаются во внимании и умилении. Эти плоды являются прежде всех других от всякой правильно совершаемой молитвы, преимущественно же от молитвы Иисусовой, упражнение которою превыше псалмопения и прочего молитвословия[308]. От внимания рождается умиление, а от умиления усугубляется внимание. Они усиливаются, рождая друг друга; они доставляют молитве глубину, оживляя постепенно сердце; они доставляют ей чистоту, устраняя рассеянность и мечтательность. Как истинная молитва, так и внимание и умиление суть дары Божии. Как желание стяжать молитву мы доказываем принуждением себя к ней: так и желание стяжать внимание и умиление, доказываем понуждением себя к ним. Далее плодом молитвы бывает постепенно расширяющееся зрение своих согрешений и своей греховности, отчего усиливается умиление и обращается в плач. Плачем называется преизобильное умиление, соединенное с болезнованием сердца сокрушенного и смиренного, действующее из глубины сердца и объемлющее душу. Потом являются ощущения присутствия Божия, живое воспоминание смерти, страх суда и осуждения. Все эти плоды молитвы сопровождаются плачем, и, в свое время, осеняются тонким, святым духовным ощущением страха Божия. Страх Божий невозможно уподобить никакому ощущению плотского, даже душевного человека. Страх Божий – ощущение совершенно новое. Страх Божий – действие Святого Духа. От вкушения этого чудного действия начинают истаявать страсти, – ум и сердце начинают привлекаться к непрерывному упражнению молитвою. По некотором преуспеянии приходит ощущение тишины, смирения, любви к Богу и ближним без различия добрых от злых, терпения скорбей, как попущений и врачеваний Божиих, в которых необходимо нуждается наша греховность. Любовь к Богу и ближним, являющаяся постепенно из страха Божия, вполне духовна, неизъяснимо свята, тонка, смиренна, отличается отличием бесконечным от любви человеческой в обыкновенном состоянии ее, не может быть сравнена ни с какою любовью, движущейся в падшем естестве, как бы ни была эта естественная любовь правильною и священною. Одобряется закон естественный, действующий во времени; но закон вечный, закон духовный настолько выше его, насколько Святой Дух Божий выше духа человеческого. О дальнейших плодах и последствиях моления святейшим именем Господа Иисуса останавливаюсь говорить: пусть блаженный опыт научит им и меня и других. Последствия и плоды эти подробно описаны в Добротолюбии, этом превосходном, Боговдохновенном руководстве к обучению умной молитве для преуспевших иноков, способных вступить в пристанище священного безмолвия и бесстрастия. Признавая и себя, и тебя новоначальными в духовном подвиге, имею преимущественно в виду, при изложении правильных понятий о упражнении молитвою Иисусовою, потребность новоначальных, потребность большинства. «Стяжи плач, – сказали Отцы, – и он научит тебя всему»[309]. Восплачем и будем постоянно плакать пред Богом: Божие не может прийти иначе, как по благоволению Божию, – и приходит оно в характере духовном, в характере новом, в таком характере, о котором мы не можем составить себе никакого понятия в нашем состоянии плотском, душевном, ветхом, страстном[310]

Достойно особенного замечания то мнение о себе, которое насаждается правильною молитвою Иисусовою в делателе ее. Иеромонах Серафим Саровский достиг в ней величайшего преуспеяния. Однажды настоятель прислал к нему монаха, которому благословил начать пустынножитие, с тем, чтоб отец Серафим наставил этого монаха пустынножитию столько, сколько сам знает этот многотрудный образ иноческого жительства. Отец Серафим, приняв инока очень приветливо, отвечал: «И сам я ничего не знаю». При этом он повторил иноку слова Спасителя о смирении (*Мф. 11:29*) и объяснение их святым Иоанном Лествичником чрез действие сердечной молитвы Иисусовой[311]. Рассказывали мне следующее о некотором делателе молитвы. Он был приглашен благотворителями монастыря в губернский город. Посещая их, инок постоянно затруднялся, не находя, что говорить с ними. Однажды был он у весьма благочестивого христолюбца. Этот спросил монаха: «Отчего ныне нет беснующихся?» – «Как нет? – отвечал монах, – их много». – «Да где ж они?» – возразил христолюбец. Монах отвечал: «Во-первых, вот – я». «Полноте! что вы говорите!» – воскликнул хозяин, посмотрев на монаха с дикою улыбкою, в которой выражались и недоумение и ужас. «Будьте уверены..». – хотел было продолжать монах. – «Полноте, полноте!» – прервал хозяин, и начал речь с другими о другом, а монах замолчал. «Слово крестное и самоотвержение юродство есть» (*1Кор.1:18*) для непонимающих действия и силы их. Кто, не знающий молитвенного плача и тех таинств, которые он открывает, поймет слова, исшедшие из глубины плача? Достигший самовоззрения посредством духовного подвига видит себя окованным страстями, видит действующих в себе и собою духов отверженных. Брат вопросил Пимена Великого: «Как должен жительствовать безмолвник?» Великий отвечал: «Я вижу себя подобным человеку, погрязшему в болото по шею, с бременем на шее, и вопию к Богу: помилуй меня»[312]. Этот святой, наученный плачем глубочайшему, непостижимому смиренномудрию, говаривал сожительствовавшим ему братиям: «Поверьте мне: куда ввергнут диавола, туда ввергнут и меня»[313]. Воспоминанием о совершенном иноке, о Пимене Великом, заключим нашу беседу о молитве Иисусовой.

Ученик. Мое сердце жаждет слышания: скажи еще что-нибудь.

Старец. Очень полезно для упражняющегося молитвою иметь в келлии иконы Спасителя и Божией Матери, довольно значительного размера. По временам можно обращаться при молитве к иконам, как бы к самим присутствующим тут Господу и Божией Матери. Ощущение присутствия Божия в келлии может сделаться обычным. При таком постоянном ощущении мы будем пребывать в келлии со страхом Божиим, как бы постоянно под взорами Бога. Точно: мы находимся всегда в присутствии

Бога, потому что Он вездесущ, – находимся всегда под взорами Бога, потому что Он все и всюду видит. Слава всемилосердому Господу, видящему нашу греховность и согрешения, долготерпеливо ожидающему нашего покаяния, даровавшему нам не только дозволение, но и заповедь умолять Его о помиловании.

Воспользуемся неизреченною милостью Божиею к нам! примем ее с величайшим благоговением, с величайшею благодарностью! возделаем ее во спасение наше с величайшим усердием, с величайшею тщательностью! Милость даруется Богом во всем обилии; но принять ее или отвергнуть, принять ее от всей души или с двоедушием, предоставляется на произвол каждого человека. «Чадо! от юности твоея избери наказание и даже до седин обрящеши премудрость. Якоже орай и сеяй приступи к ней, и жди благих плодов ея: в делании бо ея мало потрудишися, и скоро ясти будеши плоды ея» (*Сир.6:18–20*). «В заутрии сей семя твое, и в вечер да не оставляет рука твоя» (*Еккл.11:6*)[314]. «Исповедайтеся Господеви и призывайте имя Его... Взыщите Господа и утвердитеся, взыщите лица Его выну» (*Пс.104:1, 4*). Этими словами Священное Писание научает нас, что подвиг служения Богу, подвиг молитвы, должен быть совершаем от всей души, постоянно и непрерывно. Скорби внешние и внутренние, долженствующие непременно повстречаться на поприще этого подвига, подобает преодолевать верою, мужеством, смирением, терпением и долготерпением, врачуя покаянием уклонения и увлечения. И оставление молитвенного подвига, и промежутки на нем крайне опасны. Лучше не начинать этого подвига, нежели, начавши, оставить. Душу подвижника, оставившего предпринятое им упражнение в молитве Иисусовой, можно уподобить земле обработанной и удобренной, но впоследствии заброшенной: на такой земле с необыкновенною силою вырастают плевелы, пускают глубокие корни, получают особенную дебелость. В душу, отрекшуюся от блаженного союза с молитвою, оставившую молитву и оставленную молитвою, вторгаются страсти бурным потоком, наводняют ее. Страсти стяжавают особенную власть над такою душою, особенную твердость и прочность, запечатлеваются ожесточением и мертвостью сердца, неверием. Возвращаются в душу демоны, изгнанные молитвою; разъяренные предшествовавшим изгнанием, возвращаются они с большим неистовством и в большем числе. «Последняя человеку тому бывают горша первых» (*Мф.12:45*), по определению Евангелия: состояние подвергшегося владычеству страстей и демонов после избавления от них при посредстве истинной молитвы несравненно бедственнее, нежели состояние того, кто не покушался свергнуть с себя иго греховное, кто меча молитвы не вынимал из ножен его. Вред от промежутков или от периодического оставления молитвенного подвига подобен вреду, происходящему от совершенного оставления; вред этот тем значительнее, чем промежуток продолжительнее. Во время «сна» подвижников, то есть, во время нерадения их о молитве, «приходит враг», невидимый чувственными очами, непримеченный подвижниками, попустившими себе увлечение и рассеянность, «насевает плевелы посреде пшеницы» (*Мф.13:25*). Сеятель плевелов очень опытен, коварен, исполнен злобы: легко ему посеять плевел самый злокачественный, ничтожный по наружности и в начале своем, но впоследствии обхватывающий и перепутывающий многочисленными отпрысками всю душу. «Иже несть со Мною, – сказал Спаситель, – на Мя есть: и иже не собирает со Мною, расточает» (*Лк.11:23*). Молитва не доверяет себя делателям двоедушным, непостоянным; «стропотна есть зело ненаказанным, и не пребудет в ней безумный: якоже камень искушения крепок будет на нем, и не замедлит отврещи ея. Слыши, чадо, и приими волю мою, и не отвержи совета моего: и введи нозе твои в оковы ея и в гривну ея выю твою. Подложи рамо твое и носи ю, и не гнушайся узами ея. Всею душою приступи к ней и всею силою твоею соблюди пути ея. Изследи и взыщи, и познана ти будет, и емься за ню, не остави ея. Напоследок бо обрящеши покой ея, и обратится тебе в веселие. И будут ти пута ея в покой крепости и гривны ея на одеяние славы» (*Сир.6:21–22, 24–30*). Аминь.

ЧИН ВНИМАНИЯ СЕБЕ ДЛЯ ЖИВУЩЕГО ПОСРЕДИ МИРА

Душа всех упражнений о Господе – «внимание». Без «внимания» все эти упражнения бесплодны, мертвы. Желающий спастись должен так устроить себя, чтоб он мог сохранять «внимание к себе» не только в уединении, но и при самой рассеянности, в которую иногда против воли он вовлекается обстоятельствами. Страх Божий пусть превозможет на весах сердца все прочие ощущения: тогда удобно будет сохранять «внимание к себе», и в безмолвии келейном, и среди окружающего со всех сторон шума.

Благоразумная умеренность в пище, уменьшая жар в крови, очень содействует «вниманию к себе»; а разгорячение крови – как-то: от излишнего употребления пищи, от усиленного телодвижения, от воспаления гневом, от упоения тщеславием и от других причин – рождает множество помыслов и мечтаний, иначе, рассеянность. Святые Отцы предписывают желающему «внимать себе» во-первых умеренное, равномерное, постоянное воздержание в пище[315].

Проснувшись – в образ ожидающего всех человеков пробуждения из мертвых – направь мысли к Богу, принеси в жертву Богу начатки помышлений ума, еще не принявшего на себя никаких суетных впечатлений. С тишиною, очень осторожно, исполнив все нужное по телу для вставшего от сна, прочитай обычное молитвенное правило, заботясь не столько о количестве молитвословия, сколько о качестве его, то есть о том, чтоб оно было совершено со «вниманием», и, по причине «внимания», чтоб освятилось и оживилось сердце молитвенным умилением и утешением. После молитвенного правила, опять всеми силами заботясь «о внимании», читай Новый Завет, преимущественно же Евангелие. При этом чтении тщательно замечай все завещания и заповедания Христа, чтоб по ним можно было направлять свою деятельность, видимую и невидимую. Количество чтения определяется силами человека и обстоятельствами. Не должно обременять ум излишним чтением молитв и Писания, также не должно упускать обязанностей своих для неумеренного упражнения молитвою и чтением. Как излишнее употребление пищи расстраивает и ослабляет желудок: так и неумеренное употребление духовной пищи ослабляет ум, производит в нем отвращение от благочестивых упражнений, наводит на него уныние[316]. Для новоначального святые Отцы предлагают частые молитвы, но непродолжительные. Когда же ум возрастет духовным возрастом, окрепнет и возмужает, тогда он будет в состоянии непрестанно молиться. К христианам, достигшим совершенного о Господе возраста, относятся слова святого Апостола Павла: «Хощу убо, да молитвы творят мужие на всяцем месте, воздеюще преподобныя руки без гнева и размышления» (*1Тим.2:8*), то есть бесстрастно и без всякого развлечения или парения. Свойственное мужу еще несвойственно младенцу. Озарившись при посредстве молитвы и чтения Солнцем Правды, Господом нашим Иисусом Христом, да исходит человек на дела дневного поприща, *внимая*, чтоб во всех делах и словах его, во всем существе его царствовала и действовала всесвятая воля Божия, открытая и объясненная человекам в евангельских заповедях.

Если выпадут свободные минуты в течение дня, употреби их на чтение «со вниманием» некоторых избранных молитв, или некоторых избранных мест из Писания, и ими снова подкрепи душевные силы, истощаемые деятельностью посреди суетного мира. Если же этих золотых минут не выпадает, то должно пожалеть о них, как о потере сокровища. Что утрачено сегодня, не надо потерять в следующий день: потому что сердце наше удобно предается нерадению и забывчивости, от которых рождается мрачное неведение, столько гибельное в деле Божием, в деле спасения человеческого.

Если случится сказать или сделать что-нибудь противное заповедям Божиим, то немедленно врачуй погрешность покаянием, и посредством искреннего покаяния возвращайся на путь Божий, с которого уклонился нарушением воли Божией. Не косни вне пути Божия! – Приходящим греховным помышлениям, мечтаниям и ощущениям противопоставляй с верою и смирением евангельские заповеди, говоря со святым патриархом Иосифом: «Како сотворю глагол злый сей и согрешу пред Богом?» (*Быт.39:9*). Внимающий себе должен отказаться от всякой мечтательности вообще, как бы она ни казалась приманчивою и благовидною: всякая мечтательность есть скитание ума, вне истины, в стране призраков несуществующих и немогущих осуществиться, льстящих уму и его обманывающих. Последствия мечтательности: утрата «внимания» к себе, рассеянность ума и жесткость сердца при молитве; отсюда – душевное расстройство.

Вечером, отходя ко сну, который по отношению к жизни того дня есть смерть, рассмотри действия свои в течение мимошедшего дня. Для того, кто проводит «внимательную жизнь», такое рассматривание незатруднительно: потому что по причине «внимания к себе» уничтожается забывчивость, столько свойственная человеку развлеченному. Итак, припомнив все согрешения свои делом, словом, помышлением, ощущением, принеси в них покаяние Богу с расположением и сердечным залогом исправления. Потом, прочитав молитвенное правило, заключи Богомыслием день, начатый Богомыслием.

Куда уходят все помышления и чувствования спящего человека? Что это за таинственное состояние – сон, при котором душа и тело живы, и вместе не живут, чужды сознания своей жизни, как бы мертвые? Сон так же непонятен, как и смерть. Во время его покоится душа, забывая самые лютые горести и бедствия земные, в образ своего вечного покоя; а тело!... если оно восстает от сна, то непременно воскреснет и из мертвых. Сказал великий Агафон: «Невозможно без усиленного «внимания себе» преуспеть в добродетели»[317]. Аминь.

Написано вследствие желания проводить среди мира внимательную жизнь для некоторого благочестивого мирского лица.

МОЛЯЩИЙСЯ УМ ВЗЫСКУЕТ СОЕДИНЕНИЯ С СЕРДЦЕМ

Затворились двери чувств: язык безмолвствует, глаза закрылись, слух не внемлет ничему, что вне меня. Ум, одеянный в молитву, сложив бремя земных помышлений, нисходит к сердечной клети. Двери клети замкнуты; повсюду темнота, мрак непроницаемый. И ум, в недоумении, начинает стучаться молитвою в двери сердца; стоит терпеливо при дверях, стучится, ждет, опять стучится, опять ждет, опять молится. Нет никакого ответа, не раздается никакого голоса! Мертвая тишина и мрак отвечают гробовым молчанием. Ум отходит от дверей сердца, печальный, и в горьком плаче ищет отрады. Он не был допущен предстать Царю царей в святилище внутренней клети.

За что, за что ты отвергнут?

На мне печать греха. Навык помышлять о земном меня развлекает. Нет во мне силы: потому что Дух не приходит ко мне на помощь, Дух всесвятый и всеблагий, восстановляющий соединение ума, сердца и тела, которые разобщены страшным падением человека. Без всемогущей, творческой помощи Духа, одни мои собственные усилия тщетны! Он многомилостив, человеколюбив бесконечно: но нечистота моя не допускает Его ко мне. Умоюсь в слезах, очищусь исповеданием грехов моих, не дам телу моему пищи и сна, от изобилия которых сообщается дебелость душе; весь, облеченный в плач покаяния, сойду к дверям моего сердца. Там встану, или сяду, как евангельский слепец, буду претерпевать тягость и скуку мрака, буду вопиять к Могущему помиловать: «помилуй мя!» (*Мк.10:48*).

И нисшел, и встал, и начал взывать с плачем. Уподоблял он себя слепому, невидящему истинного, незаходимого Света, – глухому и немому, не могущему ни говорить, ни слышать духовно; ощущал по самой вещи, что он точно слеп, глух, нем, стоит при вратах Иерихона – сердца, обитаемого грехами – ожидает исцеления от Спасителя, Которого не видит, Которого не слышит, к Которому вопиет – разве одним своим бедственным состоянием. Он не знает Его имени, именует Сына Божия сыном Давидовым: плоть и кровь не могут почтить Бога, как Бога.

Укажите мне путь, по которому пойдет Спаситель? Этот путь – молитва, как сказал человеку Пророк от лица Божия и Духом Божиим: «Жертва хвалы прославит Мя, и тамо путь, имже явлю ему спасение Мое» (*Пс.49:23*). Скажите мне, в который час пойдет Спаситель? Утром ли, или в полдень, или к вечеру? «Бдите и молитеся, яко не весте, в кий час Господь ваш приидст» (*Мф.24:42*; *Мк.13:33*).

Путь известен, час не назначен! – Выйду за город, встану или сяду у врат Иерихона, как советует святой Павел: «Темже да исходим к Нему вне стана, поношение Его носяще» (*Евр.13:13*). Мир преходит; все в нем непостоянно: он не назван даже городом, но станом. Оставлю пристрастие к имуществу, которое невольно оставляется при смерти, а часто и прежде смерти; оставлю почести и славу гибнущую; оставлю наслаждения чувственные, отнимающие способность к подвигам и занятиям духовным. «Не имам бо зде пребывающаго града, но грядущаго взыскую» (*Евр.13:14*), который должен открыться мне предварительно в сердце моем милостью и благодатью Бога – Спасителя моего. Кто не взойдет в таинственный Иерусалим духом во время земной жизни: тот и по исшествии душою из тела не может иметь удостоверения, что дозволен ему будет вход в Иерусалим небесный. Первое служит залогом второго[318]. Аминь.

ИСТИНУ И СУД МИРЕН СУДИТЕ ВО ВРАТЕХ ВАШИХ,... И КЛЯТВЫ ЛЖИВЫЯ НЕ ЛЮБИТЕ,... ГЛАГОЛЕТ ГОСПОДЬ ВСЕДЕРЖИТЕЛЬ (ЗАХ.8:16-17)

«Врата»: это врата души, посредством которых входят в нее различные помышления и впечатления.

«Ваши»: одни эти врата собственно принадлежат человеку.

«Судите»: судия, сидящий во вратах и производящий суд – ум наш[319]: он чинит разбор, или рассматривание помышлений и впечатлений, когда они приходят ко вратам души, чтоб впустить в храм души тех, которые должны в нем быть, и не впускать тех, которые не должны быть.

«Истину и суд мирен судите во вратех ваших»: ум, судия, сидящий и судящий во вратах души, должен при разборе помышлений и впечатлений принимать одни истинные. Истинная мысль, истинное впечатление, то есть, истекающие от Господа, Который Един – «Истина», приносят с собою в душу несказанный мир и тишину, по этому познаются, что они от Истины, от Христа, дающего ученикам Своим мир, или (что – то же) смирение, чтоб не смущалось сердце их никаким земным бедствием. Напротив того «помыслы, происходящие от демонов, говорит Великий Варсонофий, прежде всего бывают исполнены смущения и печали, влекут вслед себя скрытно и тонко: враги одеваются в одежды овчие, то есть, внушают мысли, по-видимому правые, внутренно же суть «волцы хищницы» (*Мф.7:15*), то есть, восхищают и «прельщают сердца незлобивых» (*Рим.16:18*) тем, что кажется хорошо, а в самом деле зловредно. Писание говорит о змие, что он мудрейший: почему непрестанно наблюдай главу его (*Быт.3:1, 15*), чтобы он не нашел у тебя норы, и, поселившись в ней, не произвел опустошения[320]. Глава змея – начало его помысла или мечтания.

«Клятвы лживыя не любите». Диавольский помысл, приходя ко вратам души, старается принять вид праведности, приносит уму, этому судие, сидящему и судящему во вратах, бесчисленные оправдания, чтоб получить вход в душу. Но лживых этих уверений, этой клятвы лживой Пророк не велит любить. Не только не должно принимать таких помыслов и соглашаться с ними, но даже не должно беседовать с ними, а немедленно, при самом первоначальном появлении греховного помысла, прибегать молитвою к Господу Богу, чтоб Он отгнал врага от врат душевных[321]. Аминь.

ДОКАЗАТЕЛЬСТВО ВОСКРЕСЕНИЯ ТЕЛ ЧЕЛОВЕЧЕСКИХ, ЗАИМСТВОВАННОЕ ИЗ ДЕЙСТВИЯ УМНОЙ МОЛИТВЫ

В уединенной, малознаемой, малозначущей обители, стоящей между лесами и болотами, жил некоторый инок. Со страхом, с недоверчивостью к себе, с рассматриванием писаний Отеческих, вникал он в молитву, совершаемую умом в глубине и тайне душевной клети.

Однажды стоял инок в церкви, углубляя ум в сердце, – и сердце внезапно двинулось молитвенно к уму, а с собою повлекло все тело в священное, духовное состояние, невыразимое словами, превысшее всех страстей, постижимое одним опытом. Когда инок увидел столь необыкновенное, новое состояние своего тела: тогда осветился ум его познанием таинственным. Объяснились ему доселе казавшиеся загадочными и странными слова святого Иоанна Лествичника, который говорит: ««Воззвах всем сердцем моим» (*Пс.118:145*), то есть, телом, душою и умом»[322].

Вот доказательство воскресения тел человеческих, которое имею в себе самом! Если тело способно к ощущениям духовным, если оно может вместе с душою участвовать в утешении благодатном; если оно отселе может соделаться причастником благодати, то как же ему не воскреснуть для жизни вечной, по учению Писания?

Осолены были благодатию тела святых Божиих, – и тление не могло им прикоснуться! Победою над тлением они уже предначали свое воскресение; источая исцеления, они доказывают присутствующую в них благодать и живущую в них вечную жизнь, долженствующую в свое время развиться в преславном воскресении, предназначенном и дарованном человечеству Искупителем нашим, Господом Иисусом Христом. Аминь.

О СМИРЕНИИ (РАЗГОВОР МЕЖДУ СТАРЦЕМ И УЧЕНИКОМ ЕГО)

Ученик. Что есть смирение?

Старец. Есть евангельская добродетель, совокупляющая силы человека воедино миром Христовым, превысшая человеческого постижения.

Ученик. Когда она превыше постижения, то как же мы знаем о ее существовании? тем более как можем приобрести такую добродетель, которой и постигнуть не можем?

Старец. О существовании ее узнаем, при посредстве веры, из Евангелия, а самую добродетель узнаем опытно по мере приобретения ее. Но и по приобретении, она пребывает непостижимою.

Ученик. Отчего ж это?

Старец. От того, что она Божественна. Смирение есть учение Христово, есть свойство Христово, есть действие Христово. Слова Спасителя: «Научитеся от Мене, яко кроток есмь и смирен сердцем» (*Мф.11:29*), святой Иоанн Лествичник объясняет так: «Научитеся не от Ангела, не от человека, не из книги, но от «Меня», то есть, от Моего вам усвоения, в вас осияния и действия, «яко кроток есмь и смирен сердцем», и помыслом и образом мыслей»[323]. Как же постичь свойство и действия Христовы? они, и по ощущении их, непостижимы, как и Апостол сказал: «Мир Божий, превосходяй всяк ум, да соблюдет сердца ваша и разумения ваша о Христе Иисусе» (*Флп.4:7*). Мир Божий есть и начало, и непосредственное следствие смирения; он – действие смирения и причина этого действия. Он действует на ум и сердце всемогущею Божественною силою. И сила, и действие ее естественно непостижимы.

Ученик. Каким способом можно достичь смирения?

Старец. Исполнением евангельских заповедей, преимущественно же молитвою. Благодатное действие смирения весьма сходствует с благодатным действием молитвы; правильнее: это – одно и то же действие.

Ученик. Не откажись изложить подробно оба способа к приобретению смирения.

Старец. Они оба изложены в учении святых Отцов. Святой Иоанн Лествичник говорит, что одни, водимые Божиим Духом, могут удовлетворительно рассуждать о смирении[324], а святой Исаак Сирский, что Святой Дух таинственно обучает смирению человека, приуготовившегося к такому обучению[325]. Мы, собирая крохи, падающие с духовной трапезы господ наших – святых Отцов[326], получили о смирении скуднейшее понятие; его и сами стараемся держаться, и передавать вопрошающим, как драгоценное предание Отцов. Со всею справедливостью можно назвать полученные нами понятия о смирении крохами: самое сокровище, в неисполнимой полноте его, имеет тот, кто стяжал в себе Христа.

Преподобный *авва Дорофей* говорит, что «Смирение естественно образуется в душе от деятельности по евангельским заповедям... Тут делается то же, что при обучении наукам и врачебному искусству. Когда кто хорошо выучится им, и будет упражняться в них, то мало-помалу, от упражнения, ученый или врач стяжавают навык, а сказать и объяснить не могут, как они пришли в навык, потому что мало-помалу душа прияла его от упражнения. То же совершается и при приобретении смирения: от делания заповедей образуется некоторый навык смиренный, что не может быть объяснено словами»[327]. Из этого учения преподобного аввы Дорофея явствует с очевидностью, что желающий приобрести смирение должен с тщательностью изучать Евангелие, и с такою же тщательностью исполнять все заповедания Господа нашего Иисуса Христа. Делатель евангельских заповедей может прийти в познание своей собственной греховности и греховности всего человечества, наконец в сознание и убеждение, что он грешнейший и худший всех человеков.

Ученик. Мне представляется несообразным, как тот, кто со всею тщательностью исполняет евангельские заповеди, приходит к сознанию, что он величайший грешник? Кажется: последствием должно быть противное. Кто совершает постоянно добродетели, и совершает с особенным усердием, тот не может не видеть себя добродетельным.

Старец. Последнее относится к делающим мнимое добро «из себя»[328], из своего падшего естества. Делающий такое добро по своему разумению, по влечению, и указаниям своего сердца, не может не видеть этого добра, не может не удовлетворяться, не восхищаться им; сам тщеславится им, и услаждается похвалами человеческими; ищет, требует их; прогневляется и враждует на отказывающих в похвале. Он исчисляет свои добрые дела, по множеству их составляет мнение о себе, и, по мнению о себе, мнение о ближних, как составил упоминаемый в Евангелии фарисей[329]. Такого рода деятельность приводит к мнению о своей праведности, образует праведников, отвергаемых Господом и отвергающих Господа, или только поверхностно и хладно исповедующих Его мертвым исповеданием (*Мф. 9:13*). Противоположные последствия являются от исполнения евангельских заповедей. Подвижник, только что начнет исполнять их, как и увидит, что он исполняет их весьма недостаточно, нечисто, что он ежечасно увлекается страстями своими, то есть, поврежденною волею, к деятельности, воспрещаемой заповедями. Затем он с ясностью усмотрит, что падшее естество враждебно Евангелию. Усиленная деятельность по Евангелию яснее и яснее открывает ему недостаточество его добрых дел, множество его уклонений и побеждений, несчастное состояние падшего естества, отчуждившегося от Бога, стяжавшего в отношении к Богу враждебное настроение. Озираясь на протекшую жизнь свою, он видит, что она — непрерывная цепь согрешений, падений, действий, прогневляющих Бога, и от искренности сердца признает себя величайшим грешником, достойным временных и вечных казней, вполне нуждающимся в Искупителе, имеющим в Нем единственную надежду спасения. Образуется у него незаметным образом такое мнение о себе от делания заповедей. С достоверностью можно утверждать, что руководствующийся в жительстве Евангелием, не остановится принести полное удостоверение в том, что он не знает за собою ни одного доброго дела[330]. Исполнение им заповедей он признает искажением и осквернением их, как говорит святой Петр Дамаскин[331]. «Научи мя творити волю Твою» (*Пс.142:10*), вопиет он с плачем к Богу, ту волю, которую Ты заповедал мне творить, которую я усиливаюсь творить, но не могу, потому что падшее естество мое не понимает ее, и не покоряется ей. Тщетными были и будут все мои усилия, если Ты не прострешь мне руку помощи. «Дух Твой благий», только Он один, «наставит мя на землю праву»[332]. «Благое не может быть ни веруемо, ни действуемо иначе, как только о Христе Иисусе и о Святом Духе»[333], — сказал преподобный Марк Подвижник.

Ученик. Такое воззрение на себя не приведет ли к унынию или отчаянию?

Старец. Оно приведет к христианству. Для таких-то грешников и снизошел Господь на землю, как Он Сам объявил: «Не приидох призвати праведники, но грешники на покаяние» (*Мф.9:13*). Такие-то грешники могут от всей души принять и исповедать Искупителя.

Ученик. Положим, что деятельность по евангельским заповедям приводит к познанию и сознанию своей греховности; но как же достичь того, чтоб признать себя более грешным, нежели все человеки, между которыми имеются ужасные преступники, злодеи?

Старец. Это — опять естественное последствие подвига. Если пред взорами нашими находятся два предмета, и один из них мы рассматриваем со всевозможным вниманием и непрестанно, а на другой не обращаем никакого внимания, то о первом получаем ясное, подробное, определенное понятие, а по отношению ко второму остаемся при понятии самом поверхностном. У делателя евангельских заповедей взоры ума постоянно устремлены на свою греховность; с исповеданием ее Богу и плачем, он заботится об открытии в себе новых язв и пятен. Открывая их при помощи Божией, он стремится еще к новым открытиям, влекомый желанием Богоприятной чистоты. На согрешения ближних он не смотрит. Если по какому-либо случаю придется ему взглянуть на согрешение ближнего, то взгляд его бывает самым поверхностным и мимоходным, как обыкновенно у людей, занятых чем-либо особенным. Из самого жительства его вытекает естественно и логически признание себя грешником из грешников. Этого устроения требуют от нас святые Отцы[334]. Без такого самовоззрения, святые Отцы признают самый молитвенный подвиг неправильным. Брат сказал преподобному Сисою Великому: «Вижу, что во мне пребывает непрестанная память Божия». Преподобный отвечал: «Это не велико, что мысль твоя при Боге: велико увидеть себя ниже всей твари»[335]. Основание молитвы – глубочайшее смирение. Молитва есть вопль и плач смирения. При недостатке смирения молитвенный подвиг делается удобопреклонным к самообольщению и к бесовской прелести.

Ученик. Вопросом о том, каким образом при преуспеянии в добродетелях можно преуспевать в смирении, я отклонил тебя от порядка в поведании.

Старец. Возвращаюсь к нему. В упомянутом поучении преподобного аввы Дорофея приведено изречение некоторого святого старца, что «путь смирения – телесные труды в разуме». Это наставление очень важно для братий, занимающихся различными послушаниями монастырскими, из которых одни бывают тяжелы для тела, а другие сопряжены с подвигом душевным. Что значит «трудиться в разуме»? Значит – нести труд монастырский, как наказание за свою греховность, в надежде получения прощения от Бога. Что значит «трудиться безрассудно»? – Трудиться с плотским разгорячением, с тщеславием, с хвастовством, с уничижением других братий, не могущих нести такого труда по немощи или неспособности, даже по лености. В последнем случае труд, как бы он ни был усилен, долговремен, полезен для обители в вещественном отношении, не только бесполезен для души, но и вреден, как наполняющий ее самомнением, при котором нет места в душе ни для какой добродетели. Пример «труда в разуме», возведшего делателя на высоту христианского совершенства низведением в глубину смирения, видим в подвиге блаженного Исидора Александрийского. Он был одним из сановников Александрии. Призванный милосердием Божиим к монашеской жизни, Исидор вступил в иноческое общежитие, бывшее невдалеке от Александрии, и предал себя в безусловное повиновение игумену обители, мужу, исполненному Святого Духа. Игумен, усмотрев, что от высоты сана образовался в Исидоре нрав надменный и жесткий, вознамерился подействовать против душевного недуга возложением послушания трудного не столько для тела, сколько для больного сердца. Исидор, вступая в общежитие, объявил игумену, что он предает себя ему, как отдается железо в руки ковача. Игумен велел ему встать и постоянно стоять при вратах обители с тем, чтоб он каждому входящему и исходящему поклонялся в ноги, и говорил: «Помолись о мне: я одержим бесом». Исидор оказал повиновение игумену как бы Ангел Богу. Пробыв семь лет в этом послушании и предузнав свою кончину из Божественного откровения, Исидор скончался радостно. О состоянии души своей во время подвига он исповедал святому Иоанну Лествичнику так: «Вначале я помышлял, что продал себя для искупления грехов моих, и потому с величайшею горестью, принуждением себя, как бы с пролитием крови, я полагал поклоны. По прошествии года, сердце мое престало уже чувствовать печаль, ожидая награды за терпение от Самого Бога.

По прошествии еще одного года, я, от сознания сердца, вменил себя недостойным и пребывания в обители, и лицезрения Отцов, и беседы с ними, и встречи с ними, и причащения Святых Таин, но опустив глаза вниз, а образ мыслей еще ниже, уже искренно умолял о молитве входящих и исходящих»[336]. Вот телесный труд и послушание, проходимые в разуме! Вот плод их! Одна смиренная мысль передавала блаженного делателя другой, более глубокой, как бы воспитывая его, доколе он не вступил в обильнейшее, таинственное ощущение смирения. Этим святым ощущением отворено святому Исидору небо, как одушевленному храму Божию. «Смирение делает человека селением Божиим», – сказал Великий Варсонофий[337].

Преподобный авва Дорофей в начале своего поучения о смирении полагает, как бы краеугольный камень в основание здания, следующее изречение одного из святых старцев: «Прежде всего нужно нам смиренномудрие, и мы должны быть готовы против каждого слова, которое услышим, сказать «прости»: потому что смиренномудрием сокрушаются все стрелы врага и сопротивника»[338]. В отвержении оправдания, в обвинении себя и в прошении прощения при всех тех случаях, при которых в обыкновенной мирской жизни прибегают к оправданиям и умножают их, заключается великая таинственная купля святого смирения. Ее держались и ее завещавают все святые Отцы. Это делание странно при поверхностном взгляде на него; но самый опыт не замедлит доказать, что оно исполнено душевной пользы, и истекает из Само-Истины, Христа. Господь наш отверг оправдания, не употребив их пред человеками, хотя и мог явить пред ними во всем величии Свою Божественную правду, а фарисеям сказал: «Вы есте оправдающе себе пред человеки, Бог же весть сердца ваша: яко еже есть в человецех высоко, мерзость есть пред Богом» (*Лк.16:15*). «Се отрок Мой, – возвещает о Господе пророк Ветхого Завета, – Его же изволих; возлюбленный Мой, Нань же благоволи душа Моя; положу Дух Мой на Нем, и суд языком возвестит; не преречет, ни возопиет, ниже услышит кто на распутиих гласа Его» (*Мф.12:18–19*; *Ис.42:1–2*). «Христос пострада по нас, – свидетельствует Апостол Нового Завета о точном исполнении пророчества, – нам оставль образ, да последуем стопам Его, Иже укоряемь противу не укоряше, стражда не прещаше: предаяше же Судящему праведно» (*1Пет.2:21, 23*). Итак, если мы, повинные в бесчисленных грехах, пришли в монастырь, чтоб претерпеть распятие за грехи наши одесную Спасителя нашего, то признаем благовременно всякую скорбь, какая бы ни встретилась с нами, праведным воздаянием за грехи наши и справедливым наказанием за них. При таком настроении прошение прощения при всяком представившемся случае будет действием правильным, логичным. «Словооправдание не принадлежит к жительству христианскому», сказал святой Исаак Сирский[339]. Преподобный Пимен Великий говаривал: «Мы впадаем во многие искушения, потому что не сохраняем чина, подобающего имени нашему. Не видим ли, что жена хананейская приняла данное ей название и Спаситель утешил ее (*Мф.15:27* и след.). Так же Авигея сказала Давиду: «во мне неправда моя» (*1Цар.25:24*), и Давид, услышав это, возлюбил ее. Авигея есть образ души, а Давид – Бога: если душа обвинит себя пред Господом, Господь возлюбит ее». Великого спросили: что значит «высокое» (*Лк.16:15*). Он отвечал: «Оправдания. Не оправдывай себя, и обретешь покой»[340]. Не оправдывающий себя руководствуется смиренномудрием, а оправдывающий – высокомудрием. Патриарх Александрийский Феофил посетил однажды Нитрийскую гору. Гора та была местопребыванием многочисленного иноческого общества, проводившего жительство безмолвников. Авва горы был муж великой святости. Архиепископ спросил его: «Что, отец, по твоему мнению всего важнее на пути монашества?» Авва отвечал: «Постоянное обвинение и осуждение самого себя». Архиепископ на это сказал: «Так! нет иного пути, кроме этого»[341].

Заключу мое убогое учение о смирении прекрасным учением преподобного Иоанна Пророка об этой добродети. «Смирение состоит в том, чтоб ни в каком случае не почитать себя за нечто, во всем отсекать свою волю, повиноваться всем, без смущения переносить то, что постигнет нас отвне. Таково истинное смирение, в котором не находит места тщеславие. Смиренномудрый не должен выказывать свое смирение «смиреннословием», но довольно для него говорить «прости меня», или «помолись о мне». Не должно также самому вызываться на исполнение низких дел: это, как и первое (то есть смиреннословие), ведет к тщеславию, препятствует преуспеянию, и более делает вреда, нежели пользы; но когда повелят что, не противоречить, а исполнить с послушанием, – это приводит в преуспеяние»[342].

Ученик. Неужели употребление смиренных слов, называемое смиреннословием, душевредно? Кажется оно очень приличествует монаху, и очень назидает мирских людей, которые приходят в умиление, слыша смиреннословие монаха.

Старец. Господь сказал: «Кая польза человеку, аще мир весь приобрящет, душу же свою отщетит» (*Мф.16:26*). Зло никак не может быть причиною добра. Лицемерство и человекоугодие не могут быть причиною назидания: они могут понравиться миру, потому что они всегда нравились ему; они могут вызвать похвалу мира, потому что они всегда вызывали ее; могут привлечь любовь и доверенность мира, потому что они всегда привлекали их. Мир любит свое; им восхваляются те, в которых он слышит свой дух (*Ин.15:18–20*). Одобрение миром смиреннословия уже служит осуждением ему. Господь заповедал совершать все добродетели втайне (*Мф.6*), а смиреннословие есть вынаружение смирения напоказ человекам. Оно – притворство, обман, во-первых, себя, потом других, потому что утаение своих добродетелей составляет одно из свойств смирения, а смиреннословием и смиреннообразием это-то утаение и уничтожается. «Находясь между братией твоею, – говорит святой Иоанн Лествичник, – наблюдай за собою, чтоб тебе никак не выказаться в чем-нибудь праведнее их. В противном случае сделаешь двойное зло: братий уязвишь твоим лицемерством и притворством, в себе же непременно произведешь высокомудрие. Будь тщалив в душе, никак не выказывая этого телесно, ни видом, ни словом, ни намеком»[343]. Сколько полезно укорять себя и обвинять в греховности пред Богом, в тайне душевной клети, столько вредно делать это пред людьми. В противном случае мы будем возбуждать в себе обольстительное мнение, что мы смиренны, и преподавать о себе такое понятие слепотствующим мирянам. Некоторый инок сказывал мне, что он, в новоначалии своем, старался упражняться в смиреннословии, полагая в нем, по неведению своему, что-то особенно важное. Однажды он смиреннословил, и так удачно, что слышавшие, вместо того, чтоб признать слова его ложью, а его смиренным – в чем и заключается всегда цель смиреннословия – согласились, что он говорит правду: тогда он огорчился и пришел в негодование. Пред людьми должно вести себя осторожно и благоговейно, но просто, молчанием отвечая на похвалы, им же на порицания, кроме тех случаев, когда прошение прощения и, при нужде, умеренное объяснение могут успокоить и примирить к нам порицающего. Преуспевшие в монашеской жизни стяжавают особенную свободу и простоту сердца, которые не могут не вынаруживаться в их обращении с ближними. Они не нравятся миру! Он признает их гордыми, как весьма справедливо замечает святой Симеон, Новый Богослов[344]. Мир ищет лести, а в них видит искренность, которая ему не нужна, встречает обличение, которое ему ненавистно. В бытность мою в одном большом городе приезжал туда по монастырским нуждам старец, весьма преуспевший в духовной жизни, с новоначальным учеником своим. Некоторые благочестивые миряне пожелали видеть старца. Он не понравился им. Им очень понравился ученик, который, входя в богатые и знатные дома, поражался земным величием, и всем воздавал низкие поклоны. «Какой он смиренный!» – говорили миряне с особенным удовольствием, порожденным в них поклонами. Старец провел жизнь свою в плаче о греховности своей; признавал величайшим счастьем человека – открытие в себе греховности, и с искреннею любовью, с состраданием к бедному человечеству, равно бедному и в палатах, и в хижинах, с простотою сердца, с необыкновенною проницательностью, доставляемою такою же чистотою ума, желал поделиться духовными сокровищами с ближними, вопрошавшими его о спасении: этим возбудил против себя неудовольствие.

Ученик. Какое различие между смиренномудрием и смирением?

Старец. «Смиренномудрие» есть образ мыслей, заимствованный всецело из Евангелия, от Христа. «Смирение» есть сердечное чувство, есть залог сердечный, соответствующий смиренномудрию. Сначала должно приобучаться к смиренномудрию; по мере упражнения в смиренномудрии, душа приобретает смирение, потому что состояние сердца всегда зависит от мыслей, усвоившихся уму. Когда же делание человека осенится Божественною благодатию, тогда смиренномудрие и смирение в изобилии начнут рождать и усугублять друг друга, при споспешестве споспешника молитвы – плача.

Ученик. Объясни опытами, каким образом от смиренномудрия рождается смирение и обратно?

Старец. У меня был коротко знакомый инок, подвергавшийся непрестанно различным скорбям, которыми, как он говорил, Богу благоугодно было для него заменить духовного старца. Несмотря на постоянные скорби, я видел инока почти всегда спокойным, часто радостным. Он занимался Словом Божиим и умною молитвою. Я просил его открыть мне для пользы души моей, в чем он почерпал для себя утешение? Он отвечал: утешением моим я обязан милости Божией и писаниям святых Отцов, к которым дана мне любовь с детства моего. При нашествии скорбей иногда я повторяю слова разбойника, исповедовавшего с креста своего праведность суда Божия в суде человеческом, и этим исповеданием вошедшего в познание Спасителя. Говорю: «Достойная по делом моим приемлю:... помяни мя, Господи во царствии

Твоем» (*Лк.23:41–42*). С этими словами изливаются мир и спокойствие в сердце. В другое время противопоставлял я помыслам печали и смущения слова Спасителя: «Иже не приимет креста своего, и в след Мене грядет, несть Мене достоин» (*Мф.10:38*); тогда смущение и печаль заменялись миром и радостью. Прочие подобные изречения Священного Писания и святых Отцов производят такое же действие. Повторяемые слова «Слава Богу за все» или «да будет воля Божия» со всею удовлетворительностью действуют против очень сложной скорби. Странное дело! иногда от сильного действия скорби потеряется вся сила души; душа как бы оглохнет, утратит способность чувствовать что-либо: в это время начну вслух, насильно и машинально, одним языком, произносить «Слава Богу», и душа, услышав славословие Бога, на это славословие как бы начинает мало-помалу оживать, потом ободрится, успокоится и утешится. Тем, которым попускаются скорби, невозможно бы было устоять в них, если бы не поддерживала их тайно помощь и благодать Божия. Опять: без скорби человек не способен к тому таинственному, вместе существенному утешению, которое дается ему соразмерно его скорби, как и Псалмопевец сказал: «По множеству болезней моих в сердце моем, утешения Твоя возвеселиша душу мою» (*Пс.93:19*). Однажды устроен был против меня опасный ков. Узнав о нем, и не имея никаких средств к отвращению его, я ощутил печаль до изнеможения. Прихожу в свою келлию, и, едва произнес вспомнившиеся мне слова Спасителя: «Да не смущается сердце ваше: веруйте в Бога, и в Мя веруйте» (*Ин.14:1*), как печаль исчезла; вместо нее объяла меня неизъяснимая радость, я должен был лечь на постель, и весь день был как упоенный, а в уме повторялись слова, изливая утешение в душу: «в Бога веруйте и в Мя веруйте». Причина сердечного смущения – неверие; причина сердечного спокойствия, сердечного благодатного мира – вера. При обильном действии веры, все существо человека погружается в духовное утешительнейшее наслаждение священным миром Христовым, как бы пропитывается и переполняется этим ощущением. Упоенное им, оно делается нечувствительным к стрелам смущения. Справедливо сказали Отцы, что «вера есть смирение»[345], что «веровать – значит пребывать в смирении и благости»[346]. Такое понятие о вере и смирении доставляется святыми опытами правильной монашеской жизни.

В иное время попускается скорби томить душу в течение продолжительного времени. Однажды от внезапной скорби я почувствовал как бы нервный удар в сердце, и три месяца пробыл безвыходно в келлии, потрясаемый нервною лихорадкою. «Бог творит присно с нами великая же и неисследованная, славная же и ужасная»[347]. Нам надо понять, что мы – создания Его, находящиеся в полной Его власти, а потому, в совершенной покорности, «сами себе, друг друга и весь живот наш Христу Богу предадим»[348]. Не остановлюсь поведать тебе и следующий замечательный случай, несколько объясняющий действие смирения прямо из сердца, без предварительной мысли смиренномудрия. Однажды я был подвергнут наказанию и бесчестию. Когда меня подвергли ему, внезапно ощутил я жар во всем теле моем и при нем какую-то необъяснимую словами мертвость, после чего вдруг запылало из сердца желание получить всенародное посрамление и заушение от палача на площади за грехи мои. При этом выступил румянец на лице; несказанная радость и сладость объяли всего; от них я пребывал в течение двух недель в восторге, как бы вне себя. Тогда я понял с ясностью и точностью, что святое смирение в мучениках, в соединении с Божественною любовью, не могло насытиться никакими казнями. Мученики принимали лютые казни, как дары, как прохладное питие, утолявшее возгоравшуюся в них жажду смирения[349]. Смирение есть неизъяснимая благодать Божия, непостижимо постигаемая одним духовным ощущением души.

Ученик. Ты обещал мне объяснить, каким образом израбатывается смирение молитвою?

Старец. Союз смирения с молитвою очень ясно изложен преподобным аввою Дорофеем. «Непрестанное упражнение в молитве, – говорит Святой, – противодействует гордыне. Очевидно: смиренный и благоговейный, зная, что невозможно совершить никакой добродетели без помощи и покрова Божиих, не престает неотступно молиться Богу, чтоб сотворил с ним милость. Постоянно молящийся Богу, если сподобится сделать что-либо должное, знает при посредстве Кого это сделано им, и не может превознестись или приписать своей силе, но приписывает Богу все свои исправления, Его благодарит непрестанно, и Ему молится непрестанно, трепеща, чтоб не лишиться помощи Свыше, чтоб не обнаружилась таким образом его собственная немощь. Он молится от смирения»[350]. Если кто, при молитве своей, сподобляется умиления, которое рождается от внимательной молитвы, тот опытно знает, что именно в драгоценные минуты умиления являются в нем помыслы смиренномудрия, преподающие ощущение смирения. Особливо совершается это тогда, когда умиление сопровождается слезами. Чем чаще приходят времена умиления, тем чаще делатель молитвы бывает слышателем таинственного учения о смирении, тем глубже это учение проникает в его сердце. Постоянное умиление содержит душу в постоянном смирении, в настроении непрестанных молитвы и богомыслия. Святые Отцы замечают, что в противоположность тщеславию, которое разносит помыслы человека по вселенной, смирение сосредотачивает их в душе; от бесплодного и легкомысленного созерцания всего мира переводит к многоплодному и глубокому самовоззрению, к мысленному безмолвию, к такому состоянию, какое требуется для истинной молитвы, и которое производится внимательною молитвою[351]. Наконец, благодатное действие смирения и благодатное действие молитвы есть одно и то же действие, как уже сказано в начале беседы нашей. Это действие является в двух лицах: в Христоподражательном смирении и в Божественной любви, которая есть высшее действие молитвы. Действие это принадлежит Господу нашему Иисусу Христу, жительствующему и действующему при посредстве Святаго Духа, несказанно и непостижимо, в избранных Своих сосудах. Аминь.

О ТЕРПЕНИИ

«Дом души – терпение: потому что она живет в нем; пища души – смирение: потому что она питается им»[352] сказал святой Илия Евдик.

Точно: питаясь святою пищею смирения, можно пребывать в святом дому терпения. Когда же недостанет этой пищи, то душа выходит из дому терпения. Как вихрь, похищает ее смущение, уносит, кружит. Как волны подымаются в ней различные страстные помыслы и ощущения, потопляют ее в глубине безрассудных и греховных размышлений, мечтаний, слов и поступков. Душа приходит в состояние расслабления, мрачного уныния, часто приближается к пропастям убийственного отчаяния и совершенного расстройства.

Хочешь ли неисходно пребывать в святом дому терпения? – Запасись пищею, необходимою для такого пребывания: стяжи и умножай в себе помышления и чувствования смиренные. Вид смирения, приуготовляющий к терпению скорбей пред пришествием их и способствующий к благодушному терпению скорбей по пришествии их, святыми Отцами назван «самоукорением».

Самоукорение есть обвинение себя в греховности, общей всем человекам и в своей частной. При этом полезно воспоминать и исчислять свои нарушения Закона Божия, кроме блудных падений и преткновений, подробное воспоминание которых воспрещено Отцами, как возобновляющее в человеке ощущение греха и услаждение им[353].

Самоукорение есть иноческое делание, есть умное делание, противопоставленное и противодействующее болезненному свойству падшего естества, по которому все люди, и самые явные грешники, стараются выказывать себя праведниками и доказывать свою праведность при помощи всевозможных ухищрений. Самоукорение есть насилие падшему естеству, как служит ему насилием молитва и прочие иноческие подвиги, которыми «Царствие Небесное нудится», и которыми «нуждницы восхищают е» (*Мф.11:12*). Самоукорение имеет, при начале упражнения в нем, характер бессознательного механизма, то есть, произносится языком без особенного сочувствия сердечного, даже в противность сердечному чувству; потом, мало-помалу, сердце начнет привлекаться к сочувствию словам самоукорения; наконец самоукорение будет произноситься от всей души, при обильном ощущении плача, умалит пред нами и закроет от нас недостатки и согрешения ближних, примирит ко всем человекам и к обстоятельствам, соберет рассеянные по всему миру помыслы в делание покаяния, доставит внимательную, исполненную умиления молитву, воодушевит и вооружит непреодолимою силою терпения.

Смиренными мыслями самоосуждения исполнены все молитвословия Православной Церкви. Но иноки уделяют ежедневно часть времени на упражнение именно в самоукорении. Они стараются при посредстве его уверить, убедить себя, что они – грешники: падшее естество не хочет верить этому, не хочет усвоить себе этого познания. Вообще для всех иноков полезно самоукорение: и для новоначальных, и для преуспевших, и для пребывающих в общежитии, и для безмолвников. Для последних опаснейшая страсть, потребляющая все делание их, есть высокоумие;[354] так, напротив основная для них добродетель, на которой зиждутся и держатся все прочие добродетели, есть самоукорение. Потому-то авва безмолвников Нитрийских и сказал, что главнейшее делание их, по его усмотрению, есть постоянное самоукорение[355]. Самоукорение, достигнув полноты своей, искореняет окончательно злобу из сердца, искореняя из него совершенно лукавство и лицемерие, непрестающие жить в сердце, доколе самооправдание обретает в нем место. Преподобный Пимен Великий сказал, что ненавидение лукавства заключается в том, когда человек оправдывает ближнего, а себя обвиняет во всяком случае[356]. Изречение это основано на словах Спасителя: Спаситель наименовал всякого, осуждающего ближних, лицемером (*Мф. 7:5*). При самоукорении безмолвник увидит всех человеков святыми и Ангелами, а себя грешником из грешников, и погрузится, как в бездну, в постоянное умиление.

Превосходные образы самоукорения мы имеем в Рыданиях преподобного Исаии Отшельника и в 20 Слове святого Исаака Сирского. Святой Исаак, которого книга вообще содержит наставления для безмолвников, сделал такое заглавие своему Слову: «Слово, содержащее в себе нужнейшее и полезнейшее повседневное напоминание безмолвствующему в келлии своей, и произволяющему внимать единому себе».

«Некоторый брат, — говорит святой Исаак, — написал следующее, и полагал это непрестанно пред собою в напоминание себе: «В безумии прожил ты жизнь твою, о посрамленный и достойный всякого зла человек! по крайней мере охранись в этот день, оставшийся от дней твоих, принесенных в жертву суете, вне благой деятельности, обогатившихся деятельностью злою. Не вопроси об этом мире, ни о состоянии его, ни о монахах, ни о деятельности их, какова она, ниже о количестве подвига их, — не вдайся в попечение о чем-либо таком. Исшел ты из мира таинственно, вменился мертвым ради Христа: уже не живи более для мира, ниже для того, что принадлежит миру, да предварит тебя покой, и да будешь жив о Христе. Будь готов и приуготовлен понести всякое поношение, всякую досаду, и поругание и укоризну от всех. Прими все это с радостью, как точно достойный этого. Претерпи с благодарением Богу всякую болезнь, всякую скорбь и беду от бесов, которых волю ты исполнял. Мужественно терпи всякую нужду и горесть, приключающиеся от естества. С упованием на Бога перенеси лишение потребностей тела, вскоре имеющих обратиться в гной. Это все восприими с благим произволением в надежде на Бога, не ожидая ни избавления, ни утешения от кого иного. «Возверзи на Господа» все попечение твое (*Пс.54:23*), и во всех искушениях твоих осуди себя самого, как причину их. Не соблазнись ничем, и не укори никого из оскорбляющих тебя: потому что ты вкусил от запрещенного древа, и стяжал различные страсти. С радостью прими эти горести; пусть они потрясут тебя сколько-нибудь, чтоб ты усладился впоследствии. Горе тебе и злосмрадной славе твоей! душу твою, исполненную всякого греха, ты оставил без внимания, как бы неосужденную, а других осудил и словом и помышлением. Оставь эту пищу свиней, которою ты доселе питаешься. Что тебе за дело до человеков, о скверный! Как не стыдишься ты общения с ними, проведши жизнь безумно! Если ты обратишь внимание на это, и все это будешь помнить, то может быть спасешься при содействии Божием. Если же нет, то пойдешь в темную страну, в селения бесов, которых волю ты исполнял бесстыдно. Вот! я засвидетельствовал тебе все это. Если Бог праведно воздвигнет на тебя человеков воздать тебе за досады и укоризны, которые ты помыслил и произносил против них, то весь мир навсегда должен восстать против тебя. И так отныне престань (действовать, как действовал доселе), и претерпевай попускаемые тебе воздаяния». – Все это напоминал себе брат ежедневно, чтоб находиться в состоянии претерпевать, с благодарением Богу и со своею душевною пользою, искушения или скорби, когда они придут. Будем и мы претерпевать с благодарением попускаемое нам, и получать пользу благодатью человеколюбивого Бога».

Самоукорение имеет то особенное, полезнейшее, таинственное свойство, что возбуждает в памяти и такие согрешения, которые были совершенно забыты, или на которые не обращено было никакого внимания.

Упражнение в самоукорении вводит в навык укорять себя. Когда стяжавшего этот навык постигнет какая-либо скорбь, – тотчас в нем является действие навыка, и скорбь принимается, как заслуженная. «Главная причина всякого смущения, говорит преподобный авва Дорофей, если мы тщательно исследуем, есть то, что мы не укоряем себя. Отсюда проистекает всякое расстройство; по этой причине мы никогда не находим спокойствия. И так не удивительно, что слышим от всех святых: «нет иного пути, кроме этого». Не видим, чтоб кто-либо из святых, шествуя каким другим путем, нашел спокойствие! А мы хотим иметь его, и держаться правого пути, никогда не желая укорять себя. Поистине если человек совершит тьмы добродетелей, но не будет держаться этого пути, то никогда не престанет оскорбляться и оскорблять, губя этим все труды свои. Напротив того: укоряющий себя, всегда в радости, всегда в спокойствии. Укоряющий себя, куда бы ни пошел, как сказал и авва Пимен, что бы ни случилось с ним, вред ли, или бесчестие, или какая скорбь, уже предварительно считает себя достойным всего неприятного, и никогда не смущается. Может ли быть что спокойнее этого состояния? Но скажет кто-либо: Если брат оскорбляет меня, и я, рассмотрев себя, найду, что я не подал ему никакого повода к этому, то как могу укорять себя? Поистине, если кто исследует себя со страхом Божиим, тот найдет, что он всячески подал повод или делом, или словом, или каким-либо образом. Если же и видит, как говорит, что в настоящее время не подал никакого повода, то когда-нибудь прежде оскорбил его или другого брата в этом деле или в каком ином, и должен был пострадать за это, или за какой другой грех, что часто бывает. Так! если кто рассмотрит себя, как я сказал, со страхом Божиим, и исследует свою совесть: тот всячески найдет себя виноватым»[357]. Чудное дело! начиная укорять себя машинально, насильно, мы достигаем наконец столько убеждающего нас и действующего на нас самоукорения, что при помощи его переносим не только обыкновенные скорби, но и величайшие бедствия. Искушения уже не имеют такой силы над тем, кто преуспевает, но, по мере преуспеяния, они становятся легче, хотя бы сами по себе были тяжелее. По мере преуспеяния крепнет душа, и получает силу терпеливо переносить случающееся[358]. Крепость подается, как бы особенно-питательною снедью, углубившимся в сердце смирением. Эта-то крепость и есть терпение.

Несомненная вера в Промысл Божий утверждает в терпении и способствует самоукорению. «Не две ли птицы ценятся единым ассарием, – сказал Господь ученикам Своим, – и ни едина от них падет на земли, без Отца вашего. Вам же и власи главнии вси изочтени суть. Не убойтеся убо» (*Мф.10:29–30*). Этими словами Спаситель мира изобразил то неусыпное попечение, которое имеет Бог, и которое может иметь только один всемогущий и вездесущий Бог, о рабах и служителях Своих. Таким попечением Бога о нас мы избавлены от всякого малодушного попечения и страха о себе, внушаемых нам неверием. «Смиримся убо под крепкую руку Божию, да ны вознесет во время, всю печаль нашу возвергше Нань, яко Той печется о нас» (*1Пет.5:6–7*). Когда мы подвергаемся скорби, Бог видит это. Это совершается не только по Его попущению, но и по Его всесвятому промышлению о нас. Он попускает нам потомиться за грехи наши во времени, чтоб избавить нас от томления в вечности. Часто случается, что тайный и тяжкий грех наш остается неизвестным для человеков, остается без наказания, будучи прикрыт милосердием Божиим; в это же время, или по истечении некоторого времени, принуждены бываем пострадать сколько-нибудь, вследствие клеветы или придирчивости, как бы напрасно и невинно. Совесть наша говорит нам, что мы страдаем за тайный грех наш! Милосердие Божие, покрывшее этот грех, дает нам средство увенчаться венцом невинных страдальцев за претерпение клеветы, и вместе очиститься наказанием от тайного греха. Рассматривая это, прославим всесвятой Промысл Божий, и смиримся пред ним.

Поучительный пример самоосуждения и самоукорения, соединенных со славословием праведных и многомилостивых Судеб Божиих, подали три святые иудейские отроки в плену и в пещи вавилонских. «Благословен еси Господи Боже отец наших, – говорили они, – хвально и прославлено имя Твое во веки. Яко праведен еси о всех, яже сотворил еси нам, и вся дела Твоя истинна, и прави путие Твои, и вси суди Твои истинны, и судьбы истинны сотворил еси по всем, яже навел еси на ны и на град святый отец наших Иерусалим: яко истиною и судом навел еси сия вся на ны грех ради наших. Яко согрешихом и беззаконновахом, отступивше от Тебе, и прегрешихом во всех» (*Дан. 3:26–29*). Святые Отроки, за верность свою истинному Богу ввергнутые в разженную пещь, и не сгорая, но пребывая в ней как бы в прохладном чертоге, признавали и исповедывали себя согрешившими вместе с соотечественниками, которые действительно отступили от Бога. По любви к ближним они распространяли на себя согрешения ближних. По смирению, будучи святыми и праведниками, не захотели отделяться от братий, порабощенных греху. Из этого состояния, из состояния самоосуждения, смирения и любви к человечеству, из оправдания попущений Божиих, они уже принесли молитву Богу о спасении своем. Так и мы будем славословить Промысл Божий и исповедать греховность нашу при всех встречающихся напастях, и наших частных, и общественных, – на основании этих славословия и исповедания умолять Бога о помиловании. Священное Писание свидетельствует, что рабам Божиим, шествующим путем заповедей Божиих, посылаются особенные скорби в помощь их деятельности, как и Спаситель мира сказал, что Отец небесный «всякую розгу... творящую плод о Христе, очищает, да множайший плод принесет» (*Ин. 15:2*). Эти очистительные скорби именуются попущениями или судьбами Божиими; о них воспел святой Давид: «Судьбы Господни истинны, оправданны вкупе» (*Пс. 18:10*). «Судьбам Твоим научи мя!» (*Пс. 118:108*). Пусть узнаю и уверюсь, что все, случающееся со мною горькое, случается по промыслу Божию, по воле Бога моего! Тогда познаю и то, что «судьбы Твоя помогут мне» в немощном и недостаточном моем Богоугождении (*Пс. 118:175*).

В пример того, каким образом судьбы Божии вспомоществуют рабам Божиим, желающим благоугодить Богу, как они возводят их к той святой деятельности, к которой они никак не достигли бы без помощи судеб Божиих, приведем события с константинопольским вельможею Ксенофонтом, с его супругою и двумя сыновьями. Богатый и знаменитый Ксенофонт проводил жизнь самую благочестивую, какую общее благочестие христиан того времени соделывало возможною посреди мира и какую ныне можно проводить разве только в удалении от мира. Он желал, чтоб два сына были наследниками и имущества его, и положения при дворе императорском, и благочестия. Тогда славилось училище в сирийском Вирите (нынешнем Бейруте). Туда Ксенофонт отправил детей своих для изучения премудрости века сего. Путь из Константинополя в Вирит – морем. Однажды сыновья, посетив отца по случаю его опасной болезни, возвращались к училищу. Внезапно поднялась сильнейшая буря на Средиземном море, корабль разбило, оба юноши были выкинуты волнами в разных местах на берега Палестины. В таком бедственном положении, напитанные с детства помышлениями и влечениями благочестивыми, сыновья Ксенофонта признали в постигшей скорби призвание Божие к монашеской жизни, и, как бы по взаимному соглашению, поступили в палестинские монастыри. По прошествии значительного времени, они встретились друг с другом; по прошествии значительного времени, Ксенофонт узнал, что корабль, на котором ехали его дети, разбит бурею, и что все находившиеся на корабле пропали без вести. Глубоко огорченный отец прибегнул к молитве; после всенощного келейного бдения он получил Божественное откровение, что сыновей его осеняет особенная милость и благодать Божия. Поняв из этого, что они приняли монашество, зная, что в Палестине, против берегов которой корабль претерпел крушение, находится монастырей многое множество, Ксенофонт с супругою отправился в Иерусалим: там он увидел сыновей, и уже не возвратился в Константинополь. Из Иерусалима он распорядился имуществом, которое было продано: деньги, вырученные за него, розданы монастырям, церквам и нищим. Ксенофонт и Мария (так называлась его супруга) последовали примеру сыновей своих, Иоанна и Аркадия, вступили в монашество, в котором и родители и дети достигли великого духовного преуспеяния[359]. Они никак не сподобились бы его, если б пребыли в мирской жизни, хотя и весьма благочестивой. Бог, прозирая их преуспеяние, привел к нему неисповедимыми судьбами Своими. Путь судеб Божиих горек, как засвидетельствовал святой Апостол: «Егоже любит Господь наказует: биет же всякаго сына, егоже приемлет» (*Евр.12:6*). Последствия судеб Божиих вожделенны, неоценимы. Из жизнеописаний многих других избранников Божиих убеждаемся, что Бог посылает в помощь благому деланию рабов Своих скорби, ими очищает и совершает это делание. Одно собственное делание человека недостаточно, как замечает преподобный Симеон Новый Богослов. «Золото, говорит он, покрывшееся ржавчиною, не может иначе очиститься и возвратить естественную светлость, как будучи ввергнуто в огонь и тщательно выковано молотами: так и душа, осквернившаяся ржавчиною греха и соделавшаяся вполне непотребною, не может иначе очиститься и возвратить древнюю красоту, если не пребудет во многих искушениях, и не вступит в горнило скорбей. Это изъявляется и словами Господа нашего: «Продаждь имение твое, и возми крест твой, и гряди вслед Мене» (*Мф.19:21*; *Мк.10:21*). Здесь крестом знаменуются искушения и скорби. Раздать все свое имение и вместе не подвизаться мужественно против случающихся искушений и скорбей, служит, по мнению моему, признаком души нерадивой, неведущей своей пользы: потому что от одного отвержения имений и вещей ничего не приобретут отвергающие их, если не претерпят до конца в искушениях и скорбях ради Бога. Не сказал Христос: в отложении вещей ваших, но «в терпении вашем стяжите души ваши» (*Лк.21:19*). Явно, что раздаяние имений и бегство от мира похвально и полезно; но оно одно, само по себе, без терпения искушений, не может соделать человека совершенным по Богу... Расточивший нуждающимся имение и удалившийся от мира и вещества, кичится с великим услаждением в совести своей о уповании мзды, и иногда тщеславием выкрадывается самая мзда. Кто ж, по раздаянии всего убогим, претерпевает печали с благодарением души, и жительствует посреди скорбей: тот вкушает всякую горесть и болезненный труд, а мзда его пребывает неокраденною; его ожидает великое воздаяние в этом и будущем веке, как подражателя Христовым страданиям, как пострадавшего с Ним во дни наведения искушений и скорбей. И потому умоляю вас, братия о Христе, постараемся по слову Господа Бога и Спасителя нашего Иисуса Христа, как отверглись мы мира и всего, что принадлежит миру, так и пройти сквозь «тесные врата» (*Лк.13:24*), заключающиеся в отсечении нашего плотского мудрования и воли, в бегстве от них: потому что без умерщвления для плоти, для похотей ее и воли, невозможно получить отраду, избавление от страстей и свободу, являющуюся в нас из утешения, производимого Святым Духом[360]». Отчего мы не желаем подвергнуться скорбям, которые попускаются нам Промыслом Божиим во спасение душ наших, к которым призывает нас Сам Бог? – Оттого, что над нами господствуют сластолюбие и тщеславие: по внушению первого мы не хотим утеснять наше тело; по внушению второго мы дорожим человеческим мнением. Обе эти страсти попираются живою верою, так как, напротив, действуют по причине неверия. На вопрос преподобного аввы Дорофея: «Что мне делать? я боюсь стыда бесчестий», святой Иоанн Пророк отвечал: «Не переносить бесчестия есть дело неверия. Брат! Иисус сделался человеком, и перенес бесчестия: неужели ты больше Иисуса? Это – неверие и бесовская прелесть. Кто желает смирения, как говорит, и не перенесет бесчестия: тот не может приобрести смирения. Вот, ты услышал истинное учение: не пренебреги им. Иначе пренебрежет и тебя дело. О стыде: Приводя себе на память всенародный стыд пред Господом, который постигнет грешников, ты вменишь временный стыд ни во что»[361]. Вообще памятование вездесущия и всемогущества Божия удерживает сердце от того колебания, в которое усиливаются привести его помыслы неверия, опираясь на тщеславие и неправильную любовь к телу. Сказал Святой Пророк Давид: «Предзрех Господа предо мною выну, яко одесную мене есть, да не подвижуся. Сего ради возвеселися сердце мое, и возрадовася язык мой: еще же и плоть моя вселится на уповании!» *(Пс.15:8–9)*. «Возвеселися сердце мое» от действия веры и смирения! слова славословия Бога и самоукорения доставляют радость устам и языку! самая плоть моя ощущает силу нетления, входящую и изливающуюся в нее из ощущений сердца сокрушенного и смиренного, утешенного и утешаемого Богом!

Если никакое искушение не может коснуться человека без воли Божией, то жалобы, ропот, огорчение, оправдание себя, обвинение ближних и обстоятельств суть движения души против воли Божией, суть покушения воспротивиться и противодействовать Богу[362]. Устрашимся этого бедствия! Размышляя о какой бы то ни было скорби нашей, не будем умедлять в размышлении, чтоб оно неприметным образом не отвлекло нас от смиренномудрия в явное или прикрытое самооправдание, в состояние, противное смотрению о нас Божию. Не доверяя немощи нашей, прибегнем скорее к верному оружию самоукорения! На двух крестах, близ Спасителя, были распяты два разбойника. Один из них злоречил и хулил Господа; другой признал себя достойным казни за злодеяния свои, а Господа страдальцем невинным. Внезапно самоукорение отверзло ему сердечные очи, и он в невинном страдальце-человеке увидел страждущего за человечество всесвятого Бога. Этого не видели ни ученые, ни священники, ни архиереи иудейские, несмотря на то, что почивали на Законе Божием и тщательно изучили его по букве. Разбойник делается Богословом, и пред лицом всех, признававших себя мудрыми и могущественными, насмехавшихся над Господом, исповедует Его, попирая своим святым мнением ошибочное мнение мудрых о себе и сильных собою. Разбойника-хулителя грех богохульства, тягчайший всех прочих грехов, низвел во ад, усугубил там для него вечную муку. Разбойника, пришедшего при посредстве искреннего самоосуждения к истинному Богопознанию, исповедание Искупителя, свойственное и возможное одним смиренным, ввело в рай. Тот же крест – у обоих разбойников! противоположные помышления, чувствования, слова были причиною противоположных последствий. Со всею справедливостью эти два разбойника служат образом всего человечества[363]: каждый человек, истратив свою жизнь неправильно, в противность назначению Божию, во вред своему спасению и блаженству в вечности, есть по отношению к самому себе и тать, и разбойник, и убийца. Этому злодею посылается крест, как последнее средство к спасению, чтоб злодей, исповедав свои преступления и признав себя достойным казни, удержал за собою спасение, дарованное Богом. Для облегчения страданий и доставления утешений духовных при распятии и пребывании на кресте, распят и повешен на древе крестном вочеловечившийся Бог близ распятого человека. Ропщущий, жалующийся, негодующий на свои скорби окончательно отвергает свое спасение: не познав и не исповедав Спасителя, он низвергается во ад, в вечные и бесплодные муки, как вполне отчуждившийся, отвергшийся Бога. Напротив того открывающий посредством самоукорения свою греховность, признающий себя достойным временных и вечных казней, входит мало-помалу самоукорением в деятельное и живое познание Искупителя, которое есть «живот вечный» (*Ин.17:3*). Распятому на кресте по воле Божией, славословящему Бога с креста своего, открывается «таинство креста», и вместе с этим таинством таинство искупления человеков Богочеловеком. Таков плод самоукорения. По отношению к всемогущей и всесвятой воле Божией не может быть иных соответствующих чувств в человеке, кроме неограниченного благоговения и столько же неограниченной покорности.

Из этих чувств, когда они сделаются достоянием человека, составляется «терпение».

Господь наш Иисус Христос, Царь неба и земли, пришедши для спасения рода человеческого с неоспоримыми доказательствами Своего Божества, с беспредельною властью над всею видимою и невидимою тварью, не только не был принят человеками с подобающею Ему славою и честью, но и встречен ненавистью, подозрением, замыслами убийственными; во все время земного странствования был преследуем клеветою, злословием, придирчивостью, лукавством; наконец схвачен, как преступник, во время ночной молитвы Своей, связан, влачим с насилием, представлен на суд, решившийся прежде суда на убийство, подвергнут насмеянию, заушениям, заплеваниям, разнообразным терзаниям и пыткам, смерти на кресте, смерти бесчестной – уголовных преступников. Стоит безмолвно и неподвижно кроткий агнец пред стригущим его: так стоял Господь пред безбожными судиями Своими и бесчеловечными убийцами, Божественным молчанием отвечая на дерзкие вопросы, клеветы и поругания. Самоосуждение и самоукорение были не свойственны Ему, непричастному грехов: молчанием Он прикрыл Свою Божественную правду, чтоб мы, самоосуждением и самоукорением отрицаясь от нашей поддельной, мнимой правды, могли соделываться причастниками Его правды всесвятой и всесовершенной. Ни правда падшего естества, ни правда Закона Моисеева не могли ввести нас в утраченное вечное блаженство: вводит в него правда Евангелия и креста. Нет совершенного между человеками по добродетелям человеческим: к совершенству христианскому приводит крест Христов, и печатлеет это совершенство, даруемое Духом Святым. Смирение возвело Господа на крест и учеников Христовых смирение возводит на крест, который есть святое «терпение», непостижимое для плотских умов, как было непонятным молчание Иисуса для Ирода, понтийского Пилата и иудейских архиереев. Будем молить Господа, чтоб Он открыл нам таинство и даровал любовь креста

Своего, чтоб сподобил нас претерпеть должным образом все скорби, которые попустятся нам всеблагим Божиим промыслом во времени для спасения нашего и блаженства в вечности. Господь обетовал нам: «Претерпевый до конца, той спасется» (*Мф.24:13*). Аминь.

О ЧИСТОТЕ

Грехом было любодеяние, когда владычествовал Ветхий Завет; грехом было оно, как бесчестие естества, как злоупотребление важным свойством естества, как нарушение законов естества. Преступление признавалось столь значительным, что виновный в нем казнился смертною казнью. В Новом Завете этот грех получил новую тяжесть, потому что тела человеческие получили новое достоинство. Они соделались членами тела Христова, и нарушитель чистоты наносит уже бесчестие Христу, расторгает единение с Ним, «уды Христовы» претворяет в «уды блудничи» (*1Кор.6:15*). Любодей казнится смертью душевною. От впавшего в грех блуда отступает Святой Дух; согрешивший признается впавшим в смертный грех, в грех, отъемлющий спасение, в грех – залог неминуемой погибели и вечного томления во аде, если этот грех не уврачуется благовременно покаянием.

Что такое – чистота? Это – добродетель, противоположная блудной страсти; это – отчуждение тела от действительного впадения в грех и от всех действий, приводящих ко греху, отчуждение ума от помышлений и мечтаний блудных, а сердца от ощущений и влечений блудных, затем последует и отчуждение тела от плотского вожделения.

Некоторые утверждают, что впадение в блудный грех телом и впадение в него умом и сердцем есть преступление одинаковых тяжести и значения. Такое мнение свое они основывают на словах Спасителя: «Всяк, иже воззрит на жену, ко еже вожделети ея, уже любодействова с нею в сердце своем» (*Мф.5:28*). Несправедливое мнение! Это сказано в дополнение ветхозаветной заповеди; это сказано тем, которые признавали грехом один телесный блуд, не понимая, что «помышления злая», к которым причисляются помышления блудные, «исходят от сердца, оскверняют человека» (*Мф.15:19–20*), «отлучают от Бога» (*Прем.1:3*), отъемлют чистоту – средство Богозрения. Услаждение блудными помыслами и ощущениями есть блуд сердца и осквернение человека, соделывающие его неспособным к общению с Богом, а блуд тела есть изменение всего человеческого существа от смешения с другим телом (*1Кор.6:16*), есть совершенное отчуждение от Бога, есть смерть, есть погибель. Чтоб выйти из первого состояния, должно истрезвиться; чтоб выйти из второго, должно воскреснуть, должно снова родиться покаянием.

Некоторые утверждают, что человеку невозможно быть свободным от порабощения плоти, тем более от помышлений и ощущений блудных, что такое состояние неестественно. Законополагает Бог, ведущий возможное и невозможное для нас, более нежели мы: и потому достижение чистоты и телесной и сердечной возможно для человека. Законополагает Бог, Творец естества: и потому сердечная чистота не противна естеству человеческому. Она неестественна естеству падшему; она была естественна естеству по сотворении его, и может соделаться естественною по обновлении. Она может быть возделана и приобретена: хлеб, овощи, плодовитые деревья не растут на земле сами собою; но когда земля приготовится должным образом, и полезные произрастания посадятся и насеются, тогда они произрастают в особенном изобилии для пропитания и наслаждения человеков. Необработанная земля дает одни плевелы, или дает одну траву, пищу скотов, а не человеков. Нужен подвиг: предмет подвига достоин того, чтоб для него предпринят был усиленный и трудный подвиг избранными для подвига. Чистота названа в Писании святостью: «Сия есть воля Божия, святость ваша, – говорит Апостол, – хранити самех себе от блуда: и ведети комуждо от вас свой сосуд стяжавати во святыни и чести, а не в страсти похотней» (*1Сол.4:3–5*).

Чистота жительствующих в супружестве состоит в верности супругов друг к другу. Чистота дев и вдовиц, уневестившихся Христу, состоит в верности к Христу. И к ним-то мое убогое, утешительное, ободрительное, нелживое слово, – слово, заимствованное из учения истины: из Всесвятого Слова Божия, объясненного святыми Отцами, их святым словом и опытом.

Когда Господь воспретил произвольный развод, допущенный Моисеевым Законом, и объявил, что сочетаваемое Богом не может быть расторгаемо человеком иначе, как по причине уже совершившегося расторжения впадением в блуд одной половины: тогда ученики Господа возбудили вопрос о безбрачной жизни. На это Господь сказал: «Не вси вмещают словесе сего, но имже дано есть... Могий вместити да вместит» (*Мф.19:11–12*). Кто этот «могий вместити»? по какому признаку должен каждый из нас судить и заключать о своей способности и неспособности к безбрачной жизни? Ответ заимствуем из писаний святых Отцов: «по произволению нашему». «Способность дается просящим ее у Бога от искренности сердца, говорит блаженный Феофилакт Болгарский: «просите, – сказал Господь, – и дастся вам... всяк просяй, приемлет» (*Мф.7:7–8*)»[364]. Искренность прошения доказывается жительством, соответствующим прошению, и постоянством в прошении, хотя бы исполнение прошения отсрочивалось на более или менее продолжительное время, хотя бы желание наше наветовалось различными искушениями. Собственные подвиги, которыми инок усиливается победить и изменить свойство падшего естества, суть только свидетели истинного произволения. Победа и изменение естества принадлежат единому Богу. «Где побеждено естество, говорит святой Иоанн Лествичник, там признается пришествие Того, Кто превыше естества»[365]. Изменяет естественное влечение Бог в том, кто всеми зависящими от него средствами докажет свое искреннее желание, чтоб влечение это изменилось: тогда Дух Божий прикасается духу человеческому, который, ощутив прикосновение к себе Духа Божия, весь, со всеми помышлениями и ощущениями, устремляется к Богу, утратив сочувствие к предметам плотского вожделения[366]. Тогда сбываются слова Апостола: «прилепляяйся Господеви, един дух есть с Господем» (*1Кор.6:17*). Тогда самое тело влечется туда, куда стремится дух.

По причине произволения своего, опытно доказанного и засвидетельствованного, многие непознавшие жен пребыли до конца жизни в этом блаженном состоянии, или сохранили свое девство; другие после супружеской жизни сохранили непорочное вдовство; иные перешли от развратной жизни к жизни целомудренной и святой; наконец некоторые, поколебавшись в произволении, снова возвратились к нему, и возвратили покаянием потерянное целомудрие. Все они не только воздержались от впадения в блуд телом, но и вступили в борьбу с помышлениями и ощущениями страстными, воспротивились им, победили их, прияли от Бога свободу чистоты, которая вполне чужда общения с грехом, хотя бы он и не преставал от нападений. Так прекращается действие непогоды на путника, когда он войдет в благоустроенный дом, хотя бы непогода продолжалась, или свирепствовала еще более. – Возлюбленные братия, иноки! не будем малодушествовать и унывать. Не обратим внимания на бесов, влагающих нам недоверие к избранному нами пути; не обратим внимания на суждения и советы человеческие, произносимые из неведения или разврата и злонамеренности: поверим Господу Богу нашему, обетовавшему услышать нас, и помочь нам, если мы пребудем верными Ему. Верность эту засвидетельствуем постоянным стремлением к Нему и постоянным раскаянием в наших уклонениях от этого стремления. Не возможно не подвергаться большим или меньшим уклонениям, и по немощи нашей, и по ограниченности, и по повреждению естества грехом, и по злохитрости наших невидимых врагов, и по умножившимся до бесконечности соблазнам.

Недолго нам потрудиться! недолго пострадать в борьбе с собою! Скоро настанет час смертный, который исторгнет нас из томления борьбы и из опасности впадать в согрешения. О! когда бы в этот час, во вратах вечности, мы узрели распростертыми к себе объятия Отца Небесного, и услышали Его утешительный глас: «Добре, рабе благий и верный, о мале Ми был еси верен, над многими тя поставлю: вниди в радость Господа твоего» (*Мф. 25:23*). До этого часа будем подвизаться мужественно, никак не доверяя плоти нашей, не доверяя нашему бесстрастию, ни мнимому, ни истинному. Понадеявшиеся на себя, на умерщвление плоти своей, на свое бесстрастие и благодатное состояние, подвергались страшным искушениям.

Сказал святой Исаак Сирский: «Не удаляющий себя от причин греха произвольно, бывает против воли своей увлекаем грехом»[367]. Правило это, относясь вообще к монашескому жительству, особенно важно для тех, которые вступили в борьбу с свойством естества, явившимся в нем по падении. Нам полезно вовсе не видеть того плода, от вкушения которого мы отреклись. По этой причине правилами святых Отцов воспрещен вход женскому полу в монастыри мужские, что и поныне соблюдается в святой Афонской горе. В житии святого Иоанна Лествичника сказано, что он пустынножительством и устранением себя от воззрения на лица окончательно угасил в себе пламень вожделения. Все святые Отцы старались удаляться по возможности своей от знакомства и общения с женами, и такое поведение передали нам в своих душеспасительных, боговдохновенных писаниях. Отцы, зная удобопоползновенность человека, не доверяли ни святости своей, ни престарелому возрасту и его неспособности ко греху. Они, до конца жизни, не преставали удаляться от причин греха: такое удаление есть сильнейшее средство для победы над грехом. Когда преподобный Сисой Великий очень устарел, тогда ученик его, авва Авраам, предложил ему поместиться на жительство поближе к населению. На это отвечал девяностолетний старец: «Поместимся там, где нет жен».

Ученик возразил: «Где ж место, в котором бы не было жен, кроме пустыни?» Старец сказал: «Помести же меня в пустыне, чадо»[368]. Благое произволение человека укрепляется вдали от соблазнов, получает необыкновенную твердость и силу; напротив того оно, будучи приближено к соблазнам, начинает мало-помалу ослабевать, и наконец совершенно извращается. Так лед на морозе крепнет более и более; но, будучи подвергнут влиянию тепла, тает и исчезает. Братия! подобает нам удаляться от знакомства с женами, особливо близкого, от частых свидания и беседы с ними. Вознамерившиеся победить естество! поймите, что эта победа невозможна, если мы будем подвергать себя непрестанно влиянию естества, и возбуждать в себе действие его.

Преподобный Пимен Великий сказал боримому блудною страстью: «Если монах обуздает чрево и язык, и сохранит странничество, то он не умрет»[369] смертью душевною, постигающею каждого, низринувшегося в блуд. Под именем странничества разумеется здесь удаление от рассеянной жизни, свободного обращения, многого и короткого знакомства, от которых разжигается плотское вожделение. – Преподобный Исаия Отшельник говорил, что блудная брань усиливается от следующих пяти поводов: от празднословия, тщеславия, многого сна, от украшения себя одеждами и от пресыщения[370]. Из причин возбуждения блудной страсти с особенною силою и вредом действуют две: нарушение странничества и пресыщение. Трудно решить, которое из них пагубнее! гибельны и то и другое. Подчинившийся и поработившийся одному из них, не возможет устоять в борьбе против естества своего.

Для достижения чистоты необходимо отвержение обеих причин. Обратив особенное внимание на охранение себя от главных причин, возбуждающих вожделение, не оставим без должного внимания и второстепенных: будем хранить себя и от них. И меньшей силы повод приобретает особенную силу от навыка к нему, от небрежения о нем. Например: иные постятся, живут уединенно и нестяжательно, умоляют Бога о обуздании похотений естества своего; но при этом позволяют себе злоречить, укорять, осуждать ближних, насмехаться над ними, – и помощь Божия отступает от них; они предоставляются самим себе, и не находят сил противостать греховным побуждениям падшей природы. В некотором общежитии жил затворник по имени Тимофей. Один из братий общежития подвергся искушению. Настоятель, узнав об этом, спросил Тимофея, как поступить ему с падшим братом? Затворник посоветовал выгнать соблазнившегося. Когда его выгнали, – искушение падшего брата перешло к Тимофею, и привело его в опасность. Тимофей начал вопиять со слезами к Богу о помощи и помиловании. И был к нему глас: «Тимофей! знай, что Я послал тебе искушение именно за то, что ты презрел брата своего во время искушения его»[371]. С членами Христовыми – христианами – должно обходиться очень осторожно и благоразумно: должно сострадать им в недугах их, и отсекать только те, которые, не подавая никакой надежды к выздоровлению, лишь заражают недугом своим других.

Весьма важно сохранение тела от впадения в блуд: но одного этого недостаточно для боголюбезной чистоты, которою зрится Бог. На нас лежит непременная обязанность очистить самую душу от помышлений, мечтаний и ощущений сладострастных, как то заповедал нам Спаситель наш. «Как тело, говорит преподобный Макарий Великий, совокупляясь с другим телом, заражается нечистотою: так и душа, сочетаваясь со злыми и скверными помыслами, и соглашаясь с ними заодно, растлевается. Если кто растлит душу и ум, соглашаясь со злом: тот повинен казни. Должно хранить как тело от видимого греха, так и душу от непотребных помыслов: ибо она – невеста Христова[372]». Удалив от себя причины греха, как-то: частое общение и близкое знакомство с женским полом, свободное обращение и рассеянную жизнь, пресыщение и наслаждение яствами и напитками, роскошь и излишество в одежде и в прочих принадлежностях келейных, осуждение ближних, злоречие, смехословие, пустословие и многословие, решимся отречься от услаждения сладострастными помыслами, мечтаниями и ощущениями. Не будем сами возбуждать их в себе, и будем мужественно отвергать их, когда они возникнут из падшего естества нашего, или предложатся врагами спасения нашего – демонами. Говорит святой Исихий Иерусалимский: «Не всяк, глаголяй Ми, Господи, Господи, – сказал Господь, – внидет в Царствие Небесное, но творяй волю Отца Моего» (*Мф.7:21*). Воля же Отца Его есть сия: «Любящие Господа, ненавидите злая» (*Пс.96:10*). И так: будем упражняться в молитве Иисус-Христовой, и возненавидим лукавые помыслы. Таким образом сотворим волю Божию[373]. «Очистим себе от всякия скверны плоти и духа» (*2Кор.7:1*), завещавает нам Апостол.

Святые Отцы повелевают «блюсти главу... змия» (*Быт.3:14–15*), то есть усматривать самое начало греховного помысла, и отвергать его. Это относится ко всем греховным помыслам, но наиболее к блудному, которому содействует падшее естество, который, по этой причине, имеет на нас особенное влияние. Преподобный Кассиан Римлянин заповедует новоначальному иноку пришедший ему греховный помысл немедленно исповедывать старцу[374]. Этот способ – превосходен; он для новоначального – наилучший; но и для преуспевшего бывает в иных случаях крайне нужен и всегда полезен, как решительно разрывающий дружество с грехом, к которому влечется болезнующее естество. Блажен, кто может употреблять в дело этот способ! блажен новоначальный, обретший старца, которому он может открывать свои помыслы! Тем инокам, которые не имеют возможности непрестанно относиться к старцу, Отцы повелевают явившийся греховный помысл немедленно отвергать, никак не вступая с ним в беседу или прение, от которых непременно последует увлечение грехом, и устремляться к молитве. Этот способ употребляла с величайшим успехом и плодом преподобная Мария Египетская, что видно из жития ее[375]. «Если кто, – сказал преподобный Нил Сорский, – при всякой встречающейся напасти, и при всяком помышлении, приносимом от врага, с плачем вопиет о помощи к благости Божией: тот вскоре ощутит спокойствие, если будет молиться разумно»[376]. «Как свойственно огню истреблять хворост, так чистым слезам свойственно истреблять все скверны, плоти и духа», сказал святой Иоанн Лествичник[377].

Когда находимся наедине, то при нападении блудных помыслов и мечтаний, при необычном разжении тела, должно падать на колени и на лицо пред святыми иконами, подражая деланию великой Марии Египетской, и со слезами или плачем умолять Бога о помиловании. Не замедлят опыты доказать близость к нам Бога и Его власть над нашим естеством: это доставит нам живую веру, а живая вера воодушевит нас необыкновенною силою, и будет доставлять нам постоянные победы. Не удивимся, если и после продолжительной борьбы, за которою последовало столько же продолжительное спокойствие, приводившее к мысли о умерщвлении яда и смерти блудных наклонностей в естестве, снова восстанет лютая брань, и оживут в теле непристойные влечения и движения[378]. Враг наш бесстыден; он не останавливается направлять свои стрелы против величайших Святых Божиих: опыты доказали ему, что попытка бывает иногда удачною, низлагает и сокрушает даже сосуды Духа, как этому подвергся Духоносец, прогуливавшийся вечером на крыше своего царского дома (*2Цар.11:2*). Плоть наша – друг неверный: вожделевает другой плоти не только по собственному побуждению, но и по побуждению чуждому, по побуждению падшего духа, находящего в осквернениях плоти, ему не принадлежащей, наслаждение для себя. Неожиданно является ее непристойное, наглое, усиленное требование! По этой причине преподобный Пимен Великий говорил: «Как оруженосец царя предстоит ему всегда готовым: так душе должно быть всегда готовою против беса блудного»[379].

Жительству и деланию древних иноков во многих отношениях мы можем только удивляться, но никак не подражать; можем лишь созерцать их, как Божие чудо, и прославлять по поводу них Бога, даровавшего немощному человеку непостижимую силу и святость. К таким деланиям принадлежит способ борьбы, который употребляли преуспевшие иноки первых веков иночества против блудных помыслов и мечтаний. Они первоначально не противились помыслу, но допускали несколько воздействовать, по выражению их «войти», и потом боролись с ним. – Преподобный Пимен Великий, прежде нежели достиг совершенства, старался назидаться советами и наставлениями современных ему святых старцев. Он обращался за советом и к авве Иосифу, безмолвствовавшему в Панефосе. Однажды Пимен спросил авву: «Как поступать мне, когда приступят ко мне похотения? противостать ли им, или дозволить войти?» – Старец отвечал: «Дозволь войти и борись с ними». Получив такой ответ, Пимен возвратился в Скит, где он безмолвствовал. После этого случилось прийти в Скит некоторому иноку из Фиваиды; он рассказывал братьям: «Спрашивал я авву Иосифа: если приступят ко мне похотения, то противостать ли мне им, или попустить войти?» И он сказал: «никак не попускай похотениям входить, но тотчас отсекай их». Авва Пимен, услышав, что так сказал фиваидскому иноку отец Иосиф, пошел опять к нему в Панефос, и сказал: «Авва! я не утаил от тебя помышлений моих, но ты сказал мне одно, а фиваидскому иноку другое». Старец отвечал ему: «неужели ты не знаешь, что я люблю тебя?» «Знаю», – отвечал Пимен. «Не ты ли, продолжал старец, говорил мне, чтоб я сказал тебе то, что сказал бы самому себе? Когда приступят к тебе похоти, и ты попустишь им войти, потом будешь бороться с ними, то посредством этого делаешься искуснее. Я говорил это тебе, как себе. Но когда приступят похотения к новоначальным, то им неполезно впускать их; они должны немедленно отвергать их от себя»[380]. Из ответов самого Пимена Великого, когда уже он сделался наставником монашествующих, по подобному же обстоятельству, видно, что допуск в себя блудных помыслов воспрещался инокам, сочувствовавшим страсти, дозволен был проводившим жительство небесное[381]. Существование этого делания объясняется возвышенным духовным преуспеянием вообще монашества тех времен: очевидно, что для такого подвига необходимо состояние бесстрастия. Позднейшими Отцами это делание, как очень опасное, и, вероятно, вследствие несчастных опытов, воспрещено для всех вообще иноков. «Не попусти, – сказал святой Исаак Сирский, – уму твоему искуситься блудными помыслами или мечтанием лиц, имеющих на тебя влияние, полагая, что ты не победишься ими; потому что таким образом премудрые омрачились и были осмеяны»[382]. Нам необходимо держаться этого наставления.

Из жизнеописаний святых угодников Божиих видим, что некоторые из них выдержали сильнейшую и продолжительную борьбу с блудными помыслами и ощущениями, переходя из состояния страстного в бесстрастное. Этому подверглись не только такие подвижники, которые проводили предварительно развратную жизнь, каковы преподобные Моисей Мурин и Мария Египетская, но и девственники, – Симеон Христа ради юродивый, Иоанн Многострадальный Печерский и другие. Лютость борьбы возвела их к усиленным, сверхъестественным подвигам. А как дар Божественной благодати всегда бывает сообразен и соразмерен предшествовавшим скорби и труду, то упомянутые святые сподобились, соответственно необыкновенному подвигу и лютости попущенной им брани, необыкновенных благодатных даров. И борьба и подвиг их были особенными событиями в подвижничестве: они не могут служить вполне руководством для всех подвижников. Можно и должно подражать по возможности силе произволения, решимости, вере, самоотвержению этих угодников Божиих; но самый подвиг их остается неподражаем. Вообще признано рассудительнейшими Отцами, что, при борьбе с вожделениями естества, воздержание от пищи и прочие телесные подвиги должны быть благоразумны и умеренны, что плотское вожделение только обуздывается этими подвигами, что побеждается оно смирением и молитвенным плачем, привлекающими к подвижнику Божественную благодать, что усиленные телесные подвиги более вредны, нежели полезны, когда они, излишне ослабляя телесные силы, препятствуют заниматься молитвою, плачем и делами смирения. В Отечнике читается следующая повесть: «некоторый благочестивый муж в Египте оставил жену и детей, отрекся мира, и удалился в пустыню. На него восстала сильная брань от блудного беса, приносившего ему воспоминание жены его. Он исповедал это Отцам. Они, видя, что он подвижник, и исполняет все, заповедуемое ему, возложили на него сугубый подвиг, заимствовав его из различных жизнеописаний святых Отцов. От этого подвига он так ослабел, что слег в постель. По смотрению Божию пришел туда старец из Скита. В Египетском Ските – так называлась бесплодная и дикая пустыня, находившаяся в недальнем расстоянии от Александрии – жительствовали преподобные иноки, особенно обиловавшие благодатными дарами и даром духовного рассуждения. Скитянин посетил болящего, и спросил его: Авва! отчего ты болен? Он отвечал: Я из женатых, недавно пришел в эту пустыню, и враг навел на меня брань по поводу жены моей. Я исповедал это Отцам. Они возложили на меня различные подвиги, заимствовав их из жизнеописаний святых Отцов. Когда я начал исполнять их, то пришел в изнеможение, а брань сугубо возросла в теле моем. Скитский старец, услышав это, опечалился, и сказал ему: Отцы, как сильные, правильно заповедали тебе поступить так. Но, если хочешь, послушай моего смирения, и, оставив исполнение этих подвигов, принимай умеренное количество пищи в свое время, совершай умеренное правило и возложи на Господа всю печаль твою: Он победит врага, борющего тебя. Собственным же подвигом не возможешь получить победы на этой брани. – Боримый брат начал вести себя по совету скитского старца: по прошествии немногих дней он почувствовал облегчение от болезни, и брань отступила от него»[383]. Известный по особенному дару духовного рассуждения инок Скита, преподобный Агафон, был спрошен о блудной страсти. Он отвечал спросившему: «Поди, повергни силу твою в прах пред Богом, и обретешь покой»[384]. Подобный ответ по этому предмету давали и другие великие Отцы. Вполне правильно и верно! если изменить естество может только Бог, то сознание повреждения, произведенного в естестве первородным грехом, и смиренное моление о исцелении и обновлении естества Творцом его, есть сильнейшее, действительнейшее оружие в борьбе с естеством. Оружие это ослабляется упованием на себя, к чему ведет излишний и несоразмерный с силами телесный подвиг. Преподобный Кассиан Римлянин замечает, что «страсть вожделения по необходимости борет душу до того времени, доколе душа не познает, что борьба эта превыше сил ее, доколе не познает, что невозможно ей получить победы собственным трудом и усилием, если не будет помощи и покрова от Господа»[385]. Этот святой Отец провел значительное время посреди скитских Отцов, и был напоен их учением.

Беседуя о чистоте, мы находим существенно нужным обратиться с убогим словом к неведению нашего времени, столько гордящегося ведением, и подать руку помощи тем, которые утопают и томятся в смущении, унынии и печали по причине неведения своего. Весьма многие, желающие проводить благочестивую жизнь, приходят в совершенное недоумение, когда в них восстанут помыслы и ощущения плотского вожделения. Они смотрят на это, как на что-то странное, такое, чему не должно быть, приходят от этого в душевное расслабление и расстройство, часто решаются оставить Богоугодную жизнь, признавая себя неспособными к ней. Самое ошибочное воззрение на себя! Наше естество – в состоянии падения. В состоянии падения плотские вожделения ему естественны, и не могут не возникать из него. И так не должно удивляться и приходить в недоумение при появлении помыслов, мечтаний, ощущений вожделения:

это – естественная необходимость. Ей подчинен каждый человек; подчинены были ей все святые человеки.

Этого мало. Для самого преуспеяния в духовной жизни непременно нужно, чтоб возникли, и таким образом обнаружились наши страсти[386]. Когда страсти обнаружатся в подвижнике: тогда он вступает в борьбу с ними. Вступивший в борьбу и мужественно борющийся может одержать победу и быть увенчанным венцом победы, Святым Духом. Предлагаем возлюбленным братиям рассмотреть внимательно жизнеописания и сочинения святых Отцов: мы увидим, что все угодники Божии подвергались пытке и труду этой борьбы, прошли сквозь огнь страстей и воду слез, и взошли в покой бесстрастия. Преподобный авва Дорофей, по вступлении своем в монастырь, очень искушался плотскими вожделениями, и прибегал в борьбе этой к советам и наставлениям преподобного Варсонофия Великого[387]. Ответы Великого Отца содержат в себе превосходное руководство к мужественному сопротивлению требованиям безумным и растленным падшего естества. В одном из этих ответов преподобный Варсонофий говорит о себе, что он был борим блудною страстью в течение пяти лет. «Брань, воздвизаемую плотью, сказал он, упраздняет молитва с плачем»[388]. Преподобный *Антоний Великий*, как повествуется в житии его, был усиленно борим блудными помыслами и мечтаниями. Многие из святых, уже по обновлении их Святым Духом и по достижении в пристанище блаженного бесстрастия, внезапно подвергались непристойным побуждениям и влечениям естества, нашествию нечистых помыслов и мечтаний, как то случилось с преподобными *Макарием Александрийским*, Иоанникием Великим и другими. Потому-то святые Отцы сказали, что плоти своей можно доверить только тогда, когда она уляжется в гроб[389].

Мы для того и вступаем в монастырь, чтоб открыть в себе скрытно живущие страсти и отношение нашего естества к духам злобы, которым оно поработилось произвольно. Для того мы разрываем узы с миром, оставляем общество человеков, родственников, имущество, чтоб увидеть наши внутренние узы и расторгнуть их десницею Господа[390]. Второе не имеет места, если предварительно не совершено будет первое. Тогда только мы можем прийти в смирение духа, когда увидим в самих себе падение человечества, его плен, жестокое господство над нами демонов и вечной смерти; только тогда можем возопить к Богу молитвою и плачем из глубины сердца, от всей души, и таким воплем, таким сознанием своей погибели и беспомощной немощи привлечь к себе в помощь Божественную благодать. По этой причине воздымающиеся брани в нас самих содействуют нашему духовному преуспеянию, если мы боремся мужественно, а не поддаемся малодушно побеждению. Преподобный авва Дорофей повествует, что ученик некоторого великого старца подвергся плотской брани. Старец, видя труд его, сказал ему: Хочешь ли, я помолюсь Богу, чтоб Он облегчил тебе брань? – Ученик отвечал: Отец мой! хотя я и тружусь, но вижу в себе плод от труда: лучше помолись Богу, чтоб Он дал мне терпение в брани. «Таков – истинно хотящий спастись!» – восклицает преподобный Дорофей по окончании повести[391]. Сказывал преподобный Пимен Великий о великом Угоднике Божием, Иоанне Колове, в назидание и утешение братьям, что он умолил Бога, и был избавлен от действия похотений, отчего пребывал в ненарушимом спокойствии. Тогда он пошел к некоторому, весьма опытному в духовной жизни старцу, и поведал ему совершившееся с ним. Старец отвечал: «Поди, помолись Богу, чтоб возвратились к тебе брани и то сокрушение и смирение, которые ты прежде имел по причине браней: потому что при посредстве их душа приходит в преуспеяние»[392]. Не будем же предаваться смущению, унынию, малодушию, расслаблению, когда восстанут в нас свирепые волны вожделения, и помыслы, как сильные ветры, нападут на нас! Воспротивимся греху: борьбою этою выработаем живую веру в Бога и живое познание Бога.

Много и часто мы вредим себе, требуя от себя несвойственного нам. Так: едва вступившие в подвиг, пропитанные, так сказать, и преисполненные вожделением, хотят, чтоб в них не было сочувствия к помыслам, мечтаниям и ощущениям плотским. Оно существует; оно естественно; оно не может не быть. Безрассудно – искать невозможного. Вожделение по необходимости должно возникать из зараженного им естества; но едва оно возникнет в каком бы то ни было виде, мы должны немедленно, с насилием себя, противодействовать ему вышеприведенными способами. Мы должны в противность сильной воле всего естества, действием слабой воли одного ума (*Рим.7:23*), руководимого Словом Божиим, вырваться из нашего плена, из нашей ветхости, из нашего падшего естества. «Царствие Небесное нудится», сказал им Господь, и только те, которые понуждают себя, поборая греховную волю свою, «восхищают е» (*Мф.11:12*). Когда уже благодать Божия начнет явно помогать нам, то первый признак ее вспоможения есть «неслагающийся помысл», как говорит святой Иоанн Лествичник[393], то есть является мало-помалу в уме несочувствие к блудным помыслам и мечтаниям, вместо прежнего сочувствия, от которого происходили увлечение и побеждение при всяком случае, когда для сопротивления не употреблено было особенного усилия.

Девственники, то есть те, которые не вкусили смерти душевной действительным впадением тела в блуд! храните ваше девство, как драгоценное сокровище: при правильном монашеском жительстве вы не замедлите ощутить так называемое святыми Отцами духовное действие[394], или действие Святого Духа на душу, действие, которое сообщается душою телу, и опытно удостоверяет нас, что тела наши сотворены для наслаждения духовного, что они низошли к сочувствию наслаждениям скотоподобным по причине падения, что они могут возвратиться к сочувствию наслаждениям духовным посредством истинного покаяния. Увы! даже знание о существовании способности тела человеческого к ощущению духовному утрачено человеками, трубящими о своем многознании. Возвещение о этой способности выслушивается с недоверчивостью, как учение новое и странное. Не ново оно, и не странно! рассмотрите Писание Святых Отцов: вы найдете в них это учение. Ознакомившись с ним короче, вы найдете его в Священном Писании. Искупление, дарованное человечеству Богом, преисполнено неизреченными, существенными благами, свидетельствуется ими; но мы, довольствуясь поверхностными познаниями по букве, не хотим стяжать познаний опытных, требующих распятия (*Гал.5:24*), и потому лишаем себя познаний живых. Изменяется чувство сердца, причастившегося наслаждению духовному. Такое сердце начинает питать отвращение к сладострастию, с ревностью противиться влечениям и внушениям его, с плачем вопиять к Богу о избавлении из этой смрадной тины.

Приведенные промыслом Божиим к состоянию вдовства, желающие или долженствующие нести иго этого состояния! не остановитесь прибегнуть с теплою и смиренною молитвою к Богу, и Он даст вам победу и над естеством и над навыком вашим, укрепившим и поддерживающим силу и право естества. Не отрекитесь потерпеть кратковременную скорбь борьбы с собою: ничего не значит эта скорбь пред утешением, являющимся от победы; ничего не значит эта скорбь пред ощущением свободы, которое является в душе вслед за победою.

Находящиеся в пропасти прелюбодеяния и разврата! услышьте голос, призывающий вас к покаянию, и примите от всемогущего врача, Бога, предлагаемое Им всемогущее врачевство покаяния. Врачевство это уже испытано. Оно соделало прелюбодеев образцами целомудрия, и развратных святыми и праведными. Оно претворило сосуды диавола в сосуды Святого Духа, – и многие покаявшиеся грешники оставили далеко за собою на поприще духовного преуспеяния непознавших смертного греха подвижников. Достоинство каждого христианина составляет Искупитель, и тот из человеков выше других по достоинству своему, кто существеннее усвоил себе Искупителя.

Многие святые Отцы, проводившие жизнь девственную, называли себя скверными и прелюбодеями; мало этого! некоторые из них, будучи оклеветаны в грехе блудном, не принесли никакого оправдания, хотя оно было очень удобно для них, и подчинили себя наказанию и скорбям, как бы действительно виновные. Такое поведение, при поверхностном взгляде на него, может показаться странным: оно объясняется свойством подвига, которым израбатывается святая чистота. Этим подвигом так ясно обнаруживается падение естества, так осязательно доказывается подвижнику неизбежное подчинение его требованию падшего естества, если б из области естества не исхитила его десница Божия, что он не может не признавать собственно себя прелюбодеем. Чистота его есть дело Божие в нем, а отнюдь не свойство естества и не плод его усилий. Продолжительность времени подвига имеет значительное влияние на составление и усвоение такового понятия о себе. С достоверностью можно утверждать, что Святые Божии признают себя оскверненными любодеянием несравненно более, нежели те, которые, живя жительством плотским, непрестанно утопают в любодеянии. Из такого самовоззрения святой Василий Великий, архиепископ Кесарии Каппадокийской, муж, исполненный Святого Духа, произнес о себе следующее изречение: «Не познал я жены, и я – не девственник»[395]. Какое глубокое чувство плача слышится из этого изречения!

Беспредельная милость Божия да дарует нам приблизиться к святой чистоте Святых Божиих и к их святому смирению. Аминь.

СЛОВО УТЕШЕНИЯ
К СКОРБЯЩИМ ИНОКАМ

«Чадо, – говорит Писание, – аще приступаеши работати Господеви Богу, уготови душу твою во искушение: управи сердце твое, и потерпи... Все, елико нанесено ти будет, приими, и во изменении сердца твоего долготерпи» (*Сир.2:1–2, 4*).

Скорби были от начала века знамением избрания Божия. Они были знамением Богоугождения для патриархов, пророков, апостолов, мучеников, преподобных. Все святые прошли тесным путем искушений и скорбей, терпением их принесли себя в благоприятную жертву Богу.

И ныне святым душам попускаются, по воле Божией, различные напасти, чтоб любовь их к Богу открылась во всей ясности.

Ничего не случается с человеком без соизволения и попущения Божия.

Христианин, желающий быть последователем Господа нашего Иисуса Христа, и соделаться по благодати сыном Божиим, рожденным от Духа, прежде всего должен положить себе за правило, вменить себе в непременную обязанность, благодушное терпение всех скорбей: и телесных страданий, и обид от человеков, и наветов от демонов, и самого восстания собственных страстей своих.

Христианин, желающий благоугодить Богу, более всего нуждается в терпении и твердом уповании на Бога. Он должен непрестанно держать это оружие в мысленной деснице: потому что лукавый враг наш, диавол, со своей стороны, употребляет все средства, чтоб во время скорби ввергнуть нас в уныние и похитить у нас упование на Господа.

Бог никогда не попускает на истинных рабов своих искушения, превышающего их силы. «Верен Бог, – говорит святой Апостол Павел, – Иже не оставит вас искуситися паче, еже можете, но сотворит со искушением и избытие (избавление), яко возмощи вам понести» (*1Кор.10:13*).

Диавол, будучи создание и раб Божий, озлобляет душу не столько, сколько хочет, но сколько дозволено будет Богом.

Если человекам не неизвестно, какую тяжесть может носить различный вьючный скот, то тем более бесконечная Божия Премудрость ведает, какой меры искушение прилично каждой душе.

Скудельник знает, сколько времени должно держать в огне глиняные сосуды, которые, будучи передержаны, рассeдаются, а будучи недодержаны, негодны к употреблению, тем более знает Бог, какой силы и степени нужен огнь искушений для словесных сосудов Божиих – христиан, чтоб они соделались способными к наследованию Царства Небесного.

Отрок неспособен к отправлению служений в мире: он неспособен к управлению домом, к возделыванию земли и к прочим житейским занятиям. Так часто и души, будучи уже причастницами Божественной благодати, но не искушенные скорбями, наносимыми от злых духов, не свидетельствованные этими скорбями, пребывают еще в младенчестве, и, так сказать, неспособны к царству небесному.

«Аще без наказания есте, – говорит Апостол, – ему же причастницы быша вси: убо прелюбодейчищи есте, а не сынове» (*Евр.12:8*).

Искушения и скорби ниспосылаются человеку для его пользы: образованная ими душа делается сильною, честною пред Господом своим. Если она претерпит все до конца в уповании на Бога, то невозможно ей лишиться благ, обещанных Святым Духом, и совершенного освобождения от страстей.

Души, будучи преданы различным скорбям, явным, наносимым человеками, или тайным, от восстания в уме непотребных помыслов, или телесным болезням, если все это претерпят до конца, то сподобляются одинаковых венцов с мучениками и одинакового с ними дерзновения.

Мученики терпели напасти от человеков. Они охотно предавали себя на мучения, оказывали до самой смерти мужественное терпение. Чем разнообразнее и тяжелее был подвиг их, тем бо́льшую стяжавали они славу, тем большее получали дерзновение к Богу. Иноки терпят напасти от злых духов. Чем бо́льшие напасти наносит им диавол, тем бо́льшую славу они получат в будущем веке от Бога, тем бо́льшего утешения они сподобятся от Святого Духа здесь, во время земного странствования, среди самых страданий своих.

Тесен и прискорбен путь, ведущий в живот вечный; мало ходящих по нему; но он – неотъемлемое и неизбежное достояние всех спасающихся. Не должно уклоняться с него! Всякое искушение, наносимое нам диаволом, будем претерпевать с твердостью и постоянством, взирая оком веры на мздовоздаяние, уготованное на небе.

Каким бы ни подвергались мы скорбям во время земной жизни, они никак не могут быть сравнены с благами, обещанными нам в вечности, или с утешением, которое дарует Дух Святой еще здесь, или с избавлением от владычества страстей, или с отпущением множества долгов наших, – с этими неминуемыми следствиями благодушного терпения скорбей.

«Недостойны страсти нынешняго времени», т.е. нынешние временные страдания ничего не значат, говорит Апостол, «к хотящей славе явитися в нас», т.е. в сравнении со славою, которая откроется в нас при обновлении нас Святым Духом (*Рим.8:18*).

Мужественно претерпим все ради Господа, как следует претерпеть храбрым воинам, не страшащимся и смерти за Царя своего.

Почему мы не подвергались таким и толиким огорчениям, когда служили миру и житейским попечениям? Почему теперь, когда приступили служить Богу, подвергаемся многообразным бедствиям? – Знай: за Христа сыплются на нас скорби, как стрелы. Пускает их на нас враг наш, диавол, чтоб ими отмстить нам за вечные блага, которые уповаем и стараемся получить, – вместе, чтоб расслабить наши души печалью, унынием, леностью, и тем лишить нас ожидаемого нами блаженства.

Христос невидимо сражается за нас. Этот крепкий и непобедимый Заступник наш разрушает все козни и ухищрения врага нашего.

Сам Он, Сам Он, Господь и Спаситель наш, шел во время всей земной жизни Своей по тесному и прискорбному пути, – не по другому какому. Он был постоянно гоним, претерпел многие поношения, насмешки и напасти, – наконец бесчестную смерть на кресте между двумя разбойниками.

Последуем Христу! Смиримся подобно Ему! подобно Ему не откажемся прослыть льстецами и умоисступленными: не пощадим чести нашей, не отвратим лица от заплеваний и ланит от заушений; не будем искать ни славы, ни красоты, ни наслаждений, принадлежащих миру сему; совершим земное странствование, как странники, не имеющие где главу подклонить; примем, примем поношения, уничижения и презрение от людей, как неотъемлемые принадлежности избранного нами пути; будем явно и тайно бороться с помыслами гордыни, всеусильно низлагать эти помыслы нашего ветхого человека, ищущего оживить свое «я», под различными правдоподобными предлогами. Тогда Сын Божий, сказавший «вселюся в них, и похожду» (*2Кор.6:16*), явится в сердце нашем, и дарует нам власть и силу связать крепкого, расхитить сосуды его, наступить на аспида и василиска; попрать их[396].

Отвергнем ропот, отвергнем жалобы на судьбу нашу, отвергнем сердечную печаль и тоску, от которых слабые души страдают более, нежели от самых скорбей. Отвергнем всякую мысль о мщении и воздаянии злом за зло. «Мне отмщение, Аз воздам», сказал Господь (*Рим.12:19*).

Хочешь ли переносить скорби с легкостью и удобством? – Смерть за Христа да будет вожделенна тебе. Эта смерть да предстоит непрестанно пред очами твоими. Умерщвляй себя ежедневно воздержанием от всех греховных пожеланий плоти и духа; умерщвляй себя отвержением своей воли и отвержением самооправданий, приносимых лжеименным разумом и лукавою совестью ветхого человека; умерщвляй себя, живо представляя себе и живописуя неминуемую смерть твою. Нам дана заповедь последовать Христу, взяв крест свой. Это значит: мы должны быть всегда готовы с радостью и веселием умереть за Христа. Если так устроим себя, то легко будем переносить всякую скорбь, видимую и невидимую.

Желающий умереть за Христа, какой напасти, какого оскорбления не претерпит великодушно?

Нам представляются тяжелыми наши скорби именно оттого, что не хотим умереть за Христа, не хотим в Нем одном заключить все наши желания, все наши надежды, весь наш разум, все наше достояние, все существование наше.

Стремящийся последовать Христу и быть сонаследником Его, должен быть ревностным подражателем страданий Его. Любящие Христа и последователи Его обнаруживают и доказывают свой сокровенный залог тем, что претерпевают всякую ниспосылаемую Им скорбь не только с благодушием, но и с усердием, и с ревностью, и с радостью, и с благодарением, возлагая на Христа все упование.

Такое терпение – дар Христов.

Этот дар примет тот, кто испросит его смиренною и постоянною молитвою у Христа, доказывая искренность желания получить бесценный духовный дар терпения принуждением и болезненным насилием нехотящего сердца к терпению всех встречающихся и случающихся скорбей и искушений[397]. Аминь.

Эта статья заимствована преимущественно из 7-го слова преподобного Макария Великого. См. главы 13–18.

КРЕСТ СВОЙ И КРЕСТ ХРИСТОВ

Господь сказал ученикам Своим: «Аще кто хощет по Мне ити, да отвержется себе, и возмет крест свой, и по Мне грядет» (*Мф.16:24*).

Что значит «крест свой»? Почему этот «крест свой», то есть отдельный каждого человека, вместе называется и «Крестом Христовым»?

Крест «свой»: скорби и страдания земной жизни, которые у каждого человека – свои.

Крест «свой»: пост, бдение и другие благочестивые подвиги, которыми смиряется плоть и покоряется духу. Эти подвиги должны быть сообразны силам каждого, и у каждого они – свои.

Крест «свой»: греховные недуги, или страсти, которые у каждого человека – свои! С одними из них мы родимся, другими заражаемся на пути земной жизни.

«Крест Христов» – учение Христово.

Суетен и бесплоден «крест свой», как бы он ни был тяжек, если чрез последование Христу он не преобразится в «Крест Христов». «Крест свой» делается для ученика Христова «Крестом Христовым»: потому что ученик Христов твердо убежден, что над ним неусыпно бдит Христос, что Христос попускает ему скорби, как необходимое и неминуемое условие христианства, что никакая скорбь не приблизилась бы к нему, если б не была попущена Христом, что скорбями христианин усвояется Христу, соделывается причастником Его участи на земле, а потому и на небе.

«Крест свой» делается для ученика Христова «Крестом Христовым»: потому что истинный ученик Христов почитает исполнение заповедей Христовых единственною целью своей жизни. Эти всесвятые заповеди соделываются для него крестом, на котором он постоянно распинает своего ветхого человека «со страстьми и похотьми» его (*Гал.5:24*).

Отсюда ясно – почему для принятия креста предварительно нужно отвергнуться себя даже до погубления души своей.

Так сильно и обильно усвоился грех падшему естеству нашему, что Слово Божие не останавливается называть его душою падшего человека.

Чтоб восприять на рамена крест, должно прежде отказать телу в его прихотливых пожеланиях, доставляя ему одно необходимое для существования; должно признать свою правду лютейшею неправдою пред Богом, свой разум – совершенным неразумием, и, наконец предавшись Богу со всею силою веры, предавшись непрестанному изучению Евангелия, отречься от воли своей.

Совершивший такое отречение от себя способен к принятию креста своего. С покорностью Богу, призывая Божию помощь для укрепления своей немощи, он смотрит без боязни и смущения на приближающуюся скорбь, уготовляется великодушно и мужественно перенести ее, уповает, что посредством ее он соделается причастником страданий Христовых, достигнет таинственного исповедания Христа не только умом и сердцем, но и самым делом, самою жизнью.

Крест дотоле тягостен, доколе он пребывает крестом своим. Когда же он преобразится в Крест Христов, то получает необыкновенную легкость: «иго Мое благо, и бремя Мое легко есть», сказал Господь (*Мф.11:30*).

Крест возлагается на рамена учеником Христовым, когда ученик Христов признает себя достойным скорбей, ниспосланных ему Божественным промыслом.

Ученик Христов тогда несет правильно крест свой, когда признает, что именно ниспосланные ему скорби, а не другие, необходимы для его образования о Христе и спасения.

Терпеливое несение креста своего есть истинное зрение и сознание греха своего. В этом сознании нет никакого самообольщения. Но признающий себя грешником, и вместе с тем ропщущий и вопиющий с креста своего, доказывает тем, что он поверхностным сознанием греха лишь льстит себе, обманывает себя.

Терпеливое несение креста своего есть истинное покаяние. Распятый на кресте! исповедайся Господу в праведности судеб Его. Обвинением себя оправдай суд Божий, и получишь отпущение грехов твоих.

Распятый на кресте! Познай Христа; – и отверзутся тебе врата рая.

С креста твоего славословь Господа, отвергая от себя всякий помысл жалобы и ропота, отвергая его, как преступление и богохульство.

С креста твоего благодари Господа за бесценный дар, за крест твой, – за драгоценную участь, за участь подражать Христу страданиями твоими.

С креста богословствуй: потому что крест есть истинное и единственное училище, хранилище и престол истинного Богословия. Вне креста нет живого познания Христа.

Не ищи христианского совершенства в добродетелях человеческих. Там нет его: оно сокровенно в Кресте Христовом[398].

Крест свой изменяется в Крест Христов, когда ученик Христов несет его с деятельным сознанием своей греховности, нуждающейся в казни, – когда несет его с благодарением Христу, со славословием Христа. От славословия и благодарения является в страдальце духовное утешение; благодарение и славословие делаются обильнейшим источником непостижимой, нетленной радости, которая благодатно кипит в сердце, изливается на душу, изливается на самое тело.

Крест Христов, только по наружности своей, для плотских очей, есть поприще жестокое. Для ученика и последователя Христова он – поприще высшего духовного наслаждения. Так велико это наслаждение, что скорбь вполне заглушается наслаждением, и последователь Христов среди лютейших томлений ощущает одно наслаждение[399].

Говорила юная Мавра юному супругу своему Тимофею, который терпел страшные муки, и приглашал ее принять участие в мученичестве: «Боюсь, брат мой, чтоб мне не устрашиться, когда я увижу страшные муки и разгневанного игемона, чтоб не изнемочь мне в терпении по молодости лет моих». Ей отвечал мученик: «Уповай на Господа нашего Иисуса Христа, и будут для тебя муки елеем, изливаемым на тело твое, и духом росы в костях твоих, облегчающим все болезни твои»[400].

Крест – сила и слава всех от века святых.

Крест целитель страстей, губитель демонов. Смертоносен крест для тех, которые креста своего не преобразили в Крест Христов, которые с креста своего ропщут на Божественный промысл, хулят его, предаются безнадежию и отчаянию. Несознающиеся и некающиеся грешники на кресте своем умирают вечною смертью, лишаясь нетерпением истинной жизни, жизни в Боге. Они снимаются с креста своего только для того, чтоб снизойти душами в вечный гроб: в темницы ада.

Крест Христов возносит от земли распятого на нем ученика Христова. Ученик Христов, распятый на кресте своем, мудрствует горняя, умом и сердцем жительствует на небе, и созерцает таинства Духа во Христе Иисусе, Господе нашем.

«Аще кто хощет по Мне ити, – сказал Господь, – да отвержется себе, и возмет крест свой и по Мне грядет». Аминь.

РОСА

По синему, безоблачному небу, в прекрасный летний день, великолепное светило совершало обычный путь свой. Горели златые кресты соборного, пятиглавого храма, воздвигнутого во славу Всесвятыя Богоначальныя Троицы; сребристые купола его отражали ослепительное сияние лучей солнечных. Тень показывала наступление десятого часа, в который обыкновенно начинается Божественная Литургия. Многочисленные толпы народа спешили от большой дороги в мирную обитель иноков: день был воскресный, или праздничный – не помню.

За оградою того монастыря, к восточной стороне, лежит обширный луг. Тогда он был покрыт густою, нежною травою, разнородными дикими цветами, которые цвели и благоухали беспечно на свободе и приволье. В тот день упала на него обильная роса. Бесчисленные ее капли виднелись на каждом цветке, на каждом стебельке и мелком листочке, а в каждой капле изображалось с отчетливостью солнце; каждая капля испускала лучи, подобные лучам солнца. Луг имел вид широко-постланного бархатного ковра, на котором по яркой, густой зелени роскошная рука рассыпала бесчисленное множество разноцветных драгоценных камней с превосходным отливом, игрою, с лучами и сиянием.

В то время священноинок, готовившийся к совершению Божественной Литургии, вышел с глубокою думою из боковых, уединенных ворот монастыря[401], и, сделав несколько шагов, остановился пред лугом обширным. Тихо было у него на сердце; тишине сердца отвечала природа вдохновенною тишиною, тою тишиною, которою бывает полно прекрасное утро июня, которая так благоприятствует созерцанию. Пред глазами его – солнце на лазоревом, чистом небе, и бесчисленные отпечатки солнца в бесчисленных каплях росы на лугу обширном. Мысль его терялась в какой-то бесконечности; ум был без мысли, как бы нарочно приготовленный, настроенный к принятию духовного впечатления. Священноинок взглянул на небо, на солнце, на луг, на блистающие капли росы – и внезапно открылось пред очами души объяснение величайшего из таинств христианских, то объяснение, каковым может объясниться непостижимое и необъяснимое, объяснение живым подобием, картиною живописною, которая была пред его глазами.

Как будто сказал ему кто: «вот! – солнце всецело изображается в каждой смиренной, но чистой капле росы: так и Христос, в каждой христианской православной церкви, всецело присутствует и предлагается на священной трапезе. Он сообщает свет и жизнь причастникам своим, которые приобщившись Божественному Свету и Животу, сами делаются светом и жизнью: так капли росы, приняв в себя лучи солнца, начинают сами испускать лучи, подобные лучам солнечным. Если вещественное и тленное солнце, создание Создателя, стоившее Ему, чтоб прийти в бытие, одного беструдного мановения Его воли, может в одно и тоже время изобразиться в бесчисленных каплях воды: почему же Самому Создателю, всемогущему и вездесущему, не присутствовать всецело в одно и то же время Своею Пресвятою Плотью и Кровью, соединенным с ними Божеством, в бесчисленных храмах, где по Его велению и установлению призывается на хлеб и вино вседетельный, всесвятой Дух для совершения величайшего, спасительнейшего, непостижимейшего таинства?...

Неся в недрах глубокое и сильное духовное впечатление, возвратился служитель Тайны в келлию. Впечатление осталось жить в душе его. Прошли месяцы, прошли годы, оно так же живо, как и в день первоначального ощущения. Разделяя с ближним пользу и назидание, теперь, после многих лет, изображаю его словом и пером. Скудное изображение! Перо и слово слабы для полного и точного изображения духовных тайнозрений.

Священное тайнозрение! священное видение ума! с какою неожиданною внезапностью ты являешься в живописной, разительной картине пред умом, приготовленным к видению тайн покаянием и внимательною, уединенною молитвою! Как сообщаемое тобою знание сильно, ясно, живо! Какого исполнено неоспоримого, непостижимого убеждения! Ты независимо от человеков: приходишь к тому, кого избираешь, или кому посылаешься. Напрасно человек захотел бы проникнуть в духовные тайны сам собою, одним собственным усилием! Он будет только слабым мечтателем, блуждающим ощупью во мраке самообольщения, не чувствуя и не сообщая ни света, ни жизни. Как цепи звучат на руках и ногах невольника, так в мыслях и словах мечтателя услышится отголосок насилия, подделки, принужденности, рабства и мерзости греховной. Путь к духовному тайнозрению – постоянное пребывание в покаянии, в плаче и слезах о греховности своей. Плач и слезы – тот коллурий, которым врачуются душевные очи (*Откр. 3:18*).

Сергиева пустыня, 1846 года.

ЖИТЕЙСКОЕ МОРЕ

Пред взорами моими – величественное море. Оно на севере по большей части пасмурно и бурно; бывает же по временам и прекрасно. Обширное море! глубокое море! привлекаешь ты к себе и взоры и думы. Безотчетливо гляжу подолгу на море. Нет разнообразия в этом зрелище; но взор и мысли не могут оторваться от него: как бы плавают по пространному морю, как бы погружаются в него, как бы тонут в нем. Какое в недрах моря хранится вдохновение! какая чувствуется полнота в душе, когда глаза насладятся и насытятся созерцанием моря! Посмотрим, друзья, посмотрим на море из нашего монастырского приюта, поставленного рукою промысла Божия у моря.

За морем – другое море: столица могучего Севера. Великолепен вид ее чрез море, с морского берега, на котором расположена обитель преподобного Сергия[402]. Это море – участок знаменитого Бельта. Широко расстилается оно, хрустальное, серебряное, между отлогими берегами. Замкнуто оно Кронштадтом, за которым беспредельность моря сливается с беспредельностью неба.

Воспевал некогда святой Давид «море великое и пространное. Тамо гади, ихже несть числа, – говорит он, – животная малая с великими, рыбы морския, преходящия стези морския, тамо корабли преплавают, змий сей, егоже создал еси ругатися ему» (*Пс.103:25–26; Пс.8:9*). Таинственное значение имеют слова Давида. Объясняют это значение святые Отцы. Морем назван мир; бесчисленными животными и рыбами, которыми наполнено море, названы люди всех возрастов, народностей, званий, служащие греху; кораблями вообще названа святая Церковь, в частности названы истинные христиане, побеждающие мир. Змеем, живущим в море, назван падший ангел, низвергнутый с неба на землю[403].

Несется святая Церковь по водам житейского моря в продолжении всего земного странствования своего, чрез столетия, чрез тысячелетия. Принадлежа к миру по вещественному положению, она не принадлежит к нему по духу, как и Господь сказал Церкви в лице Апостолов: «От мира несте, но Аз избрах вы от мира» (*Ин.15:19*): по телу, по потребностям тела вы принадлежите миру; по духу вы чужды мира, потому что принадлежите Богу, Которого «мир возненавидел» (*Ин.15:18, 23*). Несется святая Церковь по волнам житейского моря, и пребывает превыше волн его Божественным учением, содержа в недре своем истинное Богопознание, истинное познание о человеке, о добре и зле, о мире вещественном и временном, о мире духовном и вечном. Все истинные христиане по всей вселенной принадлежат единой истинной Церкви и, содержа ее учение в полноте и чистоте, составляют то собрание кораблей, которое преплывает житейское море, не погружаясь в темных глубинах его.

Странствует по водам житейского моря, стремится к вечности каждый истинный христианин. На море вещественном не может быть постоянного жилища; на нем живет одно странствование: и на море житейском нет ничего постоянного, нет ничего, что оставалось бы собственностью человека навсегда, сопутствовало ему за гроб. Одни добрые дела его и грехи его идут с ним в вечность. Нагим вступает он в земную жизнь, а выходит из нее, покинув и тело. Не видят этого рабы мира, рабы греха: видит это истинный христианин. Он может быть уподоблен великому кораблю, преисполненному духовными, разнообразными сокровищами, непрестанно приумножающему их на пути своем. Богатств этих мир вместить не может: так они велики. Так драгоценны эти богатства, что все богатства мира в сравнении с ними

– ничто. Завидует мир этим богатствам, дышит ненавистью к стяжавшему их. Корабль, несмотря на прочность построения и на величину свою, наветуется противными ветрами, бурями, подводными камнями, мелями: каждый христианин, несмотря на то, что он облечен во Христа, должен совершить земное странствование среди многочисленных опасностей. Все, без всякого исключения, хотящие спастись, «гонимы будут» (*2Тим.3:12*). Стремится корабль к пристани; по пути останавливается только на кратчайшее время, при крайней нужде. И мы должны всеусильно стремиться к небу, в вечность. Ни к чему временному не будем пристращаться сердцем! да не «прильпнет» душа наша к чему-нибудь земному, да не «прильпнет» она по действию живущего в нас самообольщения, по действию окружающего нас самообольщения! Падением нашим «смирися в персть душа наша», получила влечение ко всему тленному, «прильпе земли утроба наша» (*Пс.43:26*), наша духовная сущность, вместо того, чтоб ей стремиться к небу и в вечность. Земные служения наши, наши земные обязанности будем нести, как возложенные на нас Богом, исполняя их как бы пред взорами Бога, добросовестно, с усердием, приготовляясь отдать отчет в исполнении их Богу. Да не окрадывают, да не оскверняют этих служений греховные побуждения и цели! Дела земные будем совершать с целью богоугождения, и дела земные соделаются делами небесными. Главным и существенным занятием нашим да будет служение Богу, стремление усвоиться Ему. Служение Богу заключается в непрестанном памятовании Бога и Его велений, в исполнении этих велений всем поведением своим, видимым и невидимым.

Управляет кораблем кормчий: он постоянно думает о пристани, в которую должен быть доставлен груз корабля; он постоянно заботится, чтоб не сбиться с пути на море, на котором и повсюду путь, и нет путей. То глядит он на небо, на светила его, то на ландкарту и компас, – соображаясь с тем и другим, направляет корабль. Человеком управляет ум его. И на житейском море нет путей; повсюду путь на нем для истинного христианина. Никому не известно, какие встретят его обстоятельства в будущем, какие встретят чрез день, чрез час. По большей части встречается с нами непредвиденное и неожиданное. На постоянство попутного ветра невозможно полагаться: дует он иногда долго, но чаще того внезапно превращается в противный, заменяется ужасною бурею. Для христианина повсюду путь: он верует, что все совершающееся с ним совершается по воле Бога. Для христианина и противный ветер бывает попутным: покорность воле Божией примиряет его с положениями самыми тягостными, самыми горькими. Ум наш должен непрестанно устремлять взоры на духовное небо – Евангелие, из которого, подобно солнцу сияет учение Христово; он должен постоянно наблюдать за сердцем, за совестью, за деятельностью внутреннею и внешнею. Пусть этот кормчий стремится неуклонно к блаженной вечности, памятуя, что забвение о вечном блаженстве приводит к вечному бедствию. Пусть ум воздерживает сердце от увлечения пристрастием к суетному и тленному, от охлаждения ради тления к нетленному, ради суетного к истинному и существенному. Пусть присматривается он часто, как бы к компасной стрелке, к совести, чтоб не принять направления несогласного с направлением, указываемым совестью. Пусть руководит он всю деятельность благоугодно Богу, чтоб заоблачная пристань вечности отверзла врата свои, и впустила в недро свое корабль, обремененный духовными сокровищами.

Не устрашимся бурь житейского моря. Восходят волны его до небес, нисходят до бездн; но живая вера не попускает христианину потонуть в волнах свирепых. Вера возбуждает спящего на корме Спасителя, Который, в таинственном значении, представляется спящим для преплывающих житейское море учеников Его, когда сами они погрузятся в нерадение: вера вопиет к Спасителю пламенною молитвою из сердца смиренного, из сердца болезнующего о греховности и немощи человеческой, просит помощи, избавления, – получает их. Господь и

Владыка всего воспрещает ветрам и морю, водворяет на море и в воздухе «тишину велию» (*Мф.8:26*). Вера, искушенная бурею ветра, ощущает себя окрепшею: с новыми силами, с новым мужеством приготовляется она к новым подвигам.

Не будем доверять тишине житейского моря: тишина эта – обманчива; море изменчиво. Не позволим себе предаться беспечности: корабль неожиданно может попасть на мель или удариться о неприметный подводный камень, покрытый нежною струйкою, – удариться, и получить жестокое повреждение. Иногда набежит ничтожное, по-видимому, облачко: внезапно начинает извергать из себя вихри, громы, молнию, и закипело притворно-тихое море опасною бурею. Преисполнена жизнь наша скорбей, превратностей, искушений. Наветует нас ум наш: этот путеводитель нередко сам сбивается с пути, и всю жизнь нашу увлекает за собою в заблуждение. Наветует нас сердце наше, склоняясь к исполнению своих собственных внушений, устраняясь от исполнения воли Божией. Наветует нас грех: и тот грех, который насажден в нас падением, и тот, который действует на нас из окружающих нас отвсюду соблазнов. Наветует нас мир, служащий суете и тлению, усиливающийся склонить всех к этому служению, и при посредстве ласкательства, и при посредстве гонения. Наветуют нас враги – падшие духи; наветуют нас обладаемые ими, поработившиеся им человеки. Часто самые друзья произвольно и невольно соделываются нашими наветниками. Господь заповедал нам непрестанно бодрствовать над собою, упражняясь в добродетелях, ограждаясь от греха Словом Божиим, молитвою, верою, смирением.

Кто – «животныя великия», пасущиеся в необъятном пространстве житейского моря? Ни для себя, ни для кого другого не хотел бы я сходства с этими исполинами моря, у которых одна отрада: темные глубины, густо покрытые водою, куда не досягают лучи солнца; там они живут, там пребывают, выходя по временам оттуда для добычи, для поддержания своей жизни убийством многочисленных жертв. Их влажные, дикие взоры не терпят, не выносят никакого света. Под именем их Писание разумеет людей, великих по способностям, по знаниям, богатству, могуществу, но – увы! – привязанных всею душою к суете и тлению. Сердце и мысли их направлены исключительно к снисканию земного славного, земного сладостного. Они утонули, погрязли в море житейском, гоняются за одним временным, минутным, за одними призраками: «преходят они, – говорит Писание, – стези морския» (*Пс.8:9*). Странны эти стези! следы их исчезают вслед за проходящими по ним, и для проходящих нет впереди никакого знака стези. Таково земное преуспеяние: не знает оно, чего ищет; сыскав желанное, уже как бы не имеет его; снова желает, ищет снова. Тяжел, несносен для сынов мира свет учения Христова. Бегут они от него в темные, глухие пропасти: в рассеянность, в многообразное развлечение, в плотские увеселения. Там, в нравственном мраке, проводят они земную жизнь, без духовной, вечной цели. Таких человеков Писание не удостаивает имени человеков: «человек, в чести сый, не разуме, приложися скотом несмысленным и уподобися им» (*Пс.48:13*). Человек – тот, кто познал себя, сказал преподобный Пимен Великий[404]; человек – тот, кто познал свое значение, свое состояние, свое назначение. – «Малыми животными» моря названы люди, не одаренные особенными способностями, не наделенные богатством, могуществом, но и в таком положении служащие суете и греху. Они не имеют средств к совершению обширных и громких злодеяний; но руководимые, увлекаемые, ослепляемые поврежденным злобою произволением своим, принимают участие в беззакониях, совершаемых животными великими, – сами совершают беззакония, соответственно силам и средствам своим. Они скитаются в житейском море бессознательно, без цели. Змей – «царь всем, сущим в водах» (*Иов.41:26*), «змий сей, егоже создал еси ругатися ему» (*Пс.103:26*). Змеем назван падший ангел, по обилию злобы и лукавства, живущих в нем. Он действует по возможности тайно, чтоб действие, будучи малоприметным, было тем вернее, убийственнее. Рабы его не чувствуют цепей, которыми окованы отовсюду, — и рабство гибельное величают именем свободы и высшего счастья. Посмеиваются этому змею истинные христиане, усматривая козни его чистотою ума, попирая их силою Божественной благодати, осенившей души их. — Будем подобны кораблям, стройно плывущим по морю! И их значительная часть в воде; но они не погружены всецело в воду, как погружены в ней рыбы и прочие морские животные. Невозможно, невозможно преплывающему житейское море не омочиться водами его: не должно погрязать в водах его.

В море — «бесчисленное множество гадов». Что сказать о них? Уже одним наименованием сказывается все. Несчастна доля тех, которых слово Божие лишило наименования человеков, низвело к наименованию бессловесных животных: сколько несчастнее те, которых оно, всесвятое Слово, Судия вселенной, запечатлело наименованием гадов? Не глубокие воды — постоянное жилище их и наслаждение, но зловонная и грязная тина, в которую приносятся разъяренною волной и в которой увязают все нечистоты, в которую приносятся и в которой истлевают трупы людей, погибших от морских злоключений, от кинжала пиратов житейского моря.

Братия мои! друзья мои! Стою с вами на берегу моря, смотрю на море, исчерченное разноцветными полосами. За морем — другое море, с горящими золотыми куполами и шпилями... Между тем в храме Божием возглашается величественная многознаменательная песнь: «Житейское море, воздвизаемое зря напастей бурею, к тихому пристанищу Твоему притек, вопию Ти: возведи от тли живот мой, Многомилостиве»[405].

СОВЕСТЬ

Совесть – чувство духа человеческого, тонкое, светлое, различающее добро от зла.

Это чувство яснее различает добро от зла, нежели ум.

Труднее обольстить совесть, нежели ум.

И с обольщенным умом, подкрепляемым грехолюбивою волею, долго борется совесть.

Совесть – естественный закон[406].

Совесть руководствовала человека до Закона письменного. Падшее человечество постепенно усваивало себе неправильный образ мыслей о Боге, о добре и зле: лжеименный разум сообщил свою неправильность совести. Письменный Закон соделался необходимостью для руководства к истинному Богопознанию и к Богоугодной деятельности.

Учение Христово, запечатленное святым крещением, исцеляет совесть от лукавства, которым заразил ее грех (*Евр.10:22*). Возвращенное нам, правильное действие совести, поддерживается, возвышается последованием учению Христову.

Здравое состояние и правильное действие совести возможно только в недре Православной Церкви, потому что всякая принятая неправильная мысль имеет влияние на совесть: уклоняет ее от правильного действия.

Потемняют, притупляют, заглушают, усыпляют совесть – произвольные согрешения.

Всякий грех, не очищенный покаянием, оставляет вредное впечатление на совести.

Постоянная и произвольная греховная жизнь как бы умерщвляет ее.

Умертвить совесть – невозможно. Она будет сопровождать человека до страшного суда Христова: там обличит ослушника своего.

По изъяснению святых Отцов, «соперник» человека, упоминаемый в Евангелии, – совесть (*Мф.5:25*)[407].

Точно: она соперник! потому что сопротивляется всякому противозаконному начинанию нашему.

Сохраняй мир с этим соперником на пути твоем к небу, во время земной жизни, чтоб он не сделался твоим наветником в то время, как будет решаться вечная твоя участь.

Говорит Писание: «Избавит от злых душу свидетель верен» (*Притч.14:25*). Свидетель верный – непорочная совесть: она избавит душу, внимающую советам ее, от согрешений до наступления смерти и от вечных мук по смерти.

Как лезвие ножа натачивается камнем, так совесть натачивается Христом: она просвещается изучением и изощряется исполнением евангельских заповедей.

Просвещенная и изощренная Евангелием совесть подробно и ясно показывает человеку его согрешения – и самые малейшие.

Не делай насилия сопернику – совести! Иначе лишишься духовной свободы: грех пленит тебя, и свяжет. Сетует Пророк от лица Божия о попирающих совесть, наветующих самим себе: «Соодоле Ефрем соперника своего, попра суд, яко нача ходити вслед суетных» (*Ос.5:11*).

Острие совести очень нежно; его надо хранить и хранить. Хранится оно, когда человек исполняет все требования совести, а нарушение какого-либо требования, по немощи или увлечению, омывает слезами покаяния.

Не думай ни о каком грехе, что он маловажен: всякий грех есть нарушение Закона Божия, противодействие воле Божией, попрание совести. От безделицы, от ничтожных, по-видимому, согрешений переходим постепенно к великим грехопадениям.

Что значит это? – велик ли этот грех? – что это за грех? – это не грех! – так рассуждает небрегущий о спасении своем, когда он решается вкусить запрещенной Законом Божиим греховной снеди. Основываясь на таком неосновательнейшем суждении, он непрестанно попирает совесть.

Острие ее притупляется, свет ее тускнет; в душе разливаются мрак и хлад небрежения и нечувствия.

Нечувствие соделывается наконец обыкновенным состоянием души. Часто бывает она удовлетворенною им; часто признает его состоянием угодным Богу, спокойствием совести, а оно – утрата ощущения своей греховности, утрата ощущения благодатной, духовной жизни, усыпление и слепота совести[408].

При таком состоянии, при страшном омрачении и нечувствии, различные грехи свободно входят в душу, устраивают в ней логовище для себя. Грехи, закосневая в душе, обращаются в навыки, столько же сильные, как природа, а иногда более сильные, нежели природа. Греховные навыки называются страстями. Человек не замечает того, – а он неприметным образом окован отсюду грехом, в плену у него, в рабстве.

Кто, пренебрегая постоянно напоминаниями совести, допустил себе впасть в рабство греха: тот только с величайшим трудом, при содействии особенной помощи Божией, возможет расторгнуть цепи этого рабства, победить страсти, обратившиеся как бы в природные свойства.

Возлюбленнейший брат! со всевозможным вниманием и тщанием храни совесть.

Храни совесть по отношению к Богу: исполняй все повеления Божии, как видимые всем, так и никому невидимые, видимые и ведомые только одному Богу и твоей совести.

Храни совесть по отношению к ближнему: не довольствуйся одною благовидностью твоего поведения к ближним! ищи от себя, чтоб самая совесть твоя удовлетворялась этим поведением. Она будет тогда удовлетворяться, когда не только дела, но и сердце твое будут поставлены в отношение к ближнему, заповеданное Евангелием.

Храни совесть к вещам, удаляясь излишества, роскоши, небрежения, помня, что все вещи, которыми ты пользуешься – творения Божии, дары Божии человеку.

Храни совесть к самому себе. Не забывай, что ты – образ и подобие Бога, что ты обязан представить этот образ, в чистоте и святости, Самому Богу.

Горе, горе! если Господь не узнает Своего образа, не найдет в нем никакого сходства с Собою. Он произнесет грозный приговор: «Не вем вас» (*Мф.25:12*). Непотребный образ будет ввергнут в неугасающий пламень геенны.

Бесконечная радость обымет ту душу, на которую воззрев Господь, признает в ней сходство с Собою, увидит в ней ту красоту, которую Он, по бесконечной благости Своей, усвоил ей при сотворении, восстановил и умножил при искуплении, которую повелел соблюдать в непорочной целости удалением от всякого греха, хранением всех евангельских заповедей.

Неумолкающий, нелицеприятный блюститель и напоминатель такого удаления и хранения – совесть. Аминь.

О РАССЕЯННОЙ И ВНИМАТЕЛЬНОЙ ЖИЗНИ

Сыны мира признают рассеянность невинною, а святые Отцы признают ее началом всех зол[409].

Человек, преданный рассеянности, имеет о всех предметах, и самых важных, очень легкое, самое поверхностное понятие.

Рассеянный обыкновенно непостоянен: его сердечные ощущения лишены глубины и силы, а потому они непрочны и маловременны.

Как мотылек порхает с цветка на цветок, так и рассеянный человек переходит от одного земного удовольствия к другому, от одного суетного попечения к другому.

Рассеянный чужд любви к ближнему: равнодушно смотрит он на бедствие человеков, и легко возлагает на них бремена неудобоносимые.

Скорби сильно действуют на рассеянного, именно потому, что он не ожидает их. Он ожидает одних радостей.

Если скорбь сильна, но скоропреходяща, то рассеянный скоро забывает ее в шуме развлечений. Долговременная скорбь сокрушает его.

Рассеянность сама карает преданного ей: временем все прискучивает ему, – и он, как нестяжавший никаких основательных познаний и впечатлений, предается томительному, бесконечному унынию.

Рассеянность, столько вредная вообще, в особенности вредна в деле Божием, в деле спасения, требующем бдительности и внимания постоянных, напряженных.

«Бдите и молитеся, да не внидете в напасть», говорит Спаситель ученикам Своим (*Мф.26:41*).

«Всем глаголю: бдите» (*Мк.13:37*), возвестил Он всему христианству: следовательно и современному нам.

Ведущий жизнь рассеянную, прямо противоречит заповеданию Господа Иисуса Христа жизнью своею.

Все святые тщательно избегали рассеянности. Непрестанно, или, по крайней мере, по возможности часто они сосредоточивались в себе, внимая движениям ума и сердца, и направляя их по завещанию Евангелия.

Навык внимать себе предохраняет от рассеянности и среди окружающего со всех сторон, шумящего развлечения. Внимательный пребывает в уединении, сам с собою, посреди многолюдства.

Изведав опытом пользу внимания и вред рассеянности, некоторый великий Отец сказал: «Без усиленной бдительности над собою невозможно успеть ни в одной добродетели»[410].

Безрассудно – провести краткую земную жизнь, данную нам для приготовления к вечности, в одних земных занятиях, в удовлетворении мелочным, бесчисленным, неудовлетворимым прихотям и пожеланиям, ветренно перебегая от одного чувственного удовольствия к другому, забывая или воспоминая редко и поверхностно о неминуемой, величественной, и вместе грозной, вечности.

Дела Божии – это очевидно – должны быть изучаемы и рассматриваемы с величайшим благоговением и вниманием; иначе ни рассмотреть, ни познать их человек не может.

Великое дело Божие – сотворение человека, и потом, по падении его, обновление искуплением – должно быть подробно известным каждому христианину; без этого познания он не может знать и исполнять обязанностей христианина. Познание великого дела Божия не может быть приобретено при рассеянности!

Заповеди Христовы даны не только внешнему человеку, но, наиболее, внутреннему: они объемлют все помышления и чувствования человека, все тончайшие движения его. Соблюдать эти заповеди невозможно без постоянной бдительности и глубокого внимания. Бдительность и внимание невозможны при жизни рассеянной.

Грех и орудующий грехом диавол тонко вкрадываются в ум и сердце. Человек должен быть непрестанно на страже против невидимых врагов своих. Как он будет на этой страже, когда он предан рассеянности?

Рассеянный подобен дому без дверей и затворов: никакое сокровище не может быть сохранено в таком доме; он отверст для татей, разбойников и блудниц.

Рассеянная жизнь, наполненная житейскими попечениями, доставляет человеку дебелость, наравне с многоядением и многопитием (*Лк.21:34*). Такой человек прилеплен к земле, занят одним временным и суетным; служение Богу делается для рассеянного предметом посторонним; самая мысль об этом служении для него дика, полна мрака, невыносимо тягостна.

Внимательная жизнь ослабляет действие на человека телесных чувств, – изощряет, укрепляет, образует действие чувств душевных. Рассеянность, напротив того, усыпляет действие душевных чувств: она питается непрерывным действием чувств телесных.

Тщетно рассеянные приписывают невинность жизни рассеянной! Этим они обличают злокачественность недуга, их объемлющего. Их недуг так велик, так притупляет чувства души, что душа, болезнующая им, даже не ощущает своего бедственного состояния.

Желающие научиться вниманию, должны воспретить себе все пустые занятия.

Исполнение обязанностей частных и общественных не входит в состав рассеянности: рассеянность всегда соединена с праздностью, или с такими пустыми занятиями, которые безошибочно могут быть причислены к праздности.

Занятие полезное, в особенности занятие служебное, сопряженное с ответственностью, не препятствует к сохранению внимания к себе, – оно руководствует к такому вниманию. Тем более руководствуют ко вниманию монастырские послушания, когда они исполняются должным образом. Деятельность – необходимый путь к бдительности над собою, и этот путь предписывается святыми Отцами для всех, которые хотят научиться вниманию себе.

Внимание себе в глубоком уединении приносит драгоценные духовные плоды; но к нему способны только мужи зрелого духовного возраста, преуспевшие в подвиге благочестия, сперва научившиеся вниманию в деятельной жизни.

При деятельной жизни люди помогают человеку стяжать внимание, напоминая ему нарушения внимания. Подчиненность есть лучшее средство приучиться ко вниманию: никто столько не научит человека внимать себе, как его строгий и благоразумный начальник.

При служебных твоих занятиях, посреди людей, не позволяй себе убивать время в пустословии и глупых шутках; при кабинетных занятиях, воспрети себе мечтательность: скоро изострится твоя совесть, начнет указывать тебе на всякое уклонение в рассеянность, как на нарушение евангельского Закона, даже как на нарушение благоразумия. Аминь.

О НАВЫКАХ

Навыки имеют силу, подобную естественным качествам: надо последователю Господа Иисуса Христа стяжать хорошие навыки, и уклониться от навыков дурных.

Юноша! будь благоразумен и предусмотрителен: в годы юности твоей обрати особенное внимание на приобретение хороших привычек: в летах зрелых и старости твоей возрадуешься о богатстве, приобретенном безтрудно в лета юности.

Не сочти маловажным исполнение твоего пожелания, по-видимому самого ничтожного: каждое исполнение пожелания непременно полагает свое впечатление на душу. Впечатление может быть иногда очень сильным, и служит началом пагубного навыка.

Знал ли карточный игрок, прикасаясь в первый раз к картам, что игра будет его страстью? Знал ли подверженный недугу пьянства, выпивая первую рюмку, что он начинает самоубийство? Так называю этот несчастный навык, погубляющий и душу и тело.

Один неосторожный взгляд нередко наносит язву сердцу; несколько повторенных взглядов так углубляли эту язву, что она едва излечивалась многолетними молитвами, многолетним подвигом и плачем.

Воспитатели и наставники! Доставляйте юношеству хорошие навыки, отвлекайте его, как от великого бедствия, от привычек порочных.

Порочные навыки – как оковы на человеке: они лишают его нравственной свободы, насильно держат в смрадном болоте страстей.

Для погибели человека достаточно одного порочного навыка: он будет постоянно открывать вход в душу всем грехам и всем страстям.

Приучись быть скромным: не дозволяй себе никакой дерзости, даже не позволяй себе прикасаться к ближнему без крайней нужды, – и навык скромности сделает для тебя удобною великую добродетель целомудрия. Ближние твои, ощутив живущий в тебе залог скромности, будут пред тобою бездерзновенны, как бы благоговея пред благоуханием святыни.

Ничто так не потрясает целомудрия, как навык к дерзости, к свободному обращению, отвергшему уставы скромности.

Приучись быть воздержным в пище: воздержанием доставишь здравие и крепость телу, а уму особенную бодрость, столько нужную в деле спасения, очень полезную и при земных упражнениях.

Обжорливость – не что иное, как дурной навык, безрассудное, неудовлетворимое удовлетворение поврежденного злоупотреблением естественного желания.

Приучись к самой простой пище. Она, для привыкшего к ней, вкуснее самых изысканных снедей, – не говорю уже о том, сколько она их здоровее.

Какую свободу и нравственную силу доставляет человеку навык к простой пище, навык по-видимому столько ничтожный, материальный! При нем человек нуждается в самых малых издержках для стола, в самом малом времени и малых заботах для приготовления его. Если привыкший к простой пище – беден, то он не тяготится бедностью своею.

Тяжек переход от пышного и утонченного стола к простым яствам! Многих принудили обстоятельства к этому переходу, и многие, совершая его, утратили здоровье, даже поколебались нравственно. От этого бедствия охранил бы их благоразумный и благовременный навык к простой пище.

В особенности для желающего посвятить себя на служение Христу, навык к простой пище, можно сказать, бесценен по своим последствиям: он дозволяет избрать для жительства самое уединенное место, делает ненужными частые сношения с людьми, – таким образом, устраняя от всех причин к развлечению, доставляет возможность всецело предаться богомыслию и молитве.

Все святые очень заботились не только о навыке к умеренному употреблению пищи, но и о навыке к простой пище. Ежедневная пища Апостола Петра стоила несколько медных монет.

Ужасный порок – пьянство! Это – страсть, недуг, входящий в телосложение послаблением пожеланию, принимающий от навыка силу естественного качества.

Служителю Христову надо охраняться не только от пьянства, но и от привычки к многому употреблению вина, разгорячающего плоть и возбуждающего в ней скотские пожелания. «Не упивайтеся вином, в немже есть блуд» (*Еф. 5:18*), сказал Апостол. Дозволительно употребление вина в весьма малом количестве; кто ж не может ограничить себя умеренным употреблением, тот лучше сделает, если совершенно откажется от него.

Сказал Пимен Великий: «подвижнику всего нужнее трезвенный ум»[411]. Вино лишает человека способности сохранить ум в трезвении. Когда подвижник подвергнется действию вина, тогда приступают к ослабевшему и омрачившемуся уму его супостаты, и ум уже не в силах бороться с ними. Связанный действием вина, он увлекается в пропасть греховную! В одно мгновение погибают плоды долговременного подвига: потому что Дух Святой отступает от оскверненного грехом. Вот почему сказал преподобный Исаия, египетский отшельник, что любящие вино никогда не сподобятся духовных дарований[412]: эти дарования, чтоб пребыть в человеке, требуют постоянной чистоты, возможной только при постоянной трезвенности.

Сребролюбие, вспыльчивость, надменность, наглость – злокачественные недуги души, образующиеся от послабления порочным влечениям падшего естества.

Они усиливаются, созревают, порабощают себе человека при посредстве навыка.

Этому закону последует и плотское вожделение, несмотря на то, что оно естественно падшему человеку. Блажен тот юноша, который поймет при первом появлении в нем действий вожделения, что вожделению не должно предаваться, что должно обуздывать его законом Божиим и благоразумием. Вожделение, будучи обуздано при первых требованиях его, удобно покоряется уму, и предъявляет требования уже слабее, действует как невольник, скованный цепями. Вожделение удовлетворяемое усиливает требования. Вожделение, которому разум передаст власть над человеком удовлетворением долговременным и постоянным, уже господствует, как тиран, и над телом и над душою, губит и тело и душу.

Вообще все страсти развиваются в человеке от послабления им; учащающееся послабление обращает наклонность в навык, а навык делает страсть насильственным властелином над человеком. «Убойся злых навыков, – сказал преподобный Исаак Сирский, – более нежели бесов»[413].

Когда подействует в нас греховное пожелание, или влечение, надо отказать ему. В другой раз оно подействует уже слабее, а наконец и совсем утихнет. Но при удовлетворении его оно действует каждый раз с новою силою, как приобретающее более и более власти над произволением, наконец рождает навык.

Согрешения, которые мы привыкли совершать, нам кажутся легкими, как бы они ни были тяжки. Согрешение для души новое ужасает ее, и не скоро она решится совершить его.

Страсти – злые навыки; добродетели – навыки благие. Здесь говорится о страстях и добродетелях, приобретенных и усвоенных себе человеком при посредстве его деятельности, при посредстве его жительства. Иногда в писаниях Отеческих называются страстями различные свойства недуга, произведенного в нас падением, различные виды греховности, общей всем человекам; с этими страстями мы родимся; добродетелями называются естественные, природные, благие свойства человека. Такие страсти и такие добродетели не налагают никакой решительной печати на человека; налагает ее наклонность, усваиваемая произвольно, усваиваемая постоянным или частым удовлетворением ее, постоянным исполнением требований ее.

Слуга Христов должен быть как можно свободнее от худых навыков, чтоб они не возбранили ему шествие ко Христу. Он должен удаляться от навыков, не только прямо-греховных, но и от всех, приводящих ко греху, как-то: от навыков к роскоши, к изнеженности, к рассеянности.

Иногда ничтожнейший навык связывает наши ноги, и оставляет нас на земле, между тем как мы должны бы быть на небе.

Юноша! повторяю тебе совет спасительный: доколе ты находишься в нравственной свободе, избегай злых навыков, как оков и темницы; приобретай навыки добрые, которыми хранится, утверждается, запечатлевается нравственная свобода.

Если ж кто в зрелом возрасте расположился служить Христу, и, по несчастью, стяжал уже много порочных навыков, или навыков к роскоши и изнеженности, которые обыкновенно содержат душу в состоянии расслабления: тот не должен предаваться унынию и двоедушию; он должен мужественно вступить в борьбу со злыми навыками. Победа над ними не невозможна, при Божией помощи.

Решительное произволение, осеняемое и укрепляемое благодатью Христовою, может победить самые закоснелые навыки.

Навык сначала жестоко противится тому, кто захочет свергнуть иго его, сначала представляется неодолимым; но, по времени, при постоянной борьбе с ним, при каждом неповиновении ему, становится слабее и слабее.

Если в продолжении борьбы случится тебе, по какому-нибудь неожиданному обстоятельству, быть побежденным, не смутись, не впади в безнадежие: снова начинай борьбу.

Насильственная борьба против порочных навыков вменяется Богом человеку в мученичество, и одержавший в этой борьбе победу венчается венцом исповедников, как подвизающийся ради Закона Христова.

Милосердый и всемогущий Господь принимает всякого приходящего к Нему, простирает десницу для поддержания немощи нашей. И потому хотя бы ты был весь в злых навыках, как в тяжких цепях, не отчаивайся в получении свободы. Вступи в невидимую брань, сражайся мужественно и постоянно, с великодушием переноси твои побеждения. По временам предоставляет Бог нас самим себе, чтоб мы познали опытом, как мы слабы в нашем одиночестве, и по причине этого познания неотступно держались Бога, Который Един может быть победителем греха в истинно-произволяющих узреть в себе грех побежденным. Аминь.

РАЗМЫШЛЕНИЕ О СМЕРТИ

Удел всех человеков на земле, удел неизбежный ни для кого – смерть. Мы страшимся ее, как лютейшего врага, мы горько оплакиваем похищаемых ею, а проводим жизнь так, как бы смерти вовсе не было, как бы мы были вечны на земле.

Гроб мой! отчего я забываю тебя? Ты ждешь меня, ждешь, – и я наверно буду твоим жителем: отчего ж я тебя забываю, и веду себя так, как бы гроб был жребием только других человеков, отнюдь не моим?

Грех отнял и отнимает у меня познание и ощущение всякой истины: он похищает у меня, изглаждает из моей мысли воспоминание о смерти, об этом событии, столько для меня важном, осязательно-верном.

Чтоб помнить смерть, надо вести жизнь сообразно заповедям Христовым. Заповеди Христовы очищают ум и сердце, умерщвляют их для мира, оживляют для Христа: ум, отрешенный от земных пристрастий, начинает часто обращать взоры к таинственному переходу своему в вечность – к смерти; очищенное сердце начинает предчувствовать ее.

Отрешенные от мира ум и сердце стремятся в вечность. Возлюбив Христа, они неутолимо жаждут предстать Ему, хотя и трепещут смертного часа, созерцая величие Божие и свои ничтожество и греховность. Смерть представляется для них вместе и подвигом страшным, и вожделенным избавлением из земного плена.

Если мы не способны желать смерти по хладности нашей к Христу и по любви к тлению: то, по крайней мере, будем употреблять воспоминание о смерти, как горькое врачевство против нашей греховности: потому что «смертная память» – так святые Отцы называют это воспоминание – усвоившись душе, рассекает дружбу ее с грехом, со всеми наслаждениями греховными.

«Только тот, кто сроднился с мыслью о конце своем, – сказал некоторый преподобный Отец, – может положить конец грехам своим»[414]. «Поминай последняя твоя, – говорит Писание, – и во веки не согрешиши» (*Сир. 7:39*).

Вставай с одра твоего, как воскресающий из мертвых; ложись на одр твой, как бы в гроб: сон есть изображение смерти, а темнота ночи – предвестница темноты могильной, после которой воссияет радостный для рабов Христовых и страшный для врагов Его свет воскресения.

Густым облаком, хотя оно состоит из одних тонких паров, закрывается свет солнца, – и телесными наслаждениями, рассеянностью, ничтожными попечениями земными закрывается от взоров души величественная вечность.

Тщетно сияет солнце с чистого неба для очей, пораженных слепотою, – и вечность как бы не существует для сердца, обладаемого пристрастием к земле, к ее великому, к ее славному, к ее сладостному.

«Смерть грешников люта» (*Пс. 33:22*): приходит к ним в то время, как они совсем не ожидают ее; приходит к ним, а они еще не сделали никакого приготовления ни к ней, ни к вечности, даже не стяжали никакого ясного понятия ни о том, ни о другом предмете. И восхищает смерть неготовых грешников с лица земли, на которой они лишь прогневляли Бога, передает их навечно в темницы ада.

Хочешь ли помнить смерть? Сохраняй строгую умеренность в пище, одежде, во всех домашних принадлежностях; наблюдай, чтоб предметы нужды не переходили в предметы роскоши, поучайся в Законе Божием день и ночь, или по возможности часто – и воспомнится тебе смерть. Воспоминание о ней соединится с потоками слез, с раскаянием во грехах, с намерением исправления, с усердными и многими молитвами.

Кто из человеков остался навсегда жить на земле? – Никто. И я пойду во след отцов, праотцов, братий и всех ближних моих. Тело мое уединится в мрачную могилу, а участь души моей покроется для оставшихся жителей земли непроницаемою таинственностью.

Поплачут о мне сродники и друзья; может быть поплачут горько, и потом – забудут. Так оплаканы и забыты бесчисленные тысячи человеков. Сочтены они, и помнятся одним всесовершенным Богом.

Едва я родился, едва я зачался, как смерть наложила на меня печать свою. «Он мой», сказала она, и немедленно приготовила на меня косу. С самого начала бытия моего она замахивается этою косою. Ежеминутно я могу сделаться жертвою смерти! Были многие промахи; но верный взмах и удар – неминуемы.

С холодною улыбкою презрения смотрит смерть на земные дела человеческие. Зодчий строит колоссальное здание, живописец не кончил изящной картины своей, гений составил гигантские планы, хочет привести их в исполнение; приходит нежданная и неумолимая смерть, славного земли и все замыслы его повергает в ничтожество.

Пред одним рабом Христовым благоговеет суровая смерть: побежденная Христом, она уважает только одну жизнь во Христе. Часто небесный вестник возвещает служителям Истины о скором переселении их в вечность и о блаженстве в ней. Приготовленные к смерти жизнью, утешаемые и свидетельством совести и обетованием Свыше, тихо, с улыбкою на устах, засыпают они продолжительным сном смертным.

Видел ли кто тело праведника, оставленное душою? Нет от него зловония, не страшно приближение к нему; при погребении его печаль растворена какою-то непостижимою радостью. Черты лица, застывшие такими, какими они изобразились в минуты исшествия души, иногда почивают в глубочайшем спокойствии, а иногда светит в них радость усладительных встреч и целования – конечно с Ангелами и с ликами святых, которые посылаются с неба за душами праведников.

Воспомнись мне смерть моя! приди ко мне горькое, но вполне справедливое и полезное воспоминание! отторгни меня от греха! наставь на путь Христов! Пусть от воспоминания о смерти расслабеют руки мои ко всякому пустому, суетному, греховному начинанию.

Воспомнись мне смерть моя! и убежат от меня пленяющие меня тщеславие и сластолюбие. Я устраню с трапезы моей дымящиеся роскошные брашна, сниму с себя одежды пышные, оденусь в одежды плача, заживо оплачу себя – нареченного мертвеца от рождения моего.

«Так! помяни и оплачь сам себя заживо, говорит «память смертная»: я пришла огорчить тебя благодетельно, и привела с собою сонм мыслей, самых душеполезных. Продай излишества твои, и цену их раздай нищим, предпошли на небо сокровища твои, по завещанию Спасителя: они встретят там своего владельца, усугубясь сторично. Пролей о себе горячие слезы и горячие молитвы. Кто с такою заботливостью и усердием помянет тебя после смерти, как ты сам можешь помянуть себя до смерти? Не вверяй спасения души твоей другим, когда сам можешь совершить это существенно необходимое для тебя дело! Зачем гоняться тебе за тлением, когда смерть непременно отнимет у тебя все тленное? Она – исполнительница велений всесвятого Бога: лишь услышит повеление, – устремляется с быстротою молнии к исполнению. Не устыдится она ни богача, ни вельможи, ни героя, ни гения, не пощадит ни юности, ни красоты, ни земного счастья: преселяет человека в вечность. И вступает смертью раб Божий в блаженство вечности, а враг Божий в вечную муку».

«Воспоминание о смерти – дар Божий»[415], сказали Отцы: он дается исполнителю заповедей Христовых, чтоб усовершить его в святом подвиге покаяния и спасения.

Благодатная память смерти предшествуется собственным старанием воспоминать о смерти. Принуждай себя воспоминать часто смерть, уверяй себя в несомненной истине, что ты непременно, неизвестно когда, умрешь – и начнет приходить само собою, являться уму твоему воспоминание о смерти, воспоминание глубокое и сильное: оно будет поражать смертоносными ударами все твои греховные начинания.

Чужд этого духовного дара грехолюбец: он и на самых гробницах не престает предаваться греховным угождениям плоти, нисколько не помня о смерти, предстоящей ему лицом к лицу. Напротив того служитель Христов, и в великолепных чертогах, вспомнит ждущий его гроб, прольет о душе своей спасительнейшие слезы. Аминь.

СЛАВА БОГУ!

Слава Богу! слава Богу! слава Богу! За все, что вижу в себе, во всех, во всем – «слава Богу!»

Что же вижу я в себе? – Вижу грех, грех непрестанный: вижу непрестанное нарушение святейших заповедей Бога, Создателя и Искупителя моего. И Бог мой видит грехи мои, видит их все, видит бесчисленность их. Когда я, человек, существо ограниченное, немощью подобное траве и цвету полевому, чище взгляну на грехи мои, то они наводят на меня ужас и количеством и качеством своим. Каковы же они пред очами Бога, всесвятого, всесовершенного?

И доселе долготерпеливо взирает Бог на мои преткновения! доселе не предает меня пагубе, давно заслуженной и призываемой! Не расступается под мною земля, не поглощает преступника, ее тяготящего! небо не низвергает своего пламени, не попаляет им нарушителя велений небесных! не выступают воды из своих хранилищ, не устремляются на грешника, грешащего явно пред всею тварью, не похищают, не погребают его в глубинах темных пропастей! Ад удерживается: не отдается ему жертва, которой он требует справедливо, на которую имеет неоспоримое право!

Благоговейно и со страхом смотрю на Бога, смотрящего на грехи мои, видящего их яснее, нежели как видит их совесть моя. Его чудное долготерпение приводит меня в удивление, в недоумение: благодарю, славословлю эту «непостижимую Благость». Теряются во мне мысли; весь объемлюсь благодарением и славословием: благодарение и славословие вполне обладают мною, налагают благоговейное молчание на ум и сердце. Чувствовать, мыслить, произносить языком могу только одно: «слава Богу!»

Куда еще несешься, мысль моя? Смотри неуклонно на грехи мои, возбуждай во мне рыдание о них: мне нужно очищение горьким плачем, омовение слезами непрерывающимися. Не внемлет, летит – неудержимая – становится на необъятной высоте! Её полет подобен бегу молнии, когда молния касается в одно мгновение двух оконечностей небосклона. И встала мысль на высоте духовного созерцания, оттуда смотрит на необычайное, обширнейшее зрелище, на картину живописнейшую, поразительнейшую. Пред нею – весь мир, все времена от сотворения до скончания мира, все события мира, и бывшие и настоящие, и будущие; пред нею судьбы каждого человека в многодробной их частности; над временами, общественными событиями и частными судьбами зрится Бог, Творец всех тварей и беспредельный их Владыка, все видящий, всем управляющий, всему предопределяющий свои цели, дающий свое назначение.

Бог допускает человека быть зрителем Своего управления. Но причины судеб, начала велений Божиих, ведомы единому Богу: «кто уразуме ум Господень, или кто советник Ему бысть» (*Рим.11:34*)? И то, что допускается человек быть зрителем Бога в Его промысле, в Его управлении тварью, в судьбах Его, есть величайшее благо для человека, источающее для человека обильную душевную пользу.

Зрение Творца и Господа всех видимых и невидимых созданий облекает зрителя силою вышеестественною: с этим зрением соединено признание неограниченной власти всемогущего Царя твари над тварью. Власы главы нашей, власы столько ничтожные по немощному мнению человеков, изочтены у этой неограниченной, всеобъемлющей Премудрости и хранятся Ею (*Мф.10:30*; *Лк.21:18*). Тем более без мановения Ее не может совершиться никакого приключения, никакого переворота в жизни человеческой. Христианин, смотрящий неуклонно на промысл Божий, сохраняет среди лютейших злоключений постоянное мужество и непоколебимую твердость. Он говорит со святым Псалмопевцем и Пророком: «Предзрех Господа предо мною выну, яко одесную мене есть, да не подвижуся» (*Пс.15:8*). Господь мне помощник: не убоюся никаких бед, не предамся унынию, не погружусь в глубокое море печали. За все – «слава Богу!»

Зрением промысла Божия внушается беспредельная покорность Богу. Окружат ли раба Божия отовсюду различные и многосплетенные скорби? – Так утешает он свое уязвленное сердце: «Все это видит Бог. Если б по причинам, Ему, премудрому, известным, скорби были мне не полезны и не нужны, то Он, всемогущий, отвратил бы их. Но Он не отвращает их: есть же Его всесвятая воля на то, чтоб они угнетали меня. Драгоценна для меня эта воля, драгоценнее жизни! лучше умереть созданию, нежели отвергнуть волю Создателя! в этой воле – истинная жизнь! Кто умирает для исполнения воли Божией, тот вступает в большее развитие жизни. За все – слава Богу!»

От зрения промысла Божия образуются в душе глубокая кротость и неизменная любовь к ближнему, которых никакие ветры взволновать, возмутить не могут. Для такой души нет оскорблений, нет обид, нет злодеяний: вся тварь действует по повелению или попущению Творца; тварь – только слепое орудие. В такой душе раздается голос смирения, обвиняющий ее в бесчисленных согрешениях, оправдывающий ближних, как орудия «правосудного промысла». Отрадно раздается этот голос среди страданий, приносит спокойствие, утешение; он тихо вещает: «Я приемлю достойное по делам моим. Лучше мне пострадать в кратковременной жизни, нежели вечно страдать в вечных муках ада. Грехи мои не могут быть ненаказанными: того требует правосудие Божие. В том, что они наказываются в краткой земной жизни, вижу неизреченное Божие милосердие». «Слава Богу!»

Зрение промысла Божия хранит, растит веру в Бога. Видящий невидимую всемогущую Руку – правительницу мира, пребывает несмущенным при страшных бурях, мятущих житейское море: он верует, что быт гражданский, кормило Церкви, судьбы каждого человека держатся всемогущею и премудрою десницею Бога. Смотря на свирепые волны, на грозные бури, на мрачные тучи, он удовлетворяет и умиряет себя мыслью, что совершающееся видит Бог. Человеку – слабому созданию – прилична тихая, смиренная покорность, одно благоговейное познание, созерцание судеб Божиих. Да направляется все по предначертанным ему путям, к определенным Свыше целям! За все – «слава Богу!»

Пред видением Божественного промысла не устаивают не только временные скорби, но и те, которые ожидают человека при вступлении его в вечность, за рубежом гроба. Их притупляет, уничтожает благодатное утешение, всегда нисходящее в душу, отрекшуюся от себя для покорности Богу. При самоотвержении, при преданности воле Божией, самая смерть не страшна: верный раб Христов предает свою душу и вечную участь в руки Христа, предает с твердою верою во Христа, с надеждою непоколебимою на Его благость и силу. Когда душа разлучится с телом, и дерзостно, нагло, приступят к ней ангелы отверженные, она своим самоотвержением поразит, обратит в бегство ангелов мрачных и злобных. «Возьмите, возьмите меня, мужественно скажет она им, ввергните в бездну тьмы и пламени, ввергните в бездну ада, если есть на то воля Бога моего, если последовало от Него такое на меня определение: легче лишиться сладостей рая, легче сносить пламень ада, нежели нарушить волю, определение великого Бога. Ему я отдалась, и отдаюсь! Он, а не вы, Судия моих немощей и согрешений! – Вы, и при безумном непокорстве вашем, только исполнители Его определений». Содрогнутся, придут в недоумение слуги миродержца, увидев самоотвержение мужественное, кроткую, полную преданность воле Божией! Отвергнув это блаженное повиновение, они сделались из Ангелов светлых и благих темными и всезлобными демонами. Они отступят со стыдом, а душа невозбранно направит свое шествие туда, где ее сокровище – Бог[416]. Там будет она зреть лицом к лицу зримого здесь верою в промысле Его, и вечно возглашать «славу Богу».

«Слава Богу!» Могущественные слова! Во время скорбных обстоятельств, когда обступят, окружат сердце помыслы сомнения, малодушия, неудовольствия, ропота, должно принудить себя к частому, неспешному, внимательному повторению слов: «слава Богу!» Кто с простотою сердца поверит предлагаемому здесь совету, и при встретившейся нужде, испытает его самым делом: тот узрит чудную силу славословия Бога; тот возрадуется о приобретении столь полезного, нового знания, возрадуется о приобретении оружия противу мысленных врагов, так сильного и удобного. От одного шума этих слов, произносимых при скоплении мрачных помыслов печали и уныния, от одного шума этих слов, произносимых с понуждением, как бы одними устами, как бы только на воздух, содрогаются, обращаются в бегство князи воздушные; развеваются, как прах от сильного ветра, все помышления мрачные; отступают тягость и скука от души; к ней приходят и в ней водворяются легкость, спокойствие, мир, утешение, радость. «Слава Богу!»

«Слава Богу!» Торжественные слова! Слова – провозглашение победы! Слова – веселие для всех верных рабов Бога, страх и поражение для всех врагов Его, сокрушение оружия их. Это оружие – грех; это оружие – плотский разум, падшая человеческая премудрость. Она возникла из падения, имеет начальною причиною своею грех, отвержена Богом, постоянно враждует на Бога, постоянно отвергается Богом. К уязвленному скорбью напрасно соберутся все премудрые земли; напрасно будут целить его врачевствами красноречия, философии; тщетен труд самого недугующего, если он захочет распутать многоплетенную сеть скорби усилиями собственного разума. Очень часто, почти всегда разум совершенно теряется в этой сети многоплетенной! Часто видит он себя опутанным, заключенным со всех сторон! Часто избавление, самое утешение кажутся уже невозможными! и гибнут многие под невыносимым гнетом лютой печали, гибнут от смертной язвы, язвы скорбной, не нашедши на земли никакого средства, довольно сильного, чтоб уврачевать эту язву. Земная премудрость представала со всеми средствами своими: все оказались бессильными, ничтожными. Пренебреги, возлюбленнейший брат, отверженною Богом! Отложи к стороне все оружия твоего разума! Прими оружие, которое подается тебе буйством проповеди Христовой. Премудрость человеческая насмешливо улыбнется, увидя оружие, предлагаемое верою; падший разум, по своему свойству вражды на Бога, не замедлит представить умнейшие возражения, полные образованного скептицизма и иронии. Не обрати на них, на отверженных Богом, на врагов Божиих, никакого внимания. В скорби твоей начни произносить от души, повторять – вне всякого размышления – слова: «слава Богу!» Увидишь знамение, увидишь чудо: эти слова прогонят скорбь, призовут в сердце утешение, совершат то, чего не могли совершить разум разумных и премудрость премудрых земли. Посрамятся, посрамятся этот разум, эта премудрость, а ты, избавленный, исцеленный, верующий живою верою, доказанною тебе в тебе самом, будешь воссылать «славу Богу!»

«Слава Богу!» Многие из угодников Божиих любили часто повторять эти слова: они вкусили сокровенную в них силу. Святой *Иоанн Златоустый*, когда беседовал с духовными друзьями и братиями о каких-нибудь обстоятельствах, в особенности о скорбных, в основный камень, в основный догмат беседы, всегда полагал слова: «за все слава Богу!» По привычке своей, сохраненной Церковною историей для позднего потомства, он, ударяя вторым перстом правой руки по распростертой ладони левой[417], всегда начинал речь свою со слов: «за все слава Богу!»

Братия! Приучимся и мы к частому славословию Бога; будем прибегать к этому оружию при скорбях наших; непрестанным славословием Бога отразим, сотрем наших невидимых супостатов, особливо тех из них, которые стараются низложить нас печалью, малодушием, ропотом, отчаянием. Будем очищать себя слезами, молитвою, чтением Священного Писания и писаний Отеческих, чтоб соделаться зрителями промысла Божия, все видящего, всем владеющего, всем управляющего, все направляющего по неисследимым судьбам Своим к целям, известным единому Богу. Соделавшись зрителями Божественного управления, будем в благоговении, нерушимом сердечном мире, в полной покорности и твердой вере, удивляться величию непостижимого Бога, воссылать Ему славу ныне и в век века.

Достойно и праведно – созданию непрестанно славословить Тебя, Бога Создателя, извлекшего нас в бытие из ничтожества, по единой, бесконечной, непостижимой Твоей благости, украсившего нас красотою, славою Твоего образа и подобия, введшего нас в блаженство и наслаждение рая, для которых окончания не было назначено.

Чем воздали мы Благодетелю? Что принесла в благодарность Создателю персть, оживленная Им?

Мы согласились с врагом Твоим, с ангелом, возмутившимся против Бога, с начальником зла. Мы вняли словам хулы на Благодетеля: Создателя нашего, всесовершенную Благость мы решились подозревать в зависти.

Увы, какое омрачение! увы, какое падение ума! С высоты богозрения и богословия, мгновенно род наш, в праотце нашем, ниспадает в пропасть вечной смерти...

Первоначально пал сатана; светлый Ангел соделался темным демоном: не имев тела, он согрешил умом и словом. Вместо того, чтоб в непорочном веселии, с прочими святыми Ангелами, славословить Бога – Благодетеля, он возлюбил богохульство. Едва зачал мысль мрачную, смертоносную, едва осуществил ее пагубным словом, подобным злейшему яду, как потемнел, изменился, низвергся с несказанною быстротою из высокого Эдема на землю. О быстроте его падения свидетельствует предвечное Слово: «Видех, – говорит Оно, – сатану яко молнию с небесе спадша» (*Лк.10:18*).

Столько же быстрым было и падение человека, последовавшего ангелу падшему, начавшего свое падение с принятия мысли темной, богохульной, за которою последовало нарушение заповеди Божией. Это нарушение уже было предварено прикрытым презрением, отвержением Бога.

Увы, какое ослепление! какое страшное согрешение! какое страшное падение! Пред этим согрешением, пред этим падением ничтожны наказания: изгнание из рая, снискание насущного хлеба в поте лица, болезнь чадорождения, возвращение в землю, из которой Творцом взято наше тело.

Но Ты, что творишь, Благость безмерная? Чем Ты воздаешь за воздаяние наше, которым мы воздали Тебе за первые Твои благодеяния? Чем воздаешь за преслушание Тебя, за неверие к Тебе, за принятие ужасной хулы на Тебя – на Тебя, Который – Само-Благость, Само-Совершенство?

Ты воздаешь новыми благодеяниями, бо́льшими первых. Одним из Божественных Лиц Твоих приемлешь человечество; – приемлешь, кроме греха, все немощи наши, которые прилепились к естеству человеческому после падения его. Ты являешься очам нашим, прикрыв невыносимую славу Божества человеческой плотью; будучи Словом Божиим, вещаешь нам слово Божие в звуках слова человеческого. Сила Твоя – сила Бога. Кротость Твоя – кротость агнца. Имя Твое – имя человека. Это всесвятое Имя вращает небом и землею. Как утешительно и величественно звучит имя Твое! Оно, когда входит в слух, когда выходит из уст, входит и выходит, как бесценное сокровище, бесценное перло! «Иисус Христос!» Ты – и Господь человеков, и человек. Как чудно, изящно соединил Ты Божество с человечеством! как чудно Ты действуешь! Ты – и Бог, и человек! Ты – и Владыка, и раб![418] Ты – и Жрец, и Жертва! Ты – и Спаситель, и грядущий нелицеприятный Судия вселенной! И целишь Ты все недуги! И посещаешь, приемлешь грешников! И воскрешаешь мертвых! И повелеваешь водам моря, ветрам неба! И чудно вырастают хлебы в руках Твоих, дают тысячекратный урожай, – посеваются, жнутся, пекутся, преломляются в одно и тоже время, в одно мгновение! И алчешь Ты, чтоб нас избавить от глада! И жаждешь Ты, чтоб утолилась наша жажда! И путешествуешь по стране нашего изгнания с утруждением Себя, чтоб возвратить нам утраченное нами, спокойное, исполненное сладостей, небесное отечество! И проливаешь пот Твой в саду Гефсиманском, чтоб мы престали проливать пот наш в снискании хлеба для чрева, научились проливать его в молитвах для достойного причащения хлеба небесного. Произращенное нам проклятою землею терние, Ты приял на главу Твою; Ты увенчал, изъязвил тернием пресвятую главу Твою! Лишились мы райского древа жизни и плода его, сообщавшего бессмертие вкушавшим; Ты, распростершись на древе крестном, соделался для нас плодом, дарующим жизнь вечную причастникам Своим. И плод жизни, и древо жизни явились на земле, в стране нашего изгнания. Этот плод и это древо превосходнее райских; те сообщали бессмертие, а эти сообщают бессмертие и Божество. Твоими страданиями Ты излил сладость в наши страдания. Мы отвергаем земные наслаждения, избираем в жребий свой страдания, лишь бы только соделаться причастниками Твоей сладости! Она, как предвкушение жизни вечной, сладостнее и драгоценнее временной жизни! Ты уснул сном смертным, который не мог удержать Тебя в вечном усыплении, Тебя – Бога! Ты восстал, и даровал нам возбуждение от этого сна, от лютого сна смертного, даровал блаженное и славное воскресение! Ты вознес обновленное естество наше на небо, посадил его одесную предвечного, Тебе совечного, Отца Твоего! Ты соделал Отца Твоего и нашим Отцом! Ты открыл нам путь к небу! Ты уготовал нам на небе обители! Ты руководишь к ним, приемлешь, упокоеваешь, утешаешь в них всех утружденных странников земных, веровавших в Тебя, призывавших святое имя Твое, творивших святые заповеди Твои, православно и благочестно служивших Тебе, несших крест Твой и пивших чашу Твою мужественно, с благодарением Тебе, со славословием Тебя!

Слава Тебе, Создатель несуществовавших! Слава Тебе, Искупитель и Спаситель падших и погибших! Слава Тебе, Бог и Господь наш! Даруй нам и на земле и на небе славословить, благословлять, восхвалять благость Твою! даруй нам откровенным лицом зреть страшную, неприступную, великолепную Славу Твою, вечно зреть Ее, поклоняться Ей, и блаженствовать в Ней. Аминь.

1846 года. Сергиева пустыня.

СЕТИ МИРОДЕРЖЦА

Под знамением святого креста веду вас, братия, на духовное зрелище. Руководителем нашим да будет великий в угодниках Божиих Антоний, пустынножитель египетский.

Он, по действию Божественного откровения, увидел некогда сети диавола, распростертые по всему миру для уловления человеков в погибель. Увидев, что этих сетей бесчисленное множество, с плачем вопросил он Господа: «Господи! кто же может миновать эти сети, и получить спасение»?[419]

Погружаюсь задумчиво в рассматривание сетей диавола. Они расставлены вне и внутри человека. Одна сеть близко присоединена к другой; в иных местах сети стоят в несколько рядов; в других сделаны широкие отверстия, но которые ведут к самым многочисленным изгибам сетей, избавление из которых кажется уже невозможным. Глядя на многокозненные сети, рыдаю горько! Невольно повторяется во мне вопрос блаженного пустынножителя: «Господи! кто же может избавиться этих сетей»?

Расставлены сети для ума моего в различных книгах, именующих себя светом, а содержащих в себе учение тьмы, написанных под явным, или прикрытым влиянием мрачного и всезлобного миродержца, из источника – разума, поврежденного грехопадением, «во лжи человечестей, в коварстве козней льщения» (*Еф.4:14*), по выражению Апостола, писателями, которые «без ума дмятся от ума плоти своея» (*Кол.2:18*). Ближний мой, в любви к которому я должен искать спасения, соделывается для меня сетью, уловляющею меня в погибель, когда ум его уловлен сетями учения, мудрования лживых и льстивых. Мой собственный ум носит на себе печати падения, покрыт покрывалом мрака, заражен ядом лжи: сам он, обольщаемый миродержителем, расставляет для себя сети. Еще в раю стремился он неразборчиво и неосторожно к приобретению знания, для него гибельного, убийственного! По падении он сделался неразборчивее, опрометчивее: с дерзостью упивается чашею знания ядовитого, и тем решительно уничтожает в себе вкус и вожделение к Божественной чаше знания спасительного.

Для сердца моего сколько сетей! Вижу сети грубые и сети тонкие. Которые из них назвать более опасными, более страшными? недоумеваю. Ловец искусен, – и кто ускользнет от сетей грубых, того он уловляет в сети тонкие. Конец ловитвы – один: погибель. Сети прикрыты всячески, с отличным искусством. Падение облечено во все виды торжества: человекоугодие, лицемерство, тщеславие – во все виды добродетели. Обман, темная прелесть, носят личину духовного, небесного. Любовь душевная, часто порочная, прикрыта наружностью любви святой; сладость ложная, мечтательная, выдается за сладость духовную. Миродержец всеми средствами старается удержать человека в его падшем естестве: и этого довольно, без грубых грехопадений, чтоб соделать человека чуждым Бога. Грехопадения грубые вполне заменятся, по верным расчетам ловца, гордостным мнением о себе христианина, довольствующегося добродетелями падшего естества и вдавшегося в самообольщение, – этим отчуждившегося от Христа.

Для тела сколько сетей! оно само – какая сеть! как пользуется им миродержец! Посредством тела, снисходя его унизительным наклонностям и пожеланиям, мы приближаемся к подобию скотов бессловесных. Какая пропасть! какое удаление, какое ниспадение от Божественного подобия! В эту глубокую, страшно далекую от Бога пропасть мы низвергаемся, когда предаемся грубым плотским наслаждениям, называемым, по их греховной тяжести, падениями. Но и менее грубые плотские наслаждения не менее пагубны. Ради них оставляется попечение о душе, забывается Бог, небо, вечность, назначение человека. Миродержитель старается содержать нас в непрестанном развлечении, омрачении, посредством наслаждений телесных! Чрез чувства, эти двери в душу, которыми она сообщается с видимым миром, он непрестанно вводит в нее чувственное наслаждение, неразлучные с ним грех и плен. Гремит в знаменитых земных концертах музыка, выражающая и возбуждающая различные страсти; эти страсти представлены на земных театрах, взволнованы в земных увеселениях: человек всеми возможными средствами приводится к наслаждению убившим его злом. В упоении им он забывает спасающее его добро Божественное и кровь Богочеловека, которою мы искуплены.

Вот слабое начертание сетей, расставленных миродержцем для уловления христиан. Начертание слабое, но едва ли оно не навело на вас, братия, справедливого ужаса, едва ли в душе вашей не родился вопрос: «Кто же может избежать этих сетей»?

Картина страшная еще не кончена! еще, еще возбуждается кисть моя, водимая Словом Божиим, к живописи.

Что гласит Слово Божие? Оно возвещает предсказание, сбывающееся в глазах наших, предсказание, что во времена последние, по причине «умножения беззакония изсякнет любы многих» (*Мф. 24:12*). Неложное Слово Божие, более твердое нежели небо и земля, возвещает нам умножение в последние времена сетей диавольских и умножения числа погибающих в этих сетях.

Точно! гляжу на мир, – вижу: сети диавола умножились, в сравнении с временами первенствующей Церкви Христовой, умножились до бесконечности. Умножились книги, содержащие лжеучение; умножились умы, содержащие и сообщающие другим лжеучение; умалились, умалились до крайности последователи святой Истины; усилилось уважение к добродетелям естественным, доступным для иудеев и язычников; явилось уважение к добродетелям прямо языческим, противным самому естеству, взирающему на них, как на зло; умалилось понятие о добродетелях христианских, не говорю уже как умалилось, почти уничтожилось, исполнение их на самом деле; развилась жизнь вещественная; исчезает жизнь духовная; наслаждения и попечения телесные пожирают все время; некогда даже вспомнить о Боге. И это все обращается в обязанность, в закон. «От умножения беззакония изсякнет любы многих», и тех, которые удержались бы в любви к Богу, если б зло не было так всеобще, если б сети диавола не умножились до такой бесчисленности.

Справедлива была печаль блаженного Антония. Тем справедливее печаль христианина нынешних времен, при зрении сетей диавольских; основателен плачевный вопрос: «Господи! кто же из человеков может миновать эти сети и получить спасение»?

На вопрос преподобного пустынножителя последовал от Господа ответ: «Смиренномудрие минует эти сети, и они не могут даже прикоснуться к нему».

Божественный ответ! как он отъемлет от сердца всякое сомнение, изображает в кратких словах верный способ победы над супостатом нашим, способ расторжения, уничтожения многоплетенных его козней, устроенных при помощи многолетней и многозлобной его опытности.

Оградим смирением ум, не позволяя ему стремиться безразборчиво, опрометчиво к приобретению знаний, как бы новость их и важность их заглавий ни приманивали нашей любознательности. Охраним его от испытания лжеучений, прикрытых именем и личиною христианского учения. Смирим его в послушание Церкви, низлагая всякое помышление, взимающееся на разум Христов (*2Кор.10:5*), на разум Церкви. Прискорбен сначала для ума тесный путь послушания Церкви; но он выводит на широту и свободу разума духовного, пред которым исчезают все мнимые несообразности, находимые плотским и душевным разумом в точном повиновении Церкви. Не дозволим ему чтения о духовных предметах другого, кроме как в книгах, написанных писателями истинной Церкви, о которых сама Церковь засвидетельствовала, что они – органы Святого Духа. Читающий святых писателей неприметно приобщается обитающему в них и глаголющему ими Святому Духу; читающий сочинителей еретических, хотя бы они своим еретическим сонмищем и украшены были прозванием святых, приобщается лукавому духу прелести[420]: за непослушание Церкви, в котором – гордость, он впадает в сети миродержителя.

Как поступить с сердцем? – Привьем к этой дикой маслине сучец от маслины плодовитой, привьем к нему свойства Христовы, приучим его к смирению евангельскому, будем принуждать насильно к принятию воли Евангелия. Увидев его разногласие с Евангелием, непрестанное противоречие, непокорность Евангелию, увидим в этом противодействии, как в зеркале, наше падение. Увидев падение наше, восплачем о нем пред Господом, Создателем нашим и Искупителем, возболим печалью спасительною; дотоле будем пребывать в этой печали, доколе не узрим исцеления нашего. «Сердце сокрушенно и смиренно Бог не уничижит» (*Пс. 50:19*), преданием его в ловитву врагу. Бог – Создатель наш и полный Владыка: Он может воссоздать сердце наше, – и претворит Он сердце, неотступно вопиющее Ему плачем и молитвою, из сердца грехолюбивого в сердце боголюбивое, святое.

Будем хранить телесные чувства наши, не впуская чрез них грех в клеть душевную. Обуздаем любопытное око и любопытное ухо; возложим жестокую узду на малый член тела, но производящий сильные потрясения, на язык наш; смирим бессловесные стремления тела воздержанием, бдением, трудами, частым воспоминанием о смерти, внимательною, постоянною молитвою. Как непродолжительны телесные наслаждения! каким смрадом они оканчиваются! Напротив того тело, огражденное воздержанием и хранением чувств, омовенное слезами покаяния, освященное частыми молитвами, зиждется таинственно в храм Святого Духа, соделывающего все покушения врага на человека безуспешными.

«Смиренномудрие минует все сети диавольские, и они даже не могут прикоснуться к нему». Аминь.

1846 года. Сергиева пустыня.

ПЕСНЬ ПОД СЕНИЮ КРЕСТА (ЗАИМСТВОВАНО ИЗ 15 ГЛАВЫ ИСХОДА)

Сажусь под священную сень древа крестного, начинаю песнь хвалы, песнь благодарения Создателю моему и Спасителю.

Не от палящих лучей солнца чувственного убегаю под сень креста: убегаю от зноя грехов, от зноя соблазнов. Увы! мир преисполнен соблазнами лютыми.

Прохладно, отрадно под сению Креста святого! из-под корней его бьет ключ воды живой: учение Христово.

Не слышен голос песни моей суетному миру. Мой ум и сердце поют таинственно. Да услышит их Спаситель мой.

Ходил некогда в воздухе пред сонмом людей израилевых столп облачный и огненный, руководил их по пустыне дикой, страшной. Невидимый и вместе видимый мною промысл Бога моего руководил меня по стези трудной и прискорбной жития земного.

Жил я прежде в Египте. Фараон, царь его, занимал меня непрестанно деланием плинф и другими тяжкими работами, занимал непрерывающимся попечением о вещественном. Когда приходила мне мысль о служении Богу моему, – Фараон укорял меня в праздности, умножал мои заботы о временном, земном, суетном, чтоб было мне невозможным даже помыслить о Боге.

Моисей – этим именем и лицом изображается закон Духа – чудными способами извлек меня из Египта: из жизни для плоти, для мира, – в пустыню.

Труден путь по пустыне! Там зыблется раскаленный песок под ногами; там острым камнем и колючим тернием уязвляются ноги; там палящее солнце жжет путника; там жажда нестерпимая; там нет котлов и мяс египетских; там шатры, нет приюта удобного и спокойного; там мертвая природа томит, мучит мысль и взоры.

Едва достиг я моря Чермного, как увидел за собою враждебных всадников и гремящие колесницы. Предо мною было море; предо мною и за мною была смерть ужасная, неминуемая.

Но был тут и Бог мой. Он – источник жизни, и смерть Ему подвластна. Среди моря отверзся мне путь: в жизни посреди мира внезапно явилась предо мною стезя спасения.

В погоню за мною кинулись всадники, устремились колесницы: все они погибли в море. «Поим Господеви, славно бо прославися: коня и всадника вверже в море» (*Исх.15:1*).

Конь неистовый – это бессловесные стремления, пожелания моей плоти; всадник, сидящий на нем, – помысл греховный.

Колесницы гремящие – это суетная слава мира, это его великое. Пройдет оно, и замолкнет, потонет в море забвения. Что так ничтожно, как стук и скрип колес и железа в колесницах!

Единое благо, единое сокровище у человека – Бог, его Создатель и Спаситель, его жизнь и наслаждение, его имущество вечное. Ему хвала, Ему слава! «Господь, сокрушаяй брани, Господь – имя Ему». Невозможное для человеков – возможно Ему. «Колесницы Фараоновы, и силу его вверже в море: избранные всадники тристаты потопи в Чермнем мори» (*Исх.15:3–4*), в плаче человека о греховности его.

«Огустеша яко стена воды, огустеша волны посреде моря» (*Исх.15:8*). Соблазны мира лишились своей силы, оковано их действие, не покорили они себе моего сердца; оно к ним сделалось бесчувственным, прошло среди влажных вод, как бы между каменными скалами. «Десница Твоя, Господи, прославися в крепости: десная Твоя рука, Господи, сокруши враги» (*Исх.15:6*), она даровала мне крепость, отняла крепость у греха, висевшего надо мною подобно стене из волн. Ты окаменил волны, жаждавшие поглотить меня, увлечь бездушный труп мой в недоведомые пропасти ада.

«Помощник мой и Покровитель» (*Исх.15:2*). На пути моем к Тебе, земле моей обетованной, еще ждут меня враги, сыны иноплеменников. И они познали, что надо мною промысл Твой святой, что рука Твоя ведет меня, и охраняет, поборает за меня; они знают, что рука Твоя сильна. Руки Твоей они боятся, а мне завидуют, скрежещут на меня зубами.

«Слышаша язы́цы» милости Твои ко мне, «и прогневашася»: огорчились жители Филистима; обеспокоились владыки Едомские; объял трепет князей Моавитских, расслабели сердца всех, живущих в Ханаане (*Исх.15:14–15*). Спаси меня, Боже мой, от всех сынов иноплеменных, от всех и от всего, кто чужд Святого Духа Твоего, и потому для христианина – сын иноплеменный. Да не увязнет нога моя в каких-либо сетях, да не низвергнусь в какую-либо невидимую мною, неведомую мне, непостижимую для меня, гибельную бездну.

Отыми у всех врагов души моей силу, как отъял Ты ее у колесниц и всадников фараоновых; окамени их, чтоб они были без всякого движения, без всякого действия, как окаменил Ты воды. Спаси меня, Господи, Боже мой! Враги мои крепки и велики! Если предоставишь меня мне самому, – они убьют меня, как лев убивает слабого агнца; сотрут меня, как стирает жернов зерно пшеничное.

«Величием мышцы Твоея да окаменятся» (*Исх.15:16*) все ненавидящие мое спасение, все сопротивляющиеся шествию моему к Тебе, «дондеже пройдут людие Твои, Господи, дондеже пройдут людие Твои сии, яже стяжал еси. Введ насади я в гору достояния Твоего, в готовое жилище Твое, еже соделал еси, Господи, святыню, Господи, юже уготовасте руце Твои» (*Исх.15:16–17*).

Когда воды моря Чермного покрыли и потопили воинство Фараона, его тристатов, его всадников, его колесницы, – взяла «Мариам пророчица, сестра Аарона, первосвященника израильтян, и Моисея, законодателя их, тимпан в руки свои», – в сопровождении лика жен израилевых, воспела песнь: «Поим Господеви, славно бо прославися: коня и всадника вверже в море» (*Исх.15:20–21*).

Душа, пребывающая в служении Богу, поучающаяся в Законе Божием день и ночь, соединяется во един дух с Господом (*1Кор.6:17*), роднится с Его Законом святым, соделывается сестрою его, пророчицею, как заимствующая из него благодатное вдохновение. Когда она увидит избавление свое от смерти греховной, от потопления в суетных попечениях и занятиях мира, от власти и насилия фараона: тогда настраивает чувства сердечные в чудный мир Христов, и, прикасаясь к ним, как к струнам, Божественными помышлениями, издает дивные, вещие звуки, воспевает хвалу Богу, таинственно, духовно, насладительно.

О вы, жены израилевы, души верных рабов Господа Иисуса! Возьмите ваши тимпаны, пристаньте к пению пророчицы вдохновенной! Сядем в стройный лик под священною сению Креста, «распяв плоть со страстьми и похотьми» (*Гал.5:24*), умом и сердцем чистым, устами чистыми, «воспоим Господеви», великому Богу, Спасителю нашему, «славно бо прославися» несказанными благодеяниями Своими нам и всему христианскому и человеческому роду. Аминь.

РАЗМЫШЛЕНИЕ ПРИ ЗАХОЖДЕНИИ СОЛНЦА

Великолепное светило дня, совершив дневной путь, приблизилось к закату. Склонившись к самому морю, и как бы колеблясь над ним, оно пущает прощальные лучи на землю, готово погрузиться в море бесконечном. Смотрю на это величественное зрелище из окон моей келлии, из недра тихой обители! Предо мною и Кронштадт, и противоположный берег Финляндии, и море, испещренное полосами. Над морем кружится румяное солнце, уже прикасаясь окраинами поверхности моря. Заходящее солнце допускает смотреть на себя глазу человеческому, для которого оно недоступно во все время дневного пути своего, закрываясь от него невыдержимым, ослепительным сиянием.

Какое созерцание родится от этого зрелища для инока уединенного? Какое вдохновение прольется в грудь мою при чтении этого листа священной книги, написанной Самим Богом – природы?

Книга эта постоянно открывается для тех, которые не престают очищать себя покаянием и удалением от всякого греховного начинания, и грубого, и тонкого. Она открывается для тех, которые отреклись от наслаждений земных, от суетной рассеянности. Она открывается для последователей и учеников Евангелия, для любителей славы небесной и наслаждений вечных, для любителей скромного и тихого уединения, возлюбивших уединение с тем, чтобы в нем снискать обильное познание Бога устранением из себя всего, что закрывает и удаляет от нас Бога.

Великая книга природы запечатлена для читателей нечистых, омраченных грехом, порабощенных греху, погруженных в наслаждения плотские, закруженных, отуманенных суетным развлечением. Напрасно, по гордости своей, мнят они о себе, что и они – читатели ее! Читают они в ней мертвую, вещественную букву; не прочитывают – Бога.

Содержание книги природы: Бог неописанно описан, воспет громкими песнопениями Духа, неслышимыми ухом плотским, изящными, священными, поражающими и пленяющими слух души возрожденной.

Пред этою книгою встанут на суд – по учению великого Апостола языков – в день страшного суда Божия, племена и языки всех веков жизни мира, пребывшие в жалостном, смешном идолопоклонстве, в бедственном неведении Бога, и она осудит их. Невидимое по отношению к Богу плотскими очами, когда рассматривается в создании Его – природе, зрится, «и присносущная сила Его и Божество, во еже быти им безответным» (*Рим.1:20*).

Есть книга еще выше и божественнее, блаженнее и страшнее, нежели книга природы: Евангелие.

Евангелие приводит понятливого и благоразумного читателя, читающего эту книгу жизни жизнью, к Самому Богу, соединяет человека с Богом; книга природы становит своего читателя в лике Ангелов, и соделывает его зрителем и проповедником величия Божия. Ангелы, когда увидели книгу видимой природы, новоизданною созданием, – воспели песнь хвалы Создателю; подобно им воспевает, славословит Бога человек, очищенным оком смотрящий на природу. Евангелие строже осуждает непонятливость читателя, нежели природа. «Колико мните, – говорит Апостол, – горшия сподобится муки, иже Сына Божия поправый, и кровь заветную скверну возмнив, еюже освятися, и Духа благодати укоривый?... Мне отмщение, Аз воздам, глаголет Господь» (*Евр.10:29–30*). Христианин будет судим по Евангелию: это возвестил

Господь: «Слово, еже глаголах, то судит ему в последний день» (*Ин.12:48*). В книге природы, хотя читается Бог, всемогущий, премудрый, всеблагий, бесконечно высший всякой твари, достойный поклонения от твари разумной, как Творец и Благодетель; но читается Бог, по существу Своему недоступный для постижения, для составления о Нем какого бы то ни было определенного понятия, как превысший всякого постижения и понятия. Евангелие открывает нам Бога, по существу Единого и Триипостасного; открывает начало – Отца, открывает рожденного Отцом, совечного Отцу, Сына, открывает исходящего от Отца, со Отцом и Сыном поклоняемого и славимого Духа, как равного, единосущного Им; открывает и благовествует Искупителя, приводит человека не только к поклонению истинному Богу, но и к усыновлению Богу, к соединению с Богом. Книга природы освещена видимым, величественным исполином, огромным и лучезарным – солнцем; в Евангелии и из Евангелия светит солнце правды – Бог, смирившийся до вочеловечения, до яслей и вертепа, до казни преступников, Перворожденный из мертвых, Отец будущего века, Спаситель наш, Господь Иисус Христос. Слепец не может быть зрителем чудес природы: омраченный грехом, раб мира и миродержца не может познать Христа и Его святого Евангелия. «Свет во тме светится, и тма Его не объят. Всяк бо делаяй злая, ненавидит Света, и не приходит к Свету... Иже не верует в Сына, не узрит живота, но гнев Божий пребывает на нем. Всяк отметаяйся Сына, ни Отца имать» (*Ин.1:5, 3:20, 36; 1Ин.2:23*).

Закатывающееся солнце живо представляет собою состояние христианства наших времен. Светит то же солнце правды Христос, Он испускает те же лучи; но они уже не проливают ни того сияния, ни той теплоты, как во времена, нам предшествовавшие. Это оттого, что лучи не падают прямо на нас, но текут к нам лишь в косвенном, скользящем направлении. Лучи Солнца Правды, Христа – Дух Святой: «Свет и податель Света человекам, Имже Отец познавается, и Сын прославляется и от всех познается»[421].

Святой Дух обретал между первыми христианами много живых сосудов, одушевленных храмов, достойных своего вселения, обитания. Таковы были Апостолы; таков был первомученик Стефан; таковы были почти все члены Церкви, учрежденной Апостолами; таковы были святые всех времен. Дух Святой, находя христианина верным Христу, нисходил на него, воссозидал его по подобию Нового Адама, вводя в душу и тело его нетленную святость от Бога, исполняя храм Свой духовными дарованиями. Духоносные мужи обильно распространяли Христово учение силою духовного слова, утверждаемого силою дарований Духа, доставляли братиям своим быстрое и возвышающее преуспеяние, «наказующе, – говорит Апостол, – всякаго человека, и учаще всяцей премудрости, да представим всякаго человека совершенна о Христе Иисусе» (*Кол.1:28*).

Ныне, когда умножились богатые науками, искусствами, всем вещественным, ныне «оскуде преподобный» (*Пс.11:2*). Святой Дух, призирая на сынов человеческих, ища достойного сосуда в этом сонме именующих себя образованными, просвещенными, православными, произносит о них горестный приговор: «Несть разумеваяй, и несть взыскаяй Бога. Вси уклонишася, вкупе непотребни быша: несть творяй благостыню, несть даже до единаго. Гроб отверст гортань их, языки своими льщаху: яд аспидов под устнами их: ихже уста клятвы и горести полна суть: скоры ноги их пролияти кровь. Сокрушение и озлобление на путех их: и пути мирнаго не познаша. Несть страха Божия пред очима их» (*Рим.3:11–18*).

Вот причины, по которым Дух Божий чуждается нас, между тем как Он – истинное достояние истинных христиан, приобретенное для всех новых израильтян их всесвятым Родоначальником. Дух Божий – Свят, и почивает в одних святых, распявших себя для мира, распявших «плоть со страстьми и похотьми» (*Гал.5:24*). Еще в Ветхом Завете возвещено о Нем: «Не имать Дух Мой пребывати в человецех сих во век, зане суть плоть» (*Быт.6:3*). И Тот всеблагий Дух, который в первенствующей Церкви нисшел на оглашенного лишь словом крестным Корнилия, исполнил его различными дарованиями духовными, – чуждается нас, уже омовенных крещением, мнящих быть верующими и православными; чуждается, хотя у Него, как у Бога, нет лицеприятия; чуждается, чтоб не соделать нас более грешными присовокуплением к прочим грехам нашим тяжкого греха: оскорбления, которым оскорбляется и принуждается к удалению Святой Дух (*Еф.4:30; 1Сол.5:19*).

Не прямо на человеков ниспадают ныне лучи солнца Правды! По причине усиления вещественной, плотской жизни, редко, редко обретается на земле живой сосуд Святого Духа. Сердца человеков соделались неспособными по нечистоте своей к непосредственному приятию и ношению писмен Его; к этому соделалось способнее сердец, нерукотворенных скрижалей, вещество безжизненное, по крайней мере, неоскверненное грехом. Где ныне почивают слова Духа? – В книгах Священного Писания и святых угодников Божиих, в книгах, написанных по внушению и под влиянием Святого Духа. Дух Святой сообщал избранным Своим различные дарования духовные, назначал им различные служения. Иных помазал на пророчество, других на апостольство, иных на пастырство и учительство, других на мученичество за Христа, иных на очищение себя Христу подвигами иноческими. Различны дарования, различны служения; но начало, источник – один: Дух Святой, наделяющий каждого дарованием, назначающий каждому служение по Своей воле и власти, как Бог. И книги святых Божиих написаны при различных дарованиях Духа сосудами Духа, имевшими различное служение, – написаны все или по внушению, или под влиянием Святого Духа. Святой Дух уже отсюда являет степень славы своих живых храмов, из иного блистая светлее, из другого сияя умереннее. Как звезды видимой, небесной тверди «разнствуют» (*1Кор.15:41*) одна от другой в славе, так разнообразно и духовное преуспеяние святых Божиих, сияющих на небе Церковном. Их духовному преуспеянию сообразен и свет, который издают из себя написанные ими книги: но все они – на небе, все они издают свет, благоухание Святого Духа. И эти-то книги – свет лучей закатывающегося Солнца Правды, назначенный всеблагим Богом для освещения последних часов дня христианского.

Братия! Искусим знамения времен, по завещанию Спасителя, за непознание которых фарисеи обличаются Господом (*Мф.16:3*). Обратим должное внимание на наставление Спасителя, Который говорил современным Ему иудеям: «Еще мало время свет в вас есть: ходите, дондеже свет имате, да тма вас не имет: и ходяй во тме не весть, камо идет. Дондеже Свет имате, веруйте во Свет, да сынове Света будете» (*Ин.12:35–36*).

С верою будем упражняться в чтении книг, написанных святыми угодниками Божиими, почерпая в них просвещение и жизнь души. Будем удаляться, как от яда смертоносного, от книг, написанных из источника мутного и смердящего, из лжеименного разума, этого достояния падшего естества человеческого, падением своим породнившегося с ангелами отверженными. «Да не бываем ктому младенцы, – увещавает нас Апостол, – влающеся и скитающеся всяким ветром учения, во лжи человечестей, в коварстве козней льщения» (*Еф.4:14*).

Идут, идут, страшнее волн всемирного потопа, истребившего весь род человеческий, идут волны лжи и тьмы, окружают со всех сторон, готовы поглотить вселенную, истребляют веру во Христа, разрушают на земле Его царство, подавляют Его учение, повреждают нравы, притупляют, уничтожают совесть, устанавливают владычество всезлобного миродержца. В средство спасения нашего употребим заповеданное Господом бегство (*Мф.24:16*).

Где тот блаженный ковчег, подобный ковчегу Ноя праведного, куда бы можно было убежать от волн, отсюду объемлющих, где бы можно было найти надежное спасение? Ковчег – Святая Церковь, несущаяся превыше волн потопа нравственного, и, в темную, бурную, грозную ночь, с благодушием, твердостью руководствующаяся в пути своем светилами небесными: писаниями святых угодников Божиих. Сияния этих светил несильны скрыть никакая мгла, никакие тучи.

Ковчег достигнет в пристанище блаженной вечности, принесет туда благополучно всех, доверивших ему свое спасение.

Кто пренебрежет этим ковчегом, возмнит, по слепым гордости и самомнению, преплыть страшные волны на утлой ладье собственного разума, кто пренебрежет смиренным повиновением истинной Церкви, кто воссядет в другие корабли, поврежденные лжеучением, проточенные прелестью лукавого змея, кто отвергнет руководство Святого Духа, или только с хладностию и двоедушием будет руководствоваться Священным и святым Писанием, в котором одном учение Духа, – погибнет.

«Дондеже Свет имате, веруйте во Свет, да сынове Света будете». Аминь.

Сергиева пустыня, 1846 года.

ФАРИСЕЙ

Братия! Присмотримся в Евангелии к нраву Господа Бога Спасителя нашего Иисуса Христа. Мы увидим, что Он никогда не соблазняется на грешников, как бы их грехи ни были тяжки. Также нет примера во всем Евангелии, чтоб святые Апостолы соблазнились на кого-либо. Напротив того фарисеи соблазняются непрестанно, соблазняются на Самого Всесовершенного, на вочеловечившегося Бога; соблазняются до того, что осуждают Его, как преступника, предают смерти поносной; Спасителя распинают на кресте посреди двух разбойников! Из этого естественно вытекает то заключение, что наклонность соблазняться есть тяжкий недуг души, есть признак фарисея. Должно тщательно смотреть за сердцем, и умерщвлять в нем чувство соблазна на ближнего духовным рассуждением, почерпаемым в Евангелии.

Евангелие – священная и всесвятая книга! Как в чистых водах отпечатывается солнце, так в Евангелии изображен Христос. Желающий узреть Христа, да очистит ум и сердце покаянием! Он узрит в Евангелии Христа, истинного Бога, Спасителя падших человеков; узрит в Евангелии, какие свойства должен иметь ученик Иисуса, призванный научиться кротости и смирению у Самого Господа. В этих Богоподражательных добродетелях он найдет блаженный покой душе своей.

ЧАСТЬ ПЕРВАЯ

Взошел некогда Господь в дом мытаря Матфея, претворяя мытаря в Апостола, возлег воплощенный Бог за трапезу с грешниками. Фарисеи, увидев это, соблазнились. «Почто», говорили они ученикам Иисуса, «почто с мытари и грешники Учитель ваш яст и пиет?» (*Мф.9:11*).

Скажите прежде, фарисеи, почему вы называете этих людей грешниками? Не ближе ли их назвать счастливцами и блаженными, Ангелами, Херувимами, потому что благоволил возлечь в их обществе Бог? Не лучше ли вам сказать: «и мы грешники! и нас прими, милосердый Иисус, к стопам Твоим. Этих грешников Ты, Сердцеведец и истинный Судия, предпочел нам, миновав нас, Ты возлег с ними. Видно – грехи наши пред Тобою тяжелее их грехов. С ними Ты возлежишь: нам дозволь хотя припасть к стопам Твоим».

Нет святой вони смирения в темных праведниках, богатых правдою падшего человеческого естества, правдою поддельною мира, правдою бесовскою. Они дерзко осуждают Господа, осуждают принимаемых Им грешников, соделывающихся таким образом истинными праведниками, – отвергают Господа, говорят: «Учитель ваш». Дают понять этим, что они не признают Его «Учителем своим".

Ответ Господа – ответ на все начала сокровенного недуга фарисеев, на все состояние их души. Ответ этот заключает в себе страшное осуждение и отвержение от лица Божия всякой мнимой праведности человеческой, соединенной с осуждением ближнего. «Не требуют, –

сказал Господь, – здравии врача, но болящии. Шедше научитеся, что есть: милости хощу, а не жертвы. Не приидох бо призвати праведники, но грешники на покаяние» (*Мф.9:12–13*).

Однажды, в день субботний, шел Господь со святыми своими учениками и Апостолами между полей, засеянных хлебом. Ученики почувствовали голод, начали срывать колосья; стирая их руками, очищали зерна, которые употребляли в пищу. Фарисеи, увидев это, сказали Господу: «Се ученицы Твои творят, егоже недостоит творити в субботу» (*Мф.12:2*). Господь, упомянув о Давиде и священниках, из которых первый нарушил обрядовый закон по случаю, а вторые по предписанию закона нарушают закон, опять повторяет фарисеям грозное замечание: «Аще бысте ведали, что есть: милости хощу, а не жертвы, николиже убо бысте осуждали неповинных» (*Мф.12:7*).

Чувство соблазна – какое придирчивое, какое злонамеренное! притворяется с мелочною отчетливостью держаться форм закона, а сущность закона попирает. Фарисей мрачный и слепой! Услышь, что говорит тебе Господь: «Милости хощу». Увидя недостаток ближнего, умилосердись над ближним твоим: это уд твой! Немощь, которую ты видишь сегодня в нем, завтра может сделаться твоею немощью. Ты соблазняешься единственно оттого, что ты горд и слеп! Ты исполняешь некоторые наружные правила закона, и за это любуешься собою; презираешь, осуждаешь ближних, в которых замечаешь нарушение некоторых мелочей, и не замечаешь исполнения великих, сокровенных добродетелей, возлюбленных Богу, незнакомых твоему надменному, жестокому сердцу. Ты не глядел в себя довольно; ты не увидел себя: только от этого не признаешь себя грешником. От этого не сокрушилось твое сердце, не исполнилось покаяния и смирения; от этого ты не понял, что, наравне со всеми прочими человеками, нуждаешься в милости Божией, в спасении. Страшно – не признать себя грешником! От непризнающего себя грешником отрекается Иисус:

«не приидох, – говорит Он, – призвати праведныя, но грешныя на покаяние». Какое блаженство признать себя грешником! Признавший себя грешником получает доступ к Иисусу. Какое блаженство – узреть грехи свои! Какое блаженство – смотреть в сердце свое! Кто засмотрится в сердце свое, тот забудет, что на земле находятся грешники, кроме его одного. Если он и взглянет когда на ближних, то все ему кажутся непорочными, прекрасными, как Ангелы. Глядя в себя, рассматривая свои греховные пятна, он убеждается, что для спасения его единое средство – милость Божия, что он раб неключимый, не только по нарушению, но и по недостаточному исполнению заповедей Божиих, по исполнению более похожему на искажение, нежели на исполнение. Нуждаясь сам в милости, он обильно изливает ее на ближних, имеет для них – одну милость. «Аще бысте ведали, что есть: милости хощу, а не жертвы, николиже убо бысте осуждали неповинных. Не приидох призвати праведники, но грешники на покаяние» (*Мф. 12:7, 9:13*).

Милосердый Спаситель наш Господь Иисус Христос, не отвергавший кающихся мытарей и блудниц, не пренебрегал и фарисеями: Он пришел исцелить человека от всех его недугов, а между ними и от фарисейства, особенно неудобоисцелимого только потому, что эта болезнь признает и провозглашает себя цветущим здравием, отвергает врача и врачевание, сама хочет врачевать болезни других, употребляя для изъятия едва заметной порошинки из нежного глаза удары тяжеловесными бревнами.

Некоторый фарисей пригласил Господа разделить с ним трапезу. «И вшед в дом фарисеев, возлеже» (*Лк. 7:36*), повествует Евангелие о милосердом Господе. Похоже, что фарисей, хотя и имел усердие и некоторую веру к Господу, но при принятии Его дал место и расчету, какую степень приветствия оказать Гостю. Если б не было расчета, основанного на сознании своих праведности и достоинства, что бы воспрепятствовало фарисею выбежать на встречу Божественному Посетителю, с трепетом пасть к святым стопам Его, постлать под ноги Его душу, сердце. Этого не было сделано; фарисей упустил блаженный случай почтить Спасителя, как Спасителя. Упущенное похищает себе некоторая жена того города, известная грешница. Спешит она с сосудом благовонного мира в дом фарисея, входит в храмину, где была трапеза, начинает омывать слезами ноги Спасителя, и обтирать их власами главы своей, – лобызать ноги Спасителя, и мазать их миром.

Не видит слепой фарисей добродетели, совершающейся пред его глазами, обличающей хладность, мертвость его сердца. Соблазн и осуждение движутся в душе его. Он помышляет: «Сей аще бы был пророк, ведел бы, кто и какова жена прикасается Ему: яко грешница есть» (*Лк.7:39*). Почему ты умаляешь Бога, называя Его лишь пророком? почему ты называешь грешницею ту, которая лучше, нежели ты, почитает Бога? Убойся, умолкни: присутствует Создатель! Ему принадлежит суд над тварями Его; Ему – одинаково простить пятьсот и пятьдесят динариев греховного долгу: Он всемогущ и богат бесконечно. Фарисей обыкновенно выпускает это из своего расчета! Видя у ближнего пятьсот динариев долгу, он не обращает внимания на свои пятьдесят, даже не считает их долгом, между тем как определение Божественного Суда возвещает, что обоим им отдать нечем, что оба они равно нуждаются в прощении долга. «Не имущема же има воздати, обема отда» (*Лк.7:42*). Недостаток смирения, от которого недуг фарисейства, крайне препятствует духовному преуспеянию. В то время, как падшие в тяжкие грехи, с горящею ревностью и в сокрушении духа приносят покаяние, забывают весь мир, видят непрестанно грех свой, и оплакивают его пред Богом, – взоры фарисея двоятся. Грех его, показывающийся пред ним незначительным, не привлекает к себе всего внимания его. Он помнит, знает некоторые добрые дела свои, и на них возлагает надежду. Он видит недостатки ближних; сравнивая их со своими, признает свои легкими, извинительными. Чем более возрастает в глазах его собственная правда, тем более умаляется оправдание благодатное, «туне» даруемое кающимся. От этого ослабевает, истребляется чувство покаяния. С умалением чувства покаяния затрудняется шествие к духовному преуспеянию; с уничтожением чувства покаяния совращается человек со спасительного пути на путь самомнения и самообольщения. Он делается чуждым святой любви к Богу и ближним. «Отпущаются греси ея мнози, – сказал Господь о блаженной грешнице, – яко возлюби много. А емуже мало оставляется, меньше любит» (*Лк.7:47*).

Зараженный недугом фарисейства лишается преуспеяния духовного. Жестка почва его сердечной нивы, не приносит жатвы: для духовного плодоносия необходимо сердце, возделанное покаянием, смягченное, увлажненное умилением и слезами. Лишение преуспеяния – уже существенный ущерб! Но вред, происходящий от фарисейства, не ограничивается бесплодием души: смертоносная зараза фарисейством по большой части сопряжена с последствиями самыми гибельными. Фарисейство не только соделывает бесплодными для человека добрые дела его, но направляет их во зло душе его, к его осуждению пред Богом.

Изобразил это Господь в притче о «фарисее и мытаре», молившихся вместе во храме Божием (*Лк.18:10–14*). Фарисей, смотря на себя, не находил причин к покаянию, к ощущению сердечного сокрушения; напротив того он находил причины быть довольным собою, полюбоваться собою. Он видел в себе пост, подаяние милостыни; но не видел тех пороков, которые видел, или думал видеть в других, и которыми соблазнялся. Говорю «думал видеть»: потому что у соблазна глаза велики; он видит и такие грехи в ближнем, которых вовсе в нем нет, которые для ближнего изобрело его воображение, водимое лукавством. Фарисей, в самообольщении своем, приносит за свое душевное состояние хвалу Богу. Он скрывает свое превозношение и оно скрывается от него, под личиною благодарения Богу. При поверхностном взгляде на Закон, ему казалось, что он – исполнитель Закона, благоугодный Богу. Он забыл, что заповедь Господня, по выражению Псалмопевца, «широка есть зело» (*Пс.118:96*), что пред Богом самое «небо нечисто» (*Иов.15:15*), что Бог не благоволит о жертвах, ни даже о всесожжении, когда им не сопутствуют и не содействуют сокрушение и смирение духа (*Пс.50*), что Закон Божий надо насадить в самое сердце для достижения истинной, блаженной, духовной праведности. Явление этой праведности начинается в человеке с ощущения нищеты духа (*Пс.39:9*; *Мф.5:3*). Тщеславный фарисей мнит благодарить, прославлять Бога: «Боже, хвалу Тебе воздаю, – говорит он, – яко несмь, якоже прочии человецы, хищницы, неправедницы, прелюбодее» (*Лк.18:11*). Он исчисляет явные согрешения, которые могут быть видимы всеми; но о душевных страстях, о гордости, лукавстве, ненависти, зависти, лицемерии, не говорит ни слова. А они-то и составляют фарисея! Они-то и омрачают, мертвят душу, соделывают ее неспособною к покаянию! Они-то уничтожают любовь к ближнему, и рождают исполненный хлада, гордыни и ненависти – соблазн! Тщеславный фарисей мнит благодарить Бога за свои добрые дела; но Бог отвращается от него; Бог произносит против него страшный приговор: «Всяк возносяйся смирится» (*Лк.18:14*).

Когда фарисейство усилится и созреет, овладеет душою, то плоды его – ужасны. Нет беззакония пред которым бы оно содрогнулось, на которое бы не решилось. Фарисеи осмелились похулить Святого Духа. Фарисеи осмелились назвать Сына Божия беснующимся. Фарисеи позволили себе утверждать, что вочеловечившийся Бог, пришедший на землю Спаситель, опасен для общественного благосостояния, для гражданского быта иудеев. И для чего все эти переплетенные вымыслы? Для того, чтоб под прикрытием наружной справедливости, под личиною охранения народности, законов, религии, насытить ненасытимую злобу свою кровью, принесть кровь в жертву зависти и тщеславию, чтоб совершить Богоубийство. Фарисейство – страшный яд; фарисейство – ужасный душевный недуг.

Постараемся начертать изображение фарисея, заимствуя живопись из Евангелия, чтоб каждый, вглядываясь в это страшное, чудовищное изображение, мог тщательно храниться по завещанию Господа «от кваса фарисейска» (*Мф.16:6*): от образа мыслей, от правил, от настроения фарисеев.

Фарисей, довольствуясь исполнением наружных обрядов религии и совершением некоторых видимых добрых дел, нечуждых и язычникам, раболепно служит страстям, которые старается постоянно прикрывать, которых в значительной степени не видит в себе и не понимает, которые производят в нем совершенную слепоту по отношению к Богу и всему Божественному учению. Познание, а потому и зрение в себе действия душевных страстей доставляется покаянием; но фарисей для чувства покаяния недоступен. Как может сокрушиться, умилиться, смириться сердце, удовлетворенное собою? Неспособный к покаянию, он неспособен зреть света заповедей Божиих, просвещающих очи ума. Хотя он и занимается чтением Писания, хотя видит в нем эти заповеди, но в омрачении своем не останавливается на них: они ускользают от взоров его, и он заменяет их своими умствованиями, нелепыми, уродливыми. Что может быть страннее, несообразнее фарисейских умствований, упоминаемых в Евангелии! «Иже аще кленется церковию, – утверждали фарисеи, – ничесоже есть: а иже кленется златом церковным, должен есть» (*Мф.23:16*). Фарисей, оставляя исполнение заповедей Божиих, составляющих сущность Закона, стремится к утонченному исполнению наружных мелочей, хотя бы это было с очевидным нарушением заповедей. Святые Божии заповеди, в которых жизнь вечная, оставлены фарисеями без всякого внимания, совершенно забыты! «Одесятствуете, – говорил им Господь, – мятву и копр и кимин, и остависте вящшая закона, суд и милость и веру... Вожди слепии, оцеждающии комары, вельблуды же пожирающе» (*Мф.23:23–24*).

Самая скрытная из всех душевных страстей есть тщеславие. Эта страсть более всех других маскируется пред сердцем человеческим, доставляя ему удовольствие, часто принимаемое за утешение совести, за утешение Божественное. И на тщеславии-то заквашен фарисей. Он все делает для похвалы человеческой; он любит, чтоб и милостыня его, и пост его, и молитва его имели свидетелей. Он не может быть учеником Господа Иисуса, повелевающего последователям Своим пренебрегать славою человеческою, идти путем уничижения, лишений, страданий. Крест Иисуса служит для фарисея соблазном. Ему нужен Мессия, похожий на Александра Македонского, или Наполеона I-го, с громкою славою завоевателя, с трофеями, с добычею! Мысль о славе небесной, духовной, о славе Божией, вечной, о самой вечности, недоступна для души его, пресмыкающейся по земле, в земном прахе и тлении. Фарисей сребролюбив. Сердце его там, где его сокровище. Там вера его, там чувства его, там надежда, там любовь! Устами, краем языка он исповедует Бога, а сердцем он отвергается Его. Никогда он не ощущает присутствия Божия, не зрит промысла Божия, не знает опытом, что значит страх Божий. Для сердца его нет Бога, нет и ближних. Он – весь земной, весь плотский, весь во власти страстей душевных, движется ими, управляется ими, влечется ко всякому беззаконию, живет и действует единственно для самолюбия. В этой душе воздвигнут идол «я». Идолу курится непрестанный фимиам, закалаются непрестанные жертвы. Как может в этой душе соединиться служение всесвятому Богу со служением мерзостному кумиру? Эта душа в страшном запустении, в страшном мраке, в страшной мертвости. Это – вертеп темный, обитаемый одними лишь лютыми зверями, или еще более лютыми разбойниками. Это – гроб, украшенный снаружи для чувственных глаз человеческих, так легко обманывающихся, внутри исполненный мертвых костей, зловония, червей, всего нечистого, богоненавистного.

Фарисей, будучи чужд Бога, имеет нужду казаться пред людьми служителем Бога; будучи исполнен всех беззаконий, имеет нужду казаться пред людьми добродетельным; стремясь удовлетворить своим страстям, он имеет нужду доставить поступкам своим благовидность. Для фарисея необходима личина. Отнюдь не желая быть истинно благочестивым и добродетельным, только желая считаться между людьми за такого, фарисей облекается в лицемерие. Все в нем – сочинение, все – вымысел! Дела, слова, вся жизнь его – ложь непрестанная. Сердце его, как темный ад, преисполнено всех страстей, всех пороков, непрерывного мучения. И это-то адское сердце дышит на ближнего бесчеловечным, убийственным чувством соблазна и осуждения. Фарисей, заботящийся казаться праведным пред человеками, по душе будучи чадо сатаны, уловляет из Закона Божия некоторые черты, украшает себя ими, чтоб неопытный глаз не узнал в нем врага Божия и, вверившись ему, как другу Божию, соделался его жертвою. Фарисей осуждает в ближних не зло, не порок, не нарушение Закона. Нет! Как может он осуждать зло, которого он друг и наперсник? Стрелы его направлены на добродетель. Но, чтоб вернее были удары, он оклеветывает добродетель, приписывает ей зло, соблазняется на это зло, и, по-видимому, поражая его, убивает ненавистного ему раба Христова. Фарисей! ты ведешь на казнь неповинного за преступление, которое ты сам для него вымыслил? Тебе принадлежит казнь, равно как и преступление! Неужели ободряет тебя то, что ученик Христов, подражая Христу, в молчании пьет чашу страданий, которую ты ему приготовил? Несчастный! устрашись этого самого молчания великодушного и таинственного. Как ныне ради Иисуса молчит последователь Иисуса, так на страшном, всеобщем суде возглаголет за него Иисус, обличит беззаконника, неузнанного людьми, и пошлет его в муку вечную. Фарисеи вымыслили преступления для Самого Богочеловека; они устроили для Него казнь; они купили Его кровь; они притворились непонявшими Его.

Величайшее злодеяние на земле совершено фарисеями. Всегда были они верны, и доселе они верны своему адскому призванию. Они – главные враги и гонители истинной, христианской добродетели и благочестия, не останавливающиеся ни пред каким средством, ни пред каким преступлением. Против них гремит определение Господа: «Змия, порождения ехиднова, како убежите от суда огня геенскаго? Сего ради, се, Аз послю к вам пророки и премудры и книжники: и от них убиете и распнете, и от них биете на сонмищих ваших, и изженете от града во град: яко да приидет на вы всяка кровь праведна, проливаемая на земли, от крове Авеля праведнаго до крове Захарии, сына Варахиина, егоже убисте между церковию и олтарем. Аминь глаголю вам, яко вся сия приидут на род сей» (*Мф. 23:33–36*). Совершились слова Господа, и доселе совершаются: зараженные квасом фарисейским доселе в непримиримой вражде с истинными учениками Иисуса, гонят их, то явно, то прикрываясь клеветою и соблазном; жадно, неутомимо ищут крови их. «Господи Иисусе Христе! помогай рабам Твоим. Даруй им уразумевать Тебя, и последовать Тебе, Тебе, Который «яко овча на заколение ведеся, и яко Агнец пред стригущим его безгласен» (*Ис. 53:7*). Даруй им чистым оком ума зреть Тебя, и, страдая в блаженном молчании, как бы пред Твоими очами, обогащаться благодатными дарами, ощущать в себе миротворное веяние Святого Духа, который возвещает рабу Твоему, что иначе невозможно быть Твоим, как причащаясь чаше страданий, которую Ты избрал в удел пребывания на земле Твоего и присных Твоих».

ЧАСТЬ ВТОРАЯ

Господь изрек в святом Евангелии много заповедей, вводящих в человека мысли и чувствования, совершенно противоположные душепагубному, человеконенавистному фарисейству. Этими заповедями уничтожаются самые начала, на которых основывается и зиждется фарисейство. «Блюдитеся, – сказал Господь, – вообще от кваса фарисейска» (*Мф.16:6*). Один из Евангелистов объясняет, что словом «квас фарисейский» Господь наименовал «учение» фарисеев (*Мф.16:12*), а другой Евангелист разумеет под этим словом «лицемерие» их (*Лк.12:1*). Это одно и то же: из лицемерного поведения возникают образ мыслей и учение фарисейские; наоборот, учение и образ мыслей фарисейские воспитывают лицемера, для которого никакой грех не страшен, никакая добродетель не уважительна; он надеется и прикрыть всякий грех, извинить, оправдать его, и заменить всякую добродетель притворством.

Господь преподал ученикам Своим поведение прямое, искреннее, утвержденное на святой мудрости, а не оправдываемое лукавством, – поведение, из которого должна светить чистая добродетель и небесною красотою своею привлекать к себе взоры и сердца человеков. «Тако да просветится свет ваш пред человеки, яко да видят ваша добрая дела, и прославят Отца вашего, Иже есть на небесех» (*Мф.5:16*). Фарисеи, напротив того, желали лишь казаться праведными, заботились только о том, чтоб выставить и выставлять себя слугами Бога пред обществом людей, пред массою, обыкновенно малоразборчивою. И ныне можно видеть, что фарисеи прибегают ко всевозможным изворотам, чтоб дела их, имеющие наружность добрых, блистали как можно ярче пред глазами людей, а злодеяния были извинены политическою необходимостью, личиною правосудия и мудрой предусмотрительности, желанием предупредить допущением меньшего зла зло большее и прочими оправданиями, так обильно источающимися из сердца, наполненного лукавством. Господь воспрещает такое поведение в весьма сильных выражениях. «Вы есте, – говорит Он, – оправдающе себе пред человеки, Бог же весть сердца ваша: яко, еже есть в человецех высоко, мерзость есть пред Богом» (*Лк.16:15*). Фарисеи старались прикрывать оправданиями свои душевные страсти, действия, плоды их. Душевные страсти, под сению и прохладою оправданий, обыкновенно пускают глубокие корни в душу, соделываются дебелым древом, обнимая ветвями всю деятельность человека, то есть, проникая во все его мысли, во все чувствования, во все действия. Святой Пимен Великий сказал: «если греховной воле человека помогут оправдания, то он развращается и погибает»[422].

При поведении, в котором не ищется бескорыстно добродетель пред очами Бога, но ищется слава добродетели пред очами людей, в их ничтожном мнении, непостоянном, переменчивом, – человек неспособен познать веры христианской, принять учение Христово, для чего нужно сердце, признающее себя грешным, исповедывающее грех свой. «Како вы можете веровати, – говорит Спаситель фарисеям, – славу друг от друга приемлюще, и славы, яже от единаго Бога, не ищете?» (*Ин.5:44*). Господь отъемлет в учениках Своих всякую пищу для тщеславия. Он хочет, чтоб жертвенник сердечный был очищен от скверного кумира, от всего, что принадлежит к кумирослужению. Господь заповедует совершать все добрые дела в тайне. И милостыня, по завещанию Его, да будет в тайне! и пост да будет в тайне! и молитва – в затворенной клети! Добрые дела наши должны быть сокрыты не только от человеков, но и от нас самих, чтоб не только человеки не растлевали душ наших похвалами, но и самое сердце наше не льстило нам, и не прелюбодействовало, нарушая святой союз со святым смирением. «Да не увесть шуйца твоя, что творит десница твоя» (*Мф.6:3*). Этого мало! Господь повелел отвергнуться себя в кратковременной земной жизни, попрать все оправдания, всякую правду для правды евангельской. В чем состоит правда евангельская? в страданиях, в кресте! Сюда призывает ученика Своего Спаситель! здесь Он чинит разбор между званными! здесь отделяет плевелы от пшеницы! здесь знаменует Своею печатью избранных! «Иже не приимет креста своего, и вслед Мене грядет, несть Мене достоин. Обретый душу свою, погубит ю: а иже погубит душу свою Мене ради, обрящет ю» (*Мф.10:38–39*).

Братия! у подножия креста Христова, сложим и погребем все понятия мира о чести, о обидах, о оскорблениях, о убытках, о несправедливости, о человеческих законах и о человеческом правосудии. Соделаемся юродивыми ради Христа! подставим ланиты наши заплеваниям, заушениям! наша честь земная, ветхая, да посыплется прахом уничижений! не взглянем с пощадением и участием на тленное имущество наше: да расхищают и разносят его вихри, когда они будут попущены! не пощадим плоти нашей в подвигах вольных и в страданиях невольных! научимся у Господа Иисуса Христа Его таинственному молчанию, которое есть возвышеннейшее Богословие и красноречие, удивляющее Ангелов! Ему, Богу воплощенному, мир не воздал справедливости: нам ли искать ее от мира? Отречемся от нее у подножия креста Христова! Не будем зверями, которые ловцов и других зверей, на них нападающих, угрызают и язвят! уподобимся Агнцу Божию здесь на земле, во время кратковременного нашего странствования земного, – и Он соделает нас подобными Себе в вечности, где нашему блаженству не будет конца и меры. И здесь, в земном изгнании, к верному ученику Иисуса приходит Дух Святой, Утешитель, навевает на его душу несказанное блаженство будущей жизни, которое отъемлет от него чувство страданий, которое вводит его в невидимое, святое наслаждение, независящее от человеков и обстоятельств. Пред этим наслаждением все земные наслаждения, даже законные, – ничтожны.

Главный отличительный признак лицемера, первая стрела, пускаемая им на ближнего, есть соблазн и истекающее из соблазна осуждение ближнего. Соблазн в намеренных злодеях часто бывает притворным, сочиненным, как бы правильный предлог к злодеянию, заблаговременно приготовляющий и злодеяние и оправдание злодеяния; соблазн в зараженных еще ветхостью Адама, хотя бы они были благонамеренны и стремились к спасению, есть признак ветхости и недуг весьма важный и упорный. Недуг этот противодействует покаянию, от которого – очищение. Соблазн есть болезненный взгляд на немощи ближнего, при котором эти немощи возрастают до необъятной, уродливой величины. Соблазн есть исчадие самолюбия, вселяющийся в душу, чуждую любви к ближнему и правильной любви к себе. Господь уподобил этот недуг бревну, в сравнении с которым всякое явное согрешение ближнего есть только сучец. «Не судите, – сказал Господь, – да не судими будете. Имже бо судом судите, судят вам: и в нюже меру мерите, возмерится вам... Лицемере, изми первее бревно из очесе твоего: и тогда узриши изъяти сучец из очесе брата твоего» (*Мф.7:1–2, 5*). Должно с насилием отвлекать себя от осуждения ближних, ограждаясь от него страхом Божиим и смирением. Чтоб ослабить и, с Божией помощью, совершенно искоренить из сердца своего соблазн на ближнего, должно при свете Евангелия углубляться в себя, наблюдать за своими немощами, исследовать свои греховные стремления, движения и состояния. Когда грех наш привлечет к себе наши взоры, – некогда нам будет наблюдать за недостатками ближнего, замечать их. Тогда все ближние покажутся нам прекрасными, святыми; тогда каждый из нас признает себя величайшим грешником в мире, единственным грешником в мире;

тогда широко отверзутся для нас врата, объятия истинного, действительного покаяния.

Великий Пимен говорил: «Мы и братия наши как бы две картины. Если человек, смотря на себя, находит в себе недостатки, то в брате своем он видит совершенства. Если ж сам себе кажется совершенным, то, сравнивая с собою брата, находит его худым»[423]. Величайшие угодники Божии особенно заботились узреть себя грешными, и столько грешными, чтоб согрешения ближних, явные и великие, казались им ничтожными, извинительными. Преподобный Сисой сказал авве Ору: – «Дай мне наставление». «Имеешь ли ты ко мне доверенность?» спросил его авва Ор. – «Имею», отвечал Сисой. «Поди же, – сказал ему авва Ор, – и делай то, что делаю я». «В чем состоит твое делание, Отец?», спросил его авва Сисой. Старец сказал: «Я вижу себя хуже всех людей»[424].

«Если человек достигнет того состояния, говорил Пимен Великий, о котором сказал Апостол «вся чиста чистым» (*Тит.1:15*), то увидит, что он хуже всякой твари». Брат спросил старца: Как могу думать о себе, что я хуже убийцы? Пимен отвечал: «Если человек дойдет до состояния, указанного Апостолом, и увидит человека, сделавшего убийство, то скажет: он однажды сделал этот грех, а я убиваю себя ежедневно». Брат пересказал слова Пимена другому старцу. Старец отвечал: «Если человек дойдет до состояния такой чистоты, и увидит грехи брата, то праведность его поглотит этот грех». Брат спросил: Какая праведность его? Старец отвечал: «Всегдашнее обвинение себя»[425].

Вот истинные слышатели и творцы Закона евангельского! Изгнав из сердец своих осуждение и соблазн, они исполнились святой любви к ближнему, изливая на всех милость, и милостью врачуя грешников. Сказано святыми Отцами о великом *Макарии Египетском*, что он был, как бог земной, – с таким могущественным милосердием сносил он недостатки ближних. Авва Аммон, вникая непрестанно в себя и обличая душу свою в ее недостатках, пришел в глубокое смирение и святую простоту. От множества любви к ближнему, он не видел в нем зла, забыл о существовании зла. Однажды привели к нему – так как он был епископом – девицу, зачавшую во чреве, и сказали: «такой-то сделал это, наложи на них эпитимию». Аммон, знаменав крестом чрево ее, велел ей дать шесть пар полотен, сказав: «Когда придет ей время родить, не умерла бы она сама, или дитя ее, и было бы в чем похоронить их». Обвинявшие девицу, сказали ему: Что ты делаешь? наложи на них эпитимию! Он отвечал: «Братия! она близка к смерти! что ж еще делать с нею?» – и отпустил ее. Пришел однажды авва Аммон в некоторое местопребывание иноков, чтоб разделить с братиею трапезу. Один из братии того места очень расстроился в поведении: его посещала женщина. Это сделалось известным прочим братиям; они смутились и, собравшись на совещание, положили изгнать брата из его хижины. Узнав, что епископ Аммон находится тут, они пришли к нему, и просили его, чтоб и он пошел с ними для осмотра келлии брата. Узнал об этом и брат, и скрыл женщину под большим деревянным сосудом, обратив сосуд дном кверху. Авва Аммон понял это, и ради Бога, покрыл согрешение брата. Пришедши со множеством братий в келлию, он сел на деревянном сосуде и приказал обыскать келлию. Келлия была обыскана, женщина не была найдена. «Что это? – сказал авва Аммон братиям, – Бог да простит вам согрешение ваше». После этого он помолился, и велел всем выдти. За братиею пошел и сам. Выходя, он взял милостиво за руку обвиненного брата, и сказал ему с любовью: «Брат! внимай себе!» Так святой Аммон удалялся от осуждения кого-либо, и врачевал грешников, смягчая милостью сердца их, приводя милостью к покаянию.

Сколько Господь отводит нас от пропасти соблазна и осуждения; сколько истинные рабы Господни удаляются от этой страшной, гибельной пропасти: столько, напротив того, диавол влечет нас в нее, прикрывая ее различными оправданиями. Одно из сатанинских оправданий есть безрассудная ревность, принимаемая многими за ревность по благочестию, за святую ревность. «Человек, водимый безрассудною ревностью, – говорит святой Исаак Сирский, – никогда не возможет достигнуть мира мыслей. Чуждый же этого мира, чужд радости. Если мир мысли есть совершенное здравие, а ревность противна миру, то имеющий ревность лукавую, недугует великим недугом. О человек! полагая, что разжигаешься справедливою ревностью против чужих недостатков, ты отгоняешь здравие души твоей. Потрудись, потрудись о здравии души твоей! Если же желаешь врачевать немощных, то пойми, что больные нуждаются более во внимательной заботливости, нежели жестокости. Притом, в то время, как не помогаешь другим, себя ввергаешь в тяжкую болезнь. Такая ревность в человеке принадлежит не к признакам премудрости, но к недугам души, к недостатку духовного разума, к большему невежеству. Начало премудрости Божией – тихость и кротость, качества великой и крепкой души, являющиеся в ней от основательного образа мыслей, и носящие немощи человеческие»[426].

Грех соблазна и осуждения так удобен к погублению человеков и потому так возлюблен диаволу, что он не довольствуется возбуждением в сердце нашем ревности лукавой и чуждой евангельского разума, возбуждением гордостных помыслов, соединенных всегда с уничижением и презрением ближнего; но устраивает и явные козни для уловления невнимательных в соблазн и осуждение. Авва Пимен говорил: «В Писании сказано: «Яже видеста очи твои, глаголи» (*Притч. 25:8*). Но я советую вам не говорить даже и о том, что осязали вы своими руками. Один брат был обманут таким образом: представилось ему, что брат его грешит с женщиною. Долго он боролся сам с собою; наконец, подошедши, толкнул их ногою, думая, что это точно они, и сказал: полно вам, долго ли еще? Но оказалось, что то были снопы пшеницы. Потому-то я и сказал вам: не обличайте, если даже и осязаете своими руками»[427].

Грех осуждения так противен Богу, что Он прогневляется, отвращается от самих угодников своих, когда они позволят себе осуждение ближнего: Он отъемлет от них благодать Свою, как это видно из многочисленных примеров, сохраненных церковными писателями для пользы и назидания христианских поколений. Никакая праведность не дает права осуждать грешащего брата, которому Господь весьма удобно может даровать праведность существенную, несравненно большую той, которую мы думаем находить в себе. Мы можем быть праведными собственно правдою Божиею; когда же осуждаем ближнего, то этим самым отвергаем правду Божию, заменяем ее правдою своею, или правильнее, недугом фарисейства. Осуждающий ближнего восхищает сан Бога, Которому Единому принадлежит «суд» над тварями Его, – восхищает сан Христа, имеющего судить живых и мертвых в последний день[428].

Дивный Иоанн Савваит поведал о себе: «в то время, как я жил в пустыне невдалеке от монастыря, пришел брат из монастыря навестить меня. Я спросил его: «как живут отцы и братия? Хорошо за твои молитвы, отвечал он. Потом я спросил об одном из братии, о котором ходила худая молва. Он отвечал мне: поверь, отец: этот брат продолжает жить по-прежнему. Услышав это, я сказал: «ох!» и немедленно пришел в исступление. Я увидел себя стоящим пред Голгофою во Иерусалиме. Господь наш Иисус Христос стоял на Голгофе между двумя разбойниками. Я устремился на поклонение Ему. В это время – вижу – Господь обратился к предстоявшим Ему Ангелам, и сказал им: «выгоните его вон, потому что он в отношении ко Мне антихрист: предваряя суд Мой, он осудил брата своего». В то время, как изгоняли меня, и я выходил из дверей, запуталась в них моя мантия, и была удержана ими. Там я оставил ее. Немедленно пришедши в себя, я сказал посетившему меня брату: лют для меня этот день. Он спросил: почему так, отец? я поведал ему виденное мною, присовокупив, что снятая мантия означает отнятие от меня покрова Божия и помощи Божией. С этого дня я углубился в пустыню, и скитался в ней в течение семи лет, не употребляя хлеба, не входя под крышу и не беседуя ни с кем из человеков. По прошествии этого времени я снова увидел Господа: Он возвратил мне мантию мою»[429].

Братия! будем внимательны к себе! Потщимся очистить себя не только от страстей телесных, но и от страстей душевных, от тщеславия, неверия, лукавства, зависти, ненависти, сребролюбия и прочих подобных недугов, которые движутся и действуют по-видимому в одной душе, без участия тела, и потому называются душевными. Сказал я «по-видимому»: они имеют влияние и на тело, но тонкое, не для многих приметное и постижимое. При внимании себе и при очищении себя от этих страстей, насеется постепенно в нас любовь к ближнему, а от нее ослабеет и уничтожится чувство соблазна на ближнего и осуждение его. Будем непрестанно помнить, что нет правды, угодной Богу, вне нищеты духа. Будем оправдывать ближних, а осуждать себя, чтоб Бог даровал нам благодать и милость Свою, которые Он дарует единым смиренным и милостивым. Аминь.

ПОСЕЩЕНИЕ ВАЛААМСКОГО МОНАСТЫРЯ

Великолепна буря на Ладожском озере, когда при ясном небе, при сиянии солнца, порывистый ветер передвигает влажные холмы по поверхности глубокого, широкого озера. Эта необъятная поверхность вся усеяна холмами лазуревого цвета с белоснежными, серебристыми гребнями. Смятенное бурею озеро представляется одушевленным.

При такой буре в 1846 году, в первых числах сентября, ехал я из Коневского монастыря в Валаамский на пароходе, носящем имя острова, на котором стоит последний монастырь[430]. Ветер был очень свежий; быстро неслись под небом белые облака отдельными группами, как стада птиц, совершающих свое переселение осенью и весною. Величественна буря на открытом озере; и у берегов она имеет свою красу. Там свирепые волны – в вечном споре с ветрами, гневаются, грозно беседуют между собою, а здесь они – в ярости на землю, с замыслом дерзновенным. «Смотрите, как лезет волна на берег», говорил сопровождавший меня Коневский старец. Точно, волна «лезет» на берег. Это прямое выражение ее действия. И лезет она с упорством не только на берег отлогий, на огромную скалу гранитную, стоящую отвесно над бездною, от начала времен мира смотрящую спокойно на свирепые бури, как на детские игры. На сажень, на две сажени, подымается волна по скале, и в изнеможении упадает к ее подножию в мелких брызгах, как разбитый хрусталь; потом снова начинает свою постоянно упорную, постоянно безуспешную попытку.

Несколько лет тому назад я видел бурю на Ладожском озере при пасмурной погоде. Тогда картина теряет много живописности. Воды окрашены серым цветом; пена не серебриста, мутна и желтовата; мгла суживает раму зрелища; нет ни того движения, ни того разнообразия, словом, нет той жизни. Нужны лучи солнца для оконченности этой серьезной, полной вдохновения картины. И самое солнце как прекрасно, когда глядит с чистого, недосягаемого неба на бурю земную!

Остров Валаам, бесспорно, живописнейшее место старой Финляндии. Он находится на северной оконечности Ладожского озера[431]. Подъезжаете к нему – вас встречает совершенно новая природа, какой не случилось видеть путешествовавшему лишь по России: природа дикая, угрюмая, привлекающая взоры самою дикостью своею, из которой проглядывают вдохновенные, строгие красоты. Вы видите отвесные, высокие, нагие скалы, гордо выходящие из бездны: они стоят, как исполины, на передовой страже. Вы видите крутизны, покрытые лесом, дружелюбно склоняющиеся к озеру. Тут какой-нибудь пустынник вышел с водоносом в руке почерпнуть воды, и, поставив на землю водонос, заглянулся на обширное озеро, прислушивается к говору волн, питает душу духовным созерцанием. Вы видите огражденные отовсюду гранитными, самородными стенами заливы, в которых спокойно дремлют чистые, как зеркало, воды, в то время, как в озере бушует страшная буря; здесь спрятался галиот или сойма от крушения, ждет в затишьи попутного ветру, а хозяин судна уже с равнодушным любопытством смотрит на яростные, ревущие волны озера, недавно хотевшие разрушить его судно, в которое он вложил все достояние, всю судьбу свою и своего семейства. Вы плывете по излучистым проливам, где часто две противоположные стены сходятся так близко, что оставляют лишь тесный проход для одного галиота. Вы опускаете лот, измеряете глубину в этой узине: глубина тут – многие сажени. Вы входите с северной стороны в губу, далеко вдавшуюся во внутренность острова; плывете по этой губе: с правой стороны – дремучий лес на каменных, громадных уступах, выходящих отвесно и навесно из темных вод. Этот лес и эти камни отражаются густою тенью в водах губы, отчего тут воды особенно мрачны, и ландшафт принимает самый грозный вид. Губа постепенно расширяется и наконец образует овал значительного размера. Вы отторгаете взоры от этой картины необыкновенной, наводящей на душу невольный ужас, но ужас приятный, с которым не хочется расстаться; обращаетесь к противоположной стороне: пред вами – обширный монастырь на высокой, длинной гранитной скале, как легкое бремя на плечах гиганта. Скала прежде покрывалась беловатым мхом. Монахи счистили мох; теперь гранит свободен от седин, висевших на смуглом челе его; он величествен и грозен в обновленной юности и наготе своей. Из трещин скалы выросли липы, клены, вязы; по скале вьется плющ, а под скалой разведен фруктовый сад, над которым колеблются и шумят зеленеющие вершины дерев, как бы готовых низринуться на сад, но удерживаемых далеко ушедшими в скалу корнями. Разительная, великолепная картина! Как приятно видеть селение человека, его руку, клочок земли, политый его потом, украшенный его трудами, среди огромных масс дикой, могучей природы! Пристаете к гавани, выходите на берег: по крутому скату горы устроена гранитная лестница; по ней подымаетесь к монастырю, стоящему на вершине горы, на обширной площади. На эту площадь с южной стороны ведет крутая отлогость; к западу, к губе, площадь обрезывается отвесною скалою.

План монастырских зданий состоит из двух четвероугольников, из которых один помещается в другом. Поднявшись по гранитной лестнице, на площадь, вы идете по аллее к святым вратам, находящимся в наружном четвероугольнике; против этих ворот – другие, во внутреннем четвероугольнике. Входите в них: перед вами на правой стороне – соборная церковь Преображения Господня, в верхнем этаже; в нижнем – Валаамских чудотворцев Сергия и Германа, где и мощи их почивают под спудом. Собор соединяется посредством галереи с теплою церковью Успения Божией Матери; в галерее помещается ризница. На другой оконечности, составляющей собою юго-восточный угол – церковь Святителя Николая. На левой стороне, противоположной той линии, на которой стоят храмы – келлии настоятеля и некоторые братские. Против вас – братская трапеза и кухня; а в той линии, в которой врата и где, предполагаю, вы стоите – келлии чредных иеромонахов. Над святыми вратами наружного четвероугольника – церковь Петра и Павла. В линии этой, с левой стороны – гостиница; с правой – келлия духовника и обширная рухольня (так в монастырях называется кладовая) монастыря. В противоположной линии – больница монастыря с значительным числом келлий, в которых помещаются все престарелые и увечные. При больнице – церкви, в верхнем этаже – Пресвятыя Троицы, в нижнем – Живоносного Источника. В линии, обращенной к губе, с одной стороны – продолжение гостиницы; с другой – канцелярия монастыря. В Восточной линии, с одной стороны – продолжение рухольни, с другой – монастырская библиотека, сравнительно с другими монастырями богатая, имеющая довольно рукописей, почти исключительно состоящих из творений святых Отцов, писавших о монашеской жизни. Для истории Валаамского монастыря не найдется в этой библиотеке обильных материалов. Она собрана в конце прошедшего и начале нынешнего столетий; древние рукописи уничтожены, как и все древнее в Валаамском монастыре, пожарами и Шведами. Нет здания на всем острове, ни даже часовни, которым бы исполнилось хотя сто лет.

Основание и существование монастыря Валаамского с достоверностью относится к глубокой Русской древности: к такому заключению приводят некоторые исторические факты. Преподобный Авраамий, основатель и архимандрит Ростовского Богоявленского монастыря, пришел еще язычником в Валаамскую обитель в 960 году после Рождества Христова, там крещен и пострижен в монашество[432]. В Софийской летописи сказано: Лета 6671 (1163 после Рождества Христова) обретены были мощи, и перенесены преподобных Отец наших, Сергия и Германа Валаамских[433]. Другой летописец упоминает, что в 1192 году Игумен Мартирий построил каменную церковь на Валаамском острове[434]. Местное предание, подкрепляемое этими и подобными им, скудными, до нас дошедшими сведениями, признает преподобных Сергия и Германа Греческими иноками, современниками Равноапостольной великой княгини Ольги. Если принять в соображение ту решимость, с какою древние иноки стремились к глубочайшему уединению, то удобство, которое Валаамский остров доставляет ныне, тем более доставлял тогда, для такого уединения, – надо согласиться, что переселение сюда греческих иноков не заключает в себе ничего странного и несбыточного. Во все исторические просветы, в которые от времени до времени проявляется существование Валаамского монастыря, видно, что иноки его проводили жизнь самую строгую, что там были и общежитие и отшельники, и всеми иноками заведывал игумен. Здесь в четырнадцатом веке жил несколько времени преподобный Арсений Коневский, совершивший дальнее странствование на святую Афонскую гору и положивший начало монастырю Коневскому. Сюда во второй половине пятнадцатого столетия вступил юношею преподобный Александр Свирский: он занимался первоначально трудами в общежитии, потом безмолвствовал на Святом острове, в тесной пещере, неизвестно – природной ли, или иссеченной в скале. Святой остров – каменная гора; подымается она из озера, оканчивается к северу высоким утесом, и принадлежит к группе малых островов, которыми в разных местах обставлен главный остров, как планета своими спутниками. В первой половине пятнадцатого столетия жил здесь некоторое время преподобный Савватий Соловецкий, перешедший впоследствии для глубокого уединения на Белое море, на дальний север, в пустыни Соловецкого острова, дотоле необитаемые. Он искал там того же и с таким же мужественным самоотвержением, чего искали Греки Сергий и Герман на Валаамском острове, находя свой Афон и свой Олимп слишком многолюдными, хотя это многолюдство и составляли лики иночествующих[435].

Не раз Валаамский монастырь подвергался опустошению от Шведов; не раз иноки его падали под острием меча, и землю, орошенную по́том молитвенным, орошали кровью мученическою; не раз пылали святые храмы и хижины иноческие, зажженные рукою врага или неосторожности. Но местность Валаамского монастыря, его многообразные удобства для всех родов иноческой жизни, скоро возобновляли в нем черноризное народонаселение. Валаам назначен, освящен в место Богослужения, как бы самою природою. Предание древнее, но, кажется, имеющее основание, говорит, что в то отдаленное время, как страна эта была во мраке язычества, здесь совершалось поклонение кумирам[436]. Когда взглянешь на эти темные, глубокие воды, на эти темные, глухие леса, на эти гордые, могучие скалы, на всю эту величественную картину, беспрестанно изменяющуюся и беспрестанно живописную; когда прочитаешь в ней глубокое поэтическое вдохновение, сравнишь с роскошною местностью Валаама скудную местность окружающей его Финляндии, – скажешь: «Да, здесь должен был жестокосердый и воинственный Скандинав изменять свои бранные, суровые думы и ощущения на благоговение; здесь должна была душа наполняться всем, что возносит душу человеческую к высшим ощущениям, доставляемым религиею». То же предание приводит сюда святого Апостола Андрея, пришедшего, по сказанию Нестора, из Киева в Новгород, и путями морскими возвратившегося в южную Европу, где в Ахаии ожидал его венец мученический. Оно говорит, что Апостол по реке Волхову достиг Ладожского озера, чрез озеро достиг Валаама, обратил в христианство жрецов, обитавших на нем, и основал Церковь христианскую. Это предание называет Сергия спутником Апостола, – по отшествии его, наставником этих стран в христианстве.

Что мудреного? «Во всю землю изыде вещание их и в концы вселенныя глаголы их» (*Пс.18:5*), свидетельствует Писание о путешествиях Апостолов. Их труды принадлежали не какому-нибудь одному народу, – всему человечеству; заботливое внимание их, любовь их сердца, привлекались не образованностью, не гражданским устройством и силою, – привлекались бедствием падшего человека, был ли он Скиф или Варвар, Иудей или Эллин (*Кол.3:11*). Почему же не прийти святому Апостолу Андрею к праотцам нашим, Славянам, и соседям Славян, Скандинавам? Почему не посетить ему место, освященное для богослужения народного, – там не насадить Богопознания и Богослужения истинных? Почему не допустить мысли, что Сам Бог внушил Апостолу это высокое, святое намерение, дал силу к исполнению его? Дикость, малоизвестность страны, дальность, трудность путешествия, не могут быть достаточною, даже сколько-нибудь сильною, причиною, чтоб отвергнуть это предание. Немного позже времен Апостольских, ходили путями этими целые воинства: почему же не пройти ими Апостолу, водимому десницею Божиею и ревностью Апостольскою?

Вот уже предание не темное, не сомнительное, а верное, чисто-историческое. Монашеская жизнь на Валааме и Восточное исповедание веры христианской в стране той процветали гораздо ранее и сильнее, нежели сколько мог бы заключить путешественник при поверхностном посещении края, при кратковременном взгляде на него. Надо посмотреть попристальнее, надо пожертвовать довольно времени, прислушаться внимательно к рассказам и Валаамских иноков и прибрежных жителей, из них извлечь сведение, достойное быть внесенным в скрижаль истории, достойное внимания современной образованности, памяти образованного потомства. Столько развилась иноческая жизнь на Валаамском острове, что перекинула побеги свои чрез озеро, на противоположный берег, на котором стоит теперь Сердоболь. На том берегу было двенадцать скитов, основанных Валаамскими иноками, находившихся под управлением и духовным руководством игумена Валаамского. Жители берегов исповедывали православную Восточную веру, заимствовав познание ее из монастыря Валаамского; по берегу до самого Кексгольма стояли храмы православные. Корелы этого берега Ладожского озера были православны, как православны теперь Корелы противоположного берега, жители Олонецкой губернии. У тех и других – один язык, с самым малым изменением, не препятствующим понимать друг друга, беседовать друг с другом; была у них и одна вера. Но пришло злополучное время, – Финны склонились к учению Лютера. На местах, где красовались православные храмы, где совершалось Богослужение православное, где Божественная Литургия роднила небо с землею, – ныне стоят Лютеранские кирки, оглашаемые лишь тощею проповедью холодного пастора. Он, говоря народу в проповеди своей одно поверхностное, ученое сведение о Искупителе, и Его нравоучении, говорит каждый раз как бы надгробное слово над утраченною истинною живою верою и Церковью этими людьми и местами. Кроме устных преданий, единогласно свидетельствующих о факте, есть еще ему живое свидетельство. Это – целые селения Финляндцев, тысячи Финляндцев, исповедующих поныне православную веру. Для них Богослужение отправляется на Славянском языке, по нашим церковным книгам, нашими священниками, которые произносят только поучение народу на его родном языке, Финском. Трудно ли было Шведам, при этой простодушной вере, ввести здесь Лютеранизм? Им стоило только изгнать, или убить священников Русских, и заставить Лютеранского пастора маскировать своею проповедью страшную потерю, которая от времени и от того что не была вполне понята, забыта.

Надеюсь, что это сведение будет приятно многим! Едва ли многие знают, что в недрах Финляндии еще живо православие, что оно не вновь насажденное, – живет там исстари, остаток общей древней христианской религии, заменившей язычество. Многие из нынешних прибрежных Финнов сохраняют любовь к Церкви предков, отторгнутых от нее обманом и насилием. Они желали бы возвратиться в ее спасительное недро; но никакой голос не призывает их, и – они машинально влекутся в кирку Лютера, как бы по продолжающемуся еще действию насилия.

Когда же совершилось злосчастное превращение? – Религиозная участь Финляндского берега – в союзе с участью Валаамского монастыря, из которого, видно, всегда текла, как из сердца, религиозная жизнь для всей страны этой, процветала и умалялась, сообразно тому, много ли, или мало сообщал ей сил Валаамский монастырь. В начале семнадцатого столетия Шведский полководец Понтус де-ла-Гарди, причинивший столько зла России, разорил обитель Валаамскую; церкви и келлии предал пламени, иноков – острию меча; некоторые убежали, унеся с собою мощи святых основателей монастыря. Подобной участи подвергся и левый берег Финляндии: православные храмы сожжены; священнослужители убиты, или изгнаны; распространен между жителями Лютеранизм, последователи которого дышали еще фанатическим пристрастием к своей лишь родившейся вере, готовившейся умыться в крови Тридцатилетней войны. Достойно замечания, что селения, сохранившие православную веру, находятся не на самом берегу Ладожского озера, не на пути завоевателей, но глубже в Финляндии, за горами, за болотами, естественными оградами страны: там затаились, спаслись они от взора и религии Протестантов. В это время многие Финны перебежали в Россию для сохранения веры: встречаете их потомков православных в Новгородской и Тверской губерниях.

Когда Промысл оружием Петра Великого карал Шведов за то, что они, вступив в Россию как союзники, вероломно попрали Закон Божий и права народные, из союзников превратились в врагов и завоевателей: тогда Валаамский монастырь перешел обратно, вместе с Корелиею, под родной ему кров Русской державы, сиротствовав под державою чуждою около столетия. С 1717 года, по призванию победоносного императора, иноки Кирилло-Белозерского монастыря пришли на пепелище бывшей Валаамской обители; опять сооружен там храм Божий, поставлены келлии. В царствование императрицы Елисаветы Петровны все строение, которое было деревянное, истреблено пожаром. Императрица возобновила монастырь на казенное иждивение. Строение, как и прежде, было воздвигнуто деревянное. Я видел рисунок этого монастыря; мне он понравился. По моему мнению, деревянное строение идет к обители пустынной, какова Валаамская. Утешают взор хижины иноческие смирением своим, когда они срублены из дерева! удобны они для занятий иноческих: сохраняют здоровье, наветуемое здесь сырым климатом, резкими ветрами, самою пищею, подвигами, расположением духа, утончающим, измождающим плоть. Быть бы в Валаамском монастыре большому каменному соборному храму, который бы совмещал в двух этажах теплую и холодную церкви, ограде каменной, которая бы защищала внутренность монастыря от ветров: но именно келлии могли бы быть деревянные, стоя в довольном расстоянии одна от другой, для безопасности в случае пожара, они окружали бы церковь со всех сторон. Прекрасно это расположение: при удобствах, им доставляемых, оно изображает, что жители таких хижин, обращенных к храму Божию, имеют единственною целью служение Богу, признали себя странниками на земле, признали одною своею потребностью – Бога, а потому вокруг Скинии Его поставили свои кущи. Так расположено строение в Глинской пустыне, в Белобережской, в Оптином скиту, и некоторых других.

Восстановление Валаамского монастыря производилось медленно, с успехом скудным. Он оставался долгое время малонаселенным. Не привлекались туда любители уединения по той причине, что для восстановления обители употреблены были иноки, недовольно обогащенные знанием иноческой жизни. Недостаточно для нравственного и духовного благосостояния обители одного уединения, хотя уединение и составляет одно из главных, основных условий этого благосостояния. При уединении необходимо духовное руководство и наставление для братии; без них уничтожаются все выгоды, доставляемые собственно уединением. Напротив того, духовное руководство и назидание переносят выгоды уединения в обители, стоящие среди селений и многолюдных городов. Так процвели монастыри, находившиеся внутри и в окрестностях Константинополя; они произвели знаменоносных Отцов, равнявшихся духовными дарованиями с Отцами, воспитанниками пустынь бесплодных[437].

Проницательно заметил главную, основную нужду Валаамского монастыря митрополит С.-Петербургский, Гавриил. Для удовлетворения ей он вызвал в 1785 году из Саровской Пу́стыни славившегося духовными познаниями и опытностью старца Назария, вручил ему настоятельство Валаамского монастыря. Митрополит принял святую обитель в особенное Архипастырское покровительство, и оказывал ей вспомоществования и правительственными распоряжениями и материальными средствами. Быстро начал возникать, шириться Валаамский монастырь, наполняться и принявшими и желающими принять обеты иноческие. Устроились и общежитие и скит; явились и пустынножители, и отшельники. Сам игумен Назарий имел отшельническую келью, туда удалялся он, иногда на целые недели, чтоб внимательнее посмотреть в себя, подробнее высмотреть в себе человека, потом, из собственных живых опытов и наблюдений, почерпать наставления для подчиненных, руководить их к исправлению нравов и преуспеянию, указанных в Евангелии. Отец Назарий, постриженец и воспитанник Саровской Пу́стыни, был наполнен впечатлениями этой обители, осуществлял их с раболепною точностью в Валаамском монастыре. Здания в Саровской пустыне все каменные, – и он начал возводить в Валаамском монастыре каменное строение. Внутренний четвероугольник выстроен им, наружный его преемниками. Щедроты императоров Павла Петровича и Александра Павловича обеспечили вещественное продовольствие монастыря; он по степени – первоклассный, – управляется игуменом, который избирается братией, утверждается митрополитом С.-Петербургским.

По устройству своему, в монашеском отношении, Валаамский монастырь – верный снимок с монастырей первенствующей Церкви христианской. Он имеет монашествующих всех видов Восточной, Православной Церкви; имеет и общежитие, и скит, и пустынников, и отшельников. Главный монастырь, о котором мы говорили, вмещает в себе собственно общежитие. Иноки, обитающие в нем, участвуют в общем Богослужении, в общей трапезе, имеют общую, одинаковую одежду, трудятся в послушаниях частных и общих. Исчислим виды послушаний.

Первое послушание – служение настоятеля, которое возлагается на него всем братством, на которое благословляется, в котором утверждается он епархиальным архиереем. Это не есть начальство сего мира. Это – бремя легкое и вместе тяжкое. Эти рамена должны носить немощи всего братства. Какая крепость должна быть в раменах этих! Какое нужно иметь настоятелю великодушие, какое самоотвержение, нужно полное забвение своего «я», чтоб эта угловатая и резкая буква не ранила, тем более не убивала никого из ближних. Второе послушание – послушание наместника, которого уже избирает настоятель с совета братии, а утверждает епархиальный архиерей. Наместник – главный помощник настоятеля по всем отраслям монастырского управления. Третье послушание – казначея, который имеет смотрение за суммами монастырскими; четвертое – ризничего, заведывающего ризницею. За ризничим следуют духовники; кроме них никто из иеромонахов не может принимать на исповедь ни братии, ни посетителей монастыря. Подобно наместнику, казначей, ризничий и духовники утверждаются епархиальным архиереем и составляют вместе с наместником так называемый «собор», или «старшую братию», приглашаемую настоятелем на совещание и к участию в некоторых важнейших делах, представляемых на усмотрение епархиальному начальству, которое в таких случаях делает предписание настоятелю со старшею братией. Дальнейшие послушания: чреда священнослужения, отправляемая всеми иеромонахами, кроме наместника и казначея, и иеродиаконами. Пономари выбираются из монашествующих и послушников самой чистой и скромной жизни. Способные к церковному чтению и пению назначаются для клиросного послушания. В клиросном послушании участвуют некоторые иеромонахи и иеродиаконы в свободное время от священнослужения. Для прочих послушаний назначаются монахи и послушники. Упомянем и об этих послушаниях, чтоб познакомить читателя по возможности с организацией монастыря. Некоторые из братий занимаются шитьем ризницы церковной и одежды для всего братства; другие шьют обувь; иные находятся при кухне, хлебне, просфорне и трапезе; иные занимаются столярною, кузнечною и слесарною работою, другие ловят рыбу; еще другие трудятся в садах, огородах, на полях; некоторые моют белье; словом сказать, Валаамское общежитие удовлетворяет самой большей части своих требований. Каждое такое отдельное занятие называется «послушанием». Судя по нужде, иное послушание исправляет один брат, а иное исправляют многие. Так при библиотеке, при аптеке, при погребе, находится по одному, уже испытанному брату. При кухне, при прачешной, при рухольной и при других подобных, имеется по нескольку братий, из которых главный обыкновенно в общежитии Валаамском называется «хозяином», а прочие его «помощниками». Есть послушания, называемые «общими», как-то: приготовление дров, уборка сена, молочение хлеба, саждение, поливка и уборка огородных овощей. На эти общие послушания употребляются братия, неспособные к послушаниям частным, при которых, как ясно видно из сказанного, нужно большее или меньшее знание поручаемого дела. Когда кто-либо из желающих поступить в обитель бывает принят, то сначала он посылается на послушания общие, где удобнее высматриваются его характер, навыки и поведение; если впоследствии он окажется способным к какому-нибудь частному послушанию, его определяют в число помощников и, уже после многих лет и испытаний, поверяют соответствующую познаниям или ремеслу его, отдельную часть. Все братия, в особенности «новоначальные» (новоначальными называются недавно поступившие в монастырь), находятся в частом сношении с духовниками; на этом-то сношении основано и держится нравственное благоустройство младшего братства; в преуспевших оно поддерживается сверх того внимательным чтением Отеческих писаний и прилежным хождением к Божественным службам. Библиотекарь выдает, по распоряжению настоятеля, книги, соответствующие душевному устроению каждого. Братия, находящиеся в послушаниях, бывают во все праздничные дни при всех церковных службах; в прочие же дни недели приходят к утрени и, отслушав ее до шестопсалмия, идут на труды свои, а после вечерней трапезы участвуют в общем вечернем правиле.

Богослужение отправляется по церковному уставу, — состоит из утрени или всенощной перед праздником, двух литургий — ранней и поздней, вечерни и правила, которое совершается после ужина и заключается в чтении молитв на сон грядущим, помянника, и в нескольких поклонах. Напев употребляется «знаменный» или так называемый «столбовый» — старинный Русский. Тоны этого напева величественны, протяжны, заунывны; изображают стоны души, кающейся, воздыхающей в стране своего изгнания о блаженной, желанной стране радования вечного, наслаждения чистого, святого. Так! эти самые тоны, а не иные, должны раздаваться в этой обители, которой самые здания имеют образ темницы, назначенной для рыданий, для плача о своем плене, для дум глубоких, для размышлений о вечности. Эти тоны — в гармонии с дикою, строгою природою, с громадными массами гранита, с темным лесом, с глубокими водами. Эти тоны то тянутся плачевно, тоскливо, как ветер пустынный, то постепенно исчезают, как эхо среди скал и ущелий, то гремят внезапно. Они, то с тихою скорбию приносят жалобу на греховность, выражают томящую и снедающую скорбь по причине греховного бремени, то, как бы от невыносимой тяжести этого бремени, от ударов греха, начинают вопиять и призывать помощь неба: тогда они гремят! Величественное «Господи, помилуй» подобно ветру пустынному: так оно плачевно, умилительно, протяжно! Падший человек ощутил, при помощи уединения и самовоззрения, свое падение, увидел его в себе, убедился в нем, и предался непрестанному стенанию в надежде помилования. Песнь «Тебе поем» оканчивается протяжным, переливающимся звуком, постепенно стихающим, теряющимся незаметно под сводами храма, как теряется эхо в пространстве воздушном. Когда же братия запоют на вечерне «Господи, воззвах к Тебе, услыши мя», то звуки сперва как бы исходят из глубокой пропасти, потом с быстротою и громом исторгаются из нее, несутся к небу, несут туда мысль и желание, пламенные, как молния: тогда они гремят! Художник найдет в пении Валаамском много негладкостей, недостатков в исполнении, но он же и признает в нем полное преобладание благоговения и набожности, необыкновенную энергию, которая и умиляет, и потрясает душу. Здесь все должно быть важно, грандиозно. Все веселое, легкое, игривое, показалось бы странным, уродливым. Не устрашитесь от этого сказания, сказания правдивого. Не подумайте, что здесь живет, может жить только несчастье. Нет! И здесь есть свое утешение: утешение плачущих, возвещенное в Евангелии.

Отдельных храмов в Валаамской обители – семь. Из них собор отличается пред всеми красотою и внутренним убранством; в иконостасе его нижний ярус икон покрыт серебряными ризами. Умножение числа церквей, отчего нет ни одной, не исключая и соборной, которая бы вмещала всех живущих в Валаамском монастыре, пестрая роспись соборного храма и трапезы, служат образчиками первоначального, неочищенного образованностью, вкуса Русского человека, жителя Европы и соседа Азии. Вместо такого числа храмов, гораздо было бы лучше, если б одно обширное здание вмещало в себе теплую и холодную церкви, чему пример в Коневском монастыре. Могла бы быть еще церковь при больнице. Таким образом вполне удовлетворялось бы неудовлетворяемое ныне, существенное требование монастыря, состоящее в том, чтоб вся братия и посетители могли помещаться в церкви, и принимать участие в Богослужении. Не так рассуждали строители обители. Их усердие нуждалось в отдельных храмах Святителя Николая, Апостолов Петра и Павла, Живоносного Источника. И стоят эти храмы без Богослужения, которое отправляется в каждом только однажды в год, в праздник храма. Но и в храмовой праздник отдельной церкви Пресвятыя Троицы не может быть отправляема в ней служба Божия по крайней тесноте; правится она в соборе.

По окончании Литургии немедленно все идут в трапезу, на которой поставляется пища простая, но здоровая, удовлетворительная, по указанию церковного устава, то есть в праздничные дни рыбная, в обыкновенные дни с маслом, а в среды и пятницы, в будни Великого поста, без рыбы и без масла, из одних растений. Во время трапезы наблюдается глубокое молчание и звучный голос чтеца возвещает собранному братству самоотвержение, добродетели, подвиги святых угодников Божиих. Ужин бывает после вечерни: во время его равным образом производится душеназидательное чтение. В дни великих праздников, за час до вечерни, поставляется в трапезе общий чай, что Валаамские старички назвали «утешением». Трогательно видеть, как спешат к этому утешению, с деревянными чашечками в руках, дряхлые, едва могущие ходить, пришедшие в младенчество старички; их стынущая кровь жаждет оживиться кипящею водою. Много в обычаях Валаамского монастыря – простоты, патриархальности. Приятно и умилительно отзываются эти обычаи родною нашею стариною, стариною русскою, в которой наблюдатель часто встречает простодушное и священное соединенными.

Ризница монастыря украшена щедрыми вкладами государя императора Александра Павловича, питавшего особенное расположение к Валаамской обители, которую в 1819 году он благоволил осчастливить своим посещением. В 1844 году посетил ее великий князь Константин Николаевич, и в память посещения своего пожаловал ей богатые сосуды. Посреди площадки, образуемой внутренним четвероугольником монастырских зданий, на которой живет какое-то особенное, тихое, благоговейное чувство, монахи воздвигли мраморный памятник с надписью. Надпись возвещает современникам и хранит для потомства события: посещение обители государем императором Александром Павловичем и великим князем Константином Николаевичем. Надпись в соборной церкви указывает место, на котором Александр Благословенный стоял во время Богослужения, не обременяясь продолжительностью Богослужения монастырского. Надпись в гостинице указывает те покои, в которых останавливался Государь. Мраморный четвероугольный камень с надписью, обсаженный цветами, стоит в саду на том месте, с которого великий князь Константин Николаевич снимал виды монастыря. Точно такой же камень поставлен на другой стороне залива, в лесу, под густою сенью елей и сосен, на месте, где Великий Князь оканчивал свой рисунок, начатый в саду, откуда вид монастыря особенно величествен и живописен. Ставя эти камни и высекая эти надписи на камнях, монахи Валаамские выражали чувство своего сердца, то чувство любви и преданности к царям и царственному дому, которыми во все веки истории русской отличалось наше духовенство.

Одежда иноков Валаамских, как и пища их, проста, но удовлетворительна. Она и материалы к ней хранятся в рухольне. Рухольня – ряд комнат, в которых сложены сукна, нанки, полотна, нитки, кожи, сшитое белье, готовые рясы, подрясники, мантии, шубы, и все это – в значительном количестве. Рухольный имеет книгу, в которой записывает, что кому из братий выдано. Изношенная одежда возвращается в рухольню, вместо нее выдается новая. Поступающему в монастырь из мира отпускаются нужные белье, одежда и обувь. Валаамская рухольня может во всякое время снабдить всем нужным до ста человек. Такие запасы по всем отраслям хозяйственности необходимы в Валаамском монастыре, по многочисленности его братства, по отдаленности от городов, наконец потому, что весною, когда ломает лед, и в особенности осенью, когда он становится, сообщение с берегом затруднительно и даже невозможно в течение продолжительного времени. Озеро между Сердоболем и Валаамом замерзает, но не ранее половины Января; до того времени бесчисленные ледяные глыбы странствуют в разных направлениях по всему водному пространству, и судно, которое решилось бы пуститься в озеро, непременно должно быть окружено и затерто льдами.

Библиотека монастырская имеет все книги, нужные для снискания полных сведений в монашеской жизни. Кроме напечатанных на славянском и русском языках, находятся многие рукописные. Перечислим достопримечательные рукописи. Первое место между ними по редкости своей должны занимать «Оглашения» преподобного Феодора, игумена Константинопольской Студийской обители, или «Беседы его к братии». Книга эта значительного объема. Польза ее признана Церковью: уставом церковным положено в известные дни Великого поста читать ее в церкви на службах церковных[438]. Это постановление касается собственно монастырей. Беседы Студита дышат любовью, которую он питал к братству своему: он называет их отцами своими, и наставниками, и братиями, и чадами; учение его необыкновенно просто, доступно для понятия всех, особенно идет для иноков общежительных, как имеющее исключительным предметом различные обязанности и обстоятельства общежития. Есть рукописные книги Отцов, описавших подвиг умной молитвы. Таковы: *Григория Паламы*, Каллиста Антиликуди, Симеона Нового Богослова, преподобного Нила Сорского, русского писателя. Есть книги для руководства жителей скита, пустынников и отшельников: таковы Патерики, книга знаменитого наставника безмолвников Исаака Сирского; книга «Цветник» священноинока Дорофея, русского писателя, жившего, как видно из самой книги, во времена патриархов[439]. В этой статье очень обширной, священноинок говорит между прочим, что в общежитиях непременно должно последовать преданию святых Отцов, учредителей иноческого общежития; те, которые преступают предание святых Отцов, не узрят света Христова. Священноинок завещает намеревающемуся вновь устроить монастырь, чтоб он исходатайствовал «благословенную грамоту у Святейшего Патриарха» и оградил монастырь «благословением Патриарха». Цветник был особенно уважаем отечественными иноками, упражнявшимися в возвышеннейшем монашеском подвиге. По этой книге обучился Иисусовой молитве знаменитый Соловецкий подвижник Иисус Голгофской; по ней обучился Иисусовой молитве преподобный Иоасаф Каменский, Вологодский Чудотворец, как видно из рукописного жития его. Последнее обстоятельство показывает, что священноинок жил во времена первых Патриархов и достиг смут отечественных, как об этом можно заключить по кратким указаниям на современность, встречающимся в его книге. Выписки сделаны здесь из книги, напечатанной в Гродне в 1687 году православными, двадцать лет спустя по низвержении *Патриарха Никона* с соблюдением старинной орфографии. Что книга напечатана православными, доказывается читаемым в ней завещанием: относиться за благословением к святейшему Патриарху, чего раскольники никак бы не допустили. Признаем нужным это замечание: орфография книги, как указал опыт, может навести сомнение относительно православия книги, при поверхностном взгляде на нее, тем более, что при таком взгляде очень легко укроется ее существенное значение, по которому писатель назвал ее Цветником[440]. Сделаем из последней книги, облегчая понимание славянского языка переводом на русский, некоторые выписки, как по нравственному и аскетическому достоинству книги, так особенно потому, что писатель – наш соотечественник, нами забытый. Лишь какой-нибудь пустынник читает и перечитывает эту вдохновенную книгу, исполненную драгоценных духовных советов. Пусть раздастся и для нас голос священноинока из гроба, куда похоронило его наше забвение. Этому голосу, вещающему глубокие истины, прилично раздаться из строгой Валаамской обители.

«О, любимый мой читатель, – так начинает свою книгу священноинок, – хочешь ли, покажу тебе нечто, честнее чистого злата, и серебра, и многоценного бисера, и камня драгого! Ты ничем не возможешь найти и купить Царства Небесного, будущей радости и покоя, как только этим. Это – уединенное чтение и слушание со вниманием и усердием святых книг Божественного Писания. Невозможно, невозможно спастись тому, кто не будет часто читать Боговдохновенного святого Писания. Как птица без крыльев не может возлететь на высоту, так и ум без книг, одними собственными помышлениями, не может домыслиться, каким образом получить спасение. Чтение в уединении и слушание со вниманием и усердием святых книг Божественного Писания – родители и начало всех добродетелей и всякого благого дела: потому что все добродетели рождаются от них, от них начинаются. Уединенное чтение и слушание со вниманием и усердием святых книг Божественного Писания, с целью деяния и своего спасения, рождают всякую добродетель, служат источником благ, отгоняют от нас всякую греховную и злую страсть, всякое греховное похотение, желание и действие, свое и бесовское. Святые Отцы признают уединенное чтение и слушание со вниманием и усердием святых книг Божественного Писания старейшиною и царем над всеми добродетелями»... Под Божественным Писанием священноинок разумеет не одни священные книги Ветхого и Нового Завета, но и писания святых Отцов; в этом случае он выражается так же, как и преподобный Нил Сорский. Такое начало имеет необыкновенную, драгоценную важность: им признает священноинок необходимость неотступно держаться не только догматического, но и нравственного предания Церкви; им он вступает в союз единомыслия со всеми аскетическими святыми писателями Восточной Церкви. Все они единогласно утверждают, что, для непогрешительного шествия путем иноческих подвигов, необходимо руководство писаниями святых Отцов, что это – единственный способ спасения, остающийся нам по умалении духовных наставников. С самых первых слов священноинок ставит читателя на стези правые, святые, безопасные, предписанные и благословенные Церковью, дает ученику своему характер определительный сына Восточной Церкви, вводит его в духовное общение со святыми иноками всех веков христианства, устраняет от всего чуждого, от всего поддельного. Как превосходен характер сына Восточной Церкви! Как он прост, величествен и свят! Протестант холодно-умен; Римлянин – восторжен, увлекает, уносится; сын Восточной Церкви проникнут святою истиною и кротким миром. Первые два характера – земные; последний нисшел с неба, и предстоит нашим взорам в Евангелии. Этот характер воспитывается в православном христианине чтением Священного Писания и творений святых Отцов; христианин, напитываясь этим чтением, соделывается наперсником Истины и причастником подаемого Ею Святого Духа.

Проницательно взглянул священноинок на современное ему монашество; драгоценно сделанное им замечание: «Часто удивлялся я тому, говорит он, как святые древние Отцы в короткое время достигали спасения, приходили в совершенство, обретали благодать, а в нынешние времена мало спасающихся! Но вот чем все святые Отцы достигли совершенства и спасения, обрели благодать, сподобились дара чудотворения: они от всей души последовали всем словам и заповедям Господа, более всего старались соблюдать их, всегда их имели в уме своем... Во-первых, должно сохранять заповеди Христовы, потому что Святое Евангелие – уста Христовы, ежедневно нам глаголющие, а потом сохранять предания святых Отцов, исполнять делания, заповеданные ими, сими деланиями утруждать тела свои... Без исполнения заповедей Господних святых, священных и светоносных, предания и правила наши суетны... Не сохраняющий заповедей Господних, повреждает и погубляет труды свои великие, лишается совершенства, спасения и благодати. Несохраняющий заповедей Господних и не устраивающий внутри себя места для благодати, не может прийти в совершенство, и приять благодать. Чужд духовной мудрости, кто упражняется в подвигах телесных, а небрежет о заповедях Господа! Ничто наше неприятно Богу без исполнения заповедей Господа. Как тщательно и неуклонно сохраняли их святые Отцы: так и нам должно сохранять их, сколько силы наши позволяют..».[441]. Душеполезнейшее наставление! Записать бы его каждому иноку, заботящемуся о приготовлении себе блаженной вечности, на скрижалях сердца неизгладимыми письменами!

Прекрасная душа священноинока говорила от избытка сердца, и изливалась часто с непринужденным, пленительным красноречием. Некоторыми местами его украсились бы страницы лучших писателей. Как изящны следующие строки: «Когда мы изработываем живот бессмертный, то не должно бояться напастей, скудости в телесных потребностях, ни самой смерти. Сказал Господь: «Не пецытеся убо глаголюще, что ямы, или что пием, или чим одеждимся? Всех бо сих язы́цы мира сего ищут», некрещенные, незнающие Бога: «весть бо Отец ваш Небесный, яко требуете сих всех. Ищите прежде Царствия Божия и правды Его, и сия вся приложатся вам» (*Мф.6:31–33*). Итак, Он дал обещание! Я, говорит Он, – пища тебе и одежда; Я послужу тебе в немощи твоей, как отец и мать, и друг задушевный. Я доставлю все, что нужно тебе, и поработаю тебе благодатью Моею. Только ты веруй Мне вседушно и несомненно, служи Мне твердо, и надейся, что могу исполнить обещанное Мною»[442].

Совершились над священноиноком слова Боговдохновенного Давида, который сказал: «Отрыгнут устне мои пение, егда научиши мя оправданием Твоим» (*Пс.118:171*). Когда сама Божественная благодать, вселившись в сердце, начнет научать его закону Духа, тогда человек делается вдохновенным. Оживают его мысли и чувствования новою жизнью Духа, беседа его носит печать возвышеннейшей поэзии. Таковы многие места писаний священноинока, и между прочими начало 11-й главы, где он беседует к душе своей: «Возлюбленная душа моя, говорит он: не отлагай года за год, месяца за месяц, времени за время, дня за день, не проводи их в тщетном ожидании! Чтоб не пришлось тебе воздохнуть от всего сердца, поискать могущего участвовать в твоей скорби, и не найти его. Ах! сколько тогда начнешь терзаться, сколько плакать, рыдать и сетовать, раскаиваться бесполезно! Ты можешь сегодня сделать добро: не отлагай его на завтрашний день! Ты не знаешь, что родит день завтрашний. Не постигнет ли тебя в эту ночь какое бедствие! Ты не знаешь, что несет за собою день, что несет ночь. Душа моя! ныне время терпения скорбей! Ныне время исполнения заповедей Господних и добродетелей Отческих! Ныне время плача и рыдания, слез, – рождающих сладость и радость! О, душа моя! если истинно хочешь спастись, возлюби скорби, как прежде ты любила наслаждение; живи, умирая ежедневно. Скоро проходит житие наше, и исчезает, как тень облака, производимая солнцем. Дни жизни нашей разливаются как дым на воздухе»... Цветник – одна из возвышеннейших аскетических книг; этим достоинством она приближается к знаменитой книге Исаака Сирского. Два писателя Русской Церкви писали о умном делании, Нил Сорский и священноинок Дорофей. Книга первого – весьма полезное руководство для начинающих подвиг безмолвия, а второго – для преуспевших и приближающихся к совершенству. Учение о умной молитве изложено «в Цветнике» с необыкновенною ясностью, простотою, окончательностью. Повсюду видны обильное духовное преуспеяние и здравый смысл русского человека, упрощевающий мудреное, излагающий возвышеннейшее духовное учение с необыкновенною естественностью, чрезвычайно внятно и – изящно! В особенности таковы его поучения: о чистоте сердечной, умной, и душевной, о бесстрастии, о помрачении ума, о трезвении ума, о святой чистой молитве. По возвышенности и святости этих предметов, для которых есть свое время и место, мы не дерзаем делать выписок; желающего познакомиться с ними отсылаем к самой книге. Сказывают уже много заглавия поучений. Для таких-то духовных упражнений преуспевшие иноки переходят от общежития к жизни скитской и отшельнической.

Скит Валаамского монастыря находится от главной обители в трех верстах. Путь к нему – и водою и берегом. Надо спуститься из монастыря по гранитной лестнице к гавани. Здесь садитесь в катер, и тем же заливом, которым прибыли в монастырь, плывете далее, в глубину острова, в скит. Залив то суживается, то расширяется; вы непрестанно видите с обеих сторон ландшафты, изменяющиеся в формах, сохраняющие тон угрюмый. Наконец въезжаете в большой овал, окруженный отлогими берегами, на которых растет много березок, рябин, кленов; скалы почти скрылись от вас; кое-где, вдали, из-за елей и сосен, выглядывает камень. Воды овала не мрачны: в них приятно отражается синева небес. Зеленеющие луга, испещренные и благоухающие бесчисленными дикими цветами, утешают взор. Здесь нет ветру, того сурового порывистого ветру, который редко стихает на возвышенной открытой площади, где стоит главный монастырь. Здесь все так гостеприимно, радушно! Вам легко; вы чувствуете, что отдыхаете. И делается вам понятным, что дикая природа с ее картинами, наводящими ужас, на которые вы непрестанно доселе смотрели, привела ваши телесные и душевные чувства в напряжение. Вы поднимаетесь по отлогому лугу излучистою тропинкою, входите в чащу леса: пред вами, внезапно, уединенный скит. Посреди скита – каменная двухэтажная церковь в Византийском вкусе; вокруг церкви отдельные келлии братий, также каменные, и каменная ограда. Скит со всех сторон в лесу; в нем – необыкновенная тишина. Совсем другое чувство обдает вас, когда взойдете в скит, нежели при входе в монастырь. Там все дышит жизнью, жизнью строгою; здесь же – какое-то непостижимое спокойствие, как бы спокойствие скончавшихся блаженною кончиною. В скиту отправляется Богослужение дважды в неделю, в воскресение и субботу; в прочие дни братия безмолвствуют по келлиям, занимаясь молитвою, чтением, Богомыслием и рукоделием: а в храме один инок совершает чтение Псалтыря и поминовение почивших братий и благотворителей Валаамской обители. Это чтение и поминовение совершаются непрерывно день и ночь, для чего братия, живущие в скиту, чередуются. Пища предлагается в общей трапезе; она гораздо скуднее монастырской, почти исключительно растительная. На Пасху и прочие великие праздники, скитские братия приходят в монастырь, участвуют с монастырскою братией в Богослужении торжественном, и вкушают с ними в общей трапезе праздничную пищу, непревышающую никогда и в самом монастыре четырех перемен. Уха, еще другое блюдо рыбы, кусок пирога, – вот признак великого праздника на трапезе Валаамских братий. Сковрадо-пряжения исключены из числа их яств: они признают их лакомством, для себя непозволительным. В скиту живет до двенадцати братий, или немного более. Дорога из скита к монастырю сухим путем также ландшафтна: идет по берегу залива по рощам, по холмам и горам, и часто начинают стучать колеса экипажа на голом граните.

По разным местам острова в глухом уединении, при опушке леса на холмике, или на маленьком лугу среди лесу, стоят одинокие хижины пустынников, срубленные из бревен. Число пустынников весьма не велико. Жизнь отшельническая может быть дозволена только самым опытным в иночестве, зрелым по возрасту и духовному разуму. Пустынники, подобно скитской братии, приходят в монастырь на великие праздники.

Посетители монастыря помещаются в гостинице. Есть особенный приют и для нищих, которыми богата эта часть Финляндии. Нищим дозволяется быть на Валааме в течение двоих суток, и пользоваться трапезою, нарочно приготовляемою в их приюте, а на дорогу дают каждому два куска ржаного хлеба. И для этого-то подаяния стремится за сорок, за пятьдесят верст финляндец в монастырь Валаамский! Летом, лишь очистится путь по озеру, многие десятки челноков ежедневно приносят нищих по бурной пучине к монастырю. Уезжают одни; на место их приехали уже другие. Зимою, лишь станет лед, целые стаи их пускаются пешком в трудное путешествие, не смотря ни на лютость мороза, ни на дальность пути. Идут полуобнаженные по льду! Идут и старцы увечные, и дети, и женщины с грудными младенцами. Нередко находят на льдяной степи замерзшие трупы этих бедняков, думавших уйти от голода, убитых морозом.

Нельзя, наконец, не принести дани слова больнице Валаамской, которая служит спокойным приютом не только для изветшавших и недужных Валаамских иноков, но и для иноков всей Петербургской епархии. При больнице есть отдельная церковь, отдельная трапеза, особенная прислуга и небольшая аптека, снабженная самыми нужными медикаментами.

Валаамский остров с принадлежащими ему малыми островами – не что иное, как цельный, поднявшийся из Ладожского озера камень, возвышенностями которого образуются скалы, горы и утесы, а углублениями – заливы, проливы, озера. Вы убедитесь в этом измерениями глубины озера. В заливах, проливах, на всем пространстве между главным островом и мелкими островами, глубина эта – пять, десять, в самых глубоких местах – двадцать сажен; но едва вы выехали на чистое озеро, глубина в сотне шагов от берега простирается уже на семьдесят, на сто сажен, доходит почти до двух сот. Почва – повсюду сплошной камень, покрытый слоем растительной земли на четверть аршина, местами и более. Редко в малом количестве, не на дальнюю глубину, есть песок и глина. Слой земли, покрывающий «луду», – так Валаамские иноки называют свой камень – особенно плодороден: близ монастыря разведены два фруктовые сада, один под скалою, на которой стоит монастырь, другой по правую сторону гранитной лестницы, ведущей от гавани в обитель. В этих садах яблони свежи, сочны, свидетельствуют о доброте грунта, а яблоки, созревающие разве однажды в десять лет, приносят жалобу на климат, на слабость здешних солнечных лучей. В этой жалобе участвуют с ними крупные арбузы и дыни, растущие на огородах Валаамских; они очень сочны, но сок их мертвый: солнце не нагревает в нем сладости. Огородные продукты весьма хороши; их родится значительное количество, достаточное для всего многочисленного братства, для многих рабочих, живущих в монастыре, для многих посетителей монастыря. Сеют в некотором количестве рожь и овес; но главный запас хлеба покупается в С.-Петербурге и доставляется в монастырь на его галиотах. Сена накашивается довольно. Лесом остров изобилует; преимущественно здесь растет сосна, потом ель; гораздо в меньшем количестве береза, клен, липа. Благодарность им! Они смягчают нежным цветом своих листьев угрюмость скал и темной, вечной зелени елей и сосен. В долинах, где слой земли толще, лес крупнее; но на горах, где слой этот тонок, лес мельче; он не может достичь должной высоты; корни его тщетно ищут углубиться в землю; их встречает «луда», они стелются, переплетаются по ней для собрания необходимой себе пищи, и не находят ее. Зато на горах почти исключительно растет одна, наименее прихотливая и разборчивая на почву, сосна. Что сказать еще? Смотрю на воды, на необъятные массы вод Ладоги, древнего Нева, издревле славного бурями своими и боями Варяга со Славянином; и они, эти глубокие, пространные воды, согласны с уединенным, полным вдохновения строгого островом, чтоб на острове, в ограде вод, спасалось, сберегалось иноческое общество. Они ограждают его и пространством своим, и бурями, и льдами. Они в необъятных недрах своих содержат и питают бесчисленные стада различных рыб, предавая их в льстивые сети, готовят на трапезу пустынников блюдо, в котором всю цену составляют не приправы, не искусство, а обилие и свежесть припаса.

Когда легкий монастырский катер, при попутном, приятном ветре, уносил меня из Валаама, я был болен. К ощущению болезни пришли многие другие ощущения. Взор мой с безотчетливою грустью, в которой было какое-то наслаждение, обратился к Валааму, приковался к нему. Подозреваю, не был ли то взор прощания навсегда! Безмолвно смотрел я на Валаам с катера, пока катер шел заливом. Я поднимал голову то к той скале, то к другой скале: иначе нельзя смотреть на них, так они высоки. Могучая природа, всегда наводившая на меня ужас, всегда глядевшая на меня лишь строго и сурово, показалось — дружелюбно улыбнулась. Или улыбку эту дало ей солнце, пустившее тогда живоносные лучи вдоль залива, на воды, на камни, на лес густой. Кайма гранитного утеса, на котором стоит монастырь, обнесенная решеткою, была унизана братиею. Тут были и мужи зрелые, окрепшие в боях с собою, и юноши, лишь вступившие в обитель, которых ждет еще борьба, и старцы дряхлые, покрытые сединами, которых сердце и мысль уже спокойны, которым сплетен венец и вырыта могила. Им мало было того, что они радушно приняли, успокоивали странника: им нужны были еще проводы, смешанные со скорбью любви, растворенные слезою сожаления о разлуке. Раздавался величественный звон колоколов монастырских, и вторили ему с разных сторон ущелья каменных гор многоголосным эхом. Вышел катер из залива, как из высокостенного замка, остались утесы на своих местах, явилось взору обширное озеро, вдали чуть виден был берег Сердобольский; по другим направлениям берега нет, — синева вод сливается с синевою неба. Подняты паруса; быстро понесся катер по отлогим волнам. Скоро мы достигли противоположного берега; оттуда я оглянулся на Валаам: он представился мне, на своих обширных, синих, бесконечных водах, как бы планетою на лазуревом небе.

И точно, так он далек от всего! Он как будто не на земле! Жители его мыслями и желаниями высоко поднялись от земли! Валаам – отдельный мир! Многие его иноки забыли, что существует какая-нибудь другая страна! Вы встретите там старцев, которые со своего Валаама не бывали никуда по пятидесяти лет, и забыли все, кроме Валаама и неба.

Воинство духовное! блаженные жители острова священного! Да снидет на вас благословение неба за то, что вы возлюбили небо! Да почиет на вас благословение странника за то, что вы возлюбили странноприимство! Да услышатся молитвы ваши Богом, да приятны будут Ему хвалебные песнопения ваши: потому что молитвы и песнопения ваши полны благоговения священного! Да будут благословенны житницы ваши и имущество ваше: потому что нищий всегда находит у вас и укруг хлеба, и лоскут одежды для прикрытия наготы своей! Братия! благую часть вы избрали! Не озирайтесь вспять, не привлекайтесь снова к миру какою-нибудь суетною, временною приятностью мира! В нем все – так шатко, так непостоянно, так минутно, так тленно! Вам даровал промысл Божий отдельное, удаленное от всех соблазнов селение, величественный, вдохновенный Валаам. Держитесь этого пристанища, невозмущаемого волнами житейского моря; мужественно претерпевайте в нем невидимые бури; не давайте благой ревности остывать в душах ваших; обновляйте, поддерживайте ее чтением святых Отеческих книг; бегите в эти книги умом и сердцем, уединяйтесь в них мыслями и чувствованиями, – и Валаам, на котором вы видите гранитные уступы и высокие горы, сделается для вас ступенью к небу, тою духовною высотою, с которой удобен переход в обители рая.

Странник, писавший эти строки, в них изливший свои чувства к вам и вашему жилищу, странник, не раз посещавший обитель вашу с сердечною заботою об ней, о благополучии ее и вашем, испрашивает себе жизни в молитвенном воспоминании вашем до гроба – и за пределом гроба.

О МОНАШЕСТВЕ
РАЗГОВОР МЕЖДУ ПРАВОСЛАВНЫМИ ХРИСТИАНАМИ, МИРЯНИНОМ И МОНАХОМ

Мирянин. Отец мой! признаю себя счастливым, что, при знакомстве моем с вами, я нашел в вас лицо, пред которым могу открывать мое сердце, и от которого слышу искреннее слово. Желаю, желаю от души и вполне, принадлежать Православной Церкви, последовать ее догматическому и нравственному преданию. С этою целью стараюсь о всех предметах предания иметь определенное понятие. Неправильные понятия ведут к неправильным действиям; неправильное действие – источник вреда частного и общественного. В настоящей беседе не откажитесь объяснить мне значение «монашества» в Церкви Христовой.

Монах. Бог да благословит желание ваше. Из точных и правильных понятий рождается все доброе; из превратных и ложных рождаются все бедствия. Это мнение принадлежит Евангелию. Оно предлагает нам Истину в начальную причину спасения, а на ложь указывает как на начальную причину погибели (*Ин. 8:32, 44*). Почему вы хотите, чтоб сегодня предметом разговора нашего было именно «монашество»?

Мирянин. В обществе, которое я посещаю, часто возбуждается речь о монашестве, высказываются различные современные мнения о нем. Знакомые мои почти всегда обращаются ко мне, как к находящемуся в сношении со многими духовными лицами, выражая желание, чтоб и я высказал мое мнение. Хочу доставлять ближним сведения точные, а потому и прошу вас сообщить мне их.

Монах. Не знаю, в какой степени я способен удовлетворить вас: но желаю быть и искренним пред вами, и изложить то, что привелось узнать из чтения Священного Писания и святых Отцов, из бесед с достойными уважения и доверия по жизни иноками, наконец из собственных наблюдений и опытов. В основание беседы нашей, как бы полагая краеугольный камень в основание здания, скажу, что монашество есть установление Божие, отнюдь не человеческое.

Мирянин. Представьте себе! мысли, что монашество есть Божественное установление, я и не слыхал в обществе.

Монах. Это я знаю. Потому-то, когда зачнется в светском обществе разговор о монашестве, один говорит: «мне кажется так!» – другой: «а мне кажется вот так!» – иной: «а я сделал бы то!» другой: «а я сделал бы это!» Слышится тысяча противоречащих мнений и предположений, произносимых людьми, не имеющими никакого понятия о монашестве, но готовыми сделаться писателями правил для монашества и распоряжаться монашеством по своему премудрому усмотрению, без всяких справок. Некоторые повторяют даже хулы, произнесенные на монашество протестантами и безбожниками. Чувством грусти и страха объемлется сердце от таких возгласов и суждений, в которых неведение попирает своими копытами драгоценнейшие перлы Божественного предания и установления.

Мирянин. Точно! причиною этого – неведение, как вы сказали, отец.

Монах. Не думайте, что неведение есть зло незначительное. Святые Отцы называют неведение великим, начальным злом, от которого зло рождается в полноте обилия. Преподобный Марк Подвижник говорит, что неведение есть первый, главный исполин злобы[443]. Неведение не ведает своего неведения, неведение удовлетворено своим ведением, сказал другой Отец[444]. Оно способно наделать множество зла, нисколько не подозревая, что делает его. Говорю это из чувства сострадания к человекам, непонимающим, в чем заключается достоинство человека, – к христианам, незнающим, в чем состоит христианство, действующим из неведения своего против себя. Не подумайте, чтоб у меня было намерение прикрывать в установлении Божественном человеческие злоупотребления и человеческую немощь. Нет! обличение и устранение человеческих злоупотреблений в установлении Божием служит признаком благоговения к этому установлению, средством сохранения в должной святости установления, дарованного Богом, предоставленного в распоряжение человекам.

Мирянин. Последняя мысль опять нова для меня. С этой точки я никогда не глядел на монашество, и в других не встречал этого воззрения.

Монах. Сказанное мною относится не к одному монашеству, но ко всей Церкви, как Ветхо-Заветной, так и Ново-Заветной. Что Ветхо-Заветная Церковь основана Богом, что она передана делателям – иудейскому народу, это изобразил Господь в притче о винограднике, в 21-й главе Евангелия от Матфея[445]. Что Ново-Заветная Церковь основана Богочеловеком, что она передана другому народу, составившемуся из всех народов, христианам, это явствует из Евангелия и из всего Священного Писания (*Еф.1:22–23, 2:10–11* и проч.). Иудеи должны были дать отчет Богу в сохранении дара Божия, в управлении и распоряжении даром Божиим. Как поведение их оказалось преступным, то они устранены – впрочем когда уже они устранились произвольно в духе – и подвергнуты казни. Равным образом потребуется отчет от христиан, какое они сделали употребление вообще из установления Божия – Ново-Заветной Церкви – и из частных установлений в ней, каково монашество.

Мирянин. Не имеется ли возможности усмотреть из Священного Писания, чем заключится судьба Ново-Заветной Церкви на земле?

Монах. Священное Писание свидетельствует, что христиане, подобно иудеям, начнут постепенно охладевать к откровенному учению Божию; они начнут оставлять без внимания обновление естества человеческого Богочеловеком, забудут о вечности, все внимание обратят на свою земную жизнь; в этом настроении и направлении займутся развитием своего положения на земле, как бы вечного, и развитием своего падшего естества для удовлетворения всем поврежденным и извращенным требованиям и пожеланиям души и тела. Разумеется: такому направлению Искупитель, искупивший человека для блаженной вечности, чужд. Такому направлению отступление от христианства свойственно. Отступление настанет, по проречению Писания (*2Сол.2:3*). В ослаблении христианства будет участвовать монашество: член тела не может не принять участия в немощи, поразившей все тело. Предсказали это святые иноки древних времен по внушению обитавшего в них Святого Духа[446]. Когда христианство до крайности умалится на земле: тогда окончится жизнь мира (*Лк.18:8*).

Мирянин. Какое значение монашества в Христовой Церкви?

Монах. Монахи суть те христиане, которые оставляют все по возможности земные занятия для занятия молитвою, – добродетелью, высшею всех добродетелей, чтоб посредством ее соединиться во едино с Богом, как сказал Апостол: «Прилепляяйся Господеви бывает един дух с Господом» (*1Кор.6:17*)[447]. А как молитва заимствует свою силу из всех прочих добродетелей и из всего учения Христова, то монахи прилагают особенное тщание к исполнению евангельских заповедей, присовокупляя к исполнению заповедей, обязательному для всех христиан, исполнение двух советов Христовых: совета о нестяжании и совета о безбрачии[448]. Монахи жительством своим стремятся уподобиться жительству на земле Богочеловека:

по этой причине святые иноки именуются – «преподобными».

Мирянин. Откуда монахи получили свое название?

Монах. Слова «монах, монастырь, монашество» произошли от греческого слова «μόνος», один. Монах значит живущий уединенно или в одиночестве; монастырь – уединенное, отдельное жилище; монашество – уединенное жительство. Это жительство отличается от обыкновенного, всем общего жительства, – есть жительство иное, а потому в русском языке образовалось для него наименование «иночества». Монах по-русски – «инок». Слова «общежитие, скит, безмолвие, отшельничество, затвор, пустынножитие» означают собою разные роды иноческой жизни. Иноческим общежитием называется сожительство более или менее многочисленного собрания иноков, имеющих общее Богослужение, общую трапезу и одежду, находящихся в заведывании одного настоятеля. Безмолвием называется сожительство двух или трех иноков в отдельной келлии, жительствующих по взаимному совету или по совету старшего, имеющих общую трапезу и одежду, отправляющих в течение пяти дней Богослужение в келлии, а в субботу и воскресение приходящих к общественной службе в церковь. Отшельничеством называется жительство инока наедине. Когда отшельник пребывает неисходно в келлии, находящейся в монастыре, тогда он называется затворником, а жительство его затвором; когда же он жительствует в безлюдной пустыне, то называется пустынником, а жительство его пустынножитием.

Мирянин. Когда началось монашество?

Монах. Со времени Апостолов, по удостоверению преподобного Кассиана[449]. Преподобный Кассиан, писатель и инок четвертого века, обозревший иноческие обители Египта, в котором тогда особенно процветало монашество, проведший значительное время между иноками Египетского «Скита», и предавший позднему потомству уставы и учение египетских монахов, говорит, что в первые времена христианства получили в Египте наименование монахов избранные ученики святого Апостола, Евангелиста Марка, первого епископа Александрии. Они удалились в самые глухие пригородные места, где проводили возвышеннейшее жительство по правилам, которые предал им Евангелист[450]. — В жизнеописании преподобномученицы Евгении повествуется, что в царствование римского императора Коммода — Коммод вступил на престол в 180 году по рождестве Христовом — вельможа римский Филипп сделан был правителем Египта. В то время в александрийском предместии был монастырь; о епископе того времени, святом Елие, упоминается, что он с юности вступил в монашество[451]. Иудейский историк Филон, современный Апостолам, гражданин Александрии, описывает жизнь ферапевтов, удалившихся в предместья Александрии, точно такою, какою изображена преподобным Кассианом жизнь первых александрийских монахов, и называет жилища их «монастырями»[452]. Из описания Филона не видно, были ли ферапевты христианами; но описание Филона, как светского писателя, поверхностно; притом в это время многие не отличали христианства от иудейства, признавая первое сектою второго. В жизнеописании преподобного Антония Великого, которое составил современник его, святой *Афанасий Великий*, архиепископ Александрийский, упоминается, что в то время, как святой Антоний вступил в монашество, — Антонию тогда было около 20-ти лет, — монахи египетские проводили уединенную жизнь в окрестностях городов и сел. Преподобный Антоний Великий скончался в 356-м году по рождестве Христовом, будучи 105-ти лет[453]. — Имеется факт, доказывающий, что и в Сирии монашество существовало со времен апостольских. Преподобномученица Евдокия, жившая в сирском городе Илиополе, в царствование римского императора Траяна, обращена в христианство преподобным Германом, настоятелем мужского монастыря, в котором было 70 иноков. Евдокия, по принятии христианства, вступила в монастырь женский, в котором было 30 инокинь[454]. Траян начал царствовать с 96-го года по рождестве Христовом. — В последних годах

3-го века преподобный Антоний Великий положил начало пустынножительству; в конце первой половины 4-го века преподобный Пахомий Великий основал Тавеннисиотские общежития в пустыне Фиваидской, а преподобный Макарий Великий – жительство безмолвников в дикой пустыне Скит, близкой к Александрии, отчего такое жительство получило название скитского, а монастыри, устраиваемые для этого жительства, получили название скитов. Святой Василий Великий, архиепископ Кесарии Каппадокийской, живший во второй половине 4-го века, изучил монашескую жизнь среди египетских иноков; возвратившись в отечество свое, Каппадокию, проводил там, в пустыне, монашескую жизнь до вступления своего в служение Церкви, и написал правила для монахов, которые впоследствии частью приняты в руководство, а частью в назидание всею Восточною Церковью. Таким образом монашество, таившееся в окрестностях городов и сел, в 4-м веке, переместилось в большинстве своем в необитаемые пустыни. Там развилось и разрослось оно, как на свойственной себе почве. Впрочем и в городах, и в окрестностях городов, монастыри и пребыли, и вновь устроивались. – Преподобный Кассиан, сказав о установлении монашества в Александрии святым Евангелистом Марком, предоставляет ищущим о сем более подробных сведений обратиться к Церковной Истории. Эта История не дошла до нас, как и все почти письменные акты Египта: их уничтожили магометане в 7-м веке, что они совершили и в других покоренных ими христианских странах, но в меньшей степени.

Мирянин. Какая была причина переселения монашества в места отдаленные от городов и селений?

Монах. Это переселение совершилось в то самое время, когда прекратился подвиг мученический, и начали принимать христианскую веру уже не одни избранные, не по особенному призванию, не с решимостью на величайшие бедствия и смерть, но все вообще, как веру господствующую, покровительствуемую и распространяемую правительством. Христианство соделалось всеобщим; но оно не сохранило прежнего самоотвержения. Христиане в городах и селах начали вдаваться во многие житейские попечения, позволять себе роскошь, плотское наслаждение, участие в народных увеселениях и другие послабления, которых первобытные исповедники веры чуждались, как отречения от Христа в духе. Пустыня представила собою естественное убежище и пристанище, невозмущаемое соблазнами, для христиан, желавших сохранить и развить в себе христианство во всей его силе. «Пустыня, – говорит святой Исаак Сирский, – полезна и немощным, и сильным: в первых удалением от вещества не допускается разгореться и умножиться страстям, а крепкие, когда будут вне вещества, то достигают борьбы с лукавыми духами»[455]. Святые Василий Великий и Димитрий Ростовский изображают причину отшествия святого Гордия в пустыню так: «Гордий отбежа молв градных, кличев торжных, величаний княжеских отбежа, судов оглаголующих, продающих, купующих, клянущихся, лжущих, студословящих, отбежа игр и глумлений и смехотворства, бываемого во градех, сам чист слух имый, чистыя очи, и прежде всего сердце очищено, могущее зрети Бога, и сподобися Божественных откровений, и великим научися таинствам, не от человек, ни человеки, но великого стяжав учителя истины – Духа»[456]. С переселения монашества в пустыни появилось у него особенное одеяние, с целью окончательного отделения его от мирян. Во времена гонений и клир и монахи употребляли наиболее общее одеяние: это укрывало их в значительной степени от гонителей.

Мирянин. Высокое учение, которого сподобился святой Гордий, – исключительная принадлежность весьма немногих. В новейшие времена христианская вера удовлетворительно и подробно преподается в семинариях, а высшее учение о ней в духовных академиях.

Монах. Между учением, преподаваемым в духовных училищах, и учением, которое преподается или должно преподаваться в монастырях, находится величайшее различие, хотя предмет того и другого учения – один:

христианство. Спаситель мира, посылая Своих святых Апостолов на всемирную проповедь, повелел им научить все народы «вере» в истинного Бога и «жительству» по Его заповедям. «Шедше, – сказал Он, – научите вся языки, крестяще их во имя Отца и Сына и Святаго Духа, учаще их блюсти вся, елика заповедах вам» (*Мф.28:19–20*). Учение «вере» должно предшествовать «крещению»; учение «жительству» по заповедям должно последовать «крещению». Первое учение – теоретическое, второе – практическое. О первом сказал святой Апостол Павел: «Ни в чесом от полезных обинухся, еже сказати вам и научити вас пред людьми и по домом: засвидетельствуя Иудеем же и Еллином еже к Богу покаяние и веру, яже в Господа нашего Иисуса Христа» (*Деян.20:20–21*); о втором: «Христос в вас, упование славы, Его же мы проповедуем, наказующе всякого человека, и учаще всякой премудрости, да представим всякаго человека совершенна о Христе Иисусе» (*Кол.1:27–28*). Богом даны два учения о Боге: учение словом, приемлемое верою, и учение жизнью, приемлемое деятельностью по заповедям Евангелия. Первое учение можно уподобить основанию здания, а второе самому зданию, воздвигнутому на этом основании. Как невозможно строить здания без фундамента к нему, так и один фундамент не послужит ни к чему, если не будет на нем воздвигнуто здание. «Вера без дел мертва есть» (*Иак.2:26*).

Святой Апостол Павел изображает необходимость первого учения так: «Вера от слуха, слух же глаголом Божиим. Како же уверуют, Его же не услышаша? како же услышат без проповедующаго» (*Рим.10:17, 14*)? Вот начало катехизического учения. Вступающим в христианство Апостолы и их преемники излагали основное учение христианства о Боге, о Богочеловеке, о человеке, о значении его во времени, о значении его в вечности, о таинствах, о райском блаженстве, о адских муках (*Евр.6:1–2*), и о прочем, составляющем основное, догматическое христианское учение, к чему присовокуплялось и теоретическое учение о жительстве по заповедям

Евангелия (*Евр.11, 12, 13*). Вот начало догматического и нравственного Богословия, этой возвышеннейшей, священной науки. С самых времен апостольских стали возникать в Церкви Христовой еретические учения, то есть, учения об Откровении Божием из лжеименного человеческого разума. В Откровенном Учении Божием нет места умствованиям человеческим: там от альфа до омега – все Божие. Святая Вселенская Церковь тщательно старалась сохранить вверенное ей бесценное духовное сокровище – Откровенное Учение Божие: она обличала своих явных врагов – идолопоклонников, языческих философов и иудеев, отражала нападения их; она обличала своих внутренних врагов – еретиков, опровергала их учение, извергала их из своего недра, предостерегала от них чад своих. По этой причине, с течением времени, Богословие получало большую и большую обширность. Для обучения ему явилась нужда в училищах. Древнейшее и обширнейшее училище было в Александрии; особенно процветало оно во 2 и 3 веке по Р. Х. Учения, враждебные Божественному Учению, постоянно умножались, возникая в различных формах: необходимость в училищах, систематическая организация их, становилась постоянно ощутительнее. Запад, отклонившись от Востока впадением в ересь, принял образованность и жизнь языческие: с этого времени учения враждебные Православной Церкви, учения самые хитросложенные, самые дерзкие, уродливые, богохульные умножились до бесконечности. Духовные училища соделались существенною потребностью для Православной Церкви, как дыхание жизни. Судите сами: надо представить в ясности православному христианину, особенно тому, который приготовляется быть пастырем, и истинное учение Православной Церкви, и всю победоносную борьбу ее с тайными и явными врагами, с прикрытыми и открытыми, борьбу, продолжавшуюся 18 столетий, разгорающуюся более и более. Надо изложить заблуждения и Ария, и Македония, и Нестория, и Евтихия, и иконоборцев, и папизма, и протестантизма с бесчисленными их отраслями, увенчеваемыми атеизмом и новейшею философией; надо изложить удовлетворительное опровержение всех этих учений. Изучение Богословия требовало краткого времени в первые времена христианства, – оно требует ныне времени продолжительного; прежде могло быть преподано в поучениях, произносимых в храме Божием, – нуждается ныне в систематическом преподавании в течение нескольких годов. Доставление этого изучения, в полном его объеме, – вот цель наших духовных семинарий и академий: они преподают познания о христианстве основные, вводные, как назвал их преподобный Марк Подвижник[457], преподают их юношеству, еще не вступившему в общественное служение, приготовленному к нему лишь теоретически, незнакомому с познаниями, сообщаемыми опытом жизни. На теоретических познаниях о вере должны бытьназданы познания деятельные, живые, благодатные. Для приобретения этих познаний дана земная жизнь человеку. Христианин, живущий посреди мира по заповедям Евангелия, непременно обогатится познаниями не только опытными, но и благодатными в известной степени. Несравненно более должен обогатиться ими тот, кто, оставя все земные попечения, употребит все время свое, все силы тела и души на Богоугождение, то есть, монах. Он-то назван в Евангелии «имеющим» заповеди Господа, потому что заповеди Господа составляют все достояние его. «Имеяй заповеди Моя, – сказал Спаситель мира, – и соблюдаяй их, той есть любяй Мя: а любяй Мя, возлюблен будет Отцем Моим, и Аз возлюблю его, и явлюся ему Сам» (*Ин.14:21*). По этой причине ревностнейшие христиане всех веков, окончив образование свое в училищах, вступали и доселе вступают в монашество для стяжания того образования, которое доставляется монашеством. Кто были великие учители Церкви всех времен? монахи. Кто объяснил с подробностью ее учение, кто сохранил ее предание для потомства, кто обличил и попрал ереси? – монахи. Кто запечатлел своею кровью православное исповедание веры? – монахи. Это очень естественно. Христиане, живущие посреди мира, опутанные связями его, занятые различными попечениями, произвольными и невольными, не могут уделять много времени, не могут посвятить всей любви своей Богу. «Не оженивыйся печется о Господних, како угодити Господеви, а оженивыйся печется о мирских» (*1Кор.7:32–33*): оженивыйся не может постоянно и усиленно прилепляться к Господу молитвою, отрешенною от всего земного, и соединиться «во един дух с Господом» (*1Кор.6:17*), как это возможно и свойственно монаху. – Для личного преуспеяния христианского нет нужды в учености человеческой, нужной для учителей Церкви: многие неграмотные христиане, между прочими и преподобный Антоний Великий, вступив в монашество, достигли христианского совершенства, разливали свет духовный на современников примером, устным учением, благодатными дарованиями своими. «Кто, говорит святой Иоанн Лествичник, между мирянами был чудотворец? кто воскрешал мертвых? кто изгонял бесов? никто; все это – монахов почести, которых мир вместить не может»[458].

Мирянин. Не все же монахи достигают такого высокого состояния, не все выполняют свое назначение. Выполняют его редкие.

Монах. Те монахи, которые проводят жительство по правилам монашеским, непременно стяжавают благодать по обетованию Божию. Обетование Божие не может не исполниться, по самому свойству Слова Божия и заповедей Евангелия, свойству сообщать делателям своим Дух Божий. Напротив того, монахи, пренебрегающие Богопреданными постановлениями для монашества, проводящие жизнь самовольную, рассеянную, сластолюбивую и миролюбивую, лишаются духовного преуспеяния. Подобное совершается со всеми христианами. Те из христиан, которые проводят жительство христианское, спасаются, а те, которые, именуясь христианами, проводят жительство языческое, погибают. Прежде было гораздо более святых между монахами и спасающихся между христианами, нежели ныне. Причина этому – общее ослабление в вере и нравственности. Но и ныне есть истинные монахи и истинные христиане. Повторяю вам: имеются иноки, недостойные своего имени и призвания; но это – злоупотребление установлением Божиим. Установление Божие не перестает быть установлением Божиим, несмотря на злоупотребление им человеками. Так и христианство не лишается своего великого достоинства по той причине, что некоторые или и многие христиане проводят жительство, противоположное учению Христову. Как о христианстве, так и о монашестве, должно судить по истинным христианам и монахам. Это не легко: благочестие и добродетель, как целомудренные девы, всегда под покровами и келлии и неизвестности, как бы под покровами тканей; напротив того блудницы стараются полуобнаженными являться на позор. Часто высокая жизнь монаха открывается только при кончине его или после кончины. Часто монаха, причастника благодати Божией, осыпает мир злоречием и клеветами по ненависти мира к Духу Божию (*Ин.15:18–19*). Самое преуспеяние имеет различные степени: потому что, как уже сказано выше, монастырское уединение, будучи полезно сильным христианам по одному отношению, полезно и немощным по другому. Разумеется, число вторых всегда было более, нежели число первых.

Мирянин. После всего сказанного вами, делаются необходимыми определительные объяснение и доказательство, что монашество есть установление Божие. Сказанное вами уже приводит к такому заключению в значительной степени.

Монах. Спаситель мира указал два пути, два образа жизни для верующих в Него: путь или жительство, доставляющие «спасение», и путь или жительство, доставляющие «совершенство». Последние путь и жительство Господь назвал «последованием Себе», так как они служат точнейшим выражением учения, преподанного Господом, и посильным подражанием тому роду жизни, который проводил Господь во время Своего земного странствования. Условия спасения заключаются в вере во Христа (*Ин.3:36, 17:3*), в жительстве по заповедям Божиим (*Мф.19:17; Мк.10:19*), и в врачевании покаянием недостатков исполнения заповедей (*Лк.13:3, 5*): следовательно спасение предоставлено, и оно возможно, всем, при обязанностях и служениях посреди мира, не противных Закону Божию. К последованию Господу некоторые были призваны Самим Господом, как Апостолы; но вообще последование Господу предоставлено Господом на произвол каждого[459], что явствует из всех мест Евангелия, где Господь говорит об этом предмете. «Аще кто хощет по Мне ити» (*Мф.16:24*), «аще хощеши совершен быти» (*Мф.19:21*), «аще кто грядет ко Мне» (*Лк.14:26*), говорит Господь в начале учения о «последовании» и христианском «совершенстве». Принятие на себя жительства зависит от произвола; но условия для жительства предписаны уже Господом; без сохранения этих условий последование Господу не может состояться. Условия последования, или пути и жительства, ведущих к совершенству, Господь изобразил так: «Аще кто хощет по Мне ити, да отвержется себе, и возмет крест свой и по Мне грядет» (*Мф.16:24*). «Аще хощеши совершен быти, иди, продаждь имение твое и даждь нищим: и имети имаши сокровище на небеси: и гряди вслед Мене» (*Мф.19:21*), «взем крест» (*Мк.10:21*). «Аще кто грядет ко Мне, и не возненавидит отца своего, и матерь, и жену, и чад, и братию, и сестр, еще же и душу свою, не может Мой быти ученик. И иже не носит креста своего, и вслед Мене грядет, не может Мой быти ученик... иже не отречется всего своего имения, не может быти Мой ученик» (*Лк.14:26–27, 33*). Здесь предписаны именно те условия, из которых составляются существенные обеты монашества; монашество, как мы сказали, в начале своем было не что иное, как уединенное, отдаленное от молвы жительство христиан, стремившихся к христианскому совершенству. Христиане многолюдной и богатой Александрии удалились в предместья города по наставлению святого Евангелиста Марка; то же самое наставление дает святой Апостол Павел и всем христианам, желающим вступить в теснейшее общение с Богом. «Вы бо есте, – говорит он, – церкви Бога жива, якоже рече Бог: яко вселюся в них, и похожду, и буду им Бог, и тии будут Мне людие. Темже изыдите от среды их и отлучитеся, глаголет Господь, и нечистоте их неприкасайтеся, и Аз прииму вы: и буду вам во Отца, и вы будете Мне в сыны и дщери, глаголет Господь Вседержитель» (*2Кор.6:16–18*). Святой Иоанн Лествичник относит это призвание именно к монахам[460]. Вышеприведенные слова Господа точно так понимались в первенствующей Церкви, как они объяснены здесь. Святой Афанасий Великий в жизнеописании преподобного Антония Великого говорит, что Антоний, будучи юношею, вошел в церковь для молитвы. В тот день читалось Евангелие от Матфея (*Мф.19*) о богатом человеке, вопрошавшем Господа о спасении и совершенстве. Когда прочитаны были вышеприведенные слова: «Аще хощеши совершен быти, иди, продаждь имение твое» и прочее, Антоний, которого в душе занимал вопрос о том, какой род жизни избрать ему, ощутил особенное сочувствие к этим словам, признал, что Сам Господь сказал их ему, почему немедленно продал свое имение и вступил в монашество[461]. Эти слова Господа и ныне признаются святою Церковью основными для монашества, всегда читаются при пострижении в монашество[462]. – Помещение монашества вдали от селений, в пустынях, совершилось по откровению и повелению Божиим. Преподобный Антоний Великий призван Богом к жительству в глубокой пустыне; преподобному Макарию Великому повелел Ангел поместиться в пустыне Скитской[463], преподобному Пахомию Великому повелел также Ангел учредить в пустыне иноческое общежитие, и предал письменные правила для жительства иноков[464]. Упомянутые преподобные были мужи, исполненные Святого Духа, пребывавшие постоянно в общении с Богом, служившие для иночества «глаголом» Божиим, как служил им Моисей для израильтян. Святой Дух постоянно, чрез все века христианства, светил на монашество. Учение Святого Духа, учение Христово, учение Божие о иночестве, об этой науке из наук[465], как выражаются святые Отцы о этой Божественной науке, изложено преподобными иноками со всею отчетливостью и полнотою в их Боговдохновенных писаниях. Все они свидетельствуют, что установление монашества, этого сверхъестественного жительства, никак не дело человеческое: оно – дело Божие. Оно, будучи сверхъестественно, не может быть делом человеческим, не может не быть делом Божиим.

Мирянин. Некоторые полагают, что начальною причиною монашества были гонения, воздвигнутые идолопоклонниками на христиан в первые три века жизни христианства.

Монах. Всегда ошибочно рассуждает о мужах духовных плотское мудрование. Духовные мужи, каковы были монахи первых веков, жаждали мученичества, и многие из них увенчались венцом мученичества, как-то: преподобномученики Никон[466], Иулиан[467], преподобномученицы Евдокия[468], Евгения[469], Феврония[470], и другие. Упомянутый выше святой пустынножитель Гордий, когда открылся подвиг для мученичества в Кесарии Каппадокийской, пришел в этот город во время всенародного торжества, обличил заблуждение идолопоклонства, исповедал Христа, и запечатлел исповедание мученическою смертью. Когда было воздвигнуто лютое гонение на христиан императором Диоклетианом, преподобный Антоний Великий был уже монахом и пустынножителем. Услышав, что христиане подвергаются мучениям и казням за исповедание Христа, Антоний оставляет вертеп и пустыню, спешит в Александрию, присоединяется к мученикам, всенародно исповедует Христа, самым делом доказывает желание мученичества. «Преподобный, – говорит писатель жития его, – точно соделался мучеником по любви своей и произволению: хотя он и желал пострадать за имя Господа, но мученичество не было дано ему Господом». Уже Господь заменял жатву святыни, которую обильно совершали мученики, исповедавшие Его пред идолопоклонниками, другою обильною жатвою, которую должны были совершить монахи на поприще иного мученичества. Мучения едва прекращались, и кровь христианская едва переставала литься на городских площадях и позорищах, как тысячи христиан переселились в дикие пустыни, чтоб там распять плоть свою со «страстьми и похотьми» (*Гал.5:24*), чтоб исповедать Христа пред лицом самих миродержителей, начал и властей злобы (*Еф.6:12*). Причиною удаления в пустыню преподобного Павла Фивейского было желание избежать злоумышления на жизнь его во время гонения, воздвигнутого императором Декием. Может быть, и еще некоторые удалились в пустыню по той же причине. Другие удалялись в пустыню вследствие других обстоятельств. Но это – частные случаи, по которым не должно заключать вообще о начале монашества. Начальная причина монашества – не немощь человеческая – сила учения Христова. Преподобный Иоанн Колов, составитель жизнеописания преподобного Паисия Великого, в предисловии к этому жизнеописанию говорит: «Вечные небесные блага возбуждают в тех, которые уповают получить их, безмерное желание к себе, насыщают сердца этих желателей некоею ненасытимою Божественною сладостью, заставляют их всегда воспоминать тамошнее блаженство, воздаяние трудов, светлое торжество подвижников, и поощряют к такому стремлению к себе, что они не только презирают временное и суетное, но и не щадят своей жизни, изволяя, по слову Евангелия, положить ради Христа свою возлюбленную душу. Они любят смерть за Христа более всех наслаждений и прелестей. Но как ныне нет гонителей, и вожделенная смерть не обретается скоро, то они стараются понести ее иным образом, установляя для себя продолжительное и насильственное умерщвление самих себя. Они ежедневно претерпевают тысячи болезней, постясь, подвизаясь многоразлично, борясь с невидимыми бесами, непрестанно понуждая естество свое, одеянное плотию, противиться бесплотным врагам»[471].

Мирянин. Вы сравниваете подвиг монашества с подвигом мученичества?

Монах. Это – один и тот же подвиг, в разных видах. И мученичество и монашество основаны на одних и тех же изречениях Евангелия; то и другое отнюдь не изобретено человеками, но даровано человечеству Господом; то и другое иначе не может быть совершено, как всесильною помощью Божиею, действием Божией благодати. В этом убедитесь, если прочитаете жития преподобных Антония Великого, Макария Великого, Феодора Студийского, Марии Египетской, Иоанна Многострадального, Никона Сухого и других иноков, которых подвиг и страдание были вышеестественны. Святой Симеон, Новый Богослов, говорит о своем наставнике, *Симеоне Благоговейном*, иноке Студийского монастыря, что он скорбями и страданиями телесными уподобился многим мученикам[472].

Мирянин. Объясните, отец мой, какое значение имеют безбрачная жизнь и нестяжание в монашеском подвиге? Это темно для живущих посреди мира, трудящихся для общественной пользы, подающих обильно милостыню и совершающих многие добрые дела, указанные и одобренные Евангелием. При недостатке объяснения монашеская жизнь представляется жизнью праздною, лишенною и деятельности и пользы.

Монах. Упоминаемая вами деятельность мирян, состоящая из исполнения Евангельских заповедей действиями тела, необходима для «спасения», недостаточна для «совершенства». Ничто не препятствует заниматься такою деятельностью посреди попечений и обязанностей мира. Даже земное преуспеяние дает возможность делать более добрых дел: так богач может много помогать нищей братии подаяниями, а вельможа может помогать им защитою от насилия, предстательством в судах. При этой деятельности нужно храниться от действования из себя[473], как действовал упоминаемый в Евангелии фарисей (*Лк.18*), который точно делал много добрых дел, но при неправильном взгляде на свою деятельность. От этого он впал в неправильное мнение о себе и о ближних; добрая деятельность его сделалась неблагоугодною Богу.

Апостол говорит, что совершающие добрые дела должны совершать их, «яко добрии строителие различныя благодати Божия» (*1Пет.4:10*). Богач пусть подает милостыню из имения, не как из своего, но как из врученного ему Богом. Вельможа пусть благодетельствует из высокого положения, не как из собственного, но как из доставленного ему Богом. Тогда взгляд презрения на деятельность ближних, хотя бы она была недостаточна, уничтожится; тогда начнет являться в совести вопрос о собственной деятельности, как то было с праведным Иовом (*Иов.1:5*), удовлетворяет ли она требованию Божию? нет ли в ней больших или меньших недостатков? тогда мало-помалу начнет образоваться понятие о жительстве, более совершенном. Согласитесь, что монашеская жизнь представляется лишенною деятельности и пользы именно для тех, которые высоко, то есть, ошибочно, ценят свою деятельность. Правильной христианской деятельности признак – смирение; гордость и самомнение – верный признак неправильной деятельности, по указанию Самого Господа. Высказанным вами мнением обнаруживается незнание христианства, превратное, искаженное понимание его. Христианское совершенство предложил Сам Богочеловек избранным ученикам Своим. Совершенство начинается там, где добрые дела, предписанные мирянам, достигнут всей полноты своей. Изучите христианство, узнайте, в чем заключается совершенство его, – и вы поймете значение монашества, поймете всю нелепость богохульного обвинения в праздности тех людей, которые стремятся к исполнению возвышеннейших завещаний Евангелия, недоступных для мирян. Осыпающие нареканиями и хулами монашество по необходимости хулят и самое установление христианского совершенства Господом.

Мирянин. Согласен, согласен! Раскройте же мне с ясностью значение нестяжания и безбрачной жизни в пути к христианскому совершенству.

Монах. Значение их – необыкновенной важности. Постараюсь по силам моим сделать его понятным для вас.

Тот, кто раздал имение нищим для того, чтоб оказать всецелое повиновение Спасителю, и всецело последовать Ему, кто сам соделался нищим, чтоб подчинить себя лишениям, сопряженным с нищетою и обильно доставляющим смирение, уничтожает этим действием всю надежду свою на мир, сосредоточивает ее в Боге. Сердце его с земли переселяется на небо (*Мф.6:21*), – и он начинает шествовать по верху вод житейского моря, держимый верою. Попечение его возложено на Господа, Который, повелев ближайшим ученикам Своим раздаяние имущества (*Лк.12:33*) и отложение попечений о доставлении себе телесных потребностей, обетовал, что ищущим «Царствия Божия и правды Его» все эти потребности «приложатся» промышлением Небесного Отца (*Мф.6:33*). Попускаются служителям Божиим разные скорби, при которых промышление Божие о них как бы скрывается, и влияние мира получает особенную силу: но это необходимо для обучения их живой вере в Бога, которая от опытов непрестанно возрастает и укрепляется. Опыты обличают живущее в падшем естестве неверие; они обличают живущее в падшем естестве отступление и отречение от Бога: потому что сердце, при малейшем ослаблении наблюдения за ним, с горестною слепотою устремляется возложить упование на себя, на мир, на вещество, и отступить от упования на Бога (*Мф.14:22, 33*). Кажется, из этого краткого объяснения делается очевидным, что оставление стяжаний возводит подвижника Христова в возвышенное духовное состояние, которое отделяет его от братий, живущих посреди мира, и не может быть известным для них опытно. Однако это возвышенное состояние есть вместе состояние непрестанного страдания для тела и для всего падшего естества: назвал его Господь «крестом».

В духовном отношении действию постяжания подобно и действие безбрачной жизни. Стремление победить свойство естества, хотя и падшего, возводит к такому подвигу, какого представить себе не могут неиспытавшие его. Подвигом этим, которым совершается отречение от естества, пополняются распятие и крест; доставляемые нестяжанием, при котором совершается только отречение от имущества. Этот подвиг низводит в глубину смирения, приводит к живой вере, возводит к состоянию благодатному. При этом подвиге, как видно из жизнеописаний преподобных Антония Великого, Иоанна Многострадального и других, приходят в помощь падшему естеству падшие духи, стараются удержать человека в области падения. Соответственно трудностям борьбы победа бывает многоплодною[474]: ее доставляет и ей последует обновление естества от появляющегося в сердце так называемого святыми Отцами духовного ощущения[475]. Естество остается таким же естеством человеческим, но ощущение его (по-светски вкус) изменяется[476]: так бумага, пропитанная маслом, не принимает уже в себя воды, не потому, чтоб естество бумаги изменилось, но потому, что способность ее насыщена иным веществом, не имеющим физического сродства с водою[477].

Мирянин. Ныне очень многие утверждают, что безбрачная жизнь неестественна человеку, невозможна для него, что заключение законной двери для естества только заставляет естество искать дверей незаконных.

Монах. Свойственно каждому человеку судить по собственным опытам. Неизвестное и неиспытанное представляется невозможным, а известное и испытанное представляется принадлежностью всех. Святые Отцы, писавшие об этом предмете, согласны, что безбрачная жизнь неестественна падшему естеству, что она была естественна человеку до его падения (*Быт.2:25*), что по обновлении естества способность к девству и безбрачной жизни возвращена естеству, что девство и безбрачная жизнь почтены выше брака, хотя и супружеская жизнь возведена христианством на более высокую степень, нежели на какой она стояла до христианства (*Еф.5:32*). Богочеловек проводил жизнь девственную; Пресвятая Матерь Его была и пребыла Девою; святые Апостолы Иоанн Богослов, Павел, Варнава и, без сомнения, многие другие были девственниками. С появлением христианства появились полки девственников и девственниц. Этот подвиг был крайне редок до обновления естества Искупителем. При посредстве Искупителя благоволение Божие излилось на человеков, как справедливо воспели Ангелы (*Лк.2:14*), и освятило человеков многоразличными дарами благодати. Благодатное обилие христиан живописно изображается в поучении, которое, по церковному уставу, должен прочитывать иерей новобрачным по окончании чина венчания. «Великая нива Церкви великого Обладателя, Бога, трояким образом возделывается, троякими украшается жатвою и плодом. Первая часть этой нивы возделывается возлюбившими девство и хранящими его нерастленно до конца жизни, и приносит она в житницу Господню плоды добродетелей во сто крат. Вторая часть нивы возделывается воздержанием вдовства, и приносит плоды в шестьдесят крат. Третья возделывается сожитием сочетанных браком, и, если они проводят жизнь благочестиво, в страхе Божием, то нива плодоприносит в тридцать крат. На одной ниве находятся различные с различными плодами отделы, но все они блаженны и похвальны, соответственно назначению своему. Говорит Богомудрый Амвросий: девство проповедуем так, чтоб и вдов не отвергать; так почитаем вдов, чтоб и супружество сохранить в своей чести[478]».

Мирянин. Как может христианин знать, способен ли он, или неспособен к безбрачной жизни? По мнению моему, этот вопрос должен очень затруднять всякого, намеревающегося вступить в монашество.

Монах. Способен – произволяющий[479]. Как в непорочном состоянии человека было предоставлено ему на произвол пребывать в этом состоянии, или выдти из него: так и по обновлении естества предоставлено ему на произвол усвоить себе естество обновленное во всем его развитии, или воспользоваться только в известной степени, нужной для спасения, или же пребыть в состоянии падения и развить в себе падшее естество. Обновление естества есть дар Искупителя. По этой причине всякая евангельская добродетель избирается благим произволением, но даруется Христом произволяющему, как дар. Произволение доказывается принуждением себя к добродетели, а добродетель испрашивается у Бога прилежною и терпеливою молитвою. Все евангельские добродетели несвойственны падшему естеству; ко всем подвижник должен принуждать себя; все должен испросить у Бога смиренною, соединенною с сердечным плачем молитвою[480]. Подобно прочим евангельским добродетелям, безбрачная жизнь избирается произволением; борьбою со стремлениями падшего естества, обузданием тела подвигами доказывается искренность произволения; испрашивается дар чистоты у Бога сознанием неспособности падшего естества к чистоте[481] и теплейшею, исполненною умиления молитвою[482]; ниспосылается дар осенением Божественной благодати, изменяющей, обновляющей естество. Блаженный Феофилакт Болгарский, объясняя таким образом способность человека к безбрачной жизни (*Мф. 19:12*), заключает объяснение следующими словами Господа: «Всяк бо просяй приемлет, и ищяй обретает» (*Мф. 7:8*)[483]. Рассмотрите те жития святых, в которых описан подвиг их против падшего естества: вы увидите, что все святые перешли из обыкновенного состояния, в котором человек неспособен к безбрачной жизни, в состояние, которому безбрачие свойственно, после усиленной борьбы против пожеланий и влечений падшего естества: вы увидите, что главнейшим оружием их были молитва и плач; вы увидите, что не только девственники устранили себя от необходимости брака, вдовцы от повторения его, но и самые развратные люди, преисполненные страстей, запятнавшие себя преступлениями, опутавшиеся и оковавшиеся, как цепями, греховными навыками, востекли и возлетели к нетленной чистоте и святости. Повторяю вам: в Новозаветной Церкви тысячи тысяч девственников и девственниц, непорочных вдовцов и вдовиц, прелюбодеев и блудниц, претворившихся в сосуды целомудрия и благодати, неопровержимо доказывают, что подвиг целомудрия не только не невозможен, но и не так труден, как он представляется теористам, рассуждающим о нем без опытного знания, без знания, доставляемого нравственным преданием Церкви, теористам, рассуждающим и заключающим – скажу откровенно – из своего разврата, из слепого и упорного предубеждения, из ненависти к монашеству и вообще к православному христианству. Справедливо писал преподобный Исидор Пелусийский святому Кириллу, патриарху Александрийскому: «Предубеждение не видит ясно, а ненависть – вполне слепа»[484].

Мирянин. Надо же сознаться, что и соблазны, обильно и резко выставляющиеся, служат причиною толков против монастырей и монашествующих.

Монах. С этим я согласен. Не подумайте, чтоб я хотел прикрывать зло, вредное для всех. Напротив я желал бы искренно, чтоб зло было истреблено с нивы Христовой, чтоб эта нива плодоприносила одну чистую и зрелую пшеницу. Повторяю вам: необходимо определить со всею точностью Божественное установление, отделить его от злоупотреблений человеческих, чтоб с успехом действовать против злоупотреблений. Необходимо иметь правильный взгляд на зло, чтоб принять против него верные средства, чтоб не заменить зла злом, заблуждения заблуждением, злоупотребления злоупотреблением, чтоб не попрать, не отвергнуть, не исказить Божественного установления, как поступили протестанты по отношению к Римской Церкви. Необходимо знать самые способы и искусство врачевания, чтоб употребить лекарства точно полезные и действительные, чтоб неправильным врачеванием не заменить для болящего недуг смертью.

Вообще воззрение современных мирян на монахов очень неправильно потому именно, что первые слишком отделяют от себя монахов, в нравственном и духовном отношении. Между христианами, живущими в монастырях, и христианами, живущими посреди мира – теснейшая нравственная связь. Жители монастырей не слетели туда с луны, или с какой другой планеты: они вступили из среды земного, грешного мира. Нравственность, которую осуждают в монастырях, образовалась посреди мира, питается, поддерживается сношениями с миром. Упадок нравственности монахов находится в теснейшей связи с упадком нравственности мирян; упадок нравственности в монастырях есть прямое последствие упадка нравственности и религии в среде мирян. Монашество основано на христианстве, зиждется и держится на нем, преуспевает и слабеет соответственно преуспеянию или ослаблению христианства. Сущность дела – христианство: монашество – вид его, его особенное проявление. Недуг – общий! воплачем о нем вместе, и вместе позаботимся о исцелении его! Явим сострадание к человечеству, явим любовь! Оставим жесткое, взаимное осуждение – это выражение ненависти и фарисейства – устремляющееся к уничтожению болезней в больных ударением их бревнами!

Мирянин. Ваше понятие о нравственной связи монахов с мирянами – для меня опять новость. Постигаю, что оно доставлено вам опытностью. Без этого оно не могло бы быть так глубоко, не отличалось бы так резко от поверхностных взглядов теории. Не откажитесь изложить его подробнее.

Монах. Вы не ошибаетесь. Понятие, высказанное мною, частью есть плод моих собственных наблюдений, частью доставлено мне лицами, достойными полного доверия. Санкт-Петербургский митрополит Серафим, при разговоре о современном ему умножении бракоразводных дел по консистории, сказал мне, что когда он был епископом викарием в Москве, тогда в московской консистории бывало бракоразводных дел одно, много два, в год; старцы же архиереи того времени сказывали ему, что в их молодости бракоразводных дел вовсе не существовало. Вот факт, живописующий нравственность прежнего времени и ход ее к настоящему положению, ход быстрый, неутешительный. Поведания других старцев иноков подтверждают заключение, которое вытекает из поведания митрополита Серафима. Еще в начале нынешнего столетия вступало в монастыри много девственников, много лиц, незнавших вкуса в вине, не принимавших никакого участия в мирских увеселениях, нечитавших никаких светских книг, образованных обильным чтением Священного Писания и писаний Отеческих, стяжавших навык к неупустительному посещению церкви Божией, преисполненных и прочими благочестивыми навыками. Они приносили в монастырь нравственность цельную, неколеблемую порочными навыками; они приносили в монастырь неиспорченное злоупотреблением здоровье, способное к перенесению подвигов, трудов, лишений. Строгое благочестие мира воспитывало и приготовляло строгих и сильных монахов по душе и телу.

Ныне ослабевшее христианство приготовляет и доставляет, соответственно своему состоянию, слабых монахов. Ныне вступление девственника в монастырь, – величайшая редкость! ныне вступление лица, нестяжавшего порочных навыков, – редкость! ныне вступление сохранившего неиспорченным здоровье, способного к монастырским подвигам, – редкость! Наиболее вступают слабые, поврежденные по телу и душе; вступают наполнившие память и воображение чтением романов и других подобных книжонок; вступают пресытившиеся чувственными наслаждениями, получившие вкус ко всем соблазнам, которыми ныне преисполнен мир; вступают с закореневшими порочными навыками, с совестью притупленною, умерщвленною предшествовавшим образом жизни, при котором дозволялись все беззакония и все обманы для прикрытия беззаконий. Для этих личностей борьба с собою очень затруднительна. Затруднительна она и по причине укоренившихся в них порочных навыков, и по причине утраты искренности, по неспособности к ней. По этой же причине затруднительно и наставление их. Вступили они в монастырь, сняли мирские одежды, облеклись в черные одежды иноческие; но навыки и настроение, полученные в мирской жизни, остались с ними, и, пребывая неудовлетворенными, приобретают новую силу. Греховные навыки и настроения тогда только могут ослабеть, когда обладаемый ими действует против них исповеданием их и борьбою против них по указанию Слова

Божия. В противном случае, лишь представится проголодавшемуся навыку, сохранившему всю власть над человеком, удобство к удовлетворению себя, – он выполняет это с жадностью, с исступлением. Многие пристани, бывшие прежде благонадежными пристанями для страждущих нравственными недугами, с течением времени изменились, утратили свое достоинство. Пристанями называю монастыри. Многие монастыри, устроенные основателями своими в глубокой, или, по крайней мере, удаленной от мира пустыне, ныне, при умножении народонаселения, уже стоят среди мира, среди бесчисленных соблазнов. Мало того, что недужный, неспособный предстоять соблазну лицом к лицу, встречается с ним по необходимости, едва выйдет за монастырские ворота, – сам соблазн насильно и неистово вторгается в монастырь, производит нравственные опустошения и злодеяния. Дух ненависти к монашеству признает торжеством для себя введение соблазна в монастырь. Успехом возбуждаются громкий хохот, рукоплескания, как бы от одержания знаменитой победы, между тем, как грех и бедствие – общие. По современной нравственности и направлению мира, монастырям, более, нежели когда-либо, нужно стоять вдали от мира. Когда жизнь мира соединена была с жизнью Церкви, когда мир жил жизнью Церкви, когда благочестие мирян отличалось по наружности от благочестия иноков только супружеством и стяжанием; тогда свойственно было монастырям находиться посреди городов, и городские монастыри доказали это, воспитав многих святых иноков. Но ныне должно быть обращено особенное внимание на вышеприведенное увещание Апостола (*2Кор.6:16–18*), и приложено особенное тщание к исполнению его.

Мирянин. Значительным пособием, по мнению многих, к уменьшению соблазнов послужило бы постановление «закона», воспрещающего вступление в монастырь молодым людям, на которых соблазны извне действуют с особенною силою, в которых кипят страсти, – закона, который предоставлял бы монашескую жизнь лишь людям зрелого возраста и старцам.

Монах. Мера, по наружности столько благоразумная, долженствующая по соображению теории плотского мудрования оградить и возвысить монашество, в сущности есть не что иное, как мера сильная и решительная к уничтожению монашества. Монашество есть наука из наук. В ней теория с практикой идут рука об руку. Этот путь на всем протяжении своем освящается Евангелием; этим путем от наружной деятельности, при помощи небесного света, переходят к самовоззрению. Правильность самовоззрения, доставляемая Евангелием, неоспоримо доказывается внутренними опытами. Доказанная, она убедительно доказывает истину Евангелия. Наука из наук, монашество, доставляет – выразимся языком ученых мира сего – самые подробные, основательные, глубокие и высокие познания в Экспериментальной Психологии и Богословии, то есть деятельное, живое познание человека и Бога, насколько это познание доступно человеку. К наукам человеческим должно приступать с свежими способностями, с полною восприимчивостью, с неистраченною душевною энергией, тем необходимее все это для успешного изучения науки из наук – монашества. Монаху предстоит борьба с естеством. Наилучший возраст для поступления на эту борьбу есть юношеский. Он еще не окован навыками; в нем произволение имеет много свободы! Опыт свидетельствует, что лучшие монахи суть те, которые вступили в монашество в нежной юности. Большинство монахов нашего времени состоит из вступивших в монашество в юности. В лета зрелого возраста вступают очень немногие, а в старости очень редкие. Вступившие в монастырь в зрелых или преклонных летах очень часто не выдерживают монастырской жизни, и возвращаются в мир, даже не поняв, что значит монашество. В тех, которые удержались в монастыре, замечается почти одно наружное благоговение и точное исполнение наружных монашеских правил, столько нравящееся мирянам и вполне удовлетворяющее их: в них нет существенного монашества, или встречается оно очень, очень редко, как исключение из общего порядка.

Перейдем к наставлению, которое нам дает святая Церковь. «Чадо, – говорит Премудрый премудростью, даруемою Богом, – от юности твоея избери наказание и даже до седин обрящеши премудрость. Яко же оряй и сеяй приступи к ней и жди благих плодов ея» (*Сир.6:18–19*). «Веселися, юноше, в юности твоей,... и ходи в путех сердца твоего непорочен, и не в видении очию твоею» (*Еккл.11:9*). «Сию – премудрость – возлюбих, и поисках от юности моея, и взысках невесту привести себе, и любитель бых красоты ея. Благородство славит житие Божие имущи, и всех Владыка возлюби ю: таибница бо есть Божия хитрости, и обретательница дел Его» (*Прем.8:2–4*). Эти изречения Священного Писания относятся святыми Отцами к науке из наук – монашеской жизни; впрочем и для всякого очевидно, что они относятся не к премудрости, преподаваемой по началам мира и миродержца. Шестой Вселенский Собор, сказав в 40-м правиле, что весьма спасительно прилепляться к Богу чрез оставление мирских молв, повелел однако совершать пострижение с должным рассмотрением, и не прежде «десяти лет», когда уже умственные способности получат достаточное развитие. Из жизнеописаний преподобных иноков видно, что большинство их вступило в монастырь в двадцатилетнем возрасте. Старость была признаваема святыми Отцами неспособною к монашеской жизни. Неспособна к этой жизни старость! окрепла она в навыках, в образе мыслей, притуплены ее способности! подвиг юношеский несвойствен ей! Преподобный Антоний Великий первоначально отказался принять в монашество шестидесятилетнего Павла Препростого, сказав ему, что он неспособен к монашеской жизни именно по старости. Напротив того многие Отцы вступили в монастырь в детском возрасте, и достигли высокого духовного преуспеяния по причине целости произволения, непорочности, прямого стремления к добру, и восприимчивости, столько свойственных детскому возрасту[485].

Мирянин. Твердость воли, произволение, решительно направившееся к своей цели, необходимы для духовного преуспеяния. Их-то и нужно усмотреть благовременно и определить в желающем принять монашество.

Монах. Справедливое замечание! При принятии в монастырь издревле наблюдалось, а ныне еще более наблюдается осторожность: особливо многоразличные формальности при поступлении лиц не из духовного сословия делают процесс поступления очень продолжительным и часто очень затруднительным. Но твердость воли или истинное произволение обнаруживаются иногда только после весьма значительного времени, весьма часто представляются иными при первых опытах, а иными впоследствии. Некоторые, вступя в монастырь, сначала обнаруживают благоговение, самоотвержение, но после слабеют. Напротив того другие сначала обнаруживают легкомыслие, но после начинают усваивать себе более и более иноческую жизнь, наконец делаются строгими и ревностными иноками[486]. Говорит святой Исаак Сирский: «Как часто случается, что человек бывает непотребным, непрестанно уязвляемым и низвергаемым по причине недостаточного опытного познания в монашеской жизни, находится постоянно в расслаблении душевном, но после этого вдруг похищает хоругвь из рук воинства сынов исполиновых, имя его превозносится, и восхваляется оно гораздо более, нежели имя подвижников, известных своими победами; он приемлет венец и драгоценные дары в обилии пред всеми друзьями своими. По этой причине да не попустит себе, кто бы то ни был, отчаяния; только не вознерадим о молитве, и не поленимся попросить у Господа заступления»[487]. Часто величайшие грешники претворялись в величайших праведников. Монастырь есть место покаяния. Невозможно отказать в покаянии желающему и ищущему покаяния, хотя бы он не мог владеть собою подобно беснующемуся, когда покаяние дано Богом, и убежище, пристань его — «монастырь» не отняты Богом. Святой Иоанн Лествичник, живший в VI веке по Рождестве Христовом, исчисляя побудительные причины поступления в безмолвную жизнь, гораздо более указывает на желание избежать греха и удалить свою немощь от соблазнов, которым она не может противостоять, нежели на желание христианского совершенства, желания, которым руководились немногие[488]. Ныне, когда среди мира умножились соблазны и грехопадения, когда человеческая сила истощилась пред силою распространившихся и объявших мир соблазнов, когда чувство сознания греховности и желания освободиться от нее еще не угасло во всех человеках, — большинство вступающих в монастырь вступает для снятия с себя греховного бремени, для вспоможения своей немощи, для обуздания себя. Уже святой Иоанн Лествичник называл монастырь больницею[489], тем более ныне монастыри получили этот характер. Неужели отказать человечеству в помощи, человечеству, страждущему от нравственных недугов? Если заботимся усердно о устроении пристанищ для увечья, дряхлости, болезненности телесных, то почему не быть пристанищам для болезненности, увечья, расслабления душевных? Судящие о монастырях на основании своих ошибочных взглядов требуют, чтоб в этих больницах господствовало цветущее здравие, чтоб тут не было и следа болезненности. Ищите тут успешного врачевания! тогда требование ваше будет справедливее. Осуществление этой мысли мне пришлось видеть на опыте. В Калужской епархии, близ города Козельска находится общежительная Оптина Пустыня. Туда, в 1829 году, прибыл на жительство известный по знанию деятельной монашеской жизни иеросхимонах Леонид; впоследствии присоединился к нему ближайший ученик его, иеросхимонах Макарий. Оба старца были напитаны чтением Отеческих писаний о монашеской жизни, сами руководствовались этими писаниями, руководствовали ими и других, обращавшихся к ним за назидательным советом. Такой род жительства и поведения они заимствовали от своих наставников; он начался с первых иноков, достиг по преемству до нашего времени, составляет драгоценное наследство и достояние монахов, достойных своего имени и назначения. Братство Оптиной Пу́стыни начало немедленно умножаться в значительном размере, и совершенствоваться в нравственном отношении. Ревностным братиям старцы объяснили правильный и удобный способ подвижничества; колеблющихся они поддержали и ободрили; слабых укрепили; впавших в согрешения и греховные навыки привели к покаянию, и исцелили. К смиренным хижинам схимонахов стали стекаться во множестве светские лица всех сословий, обнажали пред ними страдание души, искали врачевания, утешения, укрепления, исцеления. Тысячи обязаны им благочестивым направлением своим и сердечным миром. С состраданием смотрели они на страждущее человечество; облегчали пред ним значение греха, объясняя значение Искупителя, и из значения Искупителя объясняя необходимость для христианина в оставлении греховной жизни; были снисходительны к немощи человеческой, и вместе сильно врачевали эту немощь! Таков дух Православной Церкви; таковыми были ее «святые» всех времен. Преподобному Сисою Великому, иноку 4 века, некоторый брат исповедал свои непрерывающиеся падения. Преподобный ободрил его, посоветовал ему каждое падение врачевать покаянием, и пребывать в подвиге[490]. Основателен ли совет? как бы следовало поступить тут по мнению новейших теористов? вероятно уже как-нибудь иначе. Посетил я Оптину Пустыню в первый раз в 1828 году, в последний в 1856. Тогда она была в самом цветущем состоянии; братство ее простиралось до 200 человек. Иеросхимонах Леонид поминался в числе блаженно-почивших, семидесятилетний иеросхимонах Макарий занимался духовным руководством братства и назиданием многочисленных посетителей монастыря. Несмотря на духовное преуспеяние и многочисленность братства, немногие, очень немногие из них вынаруживали способность соделаться врачами, руководителями других, для чего нужна и врожденная способность, и дух, выработанный истинным монашеским подвигом. Таково общее свойство больниц: там врачей мало, больных много. В настоящее время число врачей постоянно уменьшается, а число больных постоянно возрастает. Опять этому причиною – мир. Посмотрите, кого он отделяет в монастыри? Это – не избранные христиане, как то было в начале христианства и монашества; это – не члены, принадлежащие к образованным сословиям мира. В настоящее время монастыри наполняются почти исключительно членами низших сословий, – и какими членами? наиболее неспособными для служения в том сословии, которое увольняет их в монастырь. Очень многие из низших сословий вступают с навыками к порокам, свойственным сословию, особливо к той слабости, которую еще Равноапостольный князь Владимир признал народною. Зараженные этою слабостью идут в монастырь с намерением воздержать себя от нее, хотя насильно; но навык берет свое, и по временам выказывает власть над поработившимися ему неосторожно и безрассудно. Многие, прекрасных качеств, весьма благочестивые люди подвержены этой слабости: падения свои они оплакивают горько, стараются загладить раскаянием. Плач в тайне келлии и раскаяние в тайне сердца не видны человекам, как видны падения. На эти падения соблазняется образованное сословие, преимущественно соблазняющееся на монастыри; оно имеет свои слабости, которые легко извиняет, и извинило бы их, если б нашло их в монастыре; но, вступая в монастырскую ограду со своими обычаями и своим взглядом, встречая там слабость простолюдинов, оно соблазняется ею, не рассчитав, что оно вступило в жилище простолюдинов. Оно видит монахов – существа, совершенно отдельные от мирян; первые, все, без исключения, должны быть образцами совершенства; вторым все позволено и разрешено. Простолюдины иначе смотрят на свою сословную немощь. В некоторой обители, удаленной от мира, жил в начале нынешнего столетия старец, занимавшийся назиданием ближних. После него осталось письменное наставление к одержимым пьянственною страстью. Старец был из простого быта, и, с полным состраданием к страждущим братиям, говорит, что невозможно потерявшему власть над собою исцелиться, даже воздержаться от страсти, среди соблазнов: по этой причине он предлагает больным помещение в его обители, как вполне удаленной от соблазнов. Совет – и очень добрый, и очень здравый. Удаленные от мирских селений пустыни могут служить истинными пристанищами и врачебницами для больных душевными недугами, и вместе могут скрыть предметы соблазна от недугующих скудоумным соблазном.

Мирянин. Из сказанного вами вытекает однако прямым последствием, что настоящее положение монастырей, по крайней мере многих, не соответствует их назначению, что меры исправления и полезны и нужны.

Монах. Да! В наше время, когда светская образованность быстро развивается, когда жизнь гражданская отделилась от жизни Церковной, когда множество учений, враждебных Церкви, вторгается к нам с Запада, когда религия и нравственность приметным образом слабеют во всех сословиях, – приведение монастырей в должный порядок необходимо по двум причинам: во-первых для сохранения самого монашества, существенно нужного и полезного Церкви, во-вторых для охранения народа от соблазна. Народ, соблазняясь правильно и неправильно, сам более и более слабеет в вере. Но здесь нужно не верхоглядное знание монашества, а точное, – нужно основательное, опытное знание постановлений о монашестве святой Церкви и святых Отцов, нужно сердечное сознание в важности и святости этих постановлений. Меры исправления монашества, принятые по поверхностному понятию о нем, из смрадных сокровищниц плотского мудрования, всегда были крайне вредны для него. Прибегая к таким мерам, попирая безразборчиво и опрометчиво святейшие постановления, внушенные и преподанные Святым Духом, гордый и омраченный мир может окончательно сгубить монашество, а в нем и христианство.

Мирянин. Укажите, для образца, постановления о монашестве какого-либо святого Отца, по которым бы можно было составить понятие о мерах исправления, в которых нуждаются наши монастыри, и которые могли бы быть применены к ним с существенною пользою.

Монах. Предлагаю вам обратить внимание на «Предание» или «Устав преподобного Нила Сорского», нашего соотечественника, жившего в 15-м столетии, последнего, может быть, святого Писателя о монашеской жизни. Сочинение это, несмотря на краткость, имеет удовлетворительнейшую полноту; сочинение это – глубоко, духовно. Оно издано в 1852 году по распоряжению св. Синода в тысячах экземпляров, и разослано по монастырям. Преподобный Нил вступил в монашество и пребывал в нем с целью изучения и развития в себе, по преданию древних святых Отцов, духовного монашеского подвига. Чтоб ближе ознакомиться с преданием Отцов, он предпринимал путешествие на Восток, значительное время провел в Афонской горе, беседуя с учениками святых Григориев Синаита и Паламы, – также находился в сношении с иноками, жительствовавшими в окрестностях Константинополя. Возвратившись в Россию, он поместился в глухом лесу, на речке Соре, и соделался основателем «скитского жительства» в отечестве нашем. Упомянутый «Устав», или «Предание», написан им для его скита. Сочинение преподобного Нила драгоценно для нас особенно потому, что оно наиболее применимо к современному монашеству, которое, по причине оскудения Духоносных наставников, не может проходить того безусловного послушания, которое проходили древние иноки. Преподобный Нил, вместо безусловного послушания Духоносному наставнику, предлагает в руководство иноку новейших времен Священное Писание и писания святых Отцов, при совете преуспевших братий, с осторожною и благоразумною поверкою этого совета Писанием. Изучив истинный монашеский подвиг, преподобный Нил подавал свой смиренный голос против уклонений от прямого монашеского направления, в которые вдалось тогдашнее российское монашество, по простоте своей и неведению. На этот голос не было обращено внимания.

Увлечение вошло в обычай, и, сделавшись общим, получило непреоборимую силу: оно послужило поводом к потрясению монастырей в 18 столетии. Увлечение состояло в стремлении к приобретению имущества в обширных размерах.

Мирянин. Что особенно полезное можно извлечь из сочинения преподобного Нила для современного монашества?

Монах. Прежде всего необыкновенно назидателен пример его. Он изучил Священное Писание и писания святых Отцов о монашеской жизни, изучил не только по букве, но и «собственными опытами». Не удовольствовавшись этим, он захотел видеть жительство святых иноков Афона и Византии, из их наставлений и образа жизни пополнить свои знание и деятельность. Достигнув особенного духовного преуспеяния, он не признавал себя достигшим его, не искал быть наставником ближних. Его просили, чтоб не отказывал в назидательном слове; после убедительных просьб, повинуясь желанию братий, он принял звание наставника и настоятеля, как возложенное на него послушание. – Из этого поведения преподобного Нила видно, что для учреждения, поддержания, исправления монастырей необходимо, чтоб во главе их встали и стояли достойные мужи, изучившие Священное Писание и писания Отеческие, образовавшие себя по ним, стяжавшие знание деятельное, живое, привлекшие в себя Божественную благодать. Надо молить Бога, чтоб посланы были такие личности: потому что святые иноческие правила могут быть приведены в исполнение должным образом только такими мужами, которые существенно, из своих опытов, понимают их. Преподобный Кассиан повествует, что в египетских монастырях, первых в мире, настоятельство предоставлялось только таким инокам, которые сами находились в повиновении, и опытно изучали предания Отцов[491].

Первое место между правилами, изложенными преподобным Нилом, должно дать предлагаемому им вышеупомянутому руководству Священным Писанием и Отеческими писаниями. Святой Иоанн Лествичник определяет монаха так: «Монах – тот, кто держится единственно Божиих уставов и Божия Слова во всякое время, на всяком месте, во всяком деле»[492]. Этим правилом руководствовался преподобный Нил, и преподал его ученикам своим. «Мы решились, говорит угодник Божий, если уже такова воля Божия, принимать приходящих к нам, с тем, чтоб они соблюдали предания святых Отцов, и хранили заповеди Божии, а не вносили оправданий, не представляли извинений во грехах, говоря: ныне невозможно жить по Писанию и последовать святым Отцам. Нет! хотя мы и немощны, но должны, по силам, уподобляться и последовать приснопамятным и блаженным тем Отцам, если и не можем достигнуть равной с ними степени»[493]. Кто основательно знает русское монашество в настоящем положении его, тот от полноты убеждения засвидетельствует, что те единственно монастыри, в которых развито святое чтение, процветают в нравственном и духовном отношениях, что те единственно монахи достойно носят имя монахов, которые воспитаны, воскормлены святым чтением. Преподобный Нил никогда не давал наставления или совета прямо из себя, но предлагал вопрошающим или учение Писания, или учение Отцов[494]. Когда же, говорит Преподобный в одном из своих писем, он не находил в памяти освященного мнения о каком-либо предмете, то оставлял ответ или исполнение до того времени, как находил наставление в Писании. Этот метод очевиден из сочинений священномученика Петра Дамаскина, преподобного Григория Синаита, святых Ксанфопулов и других Отцов, особливо позднейших. Его держались упомянутые мною иеросхимонахи Оптиной Пу́стыни Леонид и Макарий. Память их была богато украшена мыслями святыми. Никогда не давали они советов из себя: всегда представляли в совет изречение или Писания, или Отцов. Это давало советам их силу: те, которые хотели бы возразить на слово человеческое, с благоговением выслушивали Слово Божие, и находили справедливым покорить ему свое умствование.

Такой образ действия содержит в величайшем смирении преподающего совет, как это явствует из Предания преподобного Нила: преподающий преподает не свое, Божие. Преподающий соделывается свидетелем, органом святой Истины, и в совести его является вопрос: с должным ли благоугождением Богу исполняет он свое ответственное служение? «Божественное Писание и слова святых Отцов, пишет преподобный Нил в своем Предании: бесчисленны, подобно песку морскому; исследывая их без лености, сообщаем приходящим к нам, и нуждающимся в наставлении. Правильнее же, сообщаем не мы, – мы того недостойны, – но блаженные святые Отцы из Божественных Писаний». Все святые аскетические писатели последних веков христианства утверждают, что, при общем оскудении Боговдохновенных наставников, изучение Священного Писания, преимущественно Нового Завета, и писаний Отеческих, тщательное и неуклонное руководство ими в образе жизни и в наставлении ближних, есть единственный путь к духовному преуспеянию, дарованный Богом позднейшему монашеству. Преподобный Нил объявляет, что он отказывает в сожительстве с собою тем братиям, которые не захотят проводить жизнь по этому правилу[495], – так оно важно, так оно существенно!

Второе нравственное правило, предлагаемое преподобным Нилом, заключается в том, чтоб братия ежедневно исповедывали «старцу»[496] – «старцем» называется в монастырях преуспевший в духовной жизни инок, которому поручается назидание братии – согрешения свои, и самые мелочные, даже помыслы, и ощущения греховные, чтоб они предлагали ему на рассмотрение свои недоумения. Это делание исполнено необыкновенной душевной пользы: ни один подвиг не умерщвляет страстей с таким удобством и силою, как этот. Страсти отступают от того, кто без пощадения исповедует их. Телесное вожделение увядает от исповеди более, нежели от поста и бдения. Иноки, в новоначалии своем сделавшие навык к повседневной исповеди, стараются и в зрелые годы как можно чаще прибегать к этому врачеванию, узнав из опыта, какую оно доставляет свободу душе. Подробно и отчетливо, при посредстве этого подвига, они изучают в самих себе падение человечества. Врачуя себя исповеданием своих согрешений, они приобретают знание и искусство помогать ближним в их душевных смущениях. Упомянутые выше иеросхимонахи Оптиной Пу́стыни имели под руководством своим много учеников, которые ежедневно, после вечернего правила, открывали им свою совесть. Эти ученики отличались от тех, которые жили самочинно, резкою чертою. Мысль о предстоящей исповеди была как бы постоянным стражем их поведения, постепенно приучила их к бдительности над собою, а самая исповедь соделала их сосредоточенными в себе, непрестанно углубленными в Писание, систематическими, так сказать, монахами. Ежедневное исповедание, или ежедневное откровение и поверка совести есть древнейшее монашеское предание и делание. Оно было всеобщим в прежнем монашестве, что видно со всею ясностью из творений преподобных Кассиана, Иоанна Лествичника, Варсонофия Великого, аввы *Исаии, аввы* Дорофея, словом, из всех писаний Отеческих о монашестве. Оно, по всей вероятности, установлено самими Апостолами (*Иак.5:16*). Монахов, воспитанных по изложенным здесь двум нравственным правилам, можно уподобить людям, пользующимся зрением, жизнью, а монахов, лишенных этого воспитания, – слепцам, мертвецам. Эти два правила, будучи введены в какой бы то ни было монастырь, могут значительно изменить к лучшему и нравственное и духовное направление братства, – это доказано опытом, – не изменяя в монастыре ничего по наружности. Для осуществления второго правила, необходим преуспевший в духовной жизни, воспитанный по этому правилу, инок. Здесь опытное знание – совершенная необходимость. Преподобный Кассиан Римлянин говорит: «Полезно открывать свои помыслы отцам, но не каким попало, а старцам духовным, имеющим рассуждение, старцам не по телесному возрасту и сединам. Многие, увлекшись наружным видом старости, и высказав свои помышления, вместо врачевства получили вред от неопытности слышащих»[497].

Мирянин. Вижу, что вы указали на самые основные начала нравственного благоустройства монастырей. Не откажитесь упомянуть и о других правилах и преданиях святых Отцов, которые могли бы способствовать к доставлению монастырям положения, им свойственного.

Монах. Образование человека находится в зависимости от наружных впечатлений; оно совершается ими. Иначе быть не может: мы так сотворены. Святые Отцы, чистыми умами проникнув в эту тайну, обстановили инока, в святом предании своем, такими впечатлениями, которые все, совокупными силами и действием, ведут его к своей цели, устранили от него все впечатления, отвлекающие от цели, хотя бы наружность их и была благовидною. Чтоб объяснить это, снова обратимся к драгоценной книжице преподобного Нила Сорского. Преподобный говорит, что храм Божий в монастыре должен быть выстроен очень просто. Он ссылается в этом на преподобного Пахомия Великого, который не хотел, чтоб в его общежитии церковь имела изящество в архитектурном отношении. Великий говорил, что он устраняет изящество зодчества из иноческой обители с тою целью, чтоб ум иноков не поползнулся по причине похвал человеческих церковному зданию, и не сделался добычею диавола, которого коварство многообразно. К этому присовокупляет преподобный Нил: «Если Великий Святой так говорил и поступал, тем более нам должно остерегаться: потому что мы немощны и страстны, по уму удобопоползновенны[498].

Преподобный Нил завещавает о келлиях и о прочем монастырском здании, что оно должно быть самое простое, недорогое, без украшений[499]. Великий угодник Божий, Иоанн Пророк, затворник, безмолствовавший в Газском общежитии, дал пред смертью своею назидательнейшие наставления новопоставленному игумену общежития, своему духовному сыну. Между прочим он заповедал игумену устраивать келлии, не доставляя им излишнего удобства, но по требованию нужды, и то с некоторым утеснением, как бы имея в виду переселение: потому что здания века сего, в отношении к вечности, не более как палатки[500].

Преподобный Нил законополагает, на основании учения и поведения древних святых Отцов, чтоб церковная ризница и утварь в монастыре была по возможности проста, недорога, немногочисленна. Равным образом он повелевает, чтоб все имущество монастырское было просто, не в излишестве, удовлетворяя лишь нужде, чтоб оно не возбуждало тщеславия в иноках, не привлекало к себе пристрастия и особенной заботливости иноков, которых душевные силы должны быть направлены всецело к Богу[501].

Преподобный Нил воспретил вход женскому полу в скит свой. В древности был воспрещен, а в Афонской горе поныне воспрещен вход женскому полу во все вообще мужские монастыри. Постановление, существенно нужное для желающих победить свойство естества! им необходимо полное устранение от действия на себя этого свойства; оставаясь под влиянием его, они не могут не колебаться. При настоящем упадке нравственности, польза и необходимость этой меры становится очевидною[502].

В России существенно нужно устранение вина из обителей. Это понимали благоразумные и благочестивые настоятели, из которых можно указать на недавно почившего мужа праведного, Феофана, бывшего настоятелем и возобновителем Кирилло-Новоезерского монастыря. Он старался с особенною ревностью об уничтожении винопития в вверенном ему монастыре, но тщетно. И тщетными останутся все усилия кого бы то ни было, если постановления святых Отцов относительно монастырей не будут восстановлены во всей полноте.

Преподобный Нил, соглядав монашескую жизнь в колыбели ее – на Востоке – и возвратившись в Россию, избрал для жительства глубокую пустыню. Он был доволен избранным местом. Причину довольства высказывает в одном из писем своих. «Благодатию Божиею, говорит он, обретох место, угодное моему разуму, понеже мирским маловходно». Употребим здесь силлогизм преподобного Нила: «если для столь святого мужа избранное им место жительства было приятно по той причине, что мирские люди мало посещали его, то нам, немощным по произволению и разуму, удобопреклонным ко всем грехам, тем более следует избирать для жительства нашего места уединенные, отдаленные от мирских селений, не привлекающие к себе сонмы мирян, а с ними и сонмы соблазнов».

Преподобный Нил желал, чтоб иноки его обители содержались трудом рук своих, а если б оказалась нужда в пособии милостынею от мирян, то испрашивали бы ее в умеренном количестве.

Вот начальные правила, данные святыми Отцами монашеству, признанные святою Церковью. Прочие правила, относящиеся до подробностей, имеют тот же характер и ту же цель.

Мирянин. От исчисленных вами правил многие монастыри уклонились более или менее. Уклонения должны быть когда-нибудь исправлены. Образованность и дух нашего времени требуют, как и вам известно, чтоб исправление не было отлагаемо. Об этом идут толки в обществе. Желалось бы среди голосов, подаваемых неведением, подавать голос из истинного ведения. Не откажитесь сказать, что бы, по вашему мнению, могло способствовать к приведению монастырей в свойственное им положение.

Монах. Ответ на этот вопрос очень затруднителен, несмотря на то, что он мною почти сделан. Вспомнились мне теперь слова Спасителя о поле, на котором посеяно было доброе семя, но, по всходе этого семени, появились во множестве плевелы. Не человеки, – Ангелы сделали предложение Владыке поля выполоть плевелы. Господь сказал им: «Ни, да не когда восторгающе плевелы, восторгнете купно с ними и пшеницу. Оставите расти обое купно до жатвы» (*Мф.13:29–30*). Едва ли и по отношению к монастырям это не лучшая мера. Во всяком случае на нее должно обратить особенное внимание. При исправлении отживших зданий нужна осторожность. Благоразумные врачи отказываются врачевать застаревшие недуги, природнившиеся к телосложению, именно потому, что прикосновение к этим недугам есть прикосновение к жизни. Монашество и монастыри учреждены были Святым Духом чрез избранных сосудов его, преподобных Отцов: восстановление монастырей, в прежней духовной красоте их, если это восстановление входит в состав предопределений Божиих, может последовать только действием особенной благодати Божией, чрез посредство таких же достойных орудий. Вот все, что могу сказать вообще об исправлении и улучшении монастырей. Однако из сказанного мною вытекает ясное последствие, что исправление и улучшение монастырей никак не может быть делом светских людей: светские люди поступят основательно и благочестно, если предоставят это дело тем, кому оно предоставлено промыслом Божиим, и с кого оно взыщется на суде Божием.

Признаю священным долгом моим сообщить вам мудрый совет, который я слышал от опытных, достойных уважения старцев. Они говорили и мирянам и монахам, искавшим искренно спасения: «в наше время, в которое так умножились соблазны, должно особенно внимать себе, не обращая внимания на жительство и дела ближних, и не осуждая соблазняющихся: потому что тлетворное действие соблазна удобно переходит от увлеченных соблазном на осуждающего их». Упомянутые старцы советовали мирянам руководствоваться в жизни Евангелием и теми святыми Отцами, которые написали наставления вообще для христиан, как сделал то святой *Тихон Задонский*. Монахам они советовали руководствоваться также Евангелием и святыми Отцами, составившими сочинения собственно для монахов. Руководствующийся Отеческими писаниями монах во всяком монастыре будет иметь возможность приобрести спасение: утратит его живущий по своей воле и по своему разуму, хотя бы он жил в глубочайшей пустыне.

«Горе миру от соблазн», предвозвестил Господь; «за умножение беззакония, изсякнет любы многих». Пришествие соблазнов входит в непостижимое для нас предопределение Божие: «нужда бо есть приити соблазном» (*Мф.18:7, 24:12*), изрек Господь. Человеку, по искуплении его, предоставлена свобода в избрании добра и зла, как она была предоставлена ему по сотворении. Человек, как по сотворении избрал, так и по искуплении избирает большею частью зло. Посреди рая явилось зло облеченным в личину добра, для удобности к обольщению: оно является в недре святой Церкви прикрытым и разукрашенным, в приманчивом разнообразии соблазнов, называя их невинными развлечениями и увеселениями, называя развитие плотской жизни и уничижение Святого Духа преуспеянием и развитием человечества. «Человецы» будут «растлени умом», по причине благоволения их неправде, «неискусни о вере, имущии образ благочестия, силы же его отвергшиися» (*2Тим.3:8, 5*). Для получивших эту силу, и произвольно отвергших ее, трудно возвращение ее (*Евр.10:26*), по причине утраты самого благого произволения, что непременно следует за намеренным пренебрежением дара Божия. «Образ благочестия» могут кое-как слепить ухищрения человеческие; но восстановление «силы благочестия» принадлежит Тому, Кто облекает человеков «силою Свыше» (*Лк.24:49*). Состарившееся изветшавшее древо нередко бывает покрыто и украшено густым покровом зеленых листьев, еще выражает объемистым стволом крепость и здравие; но внутренность его уже истлела: первая буря сломит его.

ВЕРА И ДЕЛА

«Покайтеся и веруйте во Евангелие» (*Мк.1:15*), увещавает нас Евангелие.

Просто, истинно, свято это увещание: надо покаяться, оставить греховную жизнь, чтоб сделаться способным приступить к Евангелию. Чтоб принять Евангелие, надо в него уверовать.

Святой Апостол Павел заключил сущность всей проповеди в проповеди покаяния и веры. Он возвещал всем, и иудеям, и Еллинам, «еже к Богу покаяние и веру, яже в Господа нашего Иисуса Христа» (*Деян.20:21*).

Евангелие, как Откровение Бога, превышего всякого постижения, недоступно для падшего разума человеческого. Необъятный разум Божий объемлется верою: потому что вера может принять все, и непостижимое для разума и противоречащее разуму. К вере способна только та душа, которая решительным произволением отверглась греха, направилась всею волею и силою своею к Божественному добру.

«Аз свет в мир приидох» (*Ин.12:46*), сказал о себе Господь. Этот Свет предстоял иудеям, облеченный плотью; нам предстоит Он, облеченный во Евангелие.

Предстоит этот Свет пред нами, «да всяк веруяй в Онь, не погибнет, но имать живот вечный. Веруяй в Онь не будет осужден: а не веруяй уже осужден есть» (*Ин.3:16, 18*).

Кто ж не верует в Сына Божия? – Не только тот, кто открыто, решительно отвергает Его, но и тот, кто, называясь христианином, проводит греховную жизнь, гоняется за плотскими наслаждениями; тот, у кого бог – чрево; тот, у кого бог – серебро и золото; тот, у кого бог – земная слава; тот, кто почтил земную мудрость, враждебную Богу, как бы бога. «Всяк бо делаяй злая, ненавидит Света, и не приходит к Свету, да не обличатся дела его, яко лукава суть; творяй же истину, грядет к Свету, да явятся дела его,... яко о Бозе суть соделана» (*Ин.3:20–21*).

Без самоотвержения человек не способен к вере; его падший разум противоборствует вере, требуя дерзостно отчета у Бога в Его действиях и доказательств в открываемых Им человеку истинах; падшее сердце хочет жить жизнью падения, к умерщвлению которой стремится вера: плоть и кровь, несмотря на предстоящий им ежечасно гроб, также хотят жить жизнью своею, жизнью тления и греха.

Потому-то Господь возвестил всем желающим сопричислиться и последовать Ему живою верою: «Аще кто хощет по Мне ити, да отвержется себе, и возмет крест свой, и по Мне грядет. Иже бо аще хощет душу свою спасти, погубит ю: и иже аще погубит душу свою Мене ради, обрящет ю» (*Мф.16:24–25*).

Падение столько усвоилось всему существу человеческому, что отвержение этого падения соделалось отвержением как бы жизни. Без этого отвержения невозможно стяжать веры – залога вечной, блаженной, духовной жизни; кто ж захочет оживить страсти сердца или тела, наслаждаться ими, захочет оживить свой разум падший, тот отпадает от «веры».

«Живая вера» – шествие в мир духовный, в мир Божий. Не может пребывать она в том, кто пригвожден к миру дольнему, где господствуют плоть и грех.

«Вера» – дверь к Богу. Нет другой двери к Нему: «без веры невозможно угодити Богу» (*Евр.11:6*). Эта дверь постепенно отворяется пред тем, кто очищает себя непрестанным покаянием; широко отверзта она пред чистым сердцем; затворена она для грехолюбца.

Только «верою» можно приступить ко Христу; только «верою» можно последовать Христу.

«Вера» – естественное свойство души человеческой, насажденное в ней милосердым Богом при сотворении ее[503]. Это естественное свойство избрано Богом при искуплении, как ветвь из ветвей древа, для привития к нему благодати.

Справедливо избрана Богом «вера» в орудие спасения человеков: мы погибли, поверив льстивым словам врага Божия и нашего. Раздался некогда в раю шум слов из уст злодея, вняли им наши праотцы, поверили – и были изгнаны из рая; теперь, в юдоли изгнания, раздается для потомков их голос Слова Божия – Евангелие – и снова входят в рай те, которые внимают и «веруют Евангелию».

Неверующий! обратись от неверия твоего. Грешник! обратись от греховной жизни твоей. Мудрец! обратись от ложной мудрости твоей! Обратитесь! вашим незлобием и нелукавством сделайтесь подобными детям, с детскою простотою уверуйте в Евангелие.

Вера мертвая, признание Христа одним невольным умственным убеждением, может быть и принадлежностью бесов! такая вера послужит верующему только к большему осуждению его на суде Христовом. «Остави, что нам и Тебе, Иисусе Назарянине?» – вопиял дух нечистый Господу: «пришел еси погубити нас: вем Тя, кто еси, Святый Божий» (*Мк.1:24*). «Вера» в Евангелие должна быть «живая»; должно «веровать» умом и сердцем, «исповедывать веру» устами, «выражать, доказывать ее» жизнью. «Покажи ми веру твою от дел твоих» (*Иак.2:18*), говорит Апостол хвалящемуся одною мертвою верою, одним голым знанием бытия Божия.

«Вера – сказал преподобный Симеон, Новый Богослов – в обширном значении этого слова, заключает в себе все Божественные Христовы Заповеди: она запечатлена убеждением, что в Заповедях нет ни одной черты, которая не имела бы значения, что в них все, до последней йоты – жизнь и причина жизни вечной»[504].

«Веруй» в догматы, проповедуемые Евангелием, разумей и исповедуй их по точному учению Православной

Восточной Церкви, которая одна содержит Евангельское учение, во всей чистоте его и правильности.

«Веруй» таинствам, установленным в Церкви Самим Господом, хранимым Восточною Церковью во всей полноте их.

«Веруй» святым, животворящим евангельским заповедям, правильное исполнение которых возможно только в недре истинной Церкви, исполнение которых составляет, так называемую святыми Отцами, деятельную «веру Христианина»[505].

В догматах – Богословие, преподанное Самим Богом. В отвержении догматов – богохульство, называемое неверием; в искажении догматов – богохульство, называемое ересью.

Когда ум, еще не очищенный покаянием, еще блуждающий в области и мраке падения, еще не просвещенный и не водимый Духом Святым, дерзнет сам собою, собственными болезненными силами, из мрака гордыни, рассуждать о Боге: тогда он непременно впадает в заблуждение. Такое заблуждение – богохульство. О Боге мы можем знать только то, что Он по великому милосердию Своему открыл нам.

Таинствами христианской Церкви, верующий приводится в соединение с Божеством, в чем – существенное спасение, запечатление «веры» делом «веры», принятие отселе залога вечных благ.

Отрекающийся от диавола, греха и мира, для «веры» во Христа, умирает для жизни естества падшего, которою он жил доселе в неверии и греховности; погружаясь в купель крещения, он погребается для этой жизни; он выходит из купели уже рожденным для новой жизни, жизни во Христе.

Крещением христианин сочетавается Христу, облекается во Христа; причащением святых Христовых Таин соединяется со Христом. Таким образом, посредством таинств, он бывает весь Христов.

Крещенный во Христа уже не живет как самобытное существо, но как заимствующее всю полноту жизни от другого существа – от Христа. «Несте свои, – говорит Апостол христианам: куплени бо есте ценою. Телеса ваша уды Христовы суть. Прославите Бога в телесех ваших, и в душах ваших, яже суть Божия» (*1Кор.6:19–20, 15*).

Исполнением животворящих заповедей евангельских поддерживается соединение христианина со Христом (*Ин.15:10*). Иначе не может член Христов пребывать в единении со Христом, как действуя из Его воли, из Его разума. И воля и разум Христовы изображены в евангельских заповедях.

Свойственно каждому существу действовать, внутри и вне себя, сообразно естеству своему. Так и облеченному во Христа, новому человеку, свойственно мыслить, чувствовать, действовать, как мыслит, чувствует, действует Христос. Водиться мыслями, чувствованиями ветхого человека, хотя б по наружности и добрыми, ему противоестественно.

Руководителем христианина должен быть Дух Святой, как руководители ветхого человека – плоть, кровь и дух лукавый. «Бысть первый человек Адам в душу живу, последний Адам в Дух животворящ» (*1Кор.15:45*). Все помышления, чувствования, действия христианина должны проистекать от Святого Духа, а не быть собственными, душевными, по естеству ветхого Адама. Ты достигнешь этого, когда будешь всецело располагать жизнь по заповеданиям Евангелия, по святейшим словам его: «глаголы, яже Аз глаголах вам, – говорит Господь, – Дух суть и живот суть» (*Ин.6:63*).

«Православная вера» во Христа, запечатленная таинством крещения, одна достаточна для спасения, без дел, когда совершить их человек не имеет времени: потому что «вера» заменяет человека Христом, а добрые дела человеческие заслугами Христовыми.

Но при продолжении земной жизни, непременно требуются дела. Только те дела в христианине признаются делами добрыми, которые служат исполнением евангельских заповедей, которыми питается, живет его «вера», которыми поддерживается его жизнь во Христе: потому что единым деятелем в христианине должен быть Христос.

Крещенный не имеет права поступать по влечению сердечных чувств, зависящих от влияния на сердце плоти и крови, как бы ни казались эти ощущения добрыми: от него принимаются только те добрые дела, к совершению которых возбуждают сердце Дух Божий и Слово Божие, которые принадлежат естеству, обновленному Христом.

«Праведник от веры жив будет» (*Евр.10:38*). Истинная вера во Христа есть единственное средство спасения, но «вера» живая выражаемая всем существом человека.

Этой «живой веры» требует от христианина святой Апостол Иаков, когда он возвещает, что вера без дел мертва, что от дел совершается вера (*Иак.2:17, 22*).

Противность дел «вере» обличает другие верования, тайно и преступно гнездящиеся в сердце человеческом.

Восхваляя дело патриарха Авраама, святой Иаков восхваляет дело его «веры» – принесение в жертву сына по повелению Божию, дело прямо противоположное свойствам естества падшего, называемым добрыми. Силу совершить это дело дала «вера», а дело выразило силу «веры»: так объясняется сущность поступка Авраамова, истолкованного двумя Апостолами, Иаковом и Павлом (*Иак.2:21–23*; *Рим.4:1, 3*).

Слепы те, которые дают важную цену, так называемым ими, добрым делам естества падшего. Эти дела имеют свою похвалу, свою цену, во времени, между человеками, но не пред Богом, пред Которым «вси уклонишася, вкупе непотребни быша» (*Рим.3:12*). Уповающие на добрые дела естества падшего не познали Христа, не поняли таинства искупления, увязают в сетях собственного лжеумствования, воздвигая против своей полумертвой и колеблющейся веры нелепое возражение: «Неужели Бог так неправосуден, что добрых дел, совершаемых идолопоклонниками и еретиками, не вознаградит вечным спасением»? Неправильность и немощь своего суда эти судьи переносят на суд Божий.

Когда б добрые дела по чувствам сердечным доставляли спасение, то пришествие Христово было бы излишним, искупление человечества страданиями и крестною смертью Богочеловека ненужным, заповеди евангельские были бы не нужны. Очевидно, что признающие спасение возможным при одних делах падшего естества, уничтожают значение Христа, отвергают Христа.

Беззаконно вооружались против веры иудеи, требуя от верующих исполнения обрядовых постановлений ветхого закона; беззаконно сыны враждебного Богу мира, чуждые таинственного и вместе существенного познания Христа, требуют от верующих во Христа добрых дел по разуму и чувствам естества падшего.

У верующего во Христа обнажен против чувств сердечных меч Христов, и он насилует свое сердце, посекая мечом послушания Христу не только явные порочные стремления, но и те стремления, которые, по-видимому, кажутся добрыми, по самой же вещи противоречат евангельским заповедям. А такова вся деятельность человека, направленная по влечениям естества падшего.

Дела мнимо-добрые, по влечению падшего естества растят в человеке его «я», уничтожают веру во Христа, враждебны Богу; дела «веры» умерщвляют самость в человеке, растят в нем «веру», возвеличивают в нем Христа.

«Аще исповеси усты твоими Господа Иисуса, – научает Апостол, – и веруеши сердцем твоим, яко Бог воскреси Того из мертвых, спасешися. Сердцем бо веруется в правду, усты же исповедуется во спасение» (*Рим.10:9–10*).

Истинная живая вера, лишь человек исповедует ее устами, доставляет ему спасение. Доставила она спасение разбойнику на кресте; доставила она спасение, посредством покаяния, многим грешникам в последние, предсмертные минуты их жизни.

Так важно, необходимо для спасения «исповедание устами веры» сердечной и убеждения душевного, что святые мученики всех веков христианства, начиная с самых Апостолов Христовых, соглашались лучше претерпеть ужасные и продолжительные страдания, пролить кровь свою как воду, нежели произнести отречение от Христа, даже только притворно, одними устами, без участия сердечного.

Бог требует от человека для его спасения одной «живой, истинной веры». Она, как залог спасения и вечного блаженства, должна быть для христианина дороже его земной жизни.

Мученичество было плодом истинного Богопознания, даруемого верою.

Мученичество было делом «веры». Это дело похулили и хулят те, которые высоко ценят дела падшего естества человеческого: они, в ослеплении своем, называют этот великодушный, святейший подвиг, дарованный человечеству Богом, следствием умоисступления.

Так важна каждая мысль богопреданных догматов, что святые исповедники, подобно мученикам, запечатлели православное исповедание догматов томительными страданиями и потоками крови.

По важности веры в деле спасения, и грехи против нее имеют особенную тяжесть на весах правосудия Божия: все они смертные, то есть с ними сопряжена смерть души, и последует им вечная погибель, вечная мука в адских пропастях.

Смертный грех – «неверие»: он отвергает единственное средство к спасению – веру во Христа.

Смертный грех – «отречение от Христа»: он лишает отрекающегося живой веры во Христа, являемой и содержимой исповеданием уст.

Смертный грех – «ересь»: она содержит в себе богохульство, и делает зараженного ею чуждым истинной веры во Христа.

Смертный грех – «отчаяние»: он – отвержение деятельной, живой веры во Христа.

Исцеление от всех этих смертных грехов: святая, истинная, живая «вера» во Христа.

Существенно важно в делах веры исповедание уст: великий законодатель израильтян, Боговидец Моисей, только что произнес, при деле веры, слово с некоторым признаком сомнения, как лишился входа в землю обетованную (*Числ.20:10–12*).

Ученик некоторого египетского пустынножителя, в беседе с евреем, едва произнес, по простоте своей, двусмысленное слово о вере христианской, и немедленно отступила от него благодать крещения[506].

Церковная история повествует, что в первые времена христианства, во времена гонений, некоторые язычники притворно, в шутку и насмешку, произносили устное исповедание Христа, и внезапно осеняла их благодать Божия: они мгновенно претворялись из закоренелых язычников в ревностных христиан, и запечатлевали кровью то исповедание, которое сначала произнесено было как кощунство[507].

Страдания и смерть за заповеди евангельские – также дело живой веры во Христа, также мученичество[508]. И преимущественно принадлежит это мученичество «святым инокам».

Одушевляемые живою верою, святые иноки, подобно Аврааму, оставляли отечество и дом родительский, подобно Моисею предпочли земным наслаждениям страдания о Христе, подобно Илии, полуобнаженные, избрали местом жительства пустыни и вертепы, очами веры они взирали на небесное мздовоздаяние.

В пустынях своих, вдали от человеков, вдали от развлечения и занятий тленных, они вступили в подвиг против греха, извергли его из действий, из помышлений, из чувствований своих, и в чистые души их низошел Дух Святой, наполнил их дарами благодатными. Живая вера во Христа и во Евангелие даровала преподобным силу выдержать подвиг против греха, соделала их сосудами Святого Духа.

«Вера» – мать терпения, мать мужества, сила молитвы, руководительница к смирению, подательница надежды, лествица к престолу любви. «Вера» во Христа, являемая и исповедуемая видимо и невидимо исполнением заповедей Христовых, содержит невредимым залог спасения, а тем, которые оставили мир для того, чтоб всецело посвятить себя евангельской деятельности, доставляет христианское совершенство.

В достигших христианского совершенства усиленная вера, по действию Святого Духа, взирает с особенною ясностью на обетования Божии, как бы видит, как бы осязает вечные блага. И бывает она, по учению Апостола, в полном смысле «уповаемых извещение, вещей обличение невидимых» (*Евр.11:1*).

Обогатившиеся живою верою во Христа, изменяются в отношении к видимому миру и земной жизни: закон и приговор тления, изменения и конца в тленных предметах видимого мира делается для чистых взоров их очевидным; земные преимущества, как маловременные, пред этими чистыми взорами ничтожны.

Обогатившиеся живою верою во Христа, перелетают как крылатые, чрез все скорби, чрез все затруднительнейшие обстоятельства. Упоенные верою во всесильного Бога, они в труде не видят труда, в болезнях не ощущают болезней. Они признают единым деятелем во вселенной Бога, они соделали Его «своим» живою верою в Него.

Верующий во Христа, если и умрет смертью греховною, то опять оживет покаянием (*Ин.11:25*). И видим многих из святых, ниспавших с высоты святости в бездну тяжких грехов, потом, при помощи веры и внушаемого ею покаяния, высвободившихся из смрадной и темной бездны, восшедших снова на высоту чистоты и святости.

Отчаяние – обличитель предваривших в сердце неверия и самости: верующий в себя и уповающий на себя не восстанет из греха покаянием; восстанет им верующий во Христа, всесильного Искупителя и Врача.

«Вера от слуха» (*Рим.10:17*): слушай Евангелие, говорящее тебе, и святых Отцов, объясняющих Евангелие; слушай их внимательно, и, мало-помалу, вселится в тебя «живая вера», которая потребует от тебя исполнения евангельских заповедей, за это исполнение наградит надеждою несомненного спасения. Она соделает тебя на земле последователем Христовым, сонаследником Его на небе. Аминь.

О ЕВАНГЕЛЬСКИХ ЗАПОВЕДЯХ

Спаситель мира, Господь наш Иисус Христос, приступая к изложению Своих всесвятых заповедей, сказал: «Не мните, яко приидох разорити закон, или пророки: не приидох разорити, но исполнити» (*Мф.5:17*).

Каким образом Господь исполнил закон и пророков? Запечатлев прообразовательные жертвы принесением Себя в жертву за человечество; заменив тени и гадания Ветхого Завета благодатью и истиною Нового Завета; удовлетворив предречениям пророческим совершением их; дополнив нравственный закон столько возвышенными постановлениями, что закон этот, пребывая непременным, вместе и изменился по причине высоты новых постановлений. Так изменяется дитя, достигши мужеского возраста, и оставаясь тем же человеком.

Отношение Ветхого Завета к человеку можно уподобить духовному завещанию на наследство, причем обыкновенно прилагается подробное описание наследства со всеми нужными измерениями и исчислениями, с планами угодий, с рисунками строения; отношение Нового Завета можно уподобить введению во владение наследством. Там все изложено и изображено на бумаге: здесь все предоставляется существенно, на деле.

Чем отличаются заповеди Евангелия от заповедей Моисеева десятисловия? Последние не допускали падшего человека впасть в состояние решительно противоестественное, но и не могли возвести к тому состоянию непорочности, в которой человек был сотворен. Заповеди десятисловия сохраняли в человеке способность к принятию заповедей Евангелия (*Ин.3:21*). Заповеди Евангелия возводят в непорочность, превысшую той, в которой мы сотворены: они зиждут христианина в храм Божий (*Ин.14:23*); соделав его храмом Божиим, поддерживают в этом благодатном, сверхъестественном состоянии (*Ин.15:10*).

Святые Апостолы Петр и Павел были точными исполнителями закона Моисеева по особенной любви к Богу (*Деян.10:14* и проч., *Флп.3:5–6*). Чистота направления и непорочность жизни соделали их способными уверовать в Искупителя, и быть Его Апостолами. Оказывались часто способными к вере явные грешники, нисшедшие грехами своими к подобию скотов и зверей, но сознавшиеся в грехах и решившиеся принести в них покаяние. Наименее способными оказались те грешники, которые самомнением и гордостью уподобились бесам, и, подобно бесам, отвергли сознание в греховности и покаяние (*Мф.21:31–32*).

Господь наименовал все учение Свое, все Слово Свое и все слова Свои «заповедями» (*Ин.14:21, 23*). «Глаголы, – сказал Он, – яже Аз глаголах вам, Дух суть и живот суть» (*Ин.6:63*). Они плотского человека претворяют в духовного, мертвого воскрешают, потомка ветхого Адама соделывают потомком Нового Адама, сына человеческого по естеству – сыном Божиим по благодати.

Заповедь Нового Завета, объемлющая все прочие частные заповеди – Евангелие. «Исполнися время, приближися Царствие Божие: покайтеся, и веруйте во Евангелие» (*Мк.1:15*).

Господь назвал свои частные заповеди малыми по простоте и краткости изложения, по причине которого они удобоприступны для каждого человека. Назвав их малыми, Господь возвестил однако ж, что нарушитель одной такой заповеди «мний наречется в Царствии Небеснем» (*Мф.5:19*), т. е. лишится этого Царства[509].

Устрашимся определения Господня! Рассмотрим Евангелие; заметим в нем все заповедания Господа нашего, внедрим их в памяти для тщательного и неупустительного исполнения их; уверуем живою верою во Евангелие.

Первая заповедь, данная вочеловечившимся Господом человечеству, есть заповедь о покаянии. Святые Отцы утверждают, что покаяние должно быть и началом благочестивой жизни, и душою ее, во все продолжение ее[510]. Без покаяния невозможно ни признать Искупителя, ни пребывать в исповедании Искупителя. Покаяние есть сознание своего падения, соделавшего естество человеческое непотребным, оскверненным, и потому постоянно нуждающимся в Искупителе. Искупителем, всесовершенным и всесвятым, заменяется падший человек, исповедующий Искупителя.

«Тако да просветится свет ваш пред человеки, яко да видят ваша добрая дела, и прославят Отца вашего, Иже есть на небесех» (*Мф.5:16*), сказал Господь ученикам Своим, заповедав им вместе творить все добродетели тайно, и предвозвестив, что они будут ненавидимы и поносимы человеками (*Мф.6:1–19, Лк.21:17*). Как же исполнить нам эту заповедь Господа, совершая наши добрые дела тайно? – Мы стяжем возможность исполнить ее именно тогда, когда отречемся от искания собственной славы, когда отречемся от мнимо-добрых действий из своего падшего естества, из себя, а будем действовать для славы Божией, из Евангелия[511]. «Кийждо, якоже прият дарование, – говорит святой Апостол Петр, – между себе сим служаще, яко добрии строителие различныя благодати Божия. Аще кто глаголет, яко словеса Божия: аще кто служит, яко от крепости, юже подает Бог: да о всем славится Бог Иисус Христом, Ему же есть слава и держава во веки веков» (*1Пет.4:10–11*). Те, которые, забыв свою славу, единственно ищут того, чтоб прославился Бог, и был познан человеками, прославляются Богом. «Токмо прославляющыя Мя прославлю» (*1Цар.2:30*), «аще кто Мне служит, почтит его Отец Мой» (*Ин.12:26*), сказал Господь. Совершающий тайно свои добрые дела, исключительно с целью Богоугождения, будет прославлен в назидание ближних по устроению о нем промысла Божия.

«Аще не избудет правда ваша паче книжник и фарисей, не внидете в Царствие Небесное» (*Мф. 5:20*). Правда книжников и фарисеев удовлетворялась изучением Закона Божия по букве, за которым не следовало изучение его жизнью, за которым, напротив того, следовала жизнь, противная Закону Божию. Остающиеся при одном изучении Закона Божия по букве, впадают по причине такого поверхностного знания в гордость и самомнение, как замечает преподобный Марк Подвижник[512], и как случилось с книжниками и фарисеями. Заповеди Божии, которые существенно постигаются от исполнения их[513], пребыли сокрытыми для фарисеев. Душевные очи, просвещаемые заповедями (*Пс. XVIII, 9*), когда они исполняются, не просветились у фарисеев. Они, от деятельности, противной Закону Божию, стяжали о Законе Божием превратное понятие, и по причине Закона Божия, долженствовавшего приблизить и усвоить их Богу, удалились от Бога, соделались врагами Бога. Каждая заповедь Божия есть священная тайна: открывается она исполнением ее и по мере исполнения ее.

Ветхий Завет воспрещал грубые последствия гнева: Господь воспретил самое сердечное действие страсти (*Мф. 5:21–22*). Воспрещение произнесено Господом, и потому оно имеет необыкновенную силу. От одного воспоминания кратких и простых слов заповеди страсть изнемогает. Такое действие замечается во всех евангельских заповедях. Господь первые слова Свои устремил против гнева, как главной греховной язвы, главной страсти, противоположной двум главным добродетелям: любви к ближнему и смирению. На этих двух добродетелях основано все здание христианской деятельности. Коснение страсти гнева в человеке отнимает у него всю возможность к духовному преуспеянию.

Господь заповедал всеусиленное хранение мира с ближними (*Мф. 5:24*), как и Апостол сказал: «Аще возможно еже от вас, со всеми человеки мир имейте» (*Рим. 12:18*). Не трудись над разбором, кто прав и кто виноват, ты ли, или ближний твой: постарайся обвинить себя, и сохранить мир с ближним при посредстве смирения.

Закон Моисеев воспрещал прелюбодеяние: Господь воспретил плотское вожделение (*Мф.5:27*). Как сильно действует это воспрещение на падшее естество! Хочешь ли воздержаться от нечистых взоров, помыслов и мечтаний? Вспоминай, в то время, как они начнут действовать, изречение Господа: «Всяк, иже воззрит на жену» телесными очами, или умом на ее образ, представленный мечтанием, «ко еже вожделети ея, уже любодействова с нею в сердце своем» (*Мф.5:28*).

Между телами двух полов существует естественное влечение друг к другу. Это влечение действует не равно. К иным телам другого пола человек почти вовсе не чувствует влечения, к другим слабое, к некоторым весьма сильное. Господь заповедал удаляться от сближения с лицами, к которым ощущается особенное естественное влечение, как бы лица ни были достойны дружбы нашей по своим похвальным душевным качествам, как бы ни были нужны и полезны нам. Такое значение имеет заповедь об извержении десного, соблазняющего ока, и об отсечении десной, соблазняющей руки[514].

Господь воспретил развод, допускавшийся Законом Моисея, за исключением тех случаев, когда брак будет уже расторгнут беззаконно прелюбодеянием которой-либо половины (*Мф.5:31–32*).

Расторжение брака дозволено было человеческому естеству, униженному падением; по обновлении человечества Богочеловеком восстановлен закон, данный естеству в его состоянии непорочности (*Мф.19:4–9*).

Господь восстановил девство, предоставив сохранять его произволяющим (*Мф.19:11–12*).

Господь воспретил употреблять клятву. Справедливо замечают Отцы, что никто не заслуживает меньше вероятия, как тот, кто употребляет часто клятву; напротив того никому столько не верят, как постоянно говорящему правду, хотя бы он и не употреблял клятвы. Говори правду, и не понуждаешься в божбе, которая, будучи нарушением благоговения к Богу, принадлежит к начинаниям сатанинским[515].

Господь воспретил мщение, которое было установлено Моисеевым Законом, и которым за зло воздавалось равным злом. Оружие, данное Господом против зла, – смирение. «Аз же глаголю вам не противитися злу: но аще тя кто ударит в десную твою ланиту, обрати ему и другую: и хотящему судитися с тобою, и ризу твою взяти, отпусти ему и срачицу» (*Мф.5:39–40*).

Господь завещал любовь к врагам, и для стяжания этой любви повелел благословлять клянущих, творить добро ненавидящим и молиться за причиняющих напасти, за подвергающих изгнаниям (*Мф.5:44*). Любовь ко врагам доставляет сердцу полноту любви. В таком сердце вовсе нет места для зла, и оно уподобляется благостью своею всеблагому Богу. К этому изящному нравственному состоянию Апостол приглашает христиан, когда говорит: «Облецытеся убо, яко избраннии Божии, святи и возлюбленни, во утробы щедрот, благость, смиренномудрие, кротость и долготерпение: приемлюще друг друга, и прощающе себе, аще кто на кого имать поречение: яко же и Христос простил есть вам, тако и вы» (*Кол.3:12–13*). Совершенною любовью к ближним доставляется усыновление Богу (*Мф.5:45*), то есть благодать Святого Духа привлекается в сердце, и изливается в него всесвятая любовь к Богу.

Сердце, зараженное злобою и неспособное к заповедуемой Евангелием любви к врагам, должно врачевать теми средствами, на которые указал Господь: должно молиться за врагов, отнюдь не осуждать их, не подвергать злоречию, говорить о них доброе, по силе благодетельствовать им. Эти действия погашают ненависть, когда она возгорится в сердце, содержат ее постоянно обузданною, значительно ослабляют ее. Но полное искоренение злобы совершается действием Божественной благодати.

Подающим милостыню Господь заповедал подавать ее в тайне; упражняющимся в молитве, повелел молиться в уединении замкнутой клети; постящимся повелел скрывать пощение (*Мф.6:18*). Добродетели эти должны быть совершаемы единственно с целью угождения Богу, с целью пользы ближнего и души своей. Не только от взоров человеческих должно быть утаено наше духовное сокровище, но и от собственной нашей «шуйцы» (*Мф.6:3*). Похвала человеческая окрадывает наши добродетели, когда совершаем их явно, когда не стараемся скрывать их, – и мы неприметным образом увлекаемся к человекоугодию, лукавству, лицемерству. Причиною этого – повреждение наше грехом, болезненное состояние душ наших. Как недугующее тело нуждается в осторожности от ветров, холода, различных яств и напитков: так и недугующая душа нуждается в многообразном хранении. Охраняя наши добродетели от повреждения похвалами человеческими, мы должны охранять их и от живущего в нас зла, этой шуйцы нашей, не увлекаться помыслами и мечтаниями тщеславными, тщеславною радостью и тщеславным услаждением, которые являются в нас по совершении добродетели, отнимают у нас плод ее.

Господь заповедал нам прощать ближним нашим согрешения их против нас: «аще бо отпущаете, – сказал Он, – человеком согрешения их, отпустит и вам Отец ваш Небесный. Аще ли не отпущаете человеком согрешения их, ни Отец ваш Небесный отпустит вам согрешений ваших» (*Мф.6:14–15*). Из этих слов Господа вытекает само собою заключение, что верный признак отпущения нам грехов состоит в том, когда мы ощутим в сердце нашем, что мы точно простили ближним все согрешения их против нас. Такое состояние производится, и может быть произведено, единственно Божественною благодатью. Оно – дар Божий. Доколе мы не сподобимся этого дара, будем, по завещанию Господа, пред каждою молитвою нашею рассматривать нашу совесть, и, находя в ней памятозлобие, искоренять его вышеуказанными средствами, т.е. молитвою за врагов, и благословением их (*Мк.11:25*). Когда ни вспомним о враге нашем, – не допустим себе никакой иной мысли о нем, кроме молитвы и благословения.

Ближайшим ученикам и последователям Своим Господь заповедал нестяжание. «Не скрывайте себе сокровищ на земли» (*Мф.6:19*). «Продадите имения ваша и дадите милостыню. Сотворите себе влагалища неветшающа, сокровище неоскудеемо на небесех, идеже тать не приближается, ни моль растлевает: идеже бо сокровище ваше, ту и сердце ваше будет» (*Лк.12:33–34*). Чтоб стяжать любовь к предметам духовным и небесным, должно отречься от любви к предметам земным; чтоб полюбить отечество, необходимо отказаться от болезненной любви к стране изгнания.

Господь дал заповедь о хранении ума, заповедь, о которой человеки обыкновенно не заботятся, даже не знают о существовании ее, о ее необходимости и особенной важности (*Лк.11:34–36*). Но Господь, назвав ум оком души, возвестил: «аще убо будет око твое просто, все тело твое светло будет: аще ли око твое лукаво будет, все тело твое темно будет» (*Мф.6:22–23*). Телом названо здесь жительство. Жительство заимствует свое качество от руководящего жительством образа мыслей. Мы стяжаваем правильный образ мыслей по причине здравия, целости или простоты ума нашего, когда он всецело последует Истине, не допуская в усвоение себе никакой примеси из области лжи. Иначе: здравым может назваться только тот ум, который, помощью и действием Святого Духа, вполне и неуклонно последует учению Христову. Большее или меньшее уклонение от учения Христова обличает большую или меньшую болезненность ума, утратившего простоту, допустившего сложность. Полное уклонение ума от учения Христова есть смерть его. Тогда свет этот признается угасшим, престает быть светом, соделывается тьмою. Деятельность человека всецело зависит от того состояния, в котором находится ум его: деятельность, истекающая из здравого ума, вполне Богоугодна; деятельность, зависящая от ума, допустившего в себя примесь, частью Богоугодна, частью противна Богу; деятельность ума, омрачившегося учением лжи, отвергшего учение Христово, вполне непотребна и мерзостна. «Аще свет, иже в тебе, тма есть, то тма кольми?» (*Мф.6:23*).

Господь воспретил суетные попечения, чтоб они не рассеивали нас и не ослабляли существенно нужного попечения о стяжании Небесного Царства (*Мф. 6:24–34*). Суетное попечение есть не что иное, как недуг души, выражение ее неверия. Потому-то Господь и сказал: «Маловери! не пецытеся душою вашею, что ясте, или что пиете: ни телом вашим, во что облечетеся» (*Мф. 6:30, 25*). Возненавидь ненавистную Богу праздность, возлюби возлюбленный Богу труд, но души твоей не расслабляй пустою заботливостью, всегда бесполезною и излишнею. Чтоб ты был твёрд душою и ревностен в деле Божием, в деле твоего спасения, Господь дал обетование доставлять тебе все, потребное для временной жизни, Своею всемогущею десницею, то есть, Своим Божественным промыслом (*Мф. 6:33*).

Господь воспретил не только «осуждать» ближних, но и «судить» их (*Лк. 6:37; Мф. 7:1*), когда не представляется необходимости учинить суд правильный для своей и общественной пользы. Последнего рода «суд» есть «вящшее закона» (*Мф. 23:23*), по определению Господа; без такого суда добро не может быть отделенным от зла, наша деятельность не может быть правильною и Богоугодною. Этот суд редко встречается между человеками; но судом и осуждением, воспрещенными Господом, они занимаются непрестанно. По какой причине? по причине совершенного невнимания себе, по причине забвения своей греховности, по причине совершенного пренебрежения покаянием, по причине самомнения и гордости. Господь пришел на землю спасти грешников, а потому от всех человеков непременно требуется сознание в греховности; «суждение» же и «осуждение» ближних есть отвержение этого сознания и присвоение непринадлежащей себе праведности; из нее-то и производится суждение и осуждение: имя лицемера для всякого судящего и осуждающего ближних есть имя самое свойственное (*Мф. 7:5*).

Господь заповедал постоянную, то есть, учащаемую и непрестанную молитву. Не сказал Он, чтоб мы единовременно попросили, потом престали от прошения, но повелел просить усиленно, неотступно, соединил с повелением просить обетование услышать и исполнить прошение[516]. «Просите, и дастся вам; ищите, и обрящете; толцыте, и отверзется вам. Всяк бо просяй приемлет, и ищай обретает, и толкущему отверзется» (*Мф.7:7—8*). Будем просить с терпением и постоянством, отрицаясь своей воли и своего разума, предоставляя всесвятой воле Божией и время, и способ исполнения, и самое исполнение просимого. Мы не постыдимся: «Бог же не имать ли сотворити отмщение избранных Своих, вопиющих к Нему день и нощь, и долготерпя о них» (*Лк.18:7*), то есть, замедляя исполнением прошения их. Денноношный вопль к Господу избранных изображает постоянную, неотступную, непрестанную, усиленную их молитву.

По последствиям молитвы, которыми она увенчавается от Бога, можно и должно заключить о предметах ее. Евангелист Лука говорит, что «Бог сотворит отмщение избранных Своих», то есть, освободит их из плена, в котором мы находимся у наших страстей и у бесов. Евангелист Матфей говорит, что «Отец... Небесный даст блага просящим у Него» (*Мф.7:11*). Блага, «ихже око не виде, и ухо не слыша, и на сердце человеку не взыдоша» (*1Кор.2:9*)[517]. Опять Евангелист Лука говорит: «Отец, Иже с небесе, даст Духа Святаго просящим у Него» (*Лк.11:13*). Предметы молитвы нашей должны быть духовные и вечные, а не временные и вещественные. Основная и первоначальная молитва должна состоять из прошений о прощении грехов[518].

Возводя нас к совершенной благости, изгоняя из нас зло, Господь, повелевший не судить и не осуждать ближних, отпускать ближним все согрешения их против нас, законополагает еще: «Вся, елика хощете да творят вам человецы, тако и вы творите им» (*Мф.7:12*). Мы любим, чтоб ближние наши были снисходительны к нашим немощам и недостаткам, чтоб они великодушно переносили от нас оскорбления и обиды, чтоб они делали нам всевозможные услуги и одолжения: будем такими к ближним. Тогда достигнем полноты благости, соответственно которой получит особенную силу молитва наша; сила ее всегда соответствует степени благости нашей. «Отпущайте, и отпустят вам: дайте, и дастся вам. Меру добру, наткану и потрясну и преливающуся дадят на лоно ваше. Тою бо мерою, еюже мерите, возмерится вам» (*Лк.6:37–38*), от милосердого и в милосердии Своем правосудного Бога.

«Внидите узкими враты: яко пространная врата и широкий путь вводяй в пагубу, и мнози суть входящии им» (*Мф.7:13*). Пространные врата и широкий путь – это деятельность по воле и разуму падшего естества. Узкие врата – деятельность по Евангельским заповедям. Господь, одинаково смотрящий на настоящее и будущее, видя, как немногие человеки будут последовать Его святой воле, открытой им в Евангельских заповедях, предпочтут этой воле своеугодие, сказал: «Что узкая врата, и тесный путь, вводяй в живот, и мало их есть, иже обретают его!» (*Мф.7:14*). Ободряя и утешая своих последователей, Он присовокупил: «Не бойся, малое стадо: яко благоизволи Отец ваш дати вам Царство» (*Лк.12:32*).

Господь повелел проводить трезвенную жизнь, непрестанно бдеть и наблюдать над собою: потому что с одной стороны неизвестен час посещения Господня, также час смерти нашей, нашего призвания на суд Божий, – неизвестно, какое искушение и какая скорбь могут неожиданно возникнуть и обрушиться на нас; с другой стороны неизвестно, какая греховная страсть может возникнуть в падшем естестве нашем, какой ков и какую сеть могут устроить для нас неусыпные враги спасения нашего – демоны. «Да будут чресла ваша препоясана, и светильницы горящии, и вы подобни человеком, чающим Господа своего, когда возвратится от брака, да пришедшу и толкнувшу, абие отверзут ему» (*Лк.12:35–36*). «А яже вам глаголю, всем глаголю: бдите» (*Мк.13:37*).

«Внемлите, – завещавает Господь, – от лживых пророк, иже приходят к вам во одеждах овчих, внутрь же суть волцы хищницы: от плод их познаете их» (*Мф.7:15–*

16). Лживые пророки – всегда коварны: и потому Господь заповедует по отношению к ним особенное внимание, особенную осторожность[519]. Лживые пророки познаются по плодам: по жительству своему, по делам, по последствиям, истекающим из их деятельности. Не увлекись красноречием и сладкоречием лицемеров, их тихим гласом, как бы выражением кротости, смирения и любви; не увлекись тою сладкою улыбкою, которая играет на их устах и лице, тою приветливостью и услужливостью, которая светит из взоров; не обольстись тою молвою, которую они искусно распускают о себе между человеками, – теми одобрениями, похвалами, громкими именами, которыми величает их мир: всмотрись в плоды их.

О внимающих учению Евангелия и старающихся исполнять евангельские заповеди, Господь сказал, что они «добрым сердцем и благим слышавше слово, держат, и плод творят в терпении» (*Лк.8:15*). Он предвозвестил ученикам Своим ненависть от мира, гонения, напасти, обетовал Сам неусыпно бдеть над ними, и охранять их, воспретил боязнь и малодушие, повелел: «в терпении вашем стяжите души ваша» (*Лк.21:19*). В постоянном уповании на Бога, надо великодушно претерпевать скорби от страстей, возникающих из падшего естества, от братий – человеков, от врагов – демонов: «претерпевый до конца, той спасется» (*Мф.24:13*).

Находящиеся в тяжком рабстве греха, под владычеством ожесточенного, каменносердечного Фараона, под непрестанными и мучительными ударами лютых приставников, при столпотворении, затеваемом гордынею мира! вас призывает Спаситель к духовной свободе. «Приидите ко Мне, – говорит Он, – вси труждающиися и обремененнии, и Аз упокою вы. Возмите иго Мое на себе, и научитеся от Мене, яко кроток есмь и смирен сердцем: и обрящете покой душам вашим. Иго бо Мое благо, и бремя Мое легко есть» (*Мф.11:28–30*). Иго и бремя Христово – «евангельские заповеди». Они требуют самоотвержения, и потому названы игом, но освобождают и оживляют душу, наполняют ее неизъяснимым спокойствием и наслаждением, и потому названы игом благим и легким. Каждая из них благоухает кротостью и смирением, сообщает эти добродетели исполнителю заповеди. Навык к исполнению евангельских заповедей соделывает кротость и смирение свойством души. Тогда Божественная благодать вводит в душу духовную кротость и духовное смирение действием превышающего ум мира Христова.

Все частные заповеди Свои Господь совместил в две главные: в заповедь любви к Богу и в заповедь любви к ближнему. Эти заповеди Господь изобразил так: «Слыши, Израилю, Господь Бог ваш, Господь един есть: И возлюбиши Господа Бога твоего всем сердцем твоим, и всею душою твоею, и всем умом твоим, и всею крепостию твоею: сия есть первая заповедь. И вторая подобна ей: возлюбиши ближняго своего яко сам себе» (*Мк.12:29–31*). «В сию обою заповедию весь закон и пророцы висят» (*Мф.22:40*). Делается человек способным к любви Божией от исполнения любви к ближнему; в состояние же стремления всем существом к Богу возводится молитвою.

Исполнение «евангельских заповедей» увенчавается соединением человека с Богом. Когда ученик Христов исцелится от злобы на ближнего, и действием умной и сердечной молитвы направит все силы души и тела к Богу: тогда он признается любящим Бога. «Любяй Мя, – говорит Спаситель, – возлюблен будет Отцем Моим, и Аз возлюблю его, и явлюся ему Сам. Отец Мой возлюбит его, и к нему приидем, и обитель у него сотворим» (*Ин.14:21, 23*).

Условие пребывания в любви Божией и в соединении с Богом заключается в соблюдении евангельских заповедей. Нарушением их расторгается условие: нарушитель извергается из объятий любви и от лица Божия во тьму кромешную – в область страстей и бесов. «Аще заповеди Моя соблюдете, – сказал Господь, – пребудете в любви Моей. Будите во Мне, и Аз в вас. Аще кто во Мне не пребудет, извержется вон» (*Ин.15:10, 4, 6*).

Братия! изучим всемогущие и животворящие заповеди великого Бога нашего, Создателя и Искупителя: изучим их сугубым изучением – в книге и жизнью. Во святом Евангелии они прочитываются, но уразумеваются по мере исполнения их на деле. Сотворим брань с нашим падшим естеством, когда оно воспротивится и вознеистовится, не желая покориться Евангелию. Не устрашимся, если эта брань будет тяжкою и упорною. Тем с большим усилием постараемся одержать победу. Победа должна последовать непременно: брань заповедана, победа обетована Господом. «Царствие Небесное, – сказал Он, – нудится, и нуждницы, то есть насилующие свое естество, восхищают е» (*Мф.11:12*). Аминь.

О ЕВАНГЕЛЬСКИХ БЛАЖЕНСТВАХ. ЗАИМСТВОВАНО ИЗ ОТЕЧЕСКИХ ПИСАНИЙ, ПРЕИМУЩЕСТВЕННО ЖЕ ИЗ КНИГИ СВЯЩЕННОМУЧЕНИКА ПЕТРА ДАМАСКИНА. ДОБРОТОЛЮБИЕ, Ч. 3.

От исполнения евангельских заповедей являются в душе ощущения, чуждые естеству падшему и незнакомые ему. «Рожденное от Духа дух есть» (*Ин.3:6*), а как заповеди Христовы «суть Дух» (*Ин.6:63*), то и ощущения, производимые ими, суть ощущения «духовные».

Какое первое ощущение является в душе от исполнения евангельских заповедей? – «Нищета духа».

Едва христианин захочет осуществлять в действиях своих, внешних и внутренних, евангельские заповеди, как увидит поврежденную свою природу, восстающую против Евангелия, упорно противодействующую Евангелию.

Христианин, при свете Евангелия, видит в себе падение человечества. От этого зрения естественно рождается смиренное понятие о себе, называемое в Евангелии «нищетою духа» (*Мф.5:3*).

Нищета духа – блаженство, первое в евангельском порядке, первое в порядке духовного преуспеяния, первое состояние духовное, первая ступень в лествице блаженств.

Всякое ощущение и состояние, принадлежащие естеству обновленному, составляют по необходимости и блаженство, как проявление в душе небесного царства, как залог спасения, как предощущение вечного блаженства.

О нищете духа сказал святой Давид: «жертва Богу дух сокрушен: сердце сокрушенно и смиренно Бог не уничижит» (*Пс.50:19*).

Нищета духа – соль для всех духовных жертв и всесожжений. Если они не осолены этой солью, – Бог отвергает их.

Зрение падения своего уже есть блаженство для падшего человека.

Видящий падение свое способен признать необходимость спасения, Спасителя, – способен уверовать в Евангелие живою верою.

Такое состояние – дар благодати, действие благодати, ее плод, а потому и блаженство.

Нищему свойственно печалиться о нищете своей.

Нищета духа рождает следующее за ним блаженство: «плач».

«Плач» – благочестивая печаль верной души, глядящейся в зеркало Евангелия, видящей в этом зеркале бесчисленные свои греховные пятна.

Такая душа омывает свои пятна святою водою – слезами; стирает пятна святою печалью.

Несказанное утешение, несказанная легость проливаются в сердце после пролития спасительных слез о грехах, о падении, – слез, являющихся по причине ощущения нищеты духовной.

Если здесь, на земле, благочестивый плач доставляет такое несравнимое духовное утешение, – какое же он приготовит блаженство в будущем веке?

Христос произнес приговор о благочестиво плачущих: «блажени плачущии» (*Мф.5:4*).

Ты сделал грехи? – Пролей слезы.

Кто занят глубоким рассматриванием самого себя, кто видит себя оскверненным бесчисленными грехами, кто признает себя достойным вечной муки, и уже оплакивает, как присужденного к ней: тот мало видит или вовсе не видит недостатков в ближнем, удобно извиняет те недостатки, которые видит, – охотно, от сердца прощает все обиды и оскорбления.

Состояние души, при котором устранены из нее гнев, ненависть, памятозлобие и осуждение, есть новое блаженство: оно называется: «кротость».

«Блажени кротцыи, – возвестил Спаситель, – яко тии наследят землю» (*Мф. 5:5*).

Какая это земля?... После падения Бог назвал землею Адама, а в Адаме назвал землею и меня: «земля еси и в землю отыдеши» (*Быт. 3:19*).

Будучи землею, я вместе с тем и лишен владения этою землею: похищают ее у меня различные страсти, в особенности насилующий и увлекающий меня лютый гнев; я лишен всей власти над собою. Кротость возвращает мне эту власть, вводит меня во владение моим наследием, моею землею, мною, моею плотью, моею кровью, моими порывами. «Кротции наследят землю, и насладятся о множестве мира» (*Пс. 36:11*).

Возобладав снова землею, начинаю желать неба: вхожу в новое состояние, устрояемое во мне благодатью, в новое блаженство: начинаю «алкать и жаждать правды» Божией, – не пустой, человеческой (*Мф. 5:6*).

Правда Божественная явилась человечеству в Божественном милосердии, и повелела нам уподобиться Богу совершенным милосердием (*Мф. 5:48*), не какою другою добродетелью.

Милосердие никого не осуждает, любит врагов, полагает душу за друзей, соделывает человека Богоподобным. Это состояние – опять «блаженство» (*Мф. 5:7*).

Сердце, объятое милостью, не может иметь никакого помышления о зле; все помыслы его – благость.

То сердце, в котором движется одно добро, есть сердце чистое, способное к Богозрению. «Блажени чистии сердцем, яко тии Бога узрят» (*Мф. 5:8*).

Что значит чистое сердце? спросили одного великого наставника иночествующих. Он отвечал: «сердце, по подобию Божества движимое безмерным чувством милости ко всем созданиям[520]».

В чистое сердце нисходит мир Божий, соединяет доколе разделенные ум, душу и тело, воссозидает человека, соделывает его потомком Нового Адама.

«Мир Божий» – удел святых Божиих: посредством святого мира, христианин, совершив поприще покаяния, примиряется с Богом, со всеми обстоятельствами, со всеми ближними, с самим собою; он соделывается сыном Божиим по благодати (*Мф. 5:9*).

Мир Божий сопутствуется явственным присутствием в человеке Святого Духа; он – действие, плод Святого Духа.

Стяжавший в себя мир Божий, способен к прочим окончательным блаженствам: к благодушному претерпению, к претерпению с радостью поношений, клевет, изгнаний и прочих напастей.

Стяжавший мир Божий не страшится внешних волн: на весах сердца его утешение благодатное уничтожило всю ценность земного великого и сладостного, всю тягость земного скорбного и горького.

Осмотри величественную духовную лествицу блаженств евангельских, осмотри каждую ступень. Хорошо быть на высоте этой лествицы; но поистине блажен и тот, кто находится хотя на первой ее ступени.

На этой лествице скачки́ невозможны: непременно должно восходить со ступени на ступень.

Ведет по ним Божественная благодать: возводит человека на следующую ступень не тогда, когда он удостоет себя этого, но когда она признает его достойным.

Достойны возвышения – смиренные.

Не сочини сам себе блаженства: гордое и глупое самомнение может сочинить для человека такое блаженство, и оно в течение всей жизни будет обманывать тебя, льстить тебе, – лишит истинного блага на земле и на небе.

Ищи нищеты духовной. Искание этого блаженства позволительно и похвально. Оно – основание, податель всех прочих блаженств. Когда поколеблется основание: тогда и тот, кто стоял на высшей степени духовного преуспеяния, обрушивается вниз, и часто разбивается до смерти.

Обретается нищета духа изучением Евангелия, исполнением его велений, сличением своих действий и качеств с велениями Евангелия, принуждением своего сердца к великодушному перенесению обид, самоукорением, молитвою о получении сердца сокрушенного и смиренного.

Прошения гордые Бог отвергает, ненужные не исполняет, но когда Его создание просит у Него дара существенно полезного и необходимого, – Он ниспосылает его из неоскудевающих Своих сокровищ.

Существенно полезный, необходимый для человека духовный дар от Бога – «нищета духа». Аминь.

ОТНОШЕНИЕ ХРИСТИАНИНА К СТРАСТЯМ ЕГО

Некоторый великий подвижник сказал: «должно терпеть свои недостатки точно также, как терпим недостатки других, и снисходить душе своей в ее немощах и несовершенствах. Вместе с этим не должно предаваться нерадению: должно заботиться усердно о исправлении и усовершенствовании себя»[521].

«Не возмущайся, не приходи в недоумение, сказал некоторый святой Отец, когда увидишь в себе действие какой-либо страсти. Когда восстанет страсть, подвизайся против нее, старайся обуздать и искоренить ее смирением и молитвою»[522].

Смущение и недоумение, при открывшемся действии страсти, служит доказательством, что человек не познал самого себя[523].

При свете Слова Божия рассмотрим отношение наше к страстям и немощам нашим, чтоб получить правильное понятие о себе и, на основании правильного понятия о себе, правильно управлять собою.

Человек в беззакониях зачинается, рождается во грехах (*Пс.50:7*): следовательно страсти или греховные недуги души и тела свойственны нашему падшему естеству.

Страсти противоестественны непорочному естеству нашему, каким оно было создано; противоестественны страсти и естеству обновленному; они естественны падшей природе. Так естественны всякой телесной болезни свойства этой болезни; так естественны болезни и смерть нашему телу, утратившему бессмертие и свойства бессмертия. До падения бессмертие было естественно нашему телу, – болезни и смерть были неестественны.

Страсти – иначе «грех», в обширном значении этого слова. Апостол, когда говорит о «грехе, живущем в человеке» (*Рим.7:14, 7:20*), разумеет под словом грех заразу злом всего естества человеческого, разумеет страсти. Это состояние называется также состоянием «плотским» (*Рим.7:14, 8:8*) и «смертью» (*Рим.7:24, 8:2*).

Человек, до искупления рода нашего Спасителем, не мог противиться страстям, хотя бы и хотел: они насильно увлекали его; они властвовали над ним против воли его. Христианин, при посредстве святого Крещения, свергает с себя иго страстей; он получает силу и возможность противиться страстям, попирать их[524]. Но и искупленному человеку, человеку обновленному, помещенному в духовном раю – в Церкви – предоставлена свобода: по произволу своему, он может или противиться страстям и победить их о Господе, или покоряться и поработиться им. Так и в чувственном раю предоставлено было на произвол первозданному человеку или повиноваться заповеди Божией, или преслушать её.

Каждое сопротивление, оказанное требованию страсти, ослабляет её; постоянное сопротивление низлагает её. Каждое увлечение страстью усиливает её, постоянное увлечение страстью порабощает страсти увлекающегося ею.

Сопротивление христианина страстям должно простираться до распятия «плоти со страстьми и похотьми» (*Гал.5:24*); оно должно простираться в избранных духовных борцах до пролития крови: отдай кровь и прими Дух[525]. Только «пострадавший плотию преста от греха» (*1Пет.4:1*). Это значит: только злостраждущий по телу в вольных или невольных подвигах способен противостоять греховным пожеланиям плоти, подавить и заглушить их в себе. Тело, упокоеваемое и лелеемое разнообразною негою и угождениями ему, – вместилище страстей.

Пострадавший и распявшийся за нас Богочеловек требует от учеников и последователей Своих, чтоб они подражали Его страданиям, чтоб пожертвовали всем временным для вечного, тленным для нетленного, чтоб были учениками и последователями Богочеловека самою жизнью.

Необходим подвиг для христианина; но не подвиг освобождает христианина от владычества страстей: освобождает его десница Вышнего, освобождает его благодать Святого Духа.

Обузданием и умерщвлением плоти, трудами благочестия при тщательном соблюдении евангельских заповедей доставляется христианину истинное смирение. Истинное смирение заключается в полном самоотвержении, в полной преданности Богу, в непрестанном служении Богу. Такое смирение привлекает в душу Божественную благодать. Божественная благодать, осенивши душу, преподает ей духовное ощущение, – и страсти, эти ощущения и влечения плотские и греховные, остаются праздными[526].

Действие страстей, услаждающее человека плотского, тягостно, мучительно для человека духовного, – возбуждает в нем сильнейшее отвращение. При малейшем появлении или возбуждении страсти, бежит он от нее, как от хищного, лютого зверя, как от убийцы, бежит под покров молитвы, под покров евангельского учения, под покров Божий.

Душа, не возделанная евангельскими заповедями, и тело, не возделанное трудами благочестия, не способны быть храмом Божественной благодати, храмом Святого Духа.

Сущность подвига заключается в исполнении заповедей. Не обуздывающий своего тела трудами, постом, бдением, молитвенными стояниями, и потому предоставляющий господствовать в себе плотскому мудрованию, питающий и поддерживающий в себе страсти, не возможет соделаться исполнителем заповедей.

Смерть, одна смерть вполне освобождает даже святых Божиих от влияния на них греха. Бесстыдны страсти: могут восстать они и в лежащем на смертном одре. Даже на смертном одре невозможно прекратить бдительности над собою. Поверь бесстрастию тела твоего тогда, когда оно уляжется во гроб.

Страсти, пребывая в христианине, постоянно принуждая его быть на страже, постоянно вызывая его на борьбу, содействуют его духовному преуспеянию. Зло, по премудрому устроению Божественного промысла, содействует благому намерением неблагим: сказал это преподобный Макарий Великий[527].

Жесткий и тяжеловесный жернов стирает зерна пшеницы в муку, пшеницу соделывает способною к печению из нее хлебов. Тяжкая борьба со страстями стирает сердце человека, сминает надменный дух его, заставляет сознаться в состоянии падения, опытно обнаруживая это состояние, — заставляет сознаться в необходимости искупления, уничтожает надежду на себя, переносит всю надежду на Искупителя.

Должно веровать, что в первородном грехе заключается семя всех страстей, что мы родимся с наклонностью ко всем видам греха: и потому не должно удивляться проявлению и восстанию ни одной страсти, как чему-нибудь необыкновенному и странному.

По свойствам души и тела, по влиянию обстоятельств, в одном человеке действует и развивается с особенною силою одна страсть, в другом — другая: в ином заметна особенная наклонность к сребролюбию, в другом объядению; один увлекается плотским вожделением, другой жаждою суетных почестей. Неувлекающийся какою-либо страстью не должен думать, что нет в нем этой страсти: только не было случая к обнаружению ее.

Постоянно должно быть готовым к противодействию всем страстям. В особенности должно бодрствовать против страсти преобладающей, проявляющейся чаще других страстей, наиболее беспокоящей человека.

Страсти, свойственные падшему естеству, различаются величайшим различием от страстей, усвояемых произвольно каждым человеком. Сила вторых несравненно значительнее силы первых. Но покаяние, как всемогущее врачевство, преподаваемое всемогущим врачом – Богом, врачует человека, произволяющего употребить законно это врачевство, врачует со всей удовлетворительностью от всех греховных недугов.

Некоторые страсти служат началом и причиною для других страстей, таковы: объядение, нега, развлечения, роскошь, сребролюбие, славолюбие, неверие. Последствия их: сладострастие, печаль, гнев, памятозлобие, зависть, гордость, забвение Бога, оставление добродетельного жительства.

В духовном подвиге должно преимущественно вооружаться против начальных страстей: последствия их будут уничтожаться сами собою. Отрекшийся от телесных наслаждений, от человеческой славы, от любостяжания, от рассеянной жизни, не будет предаваться гневу и печали, не обуяет его ни гордость, ни зависть; беспрепятственно будет он шествовать по пути заповедей Божиих к спасению, к обширному Богопознанию, доступному для одних чистых сердцем.

Вождь всех страстей – неверие. Оно отверзает вход в душу и сребролюбию, и честолюбию, и скверным вожделениям, и гневу, и печали, и исполнению зол – отчаянию.

Вождь и дверь всех истинных христианских добродетелей – вера.

Страсти живут тайно в людях, проводящих рассеянную, невнимательную жизнь; по большей части они удовлетворяются ими, по большей части не примечаются ими, по большей части оправдываются, – часто признаются за чистейшие, возвышеннейшие добродетели.

Один истинный христианин, постоянно внимающий себе, поучающийся в законе Господнем день и ночь, старающийся исполнять евангельские заповеди со всею тщательностью, может увидеть свои страсти. Чем более он очищается и преуспевает, тем более страсти обнаруживаются пред ним. Наконец пред взорами ума, исцеленного Евангелием, открывается страшная пропасть падения человеческого. Христианин видит в себе падение человечества, потому что видит свои страсти. Страсти

— знамение греховного смертоносного недуга, которым поражено все человечество.

В какое положение приводит христианина зрение страстей своих, своего падения? – Приводит в плач о себе, в плач горький, неутешный. Никакая земная радость не может остановить, прервать этого плача. Одна Божественная благодать останавливает его по временам, преподавая плачущему и растерзанному сердцу надежду спасения, духовное успокоение и небесное наслаждение, истекающие из мира Христова.

В какое положение приводит христианина открывшееся в нем действие страстей? – Оно восставляет его к усиленной брани против страстей. Подвижник Христов усугубляет свои молитвы, свой пост, свои бдения, свои коленопреклонения, и, показуя умственно бедствия свои Богу, ходатайствует неизреченным сокрушением и болезнью сердца о помиловании. «Аз же, – говорит Божественный Давид, – внегда они стужаху ми, облачахся во вретище, и смиряхся постом душу мою, и молитва моя в недро мое возвратится. Плача и сетуя тако смиряхся» (*Пс. 34:13–14*).

Чем обнаруживаются страсти? – Помыслами, мечтаниями и ощущениями греховными. Помыслы и мечтания иногда внезапно являются уму, иногда татебным образом подкрадываются к нему; подобно этому возникают и ощущения в сердце и теле. Греховные помыслы, мечтания и ощущения влекут к совершению греха на самом деле, или, по крайней мере, к услаждению и пленению греховными помыслами, мечтаниями, ощущениями, к совершению греха в воображении и чувстве.

Подвижник Христов должен отречься не только от совершения греха делом, но и от совершения его в воображении и чувстве. Каждая страсть усиливается от услаждения ею, от исполнения беззаконных требований и представлений ее тайными душевными движениями. Страсть, исполненная на самом деле, или насажденная в душу долговременным сочувствием ей и питанием ее, получает владычество над человеком. Нужно много времени, нужен кровавый подвиг, нужно особенное Божие милосердие, особенная Божия помощь, чтоб свергнуть иго страсти, принятой произвольно, получившей власть над человеком, или от падения человека в смертный грех, или от преступного, произвольного наслаждения грехом в сокровенном душевном чертоге, посвященном Христу.

Невозможно, чтоб страсти, живущие внутри человека, не обнаруживались в его помышлениях, словах и действиях. Эти обнаружения страстей, когда сопровождаются каким бы то ни было увлечением, называются и признаются падениями[528] на поприще истинного христианского подвижничества, стремящегося к совершенству. Врачуются они немедленным покаянием.

Такие падения – неотъемлемая принадлежность ветхости ветхого Адама: человеческого естества, падшего и зараженного грехом. Особливо новоначальный подвижник не может не увлекаться греховными помыслами, мечтаниями и ощущениями; он не может не согрешать греховными помыслами, мечтаниями и ощущениями; он не может не согрешать словом и самым делом. Согрешения эти врачуются немедленным покаянием.

Не говорится здесь о падениях в смертные грехи и о произвольно греховной жизни, которая вся – падение: здесь говорится о падениях легких от немощи, называемых грехами простительными, от которых и самые праведники не были вовсе свободны.

Свидетельствует Писание: «седмерицею падет праведник, и восстанет» покаянием (*Притч.24:16*). Соответственно очищению покаянием уменьшаются увлечения, но вместе они делаются утонченнее, неприметнее, обольщают и обманывают иногда мужей, исполненных Божественной благодати (*1Пар.21:1*). Увлечения эти охраняют от превозношения, служат причиною смирения, удерживают на спасительной пажити покаяния[529].

Смотря на себя из такого познания себя, должно хранить мир душевный, никак не смущаться и не унывать, не приходить в недоумение, когда откроется в нас действие страстей. Иногда действие это бывает легким, иногда очень сильным. Мужественно воспротивимся страстям.

Не престанут они восставать и нападать на нас до гробовой доски! И мы приготовимся к пожизненному сопротивлению им, в твердом убеждении, что не можем быть постоянными победителями страстей, что по естественной необходимости мы должны подвергаться невольным побеждениям, что самые эти побеждения споспешествуют преуспеянию, когда поддерживают и усиливают в нас покаяние и рождающееся из него смирение.

Не будем доверять нашим победам над страстями, не будем восхищаться этими победами. Страсти, подобно орудующим ими демонам, лукавы: они представляются побежденными, чтоб мы превознеслись, и чтоб по причине нашего превозношения победа над нами была удобнее и решительнее.

Приготовимся смотреть на наши победы и побеждения одинаково: мужественно, хладнокровно, беспристрастно.

Увлекся ли ты мечтаниями греховными, усладился ли греховными помыслами, произнес ли праздное, безрассудное слово, употребил ли много пищи, или сделал что другое, подобное этому, – не возмущайся, не малодушествуй, не прилагай вреда ко вреду[530]. Покайся немедленно пред сердцеведцем – Богом, старайся исправиться и усовершенствоваться, убедись в необходимости строжайшего наблюдения за собою, и, сохраняя спокойствие души, с твердостью и настойчивостью продолжай духовный путь твой.

Спасение наше – Бог наш, не наши дела. Делами веры, то есть исполнением евангельских заповедей, мы доказываем истину нашей веры и верность нашу Богу.

Не обращай внимания на помыслы ложного смирения, которые по увлечении и падении твоем внушают тебе, что ты невозвратно прогневал Бога твоего, что Бог отвратил лице Свое от тебя, оставил, забыл тебя. Познай источник этих помыслов по плодам их. Их плоды: уныние, ослабление в духовном подвиге, а часто и оставление его навсегда или на продолжительное время.

Если человекам доступно познание, что каждому подвижнику на продолжительном и многотрудном поприще духовного подвига непременно предлежат и победы и побеждения, что невозможно ограниченности, немощи, греховности нашим не выражаться проявлениями, тем более ведает это Создатель наш и установитель подвига – Бог. С милосердием взирает Он на преткновения Своего подвижника, и за великодушное постоянство и верность готовит ему венец правды, победы, славы.

Вожделенна чистота сердца и тела! Ею зрится Бог (*Мф. 5:8*). Чистота эта приобретается постоянным и многотрудным подвигом против нечистоты. Для вступления в подвиг против нечистоты необходимо, чтоб она открылась пред взорами ума. Открывается она помыслами, мечтаниями, ощущениями плотскими. Никогда не боровшийся против нечистоты, неведающий ее, признающий себя чистым, находится в самом опасном самообольщении, способен неожиданно для себя и внезапно низвергнуться в пропасть смертных согрешений: нечистота есть неотъемлемая принадлежность падшего естества, а чистота – дар благодати Божией, привлекаемый правильным трудом человека к очищению себя.

Величайшая разница – согрешать намеренно, по расположению к греху, и согрешать по увлечению и немощи, при расположении благоугождать Богу. Величайшая разница – проводить греховную жизнь, проводить жизнь, удовлетворяя всем пожеланиям, всем страстям своим, и претыкаться по причине немощи, ограниченности, по причине греховной заразы, шествуя по пути Божию.

Опасно преждевременное бесстрастие! опасно преждевременное получение наслаждения Божественною благодатью. Дары сверхъестественные могут погубить подвижника, ненаученного немощи своей падениями, неопытного в жизни, неискусного в борьбе с греховными помыслами, неознакомленного подробно с лукавством и злобою демонов, с удобоизменяемостью человеческого естества. Человек свободен в избрании добра и зла; хотя бы этот человек и был сосудом Божественной благодати: он может злоупотребить самою благодатью Божиею. По причине ее он может превознестись над ближними; по причине ее он может подвергнуться самонадеянности, последствием самонадеянности обыкновенно бывает нерадение, ослабление в подвиге, оставление его. Вслед за нерадением внезапно, неистово восстают плотские вожделения в душе и теле освященных, увлекают подобно бурному потоку, низвергают в пропасть блудных поползновений, часто в самую смерть душевную.

Человеколюбец – Бог, «Иже всем человекам хощет спастися, и в разум истины приити» (*1Тим.2:4*), попустил служителям Своим, попустил возлюбленным Своим, на все время земного странствования их, борьбу с внешними и внутренними скорбями. Борьба со страстями и страданиями, прозябающими из этой борьбы, несравненно тягостнее всех искушений извне. Томление и подвиг, в которые возводится христианин невидимою, внутреннею борьбою, восходит значением своим к подвигу мучеников. «Дай кровь и приими Дух», повторяем изречение Отцов, ознакомившихся опытно с этою борьбою. Иго такого подвига несут одни тщательные исполнители заповедей Евангелия, одни истинные служители Христа. «Исполнение заповедей научает человека его немощи», сказал преподобный Симеон[531]. На познании и сознании немощи зиждется все здание спасения.

Странный ход дела для поверхностного взгляда! «Исполнение заповедей научает человека его немощи». Но это – слова опыта. Только при тщательном исполнении заповедей Христовых человек может увидеть множество страстей своих; только при тщательном исполнении заповедей Христовых человек может убедиться в совершенном бессилии ветхого Адама для деятельности нового, в справедливости определения, произнесенного духовным законом, определения, что этот закон может быть исполнен единственно щедротами Христовыми[532].

Во всемогущей деснице Промысла самый грех, живущий внутри человека, объявший все существо его, объявший все члены души и тела, содействует его преуспеянию, если этот человек – истинный христианин.

Нищета духовная, сознание своего падения, сознание необходимости в Искупителе, стремление всем существом к исповеданию искупившего нас Сына Божия и Бога, Господа нашего Иисуса Христа – плоды борьбы со страстями. Эти плоды – залог вечного блаженства.

Нищета духовная, падение человечества, живое исповедание Искупителя неизвестны сыну века сего. Он работает страстям, признает в себе обилие достоинств, видит добродетели, – и, или ничего не ожидает на небе, не помышляя никогда о небе, или ожидает там наград, как долга, ожидает по причине глубокого неведения о единственной добродетели, награждаемой на небе. Добродетель эта – христианство.

Раб Божий, исполняя евангельские заповеди, более и более открывает в себе страсти, и в то время, как благодать Святого Духа образует в нем блаженные духовные состояния, нищету духа, плач, кротость, милость, целомудрие, духовный разум, он признает себя грешником из грешников, несоделавшим никакого добра, виновным в бесчисленных согрешениях, достойным вечной муки в геенне огненной за непрестанное нарушение заповедей Божиих.

Святые Отцы, видя в себе прозябающим плод духовный от борьбы со страстями, не желали прекращения этой борьбы; они желали претерпевать в ней доблественно, великодушно[533]. Блаженные! они не искали другого совершенства, кроме совершенства в смирении; они не искали обрести надежду спасения в чем-либо своем, искали обрести ее во Христе. Где нет смирения, там нет христианских добродетелей, а где истинное смирение, там все добродетели во всей полноте их; там – Христос; там страсти и орудующий ими «враг» диавол «ничтоже успеют» на служителя Христова, «и сын беззакония», грех, «не преложит озлобити его» (*Пс.88:23*).

Последуем стопам Отцов, – и достигнем в пристань вечного блаженства. Аминь.

О ИСТИННОМ И ЛОЖНОМ СМИРЕННОМУДРИИ

«Никтоже вас да прельщает изволенным ему смиренномудрием» (*Кол.2:18*), сказал Святой Апостол Павел.

Истинное смиренномудрие состоит в послушании и последовании Христу (*Флп.2:5–8*).

Истинное смиренномудрие – духовный разум. Оно – дар Божий; оно – действие Божественной благодати в уме и сердце человека.

Может быть и произвольное смиренномудрие: его сочиняет для себя душа тщеславная, душа, обольщенная и обманутая лжеучением, душа, льстящая самой себе, душа, ищущая лести от мира, душа, всецело устремившаяся к земному преуспеянию и к земным наслаждениям, душа, забывшая о вечности, о Боге.

Произвольное, собственного сочинения смиренномудрие состоит из бесчисленных разнообразных ухищрений, которыми человеческая гордость старается уловить славу смиренномудрия от слепотствующего мира, от мира, любящего свое, от мира, превозносящего порок, когда порок облечен в личину добродетели, от мира, ненавидящего добродетель, когда добродетель предстоит взорам его в святой простоте своей, в святой и твердой покорности Евангелию.

Ничто так не враждебно смирению Христову, как смиренномудрие своевольное, отвергшее иго послушания Христу, и под покровом лицемерного служения Богу святотатственно служащее сатане.

Если мы будем непрестанно смотреть на грех свой, если будем стараться о том, чтоб усмотреть его подробно, то не найдем в себе никакой добродетели, не найдем и смиренномудрия.

Истинным смирением прикрывается истинная, святая добродетель: так закрывает целомудренная дева покрывалом красоту свою; так закрывается Святая Святых завесою от взоров народа.

Истинное смиренномудрие – характер евангельский, нрав евангельский, образ мыслей евангельский.

Истинное смирение – Божественное таинство: оно недоступно для постижения человеческого. Будучи высочайшею премудростью, оно представляется буйством для плотского разума.

Божественное таинство смирения открывает Господь Иисус верному ученику Своему, непрестанно приседящему у ног Его и внимающему Его животворящим глаголам. И открытое, оно пребывает сокровенным: оно неизъяснимо словом и языком земным. Оно для плотского разума непостижимо; непостижимо постигается разумом духовным, и, постиженное, пребывает непостижимым.

Смирение – жизнь небесная на земле.

Благодатное, дивное видение величия Божия и бесчисленных благодеяний Божиих человеку, благодатное познание Искупителя, последование Ему с самоотвержением, видение погибельной бездны, в которую ниспал род человеческий, – вот невидимые признаки смирения, вот первоначальные чертоги этой духовной палаты, созданной Богочеловеком.

Смирение не видит себя смиренным. Напротив того оно видит в себе множество гордости. Оно заботится о том, чтоб отыскать все ее ветви; отыскивая их, усматривает, что и еще надо искать очень много.

Преподобный Макарий Египетский, нареченный Церковью Великим, за превосходство своих добродетелей, особливо за глубокое смирение, Отец знаменоносный и Духоносный, сказал в своих возвышенных, святых, таинственных беседах, что самый чистый и совершенный человек имеет в себе нечто гордое[534].

Этот угодник Божий достиг высшей степени христианского совершенства, жил во времена, обильные святыми, видел величайшего из святых иноков Антония Великого, – и сказал, что он не видел ни одного человека, который бы вполне и в точном смысле слова мог быть назван совершенным[535].

Ложное смирение видит себя смиренным: смешно и жалостно утешается этим обманчивым, душепагубным зрелищем.

Сатана принимает образ светлого Ангела; его апостолы принимают образ Апостолов Христовых (*2Кор.11:13–14*); его учение принимает вид учения Христова; состояния, производимые его обольщениями, принимают вид состояний духовных, благодатных: гордость его и тщеславие, производимые ими самообольщение и прелесть принимают вид смирения Христова.

Ах! куда скрываются от несчастных мечтателей, от мечтателей, бедственно-довольных собою, своими состояниями самообольщения, от мечтателей, думающих наслаждаться и блаженствовать, куда скрываются от них слова Спасителя: «Блажени плачущии ныне, блажени алчущии ныне», и «горе вам, насыщеннии ныне, горе вам смеющимся ныне» (*Лк.6:21, 25*).

Посмотри попристальнее, посмотри беспристрастно на душу твою, возлюбленнейший брат! Не вернее ли для нее покаяние, чем наслаждение! не вернее ли для нее плакать на земле, в этой юдоли горестей, назначенной именно для плача, нежели сочинять для себя безвременные, обольстительные, нелепые, пагубные наслаждения!

Покаяние и плач о грехах доставляют вечное блаженство: это известно; это достоверно; это возвещено Господом. Почему же тебе не погрузиться в эти святые состояния, не пребывать в них, а сочинять себе наслаждения, насыщаться ими, удовлетворяться ими, ими истреблять в себе блаженную алчбу и жажду правды Божией, блаженную и спасительную печаль о грехах твоих и о греховности.

Алчба и жажда правды Божией – свидетели нищеты духа: плач – выражение смирения, его голос. Отсутствие плача, насыщение самим собою и наслаждение своим, мнимо-духовным состоянием – обличают гордость сердца.

Убойся, чтоб за пустое, обольстительное наслаждение, не наследовать вечного горя, обещанного Богом, для насыщенных ныне самовольно, в противность воле Божией.

Тщеславие и чада его – ложные наслаждения духовные, действующие в душе, не проникнутой покаянием, созидают призрак смирения. Этим призраком заменяется для души истинное смирение. Призрак истины, заняв собою храмину души, заграждает для самой Истины все входы в душевную храмину.

Увы, душа моя, Богозданный храм истины! – приняв в себя призрак истины, поклонившись лжи вместо Истины, ты соделываешься капищем!

В капище водружен идол: «мнение» смирения. «Мнение смирения» – ужаснейший вид гордости. С трудом изгоняется гордость, когда человек и признает ее гордостью; но как он изгонит ее, когда она кажется ему его смирением?

В этом капище горестная мерзость запустения! В этом капище разливается фимиам кумирослужения, воспеваются песнопения, которыми увеселяется ад. Там помыслы и чувства душевные вкушают воспрещенную снедь идоложертвенную, упиваются вином, смешанным с отравою смертоносною. Капище, жилище идолов и всякой нечистоты, недоступно не только для Божественной благодати, для дарования духовного, – недоступно ни для какой истинной добродетели, ни для какой евангельской заповеди.

Ложное смирение так ослепляет человека, что вынуждает его не только думать о себе, намекать другим, что он смирен, но открыто говорить это, громко проповедовать[536].

Жестоко насмехается над нами ложь, когда обманутые ею, мы признаем ее за истину.

Благодатное смирение невидимо, как невидим – податель его Бог. Оно закрыто молчанием, простотою, искренностью, непринужденностью, свободою.

Ложное смирение – всегда с сочиненною наружностью: ею оно себя публикует.

Ложное смирение любит сцены: ими оно обманывает и обманывается. Смирение Христово облечено в хитон и ризу (*Ин.19:24*), в одежду, самую безыскусственную: покровенное этою одеждою, оно не узнается и не примечается человеками.

Смирение – залог в сердце, святое, безыменное сердечное свойство, Божественный навык, рождающийся неприметным образом в душе, от исполнения евангельских заповедей[537].

Действие смирения можно уподобить действию страсти сребролюбия. Зараженный недугом веры и любви к тленным сокровищам, чем более накопляет их, тем делается к ним жаднее и ненасытнее. Чем он более богатеет, тем для себя самого представляется беднее, недостаточнее. Так и водимый смирением, чем более богатеет добродетелями и духовными дарованиями, тем делается скуднее, ничтожнее пред собственными взорами.

Это – естественно. Когда человек не вкусил еще высшего добра, тогда собственное его добро, оскверненное грехом, имеет пред ним цену. Когда же он причастится добра Божественного, духовного, тогда без цены пред ним его добро собственное, соединенное, перемешанное со злом.

Дорог для нищего мешец медниц, собранных им в продолжительное время с трудом и утомлением. Богач неожиданно высыпал в его недра несметное число чистых червонцев, и нищий кинул с презрением мешец с медницами, как бремя, только тяготящее его.

Праведный, многострадальный Иов, по претерпении лютых искушений, сподобился Боговидения. Тогда он сказал Богу во вдохновенной молитве: «Слухом убо уха слышах Тя первее, ныне же око мое виде Тя». – Какой же плод прозяб в душе праведника от Боговидения? «Темже», продолжает и заключает Иов свою молитву: «укорих себе сам, и истаях; и мню себе землю и пепел» (*Иов.42:5–6*).

Хочешь ли стяжать смирение? – Исполняй евангельские заповеди: вместе с ними будет вселяться в сердце твое, усваиваться ему, святое смирение, т.е. свойства Господа нашего Иисуса Христа.

Начало смирения – нищета духа; – средина преуспеяния в нем – превысший всякого ума и постижения мир Христов; конец и совершенство – любовь Христова.

Смирение никогда не гневается, не человекоугодничает, не предается печали, ничего не страшится.

Может ли предаться печали тот, кто заблаговременно признал себя достойным всякой скорби?

Может ли устрашиться бедствий тот, кто заблаговременно обрек себя на скорби, кто смотрит на них, как на средство своего спасения?

Возлюбили угодники Божии слова благоразумного разбойника, который был распят близ Господа. Они при скорбях своих обыкли говорить: «Достойное по делам нашим восприемлем; помяни нас, Господи... во Царствии Твоем» (*Лк.23:41–42*). Всякую скорбь они встречают признанием, что они достойны ее[538].

Святой мир входит в сердца их за словами смирения! он приносит чашу духовного утешения и к одру болящего, и в темницу к заключенному в ней, и к гонимому человеками, и к гонимому бесами.

Чаша утешения приносится рукою смирения и распятому на кресте; мир может принести ему только «оцет с желчию смешан» (*Мф.27:34*).

Смиренный неспособен иметь злобы и ненависти: он не имеет врагов. Если кто из человеков причиняет ему обиды, – он видит в этом человеке орудие правосудия, или промысла Божия.

Смиренный предает себя всецело воле Божией.

Смиренный живет не своею собственною жизнью, но Богом.

Смиренный чужд самонадеянности, и потому он непрестанно ищет помощи Божией, непрестанно пребывает в молитве.

Ветвь плодоносная нагибается к земле, пригнетаемая множеством и тяжестью плодов своих. Ветвь бесплодная растет к верху, умножая свои бесплодные побеги.

Душа, богатая евангельскими добродетелями, глубже и глубже погружается в смирение и в глубинах этого моря находит драгоценные перлы: дары Духа.

Гордость – верный знак пустого человека, раба страстей, знак души, к которой учение Христово не нашло никакого доступа.

Не суди о человеке по наружности его; по наружности не заключай о нем, что он горд, или смирен. «Не судите на лица, но от плод их познаете их» (*Ин.7:24*; *Мф.7:16*.). Господь велел познавать людей из действий их, из поведения, из последствий, которые вытекают из их действий.

«Вем аз гордость твою и злобу сердца твоего» (*1Цар.17:28*), говорил Давиду ближний его; но Бог засвидетельствовал о Давиде: «обретох Давида раба Моего, елеем святым Моим помазах его» (*Пс.88:21*). «Не тако зрит человек, яко зрит Бог: яко человек зрит на лице, Бог же зрит на сердце» (*1Цар.16:7*).

Слепые судьи часто признают смиренным лицемера и низкого человекоугодника: он – бездна тщеславия.

Напротив того для этих невежественных судей представляется гордым не ищущий похвал и наград от человеков, и потому не пресмыкающийся пред человеками, а он – истинный слуга Божий; он ощутил славу Божию, открывающуюся одним смиренным, ощутил смрад славы человеческой, и отвратил от нее и очи и обоняние души своей.

Что значит веровать? спросили одного великого угодника Божия. Он отвечал: «Веровать – значит пребывать в смирении и милости»[539].

Смирение надеется на Бога – не на себя и не на человеков: и потому оно в поведении своем просто, прямо, твердо, величественно. Слепотствующие сыны мира называют это гордостью.

Смирение не дает никакой цены земным благам, в очах его – велик Бог, велико – Евангелие. Оно стремится к ним, не удостоивая тление и суету ни внимания, ни взора. Святую хладность к тлению и суетности сыны тления, служители суетности, называют гордостью.

Есть святой поклон от смирения, от уважения к ближнему, от уважения к образу Божию, от уважения ко Христу в ближнем. И есть поклон порочный, поклон корыстный, поклон человекоугодливый и вместе человеконенавистный, поклон богопротивный и богомерзкий: его просил сатана у Богочеловека, предлагая за него все царствия мира и славу их (*Лк.4:7*).

Сколько и ныне поклоняющихся для получения земных преимуществ! Те, которым они поклоняются, похваляют их смирение.

Будь внимателен, наблюдай: покланяющийся тебе, поклоняется ли из уважения к человеку, из чувств любви и смирения? или же его поклон только потешает твою гордость, выманивает у тебя какую-нибудь выгоду временную?

Великий земли! вглядись: пред тобою пресмыкаются тщеславие, лесть, подлость! Они, когда достигнут своей цели, над тобой же будут насмехаться, предадут тебя при первом случае. Щедрот твоих никогда не изливай на тщеславного: тщеславный сколько низок пред высшим себя, столько нагл, дерзок, бесчеловечен с низшими себя[540]. Ты познаешь тщеславного по особенной способности его к лести, к услужливости, ко лжи, ко всему подлому и низкому.

Пилат обиделся Христовым молчанием, которое ему показалось гордым. Мне ли, сказал он, не отвечаешь? или не знаешь, что имею власть отпустить тебя и власть распять тебя (*Ин.19:10*). Господь объяснил свое молчание явлением воли Божией, которой Пилат, думавший действовать самостоятельно, был только слепым орудием. Пилат от собственной гордости был неспособен понять, что ему предстояло всесовершенное смирение: вочеловечившийся Бог.

Высокая душа, душа с надеждою небесною, с презрением к тленным благам мира, неспособна к мелкой человекоугодливости и низкопоклонности. Ошибочно называешь ты эту душу гордою, потому что она не удовлетворяет требованию страстей твоих. Аман! Почти благословенную, Богоугодную гордость Мардохея! Эта, в очах твоих гордость – святое смирение[541].

Смирение – учение евангельское, евангельская добродетель, таинственная одежда Христова, таинственная сила Христова. Облеченный в смирение Бог явился человекам, и кто из человеков облечется во смирение, соделывается Богоподобным[542].

«Аще кто хощет по Мне ити, – возвещает святое Смирение: да отвержется себе и возмет крест свой, и по Мне грядет» (*Мф.16:24*). Иначе невозможно быть учеником и последователем Того, Кто смирился до смерти, до смерти крестной. Он воссел одесную Отца. Он Новый Адам, Родоначальник святого племени избранных. Вера в Него вписывает в число избранных: избрание приемлется святым смирением, запечатлевается святою любовью. Аминь.

ЧАША ХРИСТОВА

Просили у Господа два возлюбленные Его ученика престолов славы, – Он даровал им «Чашу свою» (*Мф.20:23*).

Чаша Христова – страдания.

Чаша Христова доставляет на земле причастникам своим участие в благодатном царстве Христовом, приготовляет для них на Небе престолы вечной славы.

Все мы безответны пред Чашею Христовою; никто не может жаловаться на нее, отказываться от нее: потому что Заповедавший вкушение ее Сам прежде всех испил ее.

Древо познания добра и зла! убило ты в раю родоначальников наших, обольстив их прелестями чувственного наслаждения и прелестями разума. Христос, Искупитель погибших, принес на землю, к падшим и изгнанникам, Свою спасительную Чашу. Горечью этой Чаши истребляется в сердце преступное, убийственное наслаждение греховное; смирением, обильно из нее точащимся, умерщвляется гордый плотский разум; пьющему ее с верою и терпением возвращается живот вечный, отнятый и отнимаемый у нас вкушением плода запрещенного.

Чашу Христову, «чашу спасения прииму!» (*Пс.115:4*).

Принимается Чаша, когда христианин переносит скорби земные со смиренномудрием, заимствуемым из Евангелия.

Святой Петр устремился с обнаженным мечом на защиту Богочеловека, окруженного злодеями: но кротчайший Господь Иисус сказал Петру: «вонзи нож в ножницу, чашу, юже даде Мне Отец, не имам ли пити ея?» (*Ин.18:11*).

И ты, когда окружат тебя напасти, говори в утешение и укрепление души твоей: «чашу, юже даде мне Отец, не имам ли пити ея?»

Горька Чаша; при одном взоре на нее теряются все человеческие соображения. Замени соображения верою, и выпей мужественно горькую Чашу: ее подает тебе Отец всеблагий и премудрый.

Не фарисеи, не Каиафа, не Иуда приготовили ее, не Пилат и его воины подают ее! «Чашу, юже даде мне Отец, не имам ли пити ея?»

Злоумышляют фарисеи, предает Иуда, Пилат повелевает беззаконное убийство, совершают его воины игемона. Все они приготовили себе верную погибель злодеяниями своими; ты не приготовь себе погибели, столько же верной, памятозлобием, желанием и мечтанием мести, негодованием на врагов твоих.

Отец Небесный всемогущ, всевидящ: Он видит твои скорби, – и если б находил, что нужно и полезно отвратить от тебя Чашу, то сделал бы это непременно.

Господь, – свидетельствуют и Писание и Церковная История, – во многих случаях попускал скорби возлюбленным Своим, и во многих случаях отклонял скорби от возлюбленных Своих, сообразно непостижимым судьбам Своим.

Когда явится пред тобою Чаша, – не гляди на человеков, которые подают ее тебе; возведи взоры твои к Небу и скажи: «Чашу, юже даде мне Отец, не имам ли пити ея?»

«Чашу спасения прииму». Не могу отвергнуть Чаши – залога небесных, вечных благ. Наставляет меня терпению Апостол Христов: «многими скорбьми, – говорит он, – подобает нам внити в Царствие Божие» (*Деян.14:22*). Неужели мне отвергнуть Чашу – средство к достижению, к развитию в себе этого царства! Приму Чашу – дар Божий.

Чаша Христова – дар Божий. «Вам даровася, – писал великий Павел Филиппийцам, – еже о Христе, не токмо еже в Него веровати, но и еже по Нем страдати» (*Флп.1:29*).

Ты принимаешь Чашу, по-видимому, из рук человеческих. Что тебе за дело, праведно ли поступают эти человеки, или беззаконно? Твое дело – поступить праведно, по обязанности последователя Иисусова: с благодарением Богу, с живою верою принять Чашу, и мужественно, до дна выпить ее.

Принимая Чашу из рук человеческих, вспомни, что она – Чаша не только Невинного, но и Всесвятого. Вспомнив это, повтори о себе и о подобных тебе страдальцах-грешниках, слова блаженного и благоразумного грешника, которые он произнес, будучи распят одесную распятого Богочеловека: «мы... достойная по делом наю восприемлева... Помяни мя, Господи, егда приидеши во Царствии си» (*Лк.23:41–42*).

Потом, обратясь к людям, скажи им (если ж они не в состоянии понять и принять слов твоих, то, не пометая честных жемчужин смирения под ноги немогущих оценить их, скажи мыслию и сердцем): «благословенны вы, орудия правды и милости Божией, благословенны от ныне и до века!»

Этим только исполнишь заповедь Евангелия, которая говорит: «Любите враги ваши, благословите кленущия вы» (*Мф.5:44*).

Помолись о них Господу, чтоб за нанесенные тебе оскорбления и обиды было воздано им временными и вечными наградами, чтоб совершенное над тобою было вменено совершавшим, на суде Христовом, в добродетель.

Хотя б сердце твое и не хотело поступать так, принуждай его: потому что одни насилующие свое сердце к исполнению Евангельских заповедей могут наследовать Небо (*Мф.11:12*).

Если не хочешь так поступать, то не хочешь быть последователем Господа Иисуса Христа. Тщательно вникни в себя, и осмотрись: не нашел ли ты другого учителя, не подчинился ли ему? Учитель ненависти – диавол.

Ужасное преступление – обижать, притеснять ближних; ужаснейшее преступление – убийство. Но кто ненавидит своего гонителя, клеветника, предателя, убийцу, памятозлобствует на них, мстит им, того грех очень близок к их греху. Всуе себе и другим представляется он праведником. «Всяк ненавидяй брата своего, человекоубийца есть» (*1Ин.3:15*), возвестил возлюбленный ученик Христов.

Живая вера в Христа наставляет принимать Чашу Христову: а Чаша Христова вливает в сердца причастников своих надежду на Христа; надежда на Христа подает сердцу крепость и утешение.

Какая мука, какая адская мука – жаловаться, роптать на предопределенную свыше Чашу!

Грешны пред Богом ропот, нетерпеливость, малодушие, особливо же отчаяние – уродливые чада преступного неверия.

Грешен ропот на ближних, когда они – орудия наших страданий, тем грешнее он, когда Чаша нисходит к нам прямо с Неба, от десницы Божией.

Кто пьет Чашу с благодарением Богу, с благословением ближних: тот достиг в священный покой, в благодатный мир Христов, отселе уже наслаждается в духовном раю Божием.

Ничего не значат сами по себе временные страдания: мы даем им значение нашею привязанностью к земле и всему тленному, нашею холодностью к Христу и вечности.

Ты терпишь горечь и отвратительный вкус лекарственных смешений; терпишь мучительное резание и жжение членов; терпишь продолжительное томление голодом, продолжительное заключение в комнате; терпишь все это для возвращения потерянного здоровья телу, которое, исцелев, опять непременно заболит, непременно умрет и истлеет. Потерпи же горечь Чаши Христовой, доставляющей исцеление и вечное блаженство бессмертной душе твоей.

Если Чаша кажется тебе невыносимою, смертоносною – этим она обличает тебя: называясь Христовым, ты не Христов.

Для истинных последователей Христовых Чаша Христова – чаша радостей. Так святые апостолы, после того, как были биты пред собранием старцев иудейских, «идяху, радующеся от лица собора, яко за имя Господа Иисуса сподобишася безчестие прияти» (*Деян. 5:41*).

Услышал праведный Иов горькие вести. Весть за вестью приходили ударять в его твердое сердце. Последнею из вестей была тягчайшая: сражение всех сынов и всех дщерей его насильственною, внезапною, лютою смертью. От сильной печали растерзал ризы свои праведный Иов, посыпал пеплом главу, – от действия жившей в нем покорной веры пал на землю, поклонился Господу и сказал: «наг изыдох от чрева матере моея, наг и отъиду тамо: Господь даде, Господь и отъят. Яко Господеви изволися, тако и бысть: буди имя Господне благословенно во веки!» (*Иов. 1:21*).

Вверься в простоте сердца Тому, у Кого и власы главы твоей сочтены: Он знает, какого размеру должна быть подана тебе целительная Чаша.

Смотри часто на Иисуса: Он – пред убийцами Своими как безгласный агнец пред стригущим его; Он предан смерти, как безответное овча на заколение. Не своди с Него очей – и растворятся твои страдания небесною, духовною сладостью; язвами Иисуса исцелятся язвы твоего сердца.

«Остановитесь!», сказал Господь хотевшим защитить Его в саду Гефсиманском, а пришедшему связать Его исцелил отрезанное ухо (*Лк. 22:51*).

«Или мнится ти, – возразил Господь покусившемуся отвратить от Него Чашу оружием, – яко не могу ныне умолити Отца Моего, и представит Ми вящше неже дванадесяте легеона Ангел?» (*Мф. 26:53*).

Во время напастей не ищи помощи человеческой; не трать драгоценного времени, не истощай сил души твоей на искание этой бессильной помощи. Ожидай помощи от Бога: по Его мановению, в свое время, придут люди и помогут тебе.

Молчал Господь пред Пилатом и Иродом, не произнес никакого оправдания. И ты подражай этому святому и мудрому молчанию, когда видишь, что судят тебя враги твои с намерением осудить непременно, судят только для того, чтоб личиною суда прикрыть свою злонамеренность.

Предшествуемая ли и предваряемая постепенно скопляющимися тучами, или внезапно, носимая свирепым вихрем, явится пред тобою Чаша, говори о ней Богу: «да будет воля Твоя».

Ты ученик, последователь и слуга Иисуса. Иисус сказал: «аще кто Мне служит, Мне да последствует, и идеже есмь Аз, ту и слуга Мой будет» (*Ин.12:26*). А Иисус провел земную жизнь в страданиях: Он был гоним от рождения до гроба; злоба, от самых пелен Его, уготовляла Ему смерть насильственную. Достигнув цели, она не насытилась: самую память Его она усиливалась искоренить с лица земли.

По стези временных страданий прошли в блаженную вечность вслед за Господом все избранники Его. Невозможно нам, пребывая в плотских наслаждениях, пребывать вместе с тем в состоянии духовном. Потому-то Господь непрестанно преподает возлюбленным Своим Чашу Свою, ею поддерживает в них мертвость для мира и способность жить жизнью Духа. Сказал преподобный Исаак Сирский: «познается человек, о котором особенно печется Бог, по непрестанно посылаемым ему печалям»[543].

Моли Бога, чтоб отклонил от тебя всякую напасть, всякое искушение. Не должно дерзостно бросаться в пучину скорбей: в этом самонадеянность гордая. Но когда скорби придут сами собою, – не убойся их, не подумай, что они пришли случайно, по стечению обстоятельств. Нет, они попущены непостижимым Промыслом Божиим. Полный веры и рождаемых ею мужества и великодушия, плыви бесстрашно среди мрака и воющей бури к тихому пристанищу вечности: тебя невидимо руководит Сам Иисус.

Благочестивым глубоким размышлением изучи молитву Господа, которую Он приносил Отцу в саду Гефсиманском в многотрудные часы, предшествовавшие Его страданиям и крестной смерти. Этою молитвою встречай и побеждай всякую скорбь. «Отче Мой, – молился Спаситель, – аще возможно есть, да мимо идет от Мене Чаша сия: обаче не якоже Аз хощу, но якоже Ты» (*Мф.26:39*).

Молись Богу о удалении от тебя напасти, и вместе отрекайся своей воли, как воли греховной, воли слепой; предавай себя, свою душу и тело, свои обстоятельства и настоящие и будущие, предавай близких сердцу ближних твоих воле Божией, всесвятой и премудрой.

«Бдите и молитеся, да не внидете в напасть: дух убо бодр, плоть же немощна» (*Мф.26:41*). Когда окружат скорби, нужно учащать молитвы, чтоб привлечь к себе особенную благодать Божию. Только при помощи особенной благодати можем попирать все временные бедствия.

Получив свыше дар терпения, внимательно бодрствуй над собою, чтоб сохранить, удержать при себе благодать Божию. Не то грех неприметно вкрадется в душу или тело, и отгонит от нас благодать Божию.

Если ж по небрежению и рассеянности впустишь в себя грех, особливо тот, к которому так склонна немощная плоть наша, который оскверняет и тело и душу, то благодать отступит от тебя, оставит тебя одиноким, обнаженным. Тогда скорбь, попущенная для твоего спасения и усовершения, сурово наступит на тебя, сотрет тебя печалью, унынием, отчаянием, как содержащего дар Божий без должного благоговения к дару. Поспеши искренним и решительным покаянием возвратить сердцу чистоту, а чистотою дар терпения: потому что он, как дар Духа Святого, почивает в одних чистых.

Святые мученики воспевали радостную песнь среди печи разженной, ходя по гвоздям, по острию мечей, сидя в котлах кипящей воды или масла. Так и твое сердце, привлекши к себе молитвою благодатное утешение, храня его при себе бдительностью над собою, будет воспевать, среди несчастий и бед лютых, радостную песнь хвалы и благодарения Богу.

Ум, очищенный Чашею Христовою, соделывается зрителем духовных видений: он начинает видеть всеобъемлющий, невидимый для плотских умов промысл Божий, видеть закон тления во всем тленном, видеть близкую всем, необъятную вечность, видеть Бога в великих делах Его – в создании и воссоздании мира. Жизнь земная представляется ему скороканчивающимся странствованием, события ее – сновидениями, блага ее – кратковременным обольщением очей, кратковременным, пагубным обольщением ума и сердца.

Какой плод временных скорбей, приносимый ими для вечности? Когда святому апостолу Иоанну было показано Небо, один из небожителей спросил его, указывая на бесчисленное собрание светоносных белоризцев, праздновавших пред престолом Божиим свое спасение и блаженство: «сии облеченнии в ризы белыя, кто суть, и откуду приидоша? – И рех ему, – говорит Иоанн Богослов: Господи, ты веси». Тогда сказал Богослову небожитель: «сии суть, иже приидоша от скорби великия и испраша ризы своя, и убелиша ризы своя в Крови Агнчи. Сего ради суть пред Престолом Божиим и служат Ему день и нощь в церкви Его: и Седяй на Престоле вселится в них. Не взалчут ктому, ниже вжаждут, не имать же пасти на них солнце, ниже всяк зной: яко Агнец, Иже посреде Престола, упасет я и наставит их на животныя источники вод, и отъимет Бог всяку слезу от очию их» (*Откр.7:13–17*).

Отчуждение от Бога, вечная мука в аде, вечное общение с диаволами и диаволоподобными людьми, пламень, хлад, мрак геенны – вот что достойно назваться скорбью! Это точно – скорбь великая, ужасная, нестерпимая.

К великой вечной скорби приводят земные наслаждения.

От этой скорби предохраняет, спасает Чаша Христова, когда пьющий ее пьет с благодарением Богу, со славословием всеблагого Бога, подающего человеку в горькой Чаше скорбей временных беспредельную, вечную Свою милость.

ПЛАЧ МОЙ

Какое слово поставлю в начале слов моего плача? какую первую мысль из печальных моих мыслей выражу словом? – Все они одинаково тяжки: каждая, когда предстанет уму, кажется тягчайшею; каждая кажется болезненнейшею для сердца, когда убодает, пронзает его. Стенания скопились в груди моей, теснятся в ней, хотят исторгнуться; но, предупреждаясь одно другим, возвращаются в грудь, производят в ней странное колебание. Обращу ли взоры ума на протекшие дни мои? это цепь обольщений, цепь грехов, цепь падений! – Взгляну ли на ту часть жизни, которая еще предлежит мне на поприще земного странствования? объемлет меня ужас: его производит немощь моя, доказанная мне бесчисленными опытами. Воззрю ли на душу мою? – нет ничего утешительного! вся она в греховных язвах; нет греха, которому бы она была непричастна; нет преступления, которым бы она себя не запечатлела! – Тело мое, бедное тело! обоняваю смрад твоего тления. «Тление нетления не наследствует» (*1Кор.15:50*). Жребий твой – по смерти в темнице гроба, по воскресении – в темнице ада! Какая участь ожидает мою душу, по разлучении ее с телом? благо было бы, если б предстал ей Ангел мирный и светлый, воспарил бы с нею в блаженные обители Едема. Но за что он предстанет? Какую добродетель, какой подвиг найдет в ней, достойные небожителей? Нет! скорее окружат ее полчища мрачных демонов, ангелов падших, найдут в ней сродство с собою, свое падение, свои свойства греховные, свою волю богопротивную, – отведут, увлекут ее в свои жилища, жилища вечной, лютой скорби, жилища вечного мрака и вместе огня неугасающего, жилища мук и стенаний непрерывных, бесконечных.

Таким вижу себя, и рыдаю. То тихо скудные капли слез, подобные каплям росы, лишь орошают зеницы очей моих; то крупный слезный дождь катится по ланитам на одежды, или ложе; то слезы вовсе иссыхают, – один болезненный плач объемлет душу. Плачу умом, плачу сердцем, плачу телом, плачу всем существом моим; ощущаю плач не только в груди моей, – во всех членах тела моего. Они странно и несказанно участвуют в плаче, болезнуют от него.

Душа моя! Прежде нежели наступило решительное, неотвратимое время перехода в будущность, позаботься о себе. Приступи, прилепись к Господу искренним, постоянным покаянием, – жительством благочестивым по Его всесвятым заповеданиям. Господь многомилостив, милостив бесконечно: Он приемлет всех прибегающих к Нему, очищает грехи грешников, исцеляет застаревшие, смердящие, смертельные язвы, дарует блаженство всем верующим в Него и повинующимся Ему. Рассмотри странствование твое земное с самого его начала, рассмотри великие благодеяния, излитые на тебя Богом, Ему вверь судьбу твою, ищи внедрить в себя Его святую волю, покорись Его всеблагим и премудрым определениям. Замечает Апостол: «Аще быхом себе разсуждали, не быхом осуждены были» (*1Кор.11:31*).

Никто, никто прежде моего сотворения не ходатайствовал пред Творцом моим, чтоб Он вызвал меня всемогущим велением в бытие из ничтожества. Одним ходатаем моим пред Богом была Его, совечная Ему, благость. Я родился, не зная, что я существую, – начал существовать, как бы несуществующий. Увы! я родился падшим, я начал жить уже умершим: «в беззакониях зачат есмь» и в смерти греховной «роди мя мати моя» (*Пс.50:7*). Жизнь и смерть были вместе началом моего существования. Я не знал, вполне не понимал, что я живу, что при жизни – мертв, при существовании – погибший.

Что за таинство – рождение человека во грехе? Как не живший – уже умер? не шедший – пал? ничего не делавший – согрешил? Как дети в ложеснах праотца, отделенные от него тысячелетиями, – участники его греха? Благоговейно взирает ум мой на судьбы Божии; не понимает их; испытывать не дерзает; но видит, удивляется им, – и славословит непостижимого, недоведомого Бога.

Мое рождение во грехе было бедствием, худшим самого небытия! Как не бедствие – родиться для скорбей скоротечной земной жизни, потом вечно существовать во тьме и мучениях ада! Нет за меня ходатаев; сам не имею сил исторгнуться из пропасти погибельной. Изъемлет меня оттуда десница Бога моего. Родив меня родителями моими для существования, Он рождает Собою во спасение: омывает от греховной скверны, обновляет Духом в водах крещения, принимает обеты верности моей из уст моего восприемника, нарекает на мне Свое Имя, запечатлевает Своею печатью, соделывает меня причастником Божества Своего, наследником Своего Царства. Совершаются надо мною чудеса, изливаются на меня неизреченные благодеяния в то время, как я ничего не чувствую, ничего не понимаю, не понимаю даже бытия моего. Призрел Ты на меня, Господь мой, когда я был немотствующим младенцем! Повитый пеленами, без разума, без способности к деянию, что принес я Тебе? как принял Ты обеты мои? как, приняв их, Ты излил дары Твои? Взирая на непостижимую благость Твою, прихожу в недоумение! И теперь не могу делать ничего более, как и сколько делал, бывши краткодневным младенцем: в молчании языка и ума, приношу Тебе младенческий плач и слезы без всякой мысли.

Что же я воздал за толикие благодеяния, излитые на меня в то время, как я не понимал их? – я продолжал не понимать их, не знать их. Взоры мои обратились к миру; утехи, служения временные посреди его, казались мне достоянием, назначением человека. Смерти не существовало для меня! земная жизнь представлялась мне вечною: так мысль о смерти была чужда уму моему.

Вечность!... в недозримую даль ее не пускались мои взоры! – Я знал догматы и учение святой Восточной Церкви, веровал им, но знание мое и вера были мертвые. В чем состояло падение человека, в чем состоит спасение его, какие их признаки, какие доказательства? – я не имел о том никакого опытного, живого знания. Я почитал заповедями Божиими одно ветхозаветное десятисловие, а заповедания Спасителя моего, всесвятые слова Его – одним нравоучением, последование которому и полезно и похвально, но не долг непременный. Таким образом несказанный дар благодати, данный при крещении, был завернут, как талант евангельский в убрусе незнания, закопан, глубоко сокрыт в землю, – в попечения о снискании преходящих знаний преходящего мира; засыпан, как прахом, помышлениями о преуспеянии и наслаждениях временных, о служении суете и темному свету суетного века.

Детство мое было преисполнено скорбей. Здесь вижу руку Твою, Боже мой! Я не имел кому открыть моего сердца: начал изливать его пред Богом моим, начал читать Евангелие и жития святых Твоих. Завеса, изредка проницаемая, лежала для меня на Евангелии; но Пимены Твои, Твои Сисои и Макарии производили на меня чудное впечатление. Мысль, часто парившая к Богу молитвою и чтением, начала мало-помалу приносить мир и спокойствие в душу мою. Когда я был пятнадцатилетним юношею, несказанная тишина возвеяла в уме и сердце моем. Но я не понимал ее, я полагал, что это – обыкновенное состояние всех человеков.

Таким вступил я в военную и вместе ученую службу, не по своему избранию и желанию. Тогда я не смел, не умел желать ничего: потому что не нашел еще Истины, еще не увидел Ее ясно, чтоб пожелать Ее! Науки человеческие, изобретения падшего человеческого разума, сделались предметом моего внимания: к ним я устремился всеми силами души; неопределенные занятия и ощущения религиозные оставались в стороне. Протекли почти два года в занятиях земных: родилась и уже возросла в душе моей какая-то страшная пустота, явился голод, явилась тоска невыносимая – по Боге. Я начал оплакивать нерадение мое, оплакивать то забвение, которому я предал веру, оплакивать сладостную тишину, которую я потерял, оплакивать ту пустоту, которую я приобрел, которая меня тяготила, ужасала, наполняя ощущением сиротства, лишения жизни! И точно – это было томление души, удалившейся от истинной жизни своей, Бога. Вспоминаю: иду по улицам Петербурга в мундире юнкера, и слезы градом льются из очей!.. Зачем теперь не плачу так! теперь нужнее мне слезы! Я преполовил жизнь мою: быстрее потекли дни, месяцы и годы; – несутся к гробу, откуда нет возвращения, за которым нет покаяния и исправления.

Понятия мои были уже зрелее; я искал в религии определительности. Безотчетные чувствования религиозные меня не удовлетворяли; я хотел видеть верное, ясное, Истину. В то время разнообразные религиозные идеи занимали и волновали столицу северную, препирались, боролись между собою. Ни та, ни другая сторона не нравились моему сердцу; оно не доверяло им, оно страшилось их. В строгих думах снял я мундир юнкера, и надел мундир офицера. Я сожалел о юнкерском мундире: в нем можно было, приходя в храм Божий, встать в толпе солдат, в толпе простолюдинов, молиться и рыдать сколько душе угодно. Не до веселий, не до развлечения было юноше! Мир не представлял мне ничего приманчивого: я был к нему так хладен, как будто мир был вовсе без соблазнов! Точно – их не существовало для меня: мой ум был весь погружен в науки, и вместе горел желанием узнать, где кроется истинная вера, где кроется истинное учение о ней, чуждое заблуждений и догматических и нравственных.

Между тем предстали взорам уже грани знаний человеческих в высших, окончательных науках. Пришедши к граням этим, я спрашивал у наук: «Что вы даете в собственность человеку? Человек вечен, и собственность его должна быть вечна. Покажите мне эту вечную собственность, это богатство верное, которое я мог бы взять с собою за пределы гроба! Доселе я вижу только знания, даемые, так сказать, на подержание, оканчивающиеся землею, немогущие существовать по разлучении души с телом. – К чему служит изучение математики? Предмет ее – вещество. Она открывает известный вид законов вещества, научает исчислять и измерять его, применять исчисления и измерения к потребностям земной жизни. Указывает она на существование величины бесконечной, как на идею, за пределами вещества. Точное познание и определение этой идеи логически невозможно для всякого разумного, но ограниченного существа. Указывает математика на числа и меры, из которых одни по значительной величине своей, другие по крайней малости, не могут подчиниться исследованию человека, указывает она на существование познаний, к которым человек имеет врожденное стремление, но к которым возвести его нет средств у науки. Математика только делает намек на существование предметов, вне объема наших чувств. – Физика и химия открывают другой вид законов вещества. До науки человек даже не знал о существовании этих законов. Открытые законы обнаружили существование других бесчисленных законов, еще закрытых. Одни из них не объяснены, несмотря на усилие человека к объяснению, другие и не могут быть объяснены по причине ограниченности сил и способностей человека. Кажется, говорил нам красноречивый и умный профессор Соловьев[544], произнося введение в химию, мы для того и изучаем эту науку, чтоб узнать, что мы ничего не знаем, и не можем ничего знать: такое необъятное поприще познаний открывает она пред взорами ума! так приобретенные нами познания на этом поприще ничтожны! Она с осязательною ясностью доказывает и убеждает, что вещество, хотя оно, как вещество, должно иметь свои границы, не может быть постигнуто и определено человеком, и по обширности своей, и по многим другим причинам. Химия следит за постепенным утончением вещества, доводит его до тонкости, едва доступной для чувств человеческих, в этом тонком состоянии вещества еще усматривает сложность и способность к разложению на составные части, более тонкие, хотя самое разложение уже невозможно. Человек не видит конца утончению вещества, так как и увеличению чисел и меры. Он постигает, что бесконечное должно быть и невещественным; напротив того все конечное должно по необходимости быть и вещественным. Но это – идея неопределенная; определено ее существование. Затем физика и химия вращаются в одном веществе, расширяют познания о употреблении его для временных, земных нужд человека и человеческого общества. Менее положительна, нежели упомянутые науки, философия, которою особенно гордится падший человек. Естественные науки непрестанно опираются на вещественный опыт, им доказывают верность принятых ими теорий, которые без этого доказательства не имеют места в науке. Философия лишена решительного средства к постоянному убеждению опытом. Множество различных систем, несогласных между собою, противоречащих одна другой, уже уличают человеческое любомудрие в неимении положительного знания Истины. Какой дан в философии простор произволу, мечтательности, вымыслам, велеречивому бреду, нетерпимым наукою точною, определенною! При всем том философия обыкновенно очень удовлетворена собою. С обманчивым светом ее входят в душу преизобильное самомнение, высокоумие, превозношение, тщеславие, презрение к ближним. Слепотствующий мир осыпает ее, как свою, похвалами и почестями. Довольствующийся познаниями, доставляемыми философией, не только не получает правильных понятий о Боге, о самом себе, о мире духовном; но, напротив того, заражается понятиями превратными, растлевающими ум, делающими его неспособным, как зараженного и поврежденного ложью, к общению с Истиною (*2Тим.3:8*). «По разуме мир премудростию Бога» (*1Кор.1:21*), говорит Апостол. «Мудрование плотское смерть есть,... мудрование плотское вражда на Бога: закону бо Божию не покоряется, ниже бо может» (*Рим.8:6–7*), потому что это не свойственно ему. «Братия, блюдитеся, да никтоже вас будет прельщая философиею и тщетною лестию, по преданию человеческому, по стихиям мира, а не по Христе, в Немже суть вся сокровища премудрости и разума сокровенна» (*Кол.2:8, 3*). Философия, будучи исчадием падения человеческого, льстит этому падению, маскирует его, хранит и питает. Она страшится учения Истины, как смертоносного приговора для себя (*1Кор.3:18*). Состояние, в которое приводится философией дух наш, есть состояние самообольщения, душепогибели, что вполне явствует из вышеприведенных слов Апостола, который повелевает всем, желающим стяжать истинное познание от Бога, отвергнуть знание, доставляемое любомудрием падшего человечества. «Никтоже себе да прельщает, – говорит он, – аще кто мнится мудр быти в вас в веце сем, буй да бывает, яко да премудр будет» (*1Кор.3:18*). Истинная философия (любомудрие) совмещается во едином учении Христовом. «Христос – Божия Премудрость» (*1Кор.1:24, 30*). «Без Христа нет правды, нет освящения, нет избавления, и всякая премудрость без Христа буйство есть. Всяк мудрец без Христа безумен есть, всяк праведник – грешен, всяк чистый нечист есть... Что наше собственное? – немощь, растление, тьма, злость, грехи»[545]. Кто ищет премудрости вне Христа, тот отрицается от Христа, отвергает премудрость, обретает и усвоивает себе лжеименный разум, достояние духов отверженных. О географии, геодезии, о языкознании, о литературе, о прочих науках, о всех художествах и упоминать не стоит: все они для земли; потребность в них для человека оканчивается с окончанием земной жизни, – большею частью гораздо ранее. Если все время земной жизни употреблю для снискания знаний, оканчивающихся с жизнью земною: что возьму с собою за пределы грубого вещества?... Науки! Дайте мне, если можете дать, что-либо вечное, положительное, дайте ничем неотъемлемое и верное, достойное назваться собственностью человека! – Науки молчали.

За удовлетворительным ответом, за ответом существенно нужным, жизненным, обращаюсь к вере. Но где ты скрываешься, вера истинная и святая? Я не мог тебя признать в фанатизме, который не был запечатлен Евангельскою кротостью; он дышал разгорячением и превозношением! я не мог тебя признать в учении своевольном, отделяющемся от Церкви, составляющем свою новую систему, суетно и кичливо провозглашающем обретение новой, истинной веры христианской, чрез осмнадцать столетий по воплощении Бога Слова[546]. Ах! в каком тяжком недоумении плавала душа моя! как она томилась ужасно! какие на нее восставали волны сомнений, рождавшиеся от недоверчивости к себе, от недоверчивости ко всему, что шумело, вопияло вокруг меня, – от незнания, невидения истины.

И начал я часто, со слезами, умолять Бога, чтоб Он не предал меня в жертву заблуждению, чтоб указал мне правый путь, по которому я мог бы направить к Нему невидимое шествие умом и сердцем. Внезапно предстает мне мысль... сердце к ней, как в объятия друга. Эта мысль внушала изучить веру в источниках – в писаниях святых Отцов. «Их святость, – говорила она мне, – ручается за их верность: их избери себе в руководители». – Повинуюсь. Нахожу способ получать сочинения святых угодников Божиих; с жаждою начинаю читать их, глубоко исследовать. Прочитав одних, берусь за других, читаю, перечитываю, изучаю. Что прежде всего поразило меня в писаниях Отцов Православной Церкви? – Это их согласие, согласие чудное, величественное. Осмнадцать веков, в устах их, свидетельствуют единогласно единое учение, учение Божественное! Когда в осеннюю, ясную ночь гляжу на чистое небо, усеянное бесчисленными звездами; столь различных размеров, испускающими единый свет, тогда говорю себе: таковы писания Отцов. Когда в летний день гляжу на обширное море, покрытое множеством различных судов с их распущенными парусами, подобными белым лебединым крылам, судов, бегущих под одним ветром, к одной цели, к одной пристани, тогда говорю себе: таковы писания Отцов. Когда слышу стройный многочисленный хор, в котором различные голоса в изящной гармонии поют единую песнь Божественную, тогда говорю себе: таковы писания Отцов. Какое между прочим учение нахожу в них? – Нахожу учение, повторенное всеми Отцами, учение, что единственный путь к спасению, – последование неуклонное наставлениям святых Отцов. «Видел ли ты, – говорят они, – кого прельщенного лжеучением, погибшего от неправильного избрания подвигов – знай: он последовал себе, своему разуму, своим мнениям, а не учению Отцов»[547], из которого составляется догматическое и нравственное предание Церкви. Им она, как бесценным имуществом, препитывает чад своих.

Мысль эта послана Богом, от Которого всякое даяние благо, от Которого и мысль благая, – начало всякого блага. Так утверждают Отцы, так явствует из самой сущности дела[548]. Мысль эта была для меня первым пристанищем в стране истины. Здесь душа моя нашла отдохновение от волнения и ветров. Мысль благая, спасительная! Мысль – дар бесценный всеблагого Бога, хотящего всем человекам спастись и прийти в познание истины! Эта мысль соделалась камнем основным для духовного созидания души моей! Эта мысль соделалась моею звездою путеводительницею! Она начала постоянно освещать для меня многотрудный и многоскорбный, тесный, невидимый путь ума и сердца к Богу. – Взглянул на религиозный мир из этой мысли, и увидел: причина всех заблуждений состоит в неведении, в забвении, в отсутствии этой мысли.

Таковы благодеяния, которыми ущедрил меня Бог мой! таково нетленное сокровище, наставляющее в блаженную вечность, ниспосланное мне свыше от горнего престола Божественной милости и Премудрости. Чем возблагодарю Благодетеля? – Разве только тем, что посвящу на исследование и искание Его, на служение Ему, всю земную жизнь мою! Но этим воздам ли благодарность? – лишь сделаю себе новое, величайшее благодеяние. Бог, Сам Бог, мыслью благою уже отделил меня от суетного мира. Я жил посреди мира, но не был на общем, широком, углажденном пути: мысль благая повела меня отдельною стезею, к живым, прохладным источникам вод, по странам плодоносным, по местности живописной, но часто дикой, опасной, пересеченной пропастями, крайне уединенной. По ней редко странствует путник.

Чтение Отцов с полною ясностью убедило меня, что спасение в недрах Российской Церкви несомненно, чего лишены религии западной Европы, как не сохранившие в целости ни догматического, ни нравственного учения первенствующей Церкви Христовой. Оно открыло мне, что сделал Христос для человечества; в чем состоит падение человека, почему необходим Искупитель, в чем заключается спасение, доставленное и доставляемое Искупителем. Оно твердило мне: должно развить, ощутить, увидеть в себе спасение, без чего вера во Христа – мертва, а христианство – слово и наименование без осуществления его! Оно научило меня смотреть на вечность, как на вечность, пред которой ничтожна и тысячелетняя земная жизнь, не только наша, измеряемая каким-нибудь полустолетием. Оно научило меня, что жизнь земную должно проводить в приготовлении к вечности, как в преддвериях приготовляются ко входу в великолепные царские чертоги. Оно показало мне, что все земные занятия, наслаждения, почести, преимущества – пустые игрушки, которыми играют и в которые проигрывают блаженство вечности взрослые дети. Что значит пред Христом все земное? пред Христом, всемогущим Богом, Который дает Себя в имение, в вечный дар и собственность пылинке – человеку?... Не стоит видимый мир, чтоб служить ему, и им заниматься! Чем он награждает слуг своих? Сперва игрушками; потом гробом, тлением, темною неизвестностью будущности, рыданием ближних и вскоре забвением ими. Другие награды у слуг Христовых: они проводят здешнюю жизнь в изучении истины, в образовании себя ею. Претворенные ею, – запечатлеваются Святым Духом, вступают в вечность, уже коротко ознакомленные с вечностью, приготовив себе блаженство в ней, извещенные в спасении: «Дух

Божий, – говорит Апостол, – вся испытует, и глубины Божия» (*1Кор.2:10*): знание их Он сообщает Своим причастникам. Это с полною ясностью излагают святые Отцы в своих священнолепных писаниях.

Охладело сердце к миру, к его служениям, к его великому, к его сладостному! Я решился оставить мир, жизнь земную посвятить для познания Христа, для усвоения Христу. С этим намерением начал рассматривать монастырское и мирское духовенство. И здесь встретил меня труд; его увеличивали для меня юность моя и неопытность. Но я видел все близко, и, по вступлении в монастырь, не нашел ничего нового, неожиданного. Сколько было препятствий для этого вступления! – Оставляю упоминать о всех; самое тело вопияло мне: «Куда ведешь меня? я так слабо и болезненно. Ты видел монастыри, ты коротко познакомился с ними: жизнь в них для тебя невыносима и по моей немощи, и по воспитанию твоему, и по всем прочим причинам». Разум подтверждал доводы плоти. Но был голос, голос в сердце, думаю, голос совести, или, может быть, Ангела хранителя, сказывавшего мне волю Божию: потому что голос был решителен и повелительный. Он говорил мне: «Это сделать – твой долг, долг непременный!» Так силен был голос, что представления разума, жалостные, основательные, по-видимому, убеждения плоти казались пред ним ничтожными. Без порыва, без горячности, как невольник, увлекаемый непреодолимым сердечным чувством, каким-то непостижимым и неизъяснимым призванием, вступил я в монастырь.

Вступил я в монастырь, как кидается изумленный, закрыв глаза и отложив размышление, в огонь или пучину – как кидается воин, увлекаемый сердцем, в сечу кровавую, на явную смерть. Звезда, руководительница моя, мысль благая, пришла светить мне в уединении, в тишине, или правильнее, во мраке, в бурях монастырских. По учению Отцов, жительство иноческое, единственно приличествующее нашему времени, есть жительство под руководством Отеческих писаний с советом преуспевших, современных братий; этот совет опять должно поверять по писанию Отцов. Отцы первых веков Церкви особенно советуют искать руководителя Боговдохновенного, ему предаться в совершенное, безусловное послушание, называют этот путь, каков он и есть, кратчайшим, прочнейшим, Боголюбезнейшим. Отцы, отделенные от времен Христовых тысячелетием, повторяя совет своих предшественников, уже жалуются на редкость Боговдохновенных наставников, на появившееся множество лжеучителей, и предлагают в руководство Священное Писание и Отеческие писания. Отцы, близкие к нашему времени, называют Боговдохновенных руководителей достоянием древности, и уже решительно завещавают в руководство Священное и святое Писание, поверяемый по этим Писаниям, принимаемый с величайшею осмотрительностью и осторожностью совет современных и сожительствующих братий. Я желал быть под руководством наставника; но не привелось мне найти наставника, который бы вполне удовлетворил меня, который был бы оживленным учением Отцов. Впрочем я слышал много полезного, много существенно нужного, обратившегося в основные начала моего душеназидания. Да упокоит Господь в месте злачном, в месте прохлады, в месте света и блаженства, почивших благодетелей души моей! Да дарует большее духовное преуспеяние и кончину благополучную текущим еще по поприщу земного странствования и тружества!

Скажу здесь о монастырях российских мое убогое слово, слово – плод многолетнего наблюдения. Может быть, начертанное на бумаге, оно пригодится для кого-нибудь! – Ослабела жизнь иноческая, как и вообще христианская; ослабела иноческая жизнь потому, что она находится в неразрывной связи с христианским миром, который, отделяя в иночество слабых христиан, не может требовать от монастырей сильных иноков, подобных древним, когда и христианство, жительствовавшее посреди мира, преизобиловало добродетелями и духовною силою. Но еще монастыри, как учреждение Святого

Духа, испускают лучи света на христианство; еще есть там пища для благочестивых; еще есть там хранение евангельских заповедей; еще там – строгое и догматическое и нравственное Православие; там, хотя редко, крайне редко, обретаются живые скрижали Святого Духа. Замечательно, что все духовные цветы и плоды возросли в тех душах, которые, в удалении от знакомства вне и внутри монастыря, возделали себя чтением Писания и святых Отцов, при вере и молитве, одушевленной смиренным, но могущественным покаянием. Где не было этого возделания, там – бесплодие.

В чем состоит упражнение иноков, для которого – и самое иночество? Оно состоит в изучении всех заповеданий, всех слов Искупителя, в усвоении их уму и сердцу. Инок соделывается зрителем двух природ человеческих: природы поврежденной, греховной, которую он видит в себе, и природы обновленной, святой, которую он видит в Евангелии. Десятисловие Ветхого Завета отсекало грубые грехи; Евангелие исцеляет самую природу, болезнующую грехом, стяжавшую падением свойства греховные. Инок должен при свете Евангелия вступить в борьбу с самим собою, с мыслями своими, с сердечными чувствованиями, с ощущениями и пожеланиями тела, с миром, враждебным Евангелию, с миродержителями, старающимися удержать человека в своей власти и плене. Всесильная Истина освобождает его (*Ин. 8:32*); освобожденного от рабства греховных страстей запечатлевает, обновляет, вводит в потомство Нового Адама, всеблагий Дух Святой. Совершенство христианства достигается в иночестве, и иноки служат светом для братий своих, живущих посреди мира, занятых, развлеченных попечениями и служениями его, не могущих ни глубоко вникнуть в Евангелие, ни оживить его в себе в должном развитии и полноте. Тот только может легко, или с презрением думать о иночестве, кто, именуясь христианином, имеет понятие о христианстве самое поверхностное, мертвое.

Чтоб окрепли и возмужали в иноке евангельские свойства, нужны непременно скорби и искушения. Кротость его должна быть испытана; смирение его должно быть испытано; терпение и вера – испытаны. Должно быть испытано – дороже ли ему Евангелие, слова и заповедания Христовы, в которых жизнь вечная, дороже ли они преимуществ, удобств и обычаев мира, дороже ли самой жизни? Тяжким сначала представляется вступление в искушения; но без них невозможно научиться прощению всех обид, любви к врагам, зрению во всем промысла Божия, этим высочайшим, окончательным, по отношению к ближнему, заповедям Евангелия. Если же внутренний человек не будет образован всеми заповедями, то он не может соделаться жилищем Святого Духа. «Привлекох Дух, – говорит святой Давид, – яко заповедей Твоих желах» (*Пс.118:131*). Без нисшествия Духа, нет христианского совершенства. Скорби и искушения признаются Священным Писанием и Отцами величайшим даром Божиим, служат предуготовительным обучением к безмолвию, в котором инок достигает точнейшего очищения, а потому и обильнейшего просвещения. Отцы сравнивают скорби инока, предшествующие вступлению в безмолвие, с предкрестными страданиями Христовыми, а безмолвие – с распятием на кресте и погребением, которому последует воскресение.

Это узнал я благовременно из писаний Отеческих. Священный порядок, священная система, которые Божественный промысл начертал для служителей Божиих, поражали меня удивлением. Привлекался я сердечною любовью к созерцанию чудной системы. Особенно нравилось мне учение об этом предмете Варсонофия Великого. Мне казалось, что оно произносилось ко мне: оно само собою усвоивалось душе моей. «Внимая словам Апостола: «о всем благодарите» (*1Сол.5:18*), «приготовься к благодарению за все» – писал Великий одному из учеников своих, которого он приготовлял в горниле общежития к жительству в затворе – «и будешь ли в скорбях, или нуждах, или в утеснениях, или в болезнях и трудах телесных, за все постигающее тебя благодари Бога. Надеюсь, что и ты достигнешь «в покой» Его (*Евр.4:3*):

ибо «многими скорбьми подобает нам внити в Царствие Божие» (*Деян.14:22*). Итак, не сомневайся душою твоею, и не расслабляйся сердцем твоим ни по какой причине, но вспоминай Апостольское слово: «аще и внешний наш человек тлеет, обаче внутренний обновляется по вся дни» (*2Кор.4:16*). Если не претерпишь страданий, то не возможешь взойти на крест. Когда же перенесешь сперва страдания, то войдешь и в пристанище покоя, и будешь безмолвствовать без всяких забот, имея душу, утвержденную в Господе и всегда прилепляющуюся к Нему»[549]. Другой брат выразил пред Великим свое желание безмолвия. Отвечал ему Великий: «Брат! человек, имеющий на себе долги, если прежде не заплатит долгов, пребывает везде должником, куда бы он ни пошел, где бы ни поместился на жительство, в городе ли то будет или в селе. Нигде не имеет он возможности жить спокойно. Когда же по причине своих долгов, он подвергнется оскорблениям от человеков, и, устыдившись, откуда бы то ни было достанет денег и уплатит долги, тогда, сделавшись свободным, смело, со многим дерзновением он может или пребывать среди человеческого общества, или жить в уединении. Так и монах, когда потщится по силе своей понести оскорбления, поношения, убытки, тогда научается смирению и подвигу духовному. За смирение его и подвиг прощаются ему согрешения его, как свидетельствует Писание: «Виждь смирение мое и труд мой, и остави вся грехи моя» (*Пс.24:18*). Помысли, сколько оскорблений и поношений потерпел Владыка наш Иисус Христос прежде креста: претерпев их, Он взошел уже на крест. Подобно этому никто не может достичь истинного и плодоносного безмолвия, никто не может взойти в святой покой совершенства, если прежде не постраждет со Христом и не претерпит всех страданий Его, памятуя наставление Апостола: «аще страждем с Ним, и прославимся с Ним» (*Рим.8:17*). Не прельстись: иного пути ко спасению, кроме этого, – нет. Господь да поможет тебе, по воле Своей, положить прочное основание твоему зданию на твердом камени, как Он заповедал в Евангелии.

«Камень... – Христос» (*1Кор.10:4*)»⁵⁵⁰. Вскоре по вступлении моем в монастырь полились на меня скорби, как вода очистительная. То были и внутренние брани, и нашествия болезней, и угнетение нуждою, и потрясения от собственных неведения, неопытности, неблагоразумия; скорби от человеков были умеренные. Чтоб испытать их, нужно было особенное поприще. Непостижимыми судьбами Промысла я помещен в ту обитель, соседнюю северной столицы, которую, когда жил в столице, не хотел даже видеть, считая ее по всему несоответствующею моим целям духовным. В 1833 году я был вызван в Сергиеву пустыню, и сделан ее настоятелем. Негостеприимно приняла меня обитель – Сергиева пустыня. В первый же год по прибытии в нее, я поражен был тяжкою болезнью, на другой год другою, на третий третьею: они унесли остатки скудного здоровья моего и сил, сделали меня изможденным, непрестанно страждущим. Здесь поднялись и зашипели зависть, злоречие, клевета; здесь я подвергся тяжким, продолжительным, унизительным наказаниям, без суда, без малейшего исследования, как бессловесное животное, как истукан бесчувственный; здесь я увидел врагов, дышущих непримиримою злобою и жаждою погибели моей; здесь милосердый Господь сподобил меня познать невыразимые словом радость и мир души; здесь сподобил Он меня вкусить духовную любовь и сладость в то время, как я встречал врага моего, искавшего головы моей, – и соделалось лице этого врага в глазах моих, как бы лицом светлого Ангела. Опытно познал я таинственное значение молчания Христова пред Пилатом и архиереями иудейскими. Какое счастье быть жертвою, подобно Иисусу! Или нет! Какое счастье быть распятым близ Спасителя, как был некогда распят блаженный разбойник, и вместе с этим разбойником, от убеждения души, исповедывать: «достойная по делам моим приемлю:... помяни меня, Господи,... во царствии Твоем» (*Лк.23:41–42*).

Достигший сорокалетнего возраста, уничтоженный болезнями, потрясенный многими скорбями, расслабленный, неспособный по самому истощению телесных сил к жизни деятельной, что скажу о участи моей? — Не вижу пред собою человека, которого участь была бы для меня вожделенна и завидна. Я — грешник, достойный казней, и временных и вечных; но незавиден мне жребий никого из человеков. Когда воззрю на грехи мои, они наводят на меня ужас; но и для ужасных грешников есть Искупитель.

Владыки земли, Пастыри Церкви, Отцы и Братия! Я уже более негоден в служение вам. К какому служению способен окованный недугами, прикованный ими к одру, держимый безвыходно в келлии? Извергните меня, извергните, как раба непотребного, служащего только отягощением для вас! Я не потревожу вас никакими просьбами, никакою заботою о мне. Мне не нужен сад с роскошною тенью и благовонными цветами; не нужны многие слуги; послужит мне ради имени Христова инок смиренный, пришлет мне на пищу и одежду христолюбец; не нужны мне покои обширные, не нужно мне никакое увеселение, никакое развлечение земное. Отпустите меня, отпустите больного, ни к чему неспособного! Обрету себе удаленный от шума столичного, удаленный от градов и весей, малоизвестный приют, уединенный и тихий: там в одиночестве довлачу до гроба дни мои. Болезненность моя делает тишину уединения необходимою для меня. Вы захотите знать, неужели в душе моей не таится никакого желания? — Могу удовлетворить ваше любопытство. Я — грешник: жажду покаяния.

Оставляю человеков: они — слепые орудия во всемогущей деснице Промысла; приводят в исполнение то, что Он повелевает, или попускает. Обращением к человекам я хотел принесть дань любви и уважения к ближнему, дань приятнейшую, услаждающую сердце приносящего. Мир, занятый своею суетою, своими попечениями, развлечением и преуспеянием, даже не обратит внимания на слова мои: для него не понятен, странен голос души, ощутившей нужду в покаянии и безмолвии.

Непостижимый, всесильный, всеблагий, всепремудрый Бог и Господь мой, Создатель и Спаситель! В слезах и прахе пред Тобою ничтожная пылинка – я, Тобою призванный к существованию, ощущению, допущенный к размышлению, желанию! Ты зришь сердце мое; Ты зришь, то ли в сокровенной глубине его хранится слово, которое намереваюсь произнести умом и устами! Ты ведаешь прежде моего прошения, чего я желаю просить; в судьбах Твоих решено уже, исполнить ли или отвергнуть мое прошение. Но Ты даровал мне самовластие, и я дерзаю принесть пред Тебя, произнести пред Тобою желание моего окаянного, моего бедствующего, моего изъязвленного сердца! Не внимай моему сердцу, не внимай словам молитвы моей, не сотвори по воле моей; но сотвори то, что Тебе угодно, что избирает и назначает для меня всесвятая, премудрая воля Твоя. Однако ж я скажу желание моего сердца; выражу словом стремление моего самовластия!... «Покаяния двери отверзи мне, Человеколюбче»! блудно прожил я житие мое, достиг единонадесятого часа; все силы мои иссякли; не могу совершать заповедей и служений расслабевшим моим телом: даруй мне принести Тебе хотя покаяние, чтоб не пришлось мне уходить из гостиницы мира чуждым всякой надежды. Ты зришь мою немощь, немощь души и тела! Не могу стоять противу лица страстей и соблазнов! Изведи меня в уединение и безмолвие, чтоб там мог я погрузиться весь, и умом, и сердцем, и телом, в покаяние... Покаяния жажду!... Милосердый Господь, утоли мою неутолимую, снедающую меня жажду: даруй мне покаяние! Изливший на меня толикие, бесчисленные благодеяния, наверши и преисполни их дарованием покаяния! Владыка всесвятой! Не лиши меня дарования, о получении которого, в безумии моем, столько времени умоляю Тебя, не ведая, чего прошу, не ведая, способен ли я к получению дара, не ведая, сохраню ли его, если получу. Один из служителей Твоих, освященный и просвещенный Духом Святым, сказал: «Вне безмолвия нет истинного покаяния»[551]. Поразило это слово грешную мою душу, водрузилось в памяти, пронзает меня, как мечом, каждый раз, как ни возобновится воспоминанием. Не видя в себе покаяния, прихожу в недоумение; принуждаю себя к покаянию, но встречаюсь невольно с попечениями, развлечением, — они похищают у меня покаяние. Не могу удержать его среди молв и смущений: уходит, ускользает, оставляет меня с пустотою и безнадежием. Многомилостивый Господь! Даруй мне покаяние, доставляемое безмолвием, покаяние постоянное, покаяние, могущее очистить скверны души и тела, покаяние, которое Ты даровал всем, кого избрал и призвал к Себе, чьи имена назначены ко внесению в книгу живота, кому определил вечно зреть славу Твою и вечно славословить милость твою. Дар покаяния мне дороже и вожделеннее сокровищ всего мира. Очищенный покаянием, да узрю волю Твою непорочную, путь к Тебе непогрешительный, и да возвещу о них братии моей! — Вы, искренние друзья мои, связанные со мною узами дружбы о Господе, не посетуйте на меня, не поскорбите о моем отшествии. Отхожу телом, чтоб приблизиться духом; по-видимому теряюсь для вас, по сущности вы приобретаете меня. Вручите меня покаянию: оно вам возвратит меня очищенным, просвещенным, и возвещу вам слово спасения, слово Божие. — «Покаяния двери отверзи мне», человеколюбивый Господь, даруй мне спасение вечное со всеми друзьями моими, о Тебе возлюбившими меня, да все в вечном блаженстве, в радости и наслаждении неизглаголанном, славословим Отца и Сына и Святого Духа, Бога, Единого и Триипостасного, явившего роду человеческому любовь и милость, превысшую слова, превысшую постижения! Аминь.

1847-го года, января 7-го дня. В это время архимандрит Игнатий, по совершенно расстроенному здоровью, просил увольнения от должности настоятеля Сергиевой Пу́стыни и перемещения в Николаевский Бабаевский монастырь на покой, но был уволен в отпуск, и провел десять месяцев в упомянутом монастыре.

Конец первого тома.

ПРИМЕЧАНИЯ

1 – Преподобный Кассиан Римлянин. Слово о Скитских отцах и о рассуждении. Добротолюбие, ч. 4.
2 – Святой Иоанн Дамаскин, к концу своей жизни, уединившись в лавре преподобного Саввы, собрал все, написанное им в течение жизни, тщательно пересмотрел и исправил, чтоб доставить сочинениям своим наибольшую отчетливость. Так поступил муж, исполненный Божественной благодати, тем более оказался обязательным этот образ действования для составителя Аскетических Опытов. Четьи Минеи, 4 декабря. Житие святого Иоанна Дамаскина.
3 – (Мф.10:16). См. житие великомученицы Варвары. Четьи Минеи, декабря в 4-й день.
4 – Лествица. Слово 3.
5 – Пимен Великий. Смот. Патерик Скитский.
6 – Преподобный Макарий Великий. Слово 7, гл. 2.
7 – Преподобный Макарий Великий. Слово 7, гл. 2.
8 – Святой Иоанн Лествичник. Слово 4.
9 – Исаак Сирский. Слово 90.
10 – Святого Петра Дамаскина. книга первая, статья: «О четвертом видении». Доброт., ч. 3.
11 – Иоанн. Карп. гл. 49. Доброт. Ч. 4
12 – Святого Григория. гл. CXXVIII. Доброт. Ч. 1.
13 – Житие Пахомия Великого. Vies des Peres des deserts d'Orient par le R. P. Michel-Ange-Manin. Знал Евангелие наизусть святой Тихон Воронежский.
14 – Преподобного Марка Подвижника. о законе духовном гл. XXXII. Доброт., ч. 1.

15 – Преп. Нил Сорский. Правила.

16 – Алфавитный Патерик.

17 – Святого Петра Дамаскина. книга первая, статья о рассуждении. Доброт., ч. 3.

18 – При совершении таинства исповеди положено спрашивать кающегося, не читает ли он книг еретических? Требник.

19 – Житие Пахомия. Patrologiae. Tomus LXXIII, cap. XLIV.

20 – Фомы Кемпийского. «О Подражании Иисусу Христу», книга I, гл. 3, кн. III, гл. 2.

21 – Выше сказано, что так назван святыми Отцами известный вид самообольщения, почему и мы удерживаем это название.

22 – (Мф.10:16). См. житие великомученицы Варвары. Четьи Минеи, декабря в 4-й день.

23 – Подражание. кн. III, гл. 2.

24 – Подражание. кн. III, гл. 1.

25 – Лествица. Слово XV, гл. 3.

26 – Слово III, гл. 16.

27 – Алфавитный Патерик. Изречение преподобного Пимена Великого.

28 – Лествица. Слово 3 и Слово 15.

29 – Слово 1, гл. 4.

30 – Преподобный Марк Подвижник. Слово 8, о пощении и смирении.

31 – Там же.

32 – Там же.

33 – Алфавитный Патерик.

34 – Лествица. Слово 14, гл. XII.

35 – Преподобный Нил Сорский. Слово 5. Помысл чревообъядения.

36 – Лествица. Заглавие слова 28-го. Преподобный Макарий Египетской. Слово 3. гл. 1.

37 – По объяснению преподобного Пимена Великого. Алфавитный Патерик.

38 – Лествица. Слово 28-е, гл. VII.

39 – Лествица. Слово 7, гл. 11.

40 – Слово 89.
41 – Преподобный Кассиан. Слово о рассуждении. Добротолюбие, ч. 4-я.
42 – Св. Исаак Сирский. Слово 85.
43 – Его же. Слово 11.
44 – Святой Исаак Сирский. Слово 56 и 57-е.
45 – Преподобный Симеон Новый Богослов. Слово о трех образах молитвы. Добротолюбие, ч. 1.
46 – Лествица. Слово 28, гл. 17.
47 – Каллист и Игнатий Ксанфопулы. Добротолюбие, ч. 4, гл. 24.
48 – Сочинение «о молитве» сего угодника Божия помещено в книге «Класы», издания Оптиной Пу́стыни.
49 – Преподобный Григорий Синаит. О прелести, главы зело полезные. Добротолюбие, ч. 1.
50 – Слово преподобного Симеона о трех образах молитвы.
51 – Лествица. Слово 28, гл. 17.
52 – Иеромонах Серафим Саровский.
53 – Святой Исаак Сирский. Слово 55.
54 – Ответ 216.
55 – Эта статья и следующие за ней две заимствованы из 5-го слова святого Исаака Сирского.
56 – По объяснению блаженного Феофилакта Болгарского.
57 – Сказание о жизни и подвигах О. Серафима. Москва, издание 1844 года.
58 – Лествица. Слово 28.
59 – Святой Исаак Сирский. Слово XVI.
60 – Слово 3, гл. 1.
61 – Лествица. Слово 28, гл. III.
62 – Требник. Последование Исповедания.
63 – Алфавитный Патерик. Преподобный Арсений Великий.
64 – Святой Исаак Сирский. Слово 41.
65 – Святого Иоанна Карпафийского. гл. 13. Добротолюбие, ч. 4-я.
66 – Преподобного Макария Великого. Слово 1, гл. 1. Слово 7, гл. 1.

67 – Четьи-Минеи 2 октября.
68 – Лествица. Слово 27, гл. 56.
69 – Заимствовано из 56-го Слова святого Исаака Сирского.
70 – Преподобный Нил Синайский. О молитве. Добротолюбие, ч. 4-я.
71 – Иов. Главы 1 и 2-я.
72 – Преподобный Нил Сорский. Слово 3-е.
73 – Преподобный Макарий Великий. Слово 7-е, гл. 31.
74 – Преподобный Макарий Великий. Слово 4, гл. 7.
75 – Апок. II, 7; Преподобный Макарий Великий. Слово 4, гл. 5.
76 – Преподобный Макарий Великий. Слово 4, гл. 6.
77 – Пример борьбы с восставшими страстями можно видеть в житии святой Иустины. Четьи-Минеи, 2 октября.
78 – Преподобный Нил Сорский. Слово 3.
79 – Преподобный Авва Дорофей. Поучение 11-е, о еже скоро отсекати страсти.
80 – Преподобный Нил Синайский. О молитве, гл. XVII.
81 – Преподобный Макарий Египетский. Беседа 21, гл. 2, 3.
82 – Опыты такой борьбы и распятия видим в жизнеописаниях преподобного Антония Великого, преподобного Макария Египетского и других святых иноков.
83 – Благовестник.
84 – Святой Исаак Сирский. Слово 1-е.
85 – Святой Исаак. Слово 21-е.
86 – Преподобный Макарий Великий. Слово 6, гл. 11. Слово 7, гл. 12.
87 – Преподобный Симеон Новый Богослов. Слово 6.
88 – Алфавитный Патерик.
89 – Алфавитный Патерик. Сисой Великий.
90 – Руководство к духовной жизни преподобных Варсонофия Великого и Иоанна Пророка, ответ 282-й.
91 – Преподобного Григория Синаита. о прелести, идеже и о иных многих предлогах. Добротолюбие, ч. 1.
92 – Благовестник.
93 – Слово XXVIII, гл. LXIV

94 – Лествица. Слово 28, гл. II.
95 – Преподобный Авва Дорофей. Поучение 1-е.
96 – Святой Исаак Сирский. Слово 44.
97 – Иов. гл. 1 и 2-я. Преподобного Макария Великого. Слово 4-е, гл. 7.
98 – Четьи-Минеи. 13 декабря.
99 – Преподобный Макарий Великий. Беседа XXXVII, гл. 2 и 4.
100 – Этот общежительный монастырь находится в Орловской епархии, между городами Севском и Дмитровском, в 40 верстах от каждого.
101 – Лествица. Слово 4, гл. 60.
102 – Алфавитный Патерик, буквы П и А.
103 – Это мнение читаем в диалогах Севера Сулпиция, помещенных в библиотеке Галланда и в полном курсе Патрологии.
104 – Лествица. Слово 7. Преподобный Нил Сорский. Слово 8.
105 – Преподобных Варсонофия и Иоанна ответ 282.
106 – Слово 30.
107 – Преподобный Нил Сорский. Слово 8.
108 – Слово VII, гл. 3
109 – Слово 8
110 – Там же.
111 – Преподобный Нил Сорский в Слове 2 называет молитву и плач духа «разумным вопитием и плачем».
112 – Лествица. Слово 7, гл. 60.
113 – Святой Исаак Сирский. Слово 89.
114 – Преподобный Нил Сорский. Слово 8.
115 – Преподобный Макарий Великий. Слово IV, гл. 19.
116 – Ответ XXXVIII.
117 – Святой Исаак Сирский. Слово LXV.
118 – Алфавитный Патерик и Достопамятные сказания, гл. XXXIII.
119 – Четьи минеи, 9 июня.
120 – Алфавитный Патерик.
121 – Алфавитный Патерик.
122 – Слово V, Гл. 33.

123 – Слово VII, гл. 64.

124 – Слово VII, гл. 70.

125 – Святой Исаак Сирский. Слово 59. – Лествица. Слово 7. – Преподобный Нил Сорский. Слово 8.

126 – Старцем называется в монастырях инок, руководствующий и наставляющий других иноков.

127 – Предисловие схимонаха Василия Поляномерульского на главы блаженного Филофея Синайского. Житие и писания Молдавского старца, Паисия Величковского, издание Оптиной Пу́стыни. Москва. 1847 г.

128 – Наставление 32-е. Издание 1844-го года, Москва. Старец Серафим родился в 1759 году, вступил в братство Саровской Пу́стыни в 1778 году, скончался в 1833 году 2 января.

129 – Сведение это получено от самого советовавшегося лица, ныне архимандрита Никона, настоятеля первоклассного Георгиевского Балаклавского монастыря (1866 год).

130 – Слово о трезвении, гл. LXXX и LXXXI. Добротолюбие, ч. 2.

131 – Патерик Скитский.

132 – Никифора Монашествующего. Слово о трезвении. Добротолюбие, ч. 2.

133 – Св. Исихий Иерусалимский. Слово о трезвении, гл. V. Добротолюбие, ч. 2.

134 – Слово о трезвении. Добротолюбие, ч 2.

135 – По объяснению св. Исихия. Слово о трезвении, гл. II.

136 – Ответ ССХ.

137 – Слово LVI.

138 – Святого Исихия. Слово о Трезвении, главы XXI, XXVIII, CIX, CLXXXII, CLXVIII.

139 – Там же.

140 – Там же.

141 – Святого Исихия. Слово о Трезвении, главы XXI, XXVIII, CIX, CLXXXII, CLXVIII.

142 – Там же.

143 – Святого Исихия. Слово о Трезвении, главы CXV, CLIX.

144 – Там же.

145 – Устав скитский. Слово I.

146 – Святого Исихия. Слово о Трезвении, гл. CX, слич. с гл. CIX.

147 – Преподобные Каллист и Игнатий Ксанфопулы. гл. 98. Добротолюбие, ч. 2.

148 – Преподобный Кассиан Римлянин. Собеседование 2-е. О рассуждении. Блаженный Никифор Афонский. Добротолюбие, ч. 2, и многие другие Отцы.

149 – Преп. Нил Синайский. о молитве, главы 17, 18, 142. Добротолюбие, ч. 4.

150 – Лествица. Слово 28, гл. 10.

151 – Преподобный авва Дорофей. Житие преподобного Досифея. Преподобный Григорий Синаит. Добротолюбие, ч. 1.

152 – О безмолвии о молитве Каллиста и Игнатия Ксанфопулов. гл. 10. Добротолюбие, ч.2.

153 – Синедрионом называлось верховное духовное судилище Иудеев.

154 – Беседа XXXVIII, гл. I.

155 – Каллиста и Игнатия Ксанфопулов. о безмолвии и молитве, гл. 14. Добротолюбие, ч. 1.

156 – Преподобного Симеона Нового Богослова. гл. 32, Добротолюбие, ч. 1.

157 – Преподобного Симеона Нового Богослова. гл. 33.

158 – Преп. Симеона Нового Богослова. гл. 70, 71, 72. Добротолюбие, ч. 1.

159 – Лествица. Слово 21, гл. 7. Слово 15, гл. 55. – Слово о трезвении святого Исихия, гл. 28, 39, 62 и проч. – Преподобный Нил Сорский. Слово 5. О блудном помысле.

160 – Преподобные Каллист и Игнатий. гл. X. Добротолюбие, ч. 2.

161 – Псалтирь с последованием.

162 – Оптина пустынь оказала величайшую услугу отечественному монашеству переводом с греческого на русский, частью же изданием на славянском языке, многих Отеческих сочинений о духовном монашеском подвиге. Да упомянется здесь, среди благословения, имя почив-

шего блаженного старца упомянутой пу́стыни иеросхимонаха Макария, стоявшего во главе этого дела.

163 – Там же.

164 – Слово VII, глава 9.

165 – Четьи-Минеи. Житие преподобного Пахомия Великого, май в 15-й день.

166 – Глава 131. Добротолюбие, ч. 1.

167 – Преподобный Макарий Великий. Беседа 7, гл. 4.

168 – Преподобный Макарий Великий. Слово 3, гл. 2.

169 – Главы о молитве, гл. 8. Добротолюбие, ч. 2.

170 – Лествица. Слово 4, гл. 93 и Слово 27, гл. 6, 46, 60, 61, 62.

171 – Святейшего Каллиста. «О молитве вкратце». Добротолюбие, ч. 4.

172 – Святые Каллист и Игнатий Ксанфопулы. гл. 15. Добротолюбие, ч. 2.

173 – Таковы были: Алексий Человек Божий (марта 17), святой Иоанн Кущник (января 15), преподобный Виталий монах и другие. – Лествица. Слово 4, гл. 36.

174 – Слово о трех образах внимания и молитвы, в статье о третьем образе, в конце статьи. – Лествица. Слово 27, гл. 33.

175 – Это явствует из писаний преподобного Кассиана Римлянина, преподобного Орсисия, преподобного Исаии Отшельника и других святых иноков, получивших иноческое образование в Египетских монастырях.

176 – Заимствовано из поведаний преподобного Кассиана Римлянина.

177 – Лествица. заглавие 25-го Слова.

178 – Добротолюбие, ч. 1.

179 – Духовная теплота – достояние весьма преуспевших иноков, подвизающихся в безмолвии, для которых написана и вся книга святого Григория Синаита, а отнюдь не достояние новоначальных. Новоначальные должны довольствоваться тем, если будут молиться со вниманием и умилением. О теплоте смотри в «Слове о Иисусовой Молитве». Аскетические Опыты, том 2.

180 – Преподобный Нил Сорский. предисловие к преданию.

181 – Начало 3-го Слова преподобного Симеона Нового Богослова. Издание Оптиной Пустыни 1852 года.

182 – Начало 3-го Слова.

183 – Цитата из преподобного Симеона Нового Богослова, в Слове Никифора Монашествующего. Добротолюбие, ч. 2. – Преподобный Макарий Великий. Слово 7, гл. 2.

184 – В подлиннике сказано: «аще кто мечтает высокая со мнением доспети». Здесь употреблено объяснительное выражение, чтоб отчетливее показать значение слова мнение.

185 – Лествица. Слово 7-е.

186 – О первом образе внимания и молитве. Добротолюбие, ч. 1.

187 – Вышеприведенная статья.

188 – Четьи-Минеи. Ноября в 23 день.

189 – Патерик Печерский.

190 – Вышеприведенная статья.

191 – Добротолюбие, ч. 1. О прелести и проч.

192 – Оборот речи, употребляемый жителями Петербурга.

193 – Святой Исаак Сирский. Слово 55.

194 – Преподобный Симеон, Новый Богослов. Слово о Вере. Добротолюбие, ч. 1.

195 – Орловской епархии.

196 – Курской епархии.

197 – Лествица. Слово 28, гл. 17.

198 – Слово о мнящихся от дел оправдитися, гл. 34, Добротолюбие, ч. 1.

199 – Лествица. Слово 4, гл. 82, 83. Преподобный Варсанофий Великий. Ответ 275. Житие и наставления преподобного Аполлоса. Патерик Алфавитный.

200 – О третьем образе молитвы. Добротолюбие, ч. 1.

201 – Житие преподобного Григория Синаита. Добротолюбие, ч. 1.

202 – Предисловие к Преданию или Уставу Скитскому.

203 – Отрывок письма старца Паисия к старцу Феодосию. Писания Паисия. Издание Оптиной Пу́стыни.

204 – Святой Исаак Сирский. Слово 36.

205 – Собеседование преподобного Максима с преподобным Григорием Синаитом.

206 – Слово 6 о любви, гл. 16.

207 – Святой Исаак Сирский. Слово 55.

208 – Преподобный Григорий Синаит. Сл. 108, 128. Добротолюбие, ч. 1. Святой Иоанн Карпафийский, гл. 49. Добротолюбие, ч. 4.

209 – Слово IV, в конце; также Слово 3.

210 – Фантазии.

211 – Подражание Фомы Кемпийского, книга 2, гл. 8.

212 – Подражание Фомы Кемпийского книга 3, гл. 1.

213 – Подражание, книга 3, гл. 3.

214 – Житие Феофила, Пимена болезненного, Иоанна Многострадального. Патерик Печерский.

215 – Святой Исаак Сирский. Слово 55.

216 – Стран. XXXVII.

217 – «Подражание» при первоначальном появлении своем, было осуждено даже своей Латинской Церковью, и преследовалось Инквизицией. Преследование прекращено впоследствии, и обратилось в покровительство, когда усмотрено, что книга служит хорошим орудием для пропаганды в среде людей, утративших истинное понимание христианства и сохранивших к нему поверхностное отношение. Под именем папской пропаганды разумеется распространение того понятия о Папе, которое Папа желает внушить о себе человечеству, то есть, понятие о верховной, самодержавной, неограниченной власти Папы над миром. Пропаганда, имея это целью, мало обращает внимания на качество учения, преподаваемого ею, для нее на руку все, что содействует цели ее – даже вера во Христа без оставления веры в идолов.

218 – Восторженное изречение произнесено на французском языке, столько способном для сцены: «Elle aimait Dieu avec passion; elle ne pensait qu'a Dieu; elle ne voyait que Dieu; elle ne lisait que l'Evangile et l'Imitation qui est un second Evangile».

219 – «Il aime Dieu, comme il aimait ses maitresses».

220 – «C'est avec le meme coeur, qu'on aime le Créateur, ou la créature, quoique les effets soient aussi différents, que les objets».

221 – Музы и Аполлон – божества древних язычников, греков и римлян; этим демонам язычники приписывали покровительство изящным художествам.

222 – В созвучии, в согласии.

223 – Олонецкой или Петрозаводской Епархии.

224 – Новгородской Епархии.

225 – Калужской Епархии.

226 – О втором образе внимания и молитвы. Добротолюбие, ч. 1.

227 – Предисловие схимонаха Василия.

228 – Слово 49.

229 – Ответ 421.

230 – Слово 28, гл. 17.

231 – Слово 4, гл. 93.

232 – Лествица. Слово 28, гл. 21.

233 – Сведения о сочинителе Цветника, священноиноке Дорофее, помещены в 1-м томе «Аскетических Опытов» в статье «Посещение Валаамского Монастыря».

234 – Цветник священноинока Дорофея. Поучения 30 и 32.

235 – Цветник. Поучение 32.

236 – Цветник. Поучение 32.

237 – Патерик Скитский. Достопамятные Сказания, гл. CXXIX.

238 – Добротолюбие, ч. 1.

239 – Избранные Класы. Издание Оптиной Пу́стыни, 1848 г.

240 – Лествица. Слово 1, гл. 26.

241 – Архитекторы, строители.

242 – Глава CXVIII. Добротолюбие, ч.1.

243 – Преподобного Марка Подвижника. О законе духовном, гл. 84.

244 – 1Кор.8:1. По объяснению преп. Марка Подвижника, в той же 84 главе.

245 – Слово 16. Здесь слово «благоволение» прибавлено для точного выражения мысли Писателя.

246 – Святой Исаак Сирский. Слово LV.

247 – Святой Исаак Сирский. Слово 61, очень замечательное.

248 – Слово II.

249 – Там же.

250 – О прелести. Добротолюбие, ч. 1.

251 – Лествица. Слово XXVIII, гл. 19.

252 – Лествица. Слово XXVIII, гл. 17, 21, 27, 28.

253 – Слово XI.

254 – Патерик Скитский.

255 – Слово 26, гл. 52.

256 – Глава 118. Добротолюбие, ч. 1.

257 – Преподобный Кассиан. Собеседование 2; Лествица. Слово 4, гл. 106.

258 – Святых Каллиста и Игнатия Ксанофопулов. о безмолвии и молитве главы 14 и 15. Добротолюбие, ч. 2.

259 – О третьем образе внимания и молитвы. Добротолюбие, ч. 1.

260 – Пс.103:1; Пс.104; Пс.105; Пс.106; Пс.110.

261 – Там же.

262 – Памятью Божиею и Поучением называют Отцы непрестанную молитву Иисусову. О поучении или памяти Божией имеется особенная статья во 2-й части «Аскетических Опытов».

263 – Слово 28, гл. 31.

264 – Предисловие схимонаха Василия.

265 – Варсанофия Великого ответ 268.

266 – Житие преподобного Досифея в начале Поучений преп. Аввы Дорофея.

267 – Лествица. Слово 4, гл.17.

268 – Лествица. Слово 15, гл. 55. – Ответы 252 и 255.

269 – Из рукописного наставления архимандриту Никону.

270 – Деян. II, 13. Великие Четьи-Минеи митрополита Макария.

271 – Великие Четьи-Минеи.

272 – Житие преподобного Симеона. Четьи-Минеи, июля в 21 день.

273 – Святой Исаак Сирский. Слово 43.

274 – Смиренномудрые помышления, содействующие молитве, описаны в 1-м Слове святого Симеона Нового Богослова. О них много говорят святые Исаак Сирский, Исаия Отшельник и другие Отцы.

275 – О изнеможении, производимом благодатным утешением, упоминает святой Исаак Сирский в Слове 44.

276 – Цитата из жития преподобного Саввы освященного в Слове Никифора Монашествующего. Добротолюбие, ч. 2.

277 – Преподобный Кассиан Римлянин. о духе гнева. Книга VIII Общежительных постановлений.

278 – Ответы 311 и 313 преподобных Варсанофия Великого и Иоанна.

279 – Патерик Печерский. жития преподобных Исаакия и Никиты.

280 – Лествица. Слово 27, гл. 55.

281 – Лествица. Слово 4, гл. 120.

282 – Слово 3, гл. 12, 13 и 14.

283 – Заимствовано из вышеприведенных 12, 13 и 14-й глав 3-го Слова преподобного Макария Великого; также см. 2-е Слово преподобного Нила Сорского, страница 100 по изданию Святейшего Синода, 1852 года.

284 – Слово 4, гл. 8.

285 – Слово 55 и Слово 2.

286 – Слово 1.

287 – Патерик Скитский и Достопамятные Сказания. О Пимене Великом, гл. 62.

288 – Из 15-ти глав глава 5. Добротолюбие, ч. 1.

289 – Слово 7, гл. 14.

290 – Преподобного Симеона Нового Богослова. гл. 33. Добротолюбие, ч. 1.

291 – Там же.

292 – Слово 106 по славянскому тексту.

293 – Книга 11-я о уставе ночных молитв и псалмов, гл. III.

294 – Избрано из разных мест 55-го Слова.

295 – Там же.

296 – Там же.

297 – Там же.

298 – Избрано из разных мест 55-го Слова.

299 – Там же.

300 – Там же.

301 – Patrologiae Graecae Tomus XXXIV, Macarii Aegiptii liber de libertate mentis cap. 5 и 6.

302 – Там же.

303 – Patrologiae Graecae Tomus XXXIV, Macarii Aegiptii liber de libertate mentis, cap. 19.

304 – Liber de patientia et discretione, cap. 19.

305 – Святых Каллиста и Игнатия Ксанфопулов. гл. 49. Добротолюбие, ч. 2.

306 – Преподобный Нил Сорский. Слово 3.

307 – Слово 2-е в начале.

308 – Преподобный Нил Сорский. Слово 11.

309 – Патерик Скитский. Изречения Феодора Енатского. Также преподобного Симеона Нового Богослова.

310 – Святой Исаак Сирский. Слово 55.

311 – Наставления отца Серафима, издание 1844 г.

312 – Патерик Скитский.

313 – Патерик Скитский.

314 – По объяснению преподобного Григория Синаита.

315 – Добротол., ч. II, главы преподобного Филофея Синайского.

316 – Исаак Сирский. Слово 71.

317 – Патерик Скитский.

318 – Преподобный Исихий. Добротолюбие, ч. 2, гл. 4. Согласно сему рассуждают и прочие святые отцы.

319 – По обычаю древних, цари и прочие начальники производили суд лично, и для такового суда избирали место при вратах города. Пример этого можно видеть в житии святого великомученика Георгия. Четьи-Минеи 23 апреля.

320 – Варсонофий Великий. Ответ 59.

321 – Святой Исаак Сирский. Слово 30.

322 – Лествица. Слово 28, гл. 61.

323 – Слово 21, гл. 3.

324 – Слово 21, гл. III.

325 – Слово 38.

326 – Выражение заимствовано у святого Иоанна Лествичника. Слово 21, гл. III.

327 – Поучение 2 о смиренномудрии.

328 – Блаженный Феофилакт Болгарский на Евангелие от Луки о мытаре и фарисее (гл. XVIII).

329 – Лука, XVIII.

330 – 1-я из утренних молитв преподобного Макария Великого. Каноник.

331 – Добротолюбие, ч. 3, книга 1, статья 1.

332 – Там же (Пс.142:10).

333 – О законе Духовном, гл. II. Добротолюбия, ч. 1.

334 – Преподобный Нил Сорский. Слово 5, помысел гордостный.

335 – Алфавитный Патерик.

336 – Лествица. Слово 4, гл. 23, 24.

337 – Ответ 210.

338 – Поучение 2.

339 – Слово 89.

340 – Алфавитный Патерик.

341 – Достопамятные сказания и Алфавитный Патерик.

342 – Преподобных Варсонофия и Иоанна ответ 275.

343 – Слово 4, гл. 82, 83.

344 – Гл. 70, 71, 72. Добротолюбие, ч. 1.

345 – Варсонофия и Иоанна ответ 579.

346 – Изречение преподобного Пимена Великого. Скитский Патерик.

347 – Шестая утренняя молитва.

348 – Последнее прошение на великой ектении.

349 – Житие святых мучеников Тимофея и Мавры. Четьи-Минеи, 3 мая. Чудное житие! На всем поприще подвига своего мученики не преставали исповедовать, что мученичество служит для них очищением грехов. Осененные Святым Духом, они с жаждою принимали это очищение. Обилие смирения соединено было в них с обилием любви вышеестественной. Когда Мавру вели на распятие, – мать ее остановила ее, рыдая о ней. Но мученица, исторгшись из рук матери, поспешила к кре-

сту, сказав матери: «Зачем отвлекаешь меня от креста, не давая мне скорее насладиться Господом моим в подобии смерти Его».

350 – Поучение 2.

351 – Святой Исаак. Слово 48.

352 – Цветособрание святого Илии, гл. 62. Добротолюбие, ч. 4.

353 – Филофея Синайского. гл. 13. Доброт., ч. 2.

354 – Преподобных Варсонофия Великого и Иоанна ответ 311.

355 – Алфавитный Патерик, о архиепископе Феофиле и аввы Дорофея, Поучение 7.

356 – Алфавитный Патерик.

357 – Поучение 7 о самоукорении.

358 – Там же.

359 – Четьи-Минеи, января 26 дня.

360 – Слово 4, издание 1852 года.

361 – Ответ 304.

362 – Святого Петра Дамаскина. книга 1, Доброт., ч. 3.

363 – Преподобный Исаия Отшельник. Слово 8, Гл. 2.

364 – Объяснение на вышеприведенные слова 19 главы Евангелия от Матфея.

365 – Слово 15, гл. 8.

366 – Святой Исаак Сирский. Слова 43 и 38.

367 – Слово 57. То же учение читается и в Слове 56.

368 – Алфавитный Патерик.

369 – Алфавитный Патерик.

370 – Изречения Преподобного, помещенные после его духовно-нравственных Слов. Москва, изд. 1860 года.

371 – Достоп. сказания об авве Пимене, гл. 70.

372 – Слово 7, гл. 4.

373 – Глава 11. Доброт., ч. 2.

374 – Преподобный Кассиан. Книга 4. О постановлениях для отрицающихся мира, гл. 37.

375 – Четьи-Минеи, апреля 1.

376 – Слово 8.

377 – Слово 7, гл. 31.

378 – Преподобный Макарий Великий. Слово 5, гл. 14.

379 – Алфавитный Патерик.

380 – Алфавитный Патерик и Достоп. сказания об авве Иосифе Панефосском, гл. 3.

381 – Там же о авве Пимене, гл. 62.

382 – Слово 2.

383 – Рукописный Отечник.

384 – Алфавитный Патерик.

385 – Книга VI о духе любодеяния, гл. 5.

386 – Преподобный авва Дорофей. Поучение 13.

387 – Вопрос 252 и далее.

388 – Ответ 255.

389 – Преподобный Исаия Отшельник. Слово 27, гл. 2.

390 – Преподобный Макарий Великий. Беседа 21.

391 – Поучение 13 о терпении искушений.

392 – Алфавитный Патерик и Достопамятные сказания о Иоанне Колове, гл. 12.

393 – Слово 15, гл. 9, по переводу Паисия Нямецкого.

394 – См. Инока Феофана Лествица, Доброт., ч. 1. Также главы Преподобного Григория Синаита, предание Преподобного Нила Сорского, и сочинения многих других святых Отцов.

395 – Преподобный Кассиан Римлянин. книга VI о духе любодеяния, гл. 19.

396 – Преподобный Макарий. Слово 4, гл. 15.

397 – Святой Исаак Сирский. Слово 37.

398 – Преподобный Марк Подвижник. Слово о духовном законе, гл. 31.

399 – Последование двунадесяти псалмов, молитва святого Евстратия.

400 – Четьи-Минеи, Мая 3 дня.

401 – На этом месте впоследствии выстроена церковь во имя святого Григория Богослова.

402 – Сергиева пустыня.

403 – Псалтырь с толкованиями на брезе, заимствованными из святых Отцов, издания Киево-Печерской Лавры.

404 – Алфавитный Патерик и Достопамятные Сказания.

405 – 6 песнь 6 гласа.

406 – Преподобный авва Дорофей. Поучение 3, о совести.

407 – Преподобный авва Дорофей. Поучение 3, о совести.
408 – Лествица. Слово 18.
409 – Алфавитный Патерик и Достопамятные Сказания, о Пимене Великом, гл. 43.
410 – Алфавитный Патерик и Достопамятные Сказания о авве Агафоне, гл. 39.
411 – Достопамятные Сказания, о авве Пимене, гл. 135.
412 – Слово 17, главы 2 и 8.
413 – Слово 89.
414 – Св. Исаак Сирский. Слово 21.
415 – Лествица. Слово 6.
416 – Преподобный Иоанн Карпафийский. Глав. XXV. Добротолюбие, ч. 4.
417 – Histoire du Christianisme par Fleury. Liv. 21, chap. 19.
418 – Лк.14:17. Объяснение блаженного Феофилакта.
419 – Патерик Скитский. – Преподобный авва Дорофей. Поучение 2.
420 – Святой Петр Дамаскин. Добротолюбие, ч. I. О рассуждении.
421 – Стихира на вечерне святой Пятидесятницы.
422 – Алфавитный Патерик.
423 – Алфавитный Патерик.
424 – Алфавитный Патерик.
425 – Алфавитный Патерик.
426 – Слово 89.
427 – Алфавитный Патерик.
428 – Житие преподобного Василия Нового, мытарство осуждения. Четьи-Минеи. Марта в 26 день.
429 – Патерик алфавитный.
430 – Пароход этот именуется «Валаам». С открытия судоходства на Ладожском озере до осеннего бурного времени, пароход дважды в неделю ходит в Валаамский монастырь, отправляясь каждый раз из Шлиссельбурга.
431 – Остров Валаам от ближайшего берега в двадцати пяти верстах, от Финляндского города Сердоболя в сорока, от Коневского монастыря в восьмидесяти; в окружности имеет около тридцати верст; принадлежит к Санкт-Петербургской епархии, а по гражданскому рас-

пределению к Выборгской губернии Великого Княжества Финляндского.

432 – Рукописное житие святого Авраамия Ростовского и Словарь Российских святых.

433 – Словарь Российских святых.

434 – Рукопись библиотеки Валаамского монастыря. Может быть архивы Финляндии доставят со временем сведения более определительные и подробные для истории Валаама, нежели какие доставляются источниками ныне известными.

435 – Пребывание на Валааме преподобных Арсения, Савватия и Александра – достоверные факты, сохраненные в их жизнеописаниях. В жизнеописании преподобного Свирского, написанном учеником его, Иларионом, сказано с достаточною подробностью и великою похвалою о подвижничестве Валаамских иноков, а в житии преподобного Арсения, – что в монастыре было многочисленное братство.

436 – Рукопись библиотеки Валаамского монастыря, ссылающаяся на древнюю рукопись именуемую «Оповедь».

437 – Преподобный Нил Сорский. Предисловие к Словам.

438 – Устав церковный, Понедельник святой Четыредесятницы.

439 – Цветник, глава 54, об иноческом общежитии

440 – Цветник – по преимуществу собрание и объяснение изречений древних Отцов, без наименования этих Отцов. Надо знать Отцов, чтобы узнать выписки из них в сборнике.

441 – Цветник, глава VI.

442 – Цветник, глава X.

443 – Слово к иноку Николаю. Добротолюбие, ч. 1.

444 – Священномученик Петр Дамаскин. Книга 1. Добротолюбие, ч. 3.

445 – Стих 33 и далее.

446 – Алфавитный Патерик и Достопамятные Сказания о авве Исхирионе.

447 – Преподобный Марк Подвижник. Слово 4.

448 – Преподобный авва Дорофей. Поучение 1.

449 – Cassiani Collatio XVIII, cap. V.
450 – Lib. 11. De Nocturnis orationibus caput. V.
451 – Четьи-Минеи, 24 декабря.
452 – Hisoire du Christianisme, par Fleury, livre 2, chap. 6.
453 – Vies des peres des deserts d'Orient.
454 – Четьи-Минеи, марта 1 дня.
455 – Слово 55.
456 – Страдание святого мученика Гордия. Четьи-Минеи, января в 3 день.
457 – Слово 4.
458 – Слово 2, гл. 9.
459 – Преподобный авва Дорофей. Поучение 1.
460 – Лествица. Слово 2, гл. 9.
461 – Четьи-Минеи. Житие преподобного Антония Великого, января 17 дня.
462 – Требник. Последование малой схимы.
463 – Четьи-Минеи, января 19 дня.
464 – Четьи-Минеи, мая 15 дня.
465 – Преподобный Кассиан. Слово о рассуждении, Добротолюбие, ч. 4.
466 – Четьи-Минеи, марта 23 дня.
467 – Четьи-Минеи, января 8 дня.
468 – Четьи-Минеи, марта 1 дня.
469 – Четьи-Минеи, декабря 24 дня.
470 – Четьи-Минеи, июня 25 дня.
471 – Четьи-Минеи, июня 19 дня.
472 – Слово 2.
473 – По объяснению блаженного Феофилакта Болгарского.
474 – Лествица, слово 4, гл. 43.
475 – Преподобного Макария Египетского. беседа 7, глава 5.
476 – Святого Исаака Сирского. слова 43 и 48.
477 – При изображении отношения бумаги, воды и масла употреблены здесь технические выражения физики.
478 – Требник, Последование венчания.
479 – Благовестник. Матф. XIX, 12.
480 – Преподобный Макарий Великий. Слово 1, гл. 13.
481 – Преподобный Кассиан Римлянин. Книга IV, гл. V.

482 – Преподобный Варсонофий Великий. Ответ 255.
483 – Благовестник. Матф. VII, 8.
484 – Histoire du Christianisme, Fleury, livre 26, chap. 5.
485 – Таковы были Савва Освященный (декабря 5), Симеон Дивногорец (мая 24), и многие другие.
486 – Так случилось с преподобным Силуаном. Четьи-Минеи, житие преподобного Пахомия Великого, мая 15 дня.
487 – Слово 47
488 – Лествица, Слово 27, гл. 29.
489 – Лествица, Слово 1, гл. 18 и 19.
490 – Алфавитный Патерик.
491 – Книга 11, гл. 3.
492 – Лествица, Слово 1, гл. 4.
493 – Предание.
494 – Предание.
495 – Предание.
496 – Предание.
497 – Добротолюбие, ч. 4. О святых Отцах, иже в Ските, и о рассуждении.
498 – Предание.
499 – Предание.
500 – Ответ 603.
501 – Предание.
502 – Предание.
503 – Преподобный Симеон, Новый Богослов. Слово о вере, Добротолюбие, ч. 1.
504 – Слово III, стран. 42. Издание Оптиной Пу́стыни 1852 года.
505 – Святые Каллист и Игнатий Ксанфопулы. гл. 16, Добротолюбие, ч. 2.
506 – Житие преподобного Паисия Великого. Четьи-Минеи, июня 19 дня.
507 – Страдание святого мученика Филимона. Четьи-Минеи, Декабря 14 дня.
508 – Преподобный Симеон, Новый Богослов. гл. 1. Добротолюбие, ч. 1.
509 – Благовестник.

510 – Преподобный Марк Подвижник. Слово 1 о покаянии.
511 – Благовестник.
512 – Слово 4.
513 – Преподобный Марк Подвижник. О законе духовном, гл. 32. Добротолюбие, ч. 1.
514 – Мф.5:29–30. Благовестник
515 – Мф.5:33–37. Благовестник
516 – Благовестник.
517 – По объяснению Преподобного Симеона Нового Богослова. Слово 10.
518 – Святой Исаак Сирский. Слово 55.
519 – Благовестник.
520 – Преподобный Исаак Сирский. Слово 48.
521 – Духовные наставления блаженного старца Серафима Саровского, глава 10 о подвигах, изд. 1844 года.
522 – Преподобного аввы Дорофея. поучение 13-е, о терпении искушений.
523 – Там же.
524 – Преподобного аввы Дорофея. поучение 1-е, об отвержении мира.
525 – 4-е изречение аввы Лонгина. Достопамятные сказания.
526 – Св. Исаак Сирский. Слово 43.
527 – Слово 4, гл. 6.
528 – Преподобный Нил Сорский называет их мысленными падениями. Слово 3.
529 – Преподобный Нил Сорский. Слово 3.
530 – Старца Серафима, глава 10.
531 – Главы богословские и деятельные, гл. 4, Добротолюбие, ч. 1.
532 – Преподобный Марк Подвижник. о Законе Духовном, гл. 32.
533 – Преподобный авва Дорофей. поучение 13-е.
534 – Беседа 7, гл. 4.
535 – Беседа 8, гл. 5.
536 – Подражание. книга III, гл. 2.
537 – Преподобный авва Дорофей. Поучение 2.
538 – Преподобный авва Дорофей. Поучение 2.

539 – Алфавитный Патерик. О авве Пимене Великом.

540 – Лествица. Слово 22, гл. 22.

541 – (Есф.4–7). Аман, македонянин, был любимцем и первым вельможею Артаксеркса, царя Персидского. Мардохей, иудеянин, принадлежал к числу придворных, и, будучи глубокого благочестия, не позволял себе человекоугодничества, не пресмыкался пред временщиком. Такое поведение Мардохея привело Амана в неистовство; он приготовил высокую виселицу, чтоб казнить на ней ненавистное ему исключение из общего низкопоклонства. По коловратности земных положений обстоятельства изменились, – и Аман повешен на виселице, воздвигнутой им для Мардохея.

542 – Святой Исаак Сирский. Слово 33.

543 – Слово 35.

544 – Профессор С.-Петербургского Университета Михаил Феодорович Соловьев читал физику в нижнем, а химию в верхнем офицерских классах главного Инженерного Училища, ныне Николаевской Академии.

545 – Святой Тихон Воронежский. Том 15, письмо 11.

546 – Здесь указывается на некоторые религиозные партии, обращавшие на себя внимание северной столицы в 1823 и 1824 годах.

547 – Преподобного аввы Дорофея. Поучение 5.

548 – Святой Иоанн Златоустый. 7 молитва на сон грядущим, 2 половины прошение 4.

549 – Ответ 2.

550 – Отв. 342.

551 – Святой Исаак Сирский. Слово 41.

Православная библиотека – Orthodox Logos

- *Добротолюбие (Том I • Том II • Том III • Том IV • Том V)*
- *Откровенные рассказы странника духовному своему отцу*
- *Семь слов о жизни во Христе* – праведный Николай (Кавасила)
- *О молитве* – святитель Игнатий (Брянчанинов)
- *Об умной или внутренней молитве* – преподобный Паисий (Величковский)
- *В помощь кающимся* – святитель Игнатий (Брянчанинов)
- *Христианство по учению преподобного Макария Египетского* – преподобный Иустин (Попович), Челийский
- *Философские пропасти* – преподобный Иустин Челийский (Попович)
- *Священное Предание: Источник Православной веры* – митрополит Каллист (Уэр)
- *Толкование на Евангелие от Матфея* – святой Феофилакт Болгарский, архиепископ Охридский
- *Толкование на Евангелие от Марка* – святой Феофилакт Болгарский, архиепископ Охридский
- *Толкование на Евангелие от Луки* – святой Феофилакт Болгарский, архиепископ Охридский
- *Толкование на Евангелие от Иоанна* – святой Феофилакт Болгарский, архиепископ Охридский
- *Таинство любви* – Павел Евдокимов
- *Мысли о добре и зле* – святитель Николай Сербский (Велимирович)
- *Миссионерские письма* – святитель Николай Сербский (Велимирович)
- *Живой колос* – праведный Иоанн Кронштадтский (Сергиев)
- *Дидахе. Учение Господа, переданное народам через 12 апостолов*
- *Домострой* – протопоп Сильвестр

- *Лествица или Скрижали духовные* – преподобный Иоанн Лествичник
- *Слова подвижнические* – преподобный Исаак Сирин Ниневийский
- *Миссионерские письма* – святитель Николай Сербский (Велимирович)
- *Точное изложение православной веры* – преподобный Иоанн Дамаскин
- *Беседы на псалмы* – святитель Василий Великий
- *О цели христианской жизни* – преподобный Серафим Саровский (Мошнин)
- *Аскетические опыты (Том I • Том II)* – святитель Игнатий (Брянчанинов)
- *Смысл жизни* – Семён Людвигович Франк
- *Философия свободы* – Николай Александрович Бердяев
- *Философия свободного духа* – Николай Александрович Бердяев
- *Песня церкви - Праведники наших дней* – Артём Перлик
- *Сказки* – Артём перлик
- *Патристика* – Артём Перлик
- *Ты нужен мне* – Артём Перлик
- *Следом за овцами - Отблески внутреннего царства* – Монахиня Патрикия

www.orthodoxlogos.com

www.ingramcontent.com/pod-product-compliance
Lightning Source LLC
LaVergne TN
LVHW041615060526
838200LV00040B/1298